인도불교
─문화사적 탐구

나라 야스아키 / 정호영 옮김

좋은 책 좋은 세상
민족사

머리말

　본서는 문화사의 입장에서 인도불교사를 기술한 것이다. 문화라는 말에는 여러 가지 의미가 있지만, 여기에서는 특정한 개념으로 사용되었다. 예를 들면 클라크혼이 말하는 "문화는 후천적·역사적으로 형성되고, 외면적·내면적 생활양식의 체계로서 집단의 전원 또는 특정한 구성원에 공유되는 것"이다. 결국 불교도라면 불교도의 사회집단 안에서 태어나 학습되고 전승된 바의 사회구조 및 사유방법, 종교적 관념과 의례, 생활관행을 포함한 '생활양식'으로서의 문화를 말한다. 이것은 근래 문화사의 기초개념으로 중시되는 문화에 대한 견해이다.
　따라서 석존 및 대대 지도자들의 깨달음이나 올바른 생활법, 사상 등도 물론 불교의 문화이다. 이 분야는 종래 교리학, 교리사로서 연구되어 큰 성과를 얻은 분야이기도 하다. 그러나 이것만이 문화는 아니다. 여러 가지의 다른 관심이 있을 수 있다. 예를 들면 불전에 기록되어 있는 열반과 이에 기초한 올바른 생활이 실제로 어떻게 받아들여지고 있었는가? 불교는 카스트와 같은 사회의 계급제도에 반대하였다고 하는데, 과연 옛날의 그리고 현대 인도의 불교도는 과연 카스트가 없는 사회를 살았는가? 조선(祖先)숭배의례나 사자(死者)의례, 기원의례, 주술 등을 어떻게 수용하고 행하였는가? 또는 힌두교도와는 어떠한 관계를 맺고 있었으며, 일반적인 인도인 사회에서 어떠한 위치에 있었는가 하는 문제들을 고려할 수 있다.

이상은 그 자체로 존중되면서도 현실을 살아가는 사람들의 실태 또한 확인되어야 한다. 말하자면 이념과 실제의 양자를 포괄하는 총체적인 형태로 불교도의 문화를 살펴보아야 할 것이다. 한편으로 전자는 교리학·교리사에서 취급되며, 후자는 민속학·민족학의 분야이다. 그러나 문화사의 과제는 이 양자를 통합하는 것이다.

그러나 이것은 극히 어려운 일이다. 현대의 동남아시아 여러 나라의 불교, 즉 '남방불교'의 실태라면, 그 나라로 가서 실지조사를 할 수 있다. 이곳에 대해서는 사실 적지 않은 연구가 있었으며, 분석의 이론도 다양하게 논의되고 있다. 그러나 고대인도의 실지조사는 불가능하다. 고대인도에 관한 지식을 얻기 위해서는 현재까지 남아 있는 문헌을 새로운 흥미와 관심을 바탕으로 재검토하고, 이에 덧붙여 고고학, 미술사, 역사학, 인류학 등의 도움을 빌리지 않으면 안 된다. 이러한 과정에 한정된 자료로 말미암아 당연히 다루어야 할 문제를 다루지 못하는 경우도 적지 않으며, 그 깊이에 있어서도 부족한 면이 있다. 이러한 점에 대해서는 앞으로 연구의 진전이 기대된다.

이 책은 이상과 같은 의도에서 씌어졌으므로 여기에서는 교리부분을 대폭 제외하였다. 그리고 이 분야는 이미 훌륭한 책이 많이 출판되어 이를 참조할 수 있을 것이다.

물론 여기에서도 교리부분이 일부는 언급되고 있으나, 고대인도의 불교는 힌두교라는 '세계'를 바탕으로 하여 성립된 것으로 저자는 생각한다. 그리고 불교는 확실히 독자적인 열반, 생활법, 교의, 수행법 등이 있다. 또한 힌두교의 그것과 대비되어 연구되어야 할 점도 있다. 그러나 생활문화에 관심을 두는 한, 불교도와 힌두교도의 사회 및 생활양식이 그렇게 명확하게 분리되어 있다고는 생각되지 않는다. 불교는 힌두교 '세계'라는 맥락에서 파악되지 않으면 안 된다. 카스트를 비롯하여 힌두교에 관계된 사항에 많은 지면을 할애한 이유도 여기에 있다. 불교사에 관한 서술이 목적이면서도 힌두교에 관한 기술이 저자에게는 빠뜨릴 수 없는 문제였다.

그 외에 종래의 인도불교사의 서술과는 상이한 의식, 문제를 취급하는 방식의 차이가 적지 않다. 그러나 본서 집필의 기본자세는 기본적으로 불교도의 '문화'를 가능한 한 총체적인 형태로 밝히고, 그 전승과 전파의 양상을 확인한다는 점으로 집약된다. 새로운 시도라는 점에서 미비한 점도 많으리라 생각되지만 문제제기로서 받아들여지고, 앞으로의 학문연구에 기틀이 될 수 있다면 다행이라고 생각한다.

1979년 10월 25일

저　　자

역자의 말

 러셀의 저서 《서양철학사》(1945)의 부제는 '고대로부터 현대에 이르기까지의 정치적 사회적 환경과의 관계'로 되어 있다. 이러한 부제는 그 부제의 관철여부를 떠나 철학이 독립적으로 존재하는 것이 아니라 정치적 사회적 환경과 관계한다는 러셀의 입장을 보여주고 있다. 그러나 보다 넓게 말하면 철학은 정치, 사회뿐만 아니라 경제, 종교, 과학 나아가서는 철학자의 심리와도 관계한다.
 우리는 플라톤, 아리스토텔레스의 철학이 그리스의 도시국가 조직과 관계있으며, 중세의 기독교사상이 봉건국가와 교회의 영향 아래에, 그리고 헤겔의 철학이 그 당시의 민족국가를 배경으로 하고 있으며 칸트의 철학을 이해하기 위해서는 뉴톤의 고전물리학에 대한 이해가 요구됨을 알고 있다. 또한 마르크스 사상의 그 지평이 세계사적으로 넓혀졌음에도 불구하고 기본적으로는 당시의 산업사회에 대한 분석에서 유래함도 알아야 한다.
 이와 같이 철학과 철학 이외의 요소들은 불가분의 관계에 있다. 따라서 하나의 철학을 이해하기 위해서는 이에 영향을 미치고 있는 철학 이외의 요소들에 대한 이해가 바탕이 되어야 한다. 우리는 어떠한 철학적 사조 또는 한 철학자의 사상을 상식적인 원자론적 사고에 따라 고립적으로 파악해서는 안 된다. 소위 연기론적인 사유방법에 따라 그것을 '있는 그대로' 이해할 수 있어야 한다.
 보다 적극적으로 말하여 어떠한 요소의 부재도 철학에 영향을 미친다는 점을 간과해서는 안 된다. 이것은 그 부재하는 요소가 어떠한 인과론적 매개자로 기능한다는 것은 아니다. 다만 어떠한 요소가 결여되어 있다는 점이 곧 주어진 상황이 되고, 이 상황이 철학을 특정한 방향으로 나아가게끔 하는 영향을 미친다는 점에서 그렇다는 것이다. 이러한 사실에 대한 인식은 어떠한 철학이 하나의 도그마가 되는 것을 방지해 준다.

위의 철학 이외의 요소들을 우리는 '문화'라고 총칭할 수 있을 것이다. 그렇다면 철학에 관한 연구는 곧 '철학과 문화의 관계'에 대한 연구이어야 한다. 이러한 점은 불교에도 그대로 적용된다. 단지 불교를 신앙하는 것이 아니라 불교를 이해하고 연구하는 것이라면 그것은 곧 불교가 성립되고 발전되는 과정을 문화사적으로 밝히는 것이어야 한다. 그리고 엄밀하게 생각해 보면 불교를 신앙하는 경우라도 이러한 이해가 바탕이 되어야 할 것으로 생각된다. 시대와 상황의 제약을 떠나 불교를 보편성에서만 파악하는 것은 곧 그 시대, 그 상황에서 사유하고 실천한 사람들의 실존적 지평을 상실해 버리는 것이며, 이는 자신의 신앙에서도 실존적 반성이 결여되어 있는 것과 맥을 같이 하기 때문이다. 그러나 실존적 반성이 결여된 종교적 신앙이 자신의 문제 해결에 어떠한 도움을 줄 수 있을 것인가를 생각하면 문화사적 이해의 필요성은 자명한 일로 보인다.

그럼에도 불구하고 대부분의 불교사 관계 문헌은 관념사, 지성사 또는 제도사에 그치고 있다. 이러한 측면이 불교에 대한 총체적 이해에 지극히 중요함은 두말 할 나위 없는 것이지만, 그것은 늘 불교의 문화에 대한 이해가 동반되어야 하는 것이다. 이 책은 이러한 문제에 크게 기여하고 있는 것으로 생각된다. 저자의 머리말에도 나타나 있듯이 문화사의 입장에서 인도불교사를 기술하는 것이기 때문이다.

이 책의 원저는 일본 야마센(山川)출판사의 세계종교사총서 12권 가운데의 제7권인 나라 야스아키(奈良康明)의 《불교사 1 – 인도·동남아시아》(1979)이다. 그러나 본 역서에서는 문화사적인 입장에서 인도불교사를 기술한 저자의 의도를 충실히 살리기 위하여 제목을 《인도불교 – 문화사적 탐구》라고 하였다. 따라서 그 번역에 있어서는 동남아시아에 관한 부분을 삭제하지 않을 수 없었다. 이는 원저 가운데의 동남아시아 부분이 인도불교에 비해 지극히 소략할 뿐만 아니라 다른 자료를 보강하여 이 부분을 별개의 책으로 출판하려는 민족사의 기획에 따른 것이다. 미진한 번역임에도 불구하고 이러한 일이 원저자의 업적에 조금이라도 누가 되는 일이 없기를, 그리고 뜻있는 분들에게 조금이라도 도움이 되기를 진심으로 기원한다.

1990년 5월 3일

역　자

차 례

머리말
역자의 말

서 장 인도불교 배후의 세계 —— 힌두교 15

1 현대 인도와 불교 15
인도의 불교도 15   힌두교도와 '불교' 17   힌두교도와 '불교도' 19
2 힌두교 세계의 특징 20
카스트란 무엇인가 20   힌두교의 다양성 23   다양성을 통일하는 메카니즘 26

제1장 불교 이전의 상황 29

1 힌두문화의 형성 29
잡종문화 29   아리야인의 등장 32   원주민의 문화 34   바라문중국(中國)의 성립 35   새로운 움직임 37
2 바라문의 종교문화 40
제식(祭式)과 제관(祭官) 40   주술의 힘과 바라문 42   사성(四姓)제도의 시작

44　사성제도의 이론 45
3 새로운 사상운동　48
범아일여(梵我一如) 48　고행 50　요가 52　푸자와 채식주의 55　윤회와 업 58

제2장 석존 붓다의 생애　61

1 고타마의 탄생과 환경　61
고타마의 탄생 61　샤캬족 64　샤캬족은 아리야인인가 66　젊은 날들 69
2 출가와 깨달음　71
도(道)를 구하여 71　전도의 길 73　전도의 시작 75
3 석존의 전도　78
전도의 생활 78　두 사람이 함께 길을 가지 말라 80　절묘한 설법 82　정사(精舍)와 도시 85　도시형의 종교 87
4 석존의 만년과 죽음　89
데바닷타의 반역 89　죽음에 이르는 병 91　사리분골(舍利分骨) 93　석존의 신격화 95

제3장 사상과 실천　99

1 인간을 응시함　99
자기의 탐구 99　연기(緣起)와 무상(無常) 100　무아(無我) 102　인생은 괴로움 103　공(空)과 제법실상(諸法實相) 104
2 미혹과 윤회　106
괴로움의 원인 106　윤회와 업 107
3 실천　110
번뇌멸진(煩惱滅盡) 110　선정 112　계(戒)와 율(律) 113　중도와 자비 115

4 깨달음과 부처 116
열반 116   아라한과 보살 119   과거불과 제불(諸佛) 121

5 불교의 특징 123
실천적 성격 123   법을 중시한다 124   불교의 포용성 125

제4장 불교교단의 성립과 발전 129

1 교단의 성립 129
상가(僧伽) 129   유행생활에서 정사에 정주하는 생활로 131   상가와 계율 133   상가의 의미 135

2 교단의 발전과 분열 137
법(法)과 율(律)의 편찬 137   불교의 중국 140   서인도로의 전파 142   교단의 분열 145

3 아쇼카왕과 불교 147
마우리야왕조의 성립 147   아쇼카왕 149   아쇼카왕의 다르마와 불교 152   전도사 파견의 전설 153

4 불교교단의 언어와 경전 155
석존과 언어 155   구전과 독송 158   경전의 편찬 160   삼장(三藏)의 성립 162   불전(佛傳)과 찬불(讚佛)문학 164

5 암굴사원과 스투파신앙 166
마우리야왕조 이후의 상황과 동인도의 불교 166   서인도의 상황과 스투파신앙 169   스투파숭배의 의미 171   서·남인도의 여러 왕조와 서방무역 173   굴원사원 176   굴원사원의 생활문화 178   비하라와 차이티야 179   교단과 경제 182

6 남인도의 불교 184

안드라 지방의 불교와 아마라바티 184　나가르주나 콘다 188　《마니메하라이》189　남인도와 불교 193　남인도에서의 불교의 쇠퇴 195

7 서북인도와 불교 198

마투라 198　유부와 근본유부 201　쿠샤나왕조의 성립 204　카니쉬카왕과 불교 207　간다라와 불상 209

제5장 불교도의 생활문화 213

1 두 차원 213

출세간과 세간 213　불교와 불교적이지 않은 것 216

2 재가신자의 생활 219

오계(五戒)와 팔재계(八齋戒) 219　공덕과 생천(生天) 222　윤회 225　업의 모순 228　업에 관한 설명 230　서원(誓願)과 기원 233　주술 235　주술에 대한 지식인의 견해 238

3 비구의 생활 240

승원생활의 확립 240　비구의 일상생활 245　승원의 경제 248　상가와 세속사회의 관계 249

4 불교와 힌두교 252

불교와 카스트 252　깃대꼴의 문화 254　불교와 힌두세계 255　불교도인가 힌두교도인가 257

제6장 대승불교의 흥기 261

부파불교에 대한 반발 261　대승의 보살들 264　불탑신앙과 보살 265　제불

· 제보살에 대한 신앙 269 현세이익의 보살 273 대승불교의 성립지와 연대 275 대승과 소승의 관계 277 대승불교 성립 이후의 경전과 불교범어 280

제7장 굽타왕조시대와 그 이후의 불교 285

1 굽타기의 불교 285
굽타왕조의 성립 285 굽타왕조의 문화 288 굽타왕조 시대의 불교교단 290 대·소승 공주(共住)의 의미 294

2 불교문화의 힌두화 297
힌두신들의 수용 297 예배의례의 공인 299 불교의 힌두화 302

3 밀교의 성립과 발전 307
순수 밀교의 성립 307 탄트라밀교 310

4 불교의 쇠퇴 312

제8장 현대인도의 불교 317

1 벵갈지방의 불교 317
아라칸 불교도 317 벵갈 불교도 319

2 신불교 321
암베드카르박사와 신불교 321 신불교도의 생활 327 인도불교의 미래 330

〈부록〉 연표 333
색인 337

서 장 인도불교 배후의 세계

—— 힌두교 ——

1 현대 인도와 불교

인도의 불교도

　1956년은 인도가 독립한 후 9년이 되는 해이다. 이 해에 부처님 오신 날 2천 5백년 기념제 (Buddha-jayanti)가 전 인도에서 성대하게 거행되었다. 인도정부는 많은 예산을 할애하였으며, 당시의 수상 네루는 붓다의 가르침이 앞으로의 세계평화에 중요한 지침이 될 것이라고 하였다. 세계 각지에서 불교신도, 학자가 모여 다양한 행사를 가졌으며, 그들은 인도가 낳은 종교적 위인의 덕을 기렸다. 인도 총 인구의 84퍼센트에 이르는 힌두교도도 예외는 아니었다. 오히려 힌두교도들이 적극적으로 붓다 자얀티에 참가하였다.
　같은 해 10월 15일, 중인도의 나그푸르에서는 인도불교사에서 큰 의의를 갖는 성대한 행사가 거행되었다. 암베드카르 B.R.Ambedkar 박사의 지도 아래 불가촉민(不可觸民), 특히 마하르 Mahār로 불리는 불가촉 카스트의 사람들이 집단적으로 힌두교에서 불교로 개종한 것이 그것이다.
　암베드카르 박사는 경제학자로서 후에는 변호사로 명성을 얻었으며, 나아가서는 독립된 인도의 초대 법무장관으로 인도헌법의 제정에 참여한 인물이다. 그러나 마하르 카스트 출신인 그의 일생은 불가촉 카스트의 일원으로서, 힌두사회의 차별과의 투쟁으로 점철된 것이었다. 여러 가지로 전개된 운동 끝에 그는 힌두교를 버리고 불교도가 됨으로써 카스트의 차별에서 벗어나고자 하였다.

그는 10월 15일의 개종식에서 30만의 군중에게 "나는 옛 종교와 불평등한 사회를 버리고 새롭게 태어났습니다. 이제는 힌두교의 어떠한 신격에도 믿음을 갖지 않으며, 그 권화에도 믿음을 갖지 않습니다. 그리고 어떠한 제의에도 참여하지 않을 것입니다. 나는 금후로 팔정도에 따를 것입니다"라고 선언하였다. 그리고 그가 "나와 함께 불교도가 되려는 사람은 일어서라"고 외쳤을 때, 그 모임에 참석한 전원이 일어섰다. 여기에서 '신불교도 (Neobuddhist)'가 탄생하였다.

암베드카르 박사의 생애, 신불교도 그리고 현대 인도불교에 대해서는 후에 상세히 언급할 것이다. 다만 인도에는 이외에 벵갈불교도로 불리는 그룹이, 그리고 세일론계의 대보리회 (Mahābodhi Society)라는 조직이 있다. 티베트계의 불교도도 있으나, 이러한 현대 인도의 불교도의 수는 1971년의 센서스에 의하면 380만여명, 총인구비 0.71퍼센트이다.

宗 敎 名	1 9 6 1		1 9 7 1	
	信 徒 數	퍼 센 트	信 徒 數	퍼 센 트
힌 두 교 도	366,501,267人	83.50	453,436,630人	82.72
이 슬 람 교 도	46,939,791人	10.70	61,418,269人	11.20
그리스도교도	10,726,373人	2.44	14,225,045人	2.60
시 크 교 도	7,845,170人	1.79	10,378,891人	1.89
불 교 도	3,250,227人	0.74	3,874,942人	0.71
자 이 나 교 도	2,027,267人	0.46	2,604,837人	0.48
기 타	1,608,118人	0.37	2,221,038人	0.40
총 계	439,234,771人	100.00	548,159,652人	100.00

인도의 종교별 인구(1961년 및 1971년의 國勢調査에 의함)

인도가 파키스탄과 분리되어 독립하기 이전인 1931년의 조사에서는 인도대륙의 불교도는 438,769명, 인구비 0.1퍼센트였다. 종종 불교는 인도에서 사라졌다고 이야기되나, 44만명 정도의 불교도가 이와 같이 존재하고 있었다. 그런데 분리, 독립(1947년)한 후인 1951년의 조사에서는 불교도는 18만명, 0.05퍼센트로 감소되었다. 약 26만명의 차이는 현재의 방글라데시, 당시의 파키스탄에 소속되었던 것이다. 이들이 벵갈불교도로 불리는 사람들로서, 그들 중의 소수가 인도령에 남아 인도인이 되었다. 그리고 1956년의 네오부디스트의 탄생에 의해 불교도는 1961년의 조사에서는 326만명, 0.74퍼센트로 증가되었다.

힌두교도와 '불교'

인도에서 붓다 및 '불교'에 대한 평가는 상당히 높다. 붓다는 인도에서 탄생한 종교적 위인으로 숭앙되고 있으며, 그의 가르침도 보편성을 지닌 것으로 신봉된다. 불교와 힌두교는 타종교라기 보다는 같은 힌두교 중의 다른 종파로 간주되는 경우가 일반적이다.

이러한 사실에는 다양한 역사적 배경이 있다. 그 중 하나는 "진실은 하나이나, 현자들은 이를 여러 가지로 부른다"는 힌두교의 사유방법과 관련되어 있다. 이 말은 인도의 가장 오랜 문헌으로 대개 서력 기원전 12세기를 중심으로 하는 수 세기 동안에 편찬된 《리그 베다》에 이미 언급되어 있다. 그 후 이러한 사상은 현대에 이르기까지 계승되고 있다. 예를 들면 근대의 힌두교 개혁자 라마크리슈나는 쉬바신의 부인이며 그가 '마 ma'(어머니)로 부르는 칼리여신을 친견하는 신비체험을 가졌으며, 이에 따라 신에 대한 봉사와 사랑을 설한 순수한 종교인이다. 그는 후에 신비체험 가운데에서 그리스도교의 신, 이슬람교의 알라의 모습도 봄으로써 결국 진실은 하나임을 자신의 체험을 통하여 확신하였다고 한다.

진실이 하나라면 어느 특정한 종교에 대해 집착하지 않을 것이다. 사실 힌두교의 특색인 종교적 관용성은 이러한 사유방법에서 유래한다. 일반인에게도 이같은 사유방법은 널리 펴져 있다. 예를 들어 비르라재벌의 비르라씨는 힌두교, 불교, 자이나교의 본질적 차이는 없다고 말한다. 그가 뉴델리에 건설한 속칭 비르라 템플 Birla Mandil(정확히는 Lakṣmī Nārāyaṇa Mandil)은 힌두교의 사원이면서, 그 경내에는 붓다와 자이나교의 개조인 마하비라의 상을 모시고 있다. 그리고 이 재벌은 세일론계의 대보리회와 자이나교에도 재정적 지원을 하고 있다.

또한 인도 독립의 영웅인 마하트마 간디도 일찌기 칼카타 대보리회에서 거행된 불교의 제례 (Wesaka)에 출석하여 다음과 같이 말하였다. "나의 친구들은

라크슈미 나라야나 만딜 　 뉴델리 비르라 장자가 건립한 건물로서 속칭 비르라 템플이라고 한다. 경내에 붓다와 자이나교 개조인 마하비라상을 모시고 있다.

내가 부처님의 가르침을 나의 생활 속에서 표현하고 있다고 합니다. 나도 이러한 말을 받아들입니다. 그리고 부처님의 가르침에 따르고자 온 힘을 기울임을 고백합니다." 이와 같이 각 종교의 근원적 진실은 하나라는 확신은 힌두교의 전승에서 상당히 강하다. 불교는 힌두교라는 큰 세계에서 태어나 성장하고 꽃을 피운 종교로서, 힌두교도에게는 동료의식을 갖게끔 하는 친숙한 종교이다.

쉬바신과 함께 힌두교의 주신으로 비슈누신이 있다. 이 신의 아홉번째의 권화(權化)가 석존 붓다라고 하는 전승도 불교가 힌두교세계 안의 한 흐름이라는 일반적인 생각에 영향을 미치고 있다. 이 신은 기원전 2세기 경부터 점차로 유력하게 되었는데, 세상에 사악함이 만연되어 갈 때 이 신은 이 세상에 출현하여 정의를 회복하는 것으로 믿어지고 있다. 처음에는 크리슈나, 라마 등 비슈누신앙의 형성, 발전에 직접 관련된 인물이 비슈누의 권화로 간주되었다. 그러나 후에는 역사상, 신화상, 전설상의 위인을 모두 비슈누의 권화라고 하였는데, 이는 비슈누신앙을 보급하는 데에 매우 도움이 되었다. 8세기의 어떤 문헌에는 30 이상의 권화가 언급되어 있지만, 이것이 점차 정리되어 현대에는 10권화가 신봉되고 있다. 그 아홉번째가 붓다인 것이다. 따라서 힌두교도에게 있어 붓다는 힌두교의 주신 비슈누 그 자체인 것이다.

역사적으로도 불교는 힌두교에 흡수되어 그 모습을 감추었다. 이에 대해서는 다음에 설명하기로 한다. 따라서 힌두교도에게 있어 붓다의 가르침은 모두 힌두교 안에 살아 있는 것이 된다. 역사적으로 보더라도 불교는 힌두교라는 큰세계 안의 하나의 움직임이었으며, 힌두교도에게 불교는 이질감을 주지 않는 종교였다.

힌두교도와 '불교도'

그러면 현대의 힌두교도와 불교도는 위화감이 없이 협조하며 생활하고 있는가 하면 꼭 그렇지는 않다. 여기에는 무엇보다 카스트의 문제가 관련되어 있다. 신불교도는 앞에서 언급한 바와 같이, 마하르로 불리는 불가촉민 계급의 사람들이 개종함으로써 성립되었다. 그들은 카스트의 속박에서 벗어나고 차별을 시정하기 위하여 힌두교를 버렸다. 그러나 불교도가 되었다고 하여 불가촉의 성질이 없어진 것이 아니며, 경제상태가 아주 향상된 것도 아니었다. 카스트는 그대로 존속하였으며, 따라서 힌두교도로부터의 차별대우는 변하지 않았다. 힌두교도에게 불교는 힌두교의 한 부류이며, 특히 힌두교도에서 불교도로 개종할 필연성은 없는 것으로 생각되었다. 개종은 한편으로는 힌두교에 대한 반역행위로 간주되기도 하였다. 불교 및 붓다는 아무런 조건없이 훌륭하지만, '신불교도'는 결국 불가촉민 가운데 괘씸한 무리라는 반발이 나타나게 되었다.

뱅갈의 불교도는 불가촉민은 아니지만 역시 상위의 카스트에 속하지는 않았다. 또한 그들은 대개 가난한 사람들이었다. 중국계의 불교도와 티베트계의 불교도도 결코 부유한 계급의 사람들은 아니었다.

여하튼 힌두교적인 가치관이 우세한 인도사회에서 불교는 소수 그룹이며, 사회의 저변에 속하는 사람들에게 신앙되고 있는 경우가 많다. 불교도의 사회적 영향력은 극히 적은 것이 사실이다.

신불교도, 뱅갈불교도들은 완전히 카스트화되어 인도사회에 정착되어 있다. 카스트에는 필히 특정한 의례, 의무가 있으나 암베드카르가 개종식에서 선언한 바와 같이, 그들은 힌두교의 신들에 대한 신앙과 의례를 적어도 표면적으로는 버렸다. 그대신 그들은 불상에 예배하는 등, 불교적인 각종 의례를 고정시켰다. 여기에는 남방불교 계통의 다양한 불교의례가 도입되었다. 뱅갈의 불교도도 카스트로서의 자주성을 지니고 있으며, 남방불교와 동일한 불교적 예배형식과 불교적 제의, 불교적 통과의례, 기원의례를 지니고 있다. 결국 광범한 인도의 카스트사회에서 불교도 카스트 그룹으로서의 독자성을 갖고 있으며, 그렇게 고정되어 있다. 이는 곧 인도사회에 대한 정착도가 높음을 나타낸다.

고대 인도의 불교는 이와 같은 현대의 상황과 상당히 대조적이다. 우선 붓다 자신이 당시의 상층 계급 출신이었다. 그의 제자가 되어 수행하였던 출가수행자와 재가신자 등도 바라문, 왕족, 대상인, 지주, 지식인이 압도적으로 많았다. 불교는 사회의 최상층 계급에서 육성되고, 외호·발전된 종교였다.

그러면 당시의 불교도는 힌두교의 카스트사회 속에서 어떠한 형태로 존재하였는가? 이는 고대 인도불교의 사회적 입장과 관련된 중요한 문제로서 뒤에서 상세히 검토할 것이다. 그러나 결론부터 말하면 불교도라는 카스트는 존재하지 않았다. 불교적 주술은 어느 정도 발달되어 있었지만, 불교적 결혼식도, 불교적 장례의식도 특별하게 거행되지 않았다. 그러나 이러한 의례가 없다면 사회생활은 성립되지 않는다. 당시의 불교도는 붓다의 가르침에 따라 윤리적 생활을 준수하였을 것이나, 일상적인 생활에서는 힌두교도로서의 카스트의 의무를 지키고 힌두적인 각종 의례를 거행하였던 것으로 보인다. 만약 그렇다면 과연 그들을 불교도라고 할 수 있는가? 오히려 힌두교도라고 해야 하지 않을까? 이러한 문제를 검토하기 위해서는 힌두세계의 카스트제도를 알지 않으면 안된다.

2 힌두교 세계의 특징

카스트란 무엇인가

카스트는 힌두사회를 구성하는 단위집단으로서, 그 수는 2,000을 넘는다고 한다. 원래는 힌두교의 특징적인 사회구조였으나, 현재는 힌두교도가 아닌 집단이 하나의 카스트로 취급되는 경우가 적지 않다. 또한 자이나교나 시크교 등의 대종교 집단이 그 안에 힌두교와 동일한 카스트를 두고 있다. 이슬람교도 마찬가지이다. 따라서 인도사회는 한가지로 카스트적 사회라고 해도 과언이 아니다.

이러한 카스트의 특징으로 보통 세 가지가 거론되고 있다. 첫째는 족내혼(族內婚)으로서 원칙적으로 결혼은 동일한 카스트 또는 동급의 카스트 사이에 이루어진다. 그러나 근친관계에 있는 사람의 통혼은 금지하는 조건도 있으므로 족외혼을 내포하는 족내혼이다. 둘째로는 직업의 세습이 거론되고 있다. 현대 특히 도시에서는 이 전통이 붕괴되어 가는 면이 있지만, 특정의 카스트가 특정의 직업에 종사하고 있음은 인도 전반의 일반적 현상이다. 셋째의 특징은 함께 식사할 수 있는 권리이다. '식탁의 공용'이라고 하는 것이 그것으로 힌두교도는 원칙적으로 다른 카스트에 속하는 사람이 함께 식사할 수 없다. 이는 함께 식탁에 앉을 수 있는가 그렇지 않은가의 문제뿐만 아니라, 음식물을 포함한 물건을 주고 받는 규정을 가리키기도 한다. 원칙적으로 하위의 카스트에 속하는 사람은 상위의 카스트에 속하는 사람의 손에서 음식물과 물건을 자유로이 받을 수 있으나, 그 반대는 금지되고 있다.

카스트제도의 밑바탕에는 힌두교의 특징적 가치관인 종교적인 정·부정(浄·不浄)의 개념이 놓여 있다. 예를 들어 주검, 인간의 배설물은 부정한 것으로 간주된다. 따라서 이러한 것과 늘 접촉하는 직업을 가진 사람은 그 더러움이 그에게 부착·고정되어 있으므로 부정한 사람으로 간주된다. 시신을 처리하는 직업을 가진 사람들은 그 주검의 더러움에 염오됨이 심하여 불가촉성(不可觸性)이 현저한 사람으로 간주되며, 카스트사회의 최하위에 있다. 또한 땀, 때 그리고 그 외의 인간의 배설물을 손으로 만질 수밖에 없는 이발사, 세탁부, 산파 등도 결코 청정한 카스트에 속하지 않는다. 이러한 가치관 위에 족내혼, 직업의 세습 그리고 식탁의 공용이라는 특징이 수립되었던 것이다.

하나의 카스트에는 보통 복수의 가정이 소속되어 있다. 그 가정도 대가족으로서 2 내지 4세대의 형제 및 그 배우자, 자식, 손자로 구성되어 있음이 보통이다. 그리고 카스트 몇이 모여 하나의 촌락을 형성한다. 이와 같은 대가족, 카스트, 촌락은 인도 총인구의 8할 이상을 차지하고 농촌사회를 지탱하는 세 개의 기둥이라고 할 수 있다. 그리고 하나의 촌락에는 앞에서 언급한 정·부정의 관념에 기초한 관례에 따른 상하의 계층적 위치가 고정되어 있다. 이 외에도 경제적 요인에 의해 상하가 결정되어 있는 경우도 있다. 자즈만제도(Jajmāni)라고 하는 것이 그 한 예이다.

이 '카스트제도'는 종래 '사성(四姓)제도'와 혼동되어 사용되어 왔다. 일반적으로 인도에는 옛부터 브라흐만, 크샤트리야, 바이샤, 슈드라라는 네 계층으로 이루어진 '카스트제도'가 있으며, 붓다(釋尊)는 크샤트리야 출신이라고 한다.

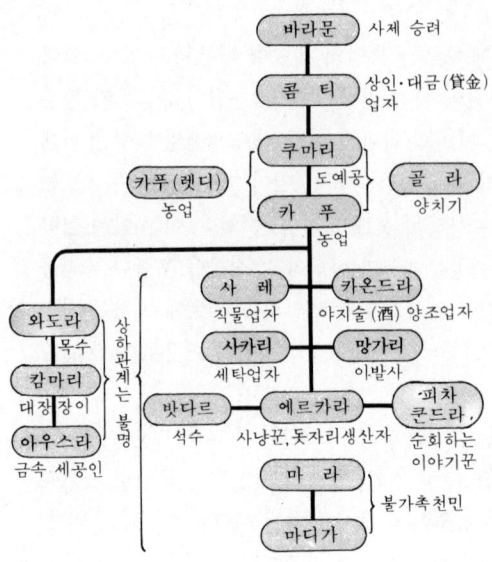

카스트 질서의 예   안드라 푸라데슈 주 사밀페트
촌락의 카스트 순위. 도베의 《인도의 농촌》에 의함.

그러나 카스트는 인도어로 '자티' jāti(출생의 의미)라고 하며, 사성은 '4바르나' varṇa 라고 한다. 바르나는 색깔의 의미로서 원래에는 피부의 색깔의 차이를 바탕으로 하는 관념이다. '사성(4바르나)제도'와 '카스트(자티)제도'는 구별하여 이해되어야 한다. 후자는 대개 기원전 수세기 경부터 점차적으로 발전한 실질적인 사회의 단위집단이다. 이에 대해 4바르나제도는 기원전 7~6세기 경부터 브라흐만 계급의 인물들이 자신을 가장 상위에 두는 이상사회상을 그리고, 이것이 시대의 흐름과 함께 정밀한 이론으로 나타난 것이다. 그러나 양자가 전혀 관계없다고는 할 수 없다. 실질적인 카스트제도를 이론적인 사성제도가 받아들이고, 카스트제도의 이념을 바르나제도가 대표한다. 예를 들어 각 자티(카스트)는 네 바르나 사이의 잡혼에 의해 생겼다고 설명되어 실질적인 자티는 4바르나제 안에 위치하는 것으로 여겨진다. 뒤에서 언급할 내용과 같이, 두 제도가 서로 보완되어 현재의 카스트제도로 발전되었다. 따라서 최근에는 '카스트·바르나제도'로 부르는 것이 옳다는 주장(荒松雄 교수)도 제시되고 있다.

실질적인 카스트제도는 오늘날 여러 가지 이유로 서서히 붕괴되고 있다. 그러나 대체적으로는 아직도 제거하기 어려운 견고한 제도로서 인도사회에 유지되고 있다. 그러므로 이 제도가 인도 역사의 흐름에서 뿌리가 깊음이 인정되며, 고대의 그리고 현대의 인도문화에 대한 이해를 바탕으로 하지 않고는 카스트제도를 확실히 알 수 없다.

특히 이 카스트·바르나 제도는 여러 가지의 결점을 내포하고 있으면서도 광대한 인도 각지의 힌두교도 모두를 묶는 고리의 기능을 갖고 있다. 힌두교도

인도의 신들 쉬바신·파르바티여신 인도에서 여신숭배가 현저하게 된 것은 5세기 이후로서, 남신은 모두 부인을 갖게 되었다. 쉬바신에게는 여러가지의 기능을 대표하는 신비(神妃)가 있는데, 파르바티여신은 밝은 측면을 대표한다.

는 그들이 소속된 바르나의 이름을 들음으로써 어느 정도 각각의 사회적 위치, 경제적 상태, 생활수준 등을 알 수 있으며, 그러한 의미에서 서로의 이해가 가능하다는 역사적 의의를 인정하지 않을 수 없다.

역사적으로 말하면 문화를 달리 하는 종족, 부족, 민족 등은 카스트화 함으로써 힌두화되었다. 이러한 사실을 현재의 상황에서 살펴보면 주(州)를 달리하고, 인종의 계통을 달리하며, 언어와 생활문화를 달리하는 인도아대륙의 많은 그룹의 사람들에게 동일한 제도에 속한다는 느낌과 동일한 힌두로서의 연대의식을 갖게하며, 힌두교도로서의 통일을 성립시키는 것이 바로 이 카스트·바르나제도라고 할 수 있다. 종교의례와 신화를 공유하는 등의 많은 요소는 있지만, 카스트는 다양한 인도를 통일시키는 유력한 원인의 하나임은 틀림없다.

힌두교의 다양성

힌두교에는 특정한 교의가 없다. 사람들이 어떠한 사상, 신조, 이념을 주장해도 상관없다. 역사적으로 보아도 고려될 수 있는 모든 종교적, 철학적 사고 유

좌로부터 칼리여신, 사라스바티여신(서뱅갈주), 村神(비하르주 파트나시 교외) 칼리여신은 쉬바 신비(神妃)의 한 사람으로 쉬바신은 암흑면을 대표하며, 특히 뱅갈지방에서 널리 신봉된다. 사라스바티여신제(祭, pūja)에는 각 지방에서 전문가들에 의해 신상이 장식되고, 마지막날에 간지스강에 담금으로써 제식을 마친다. 최근에는 인기 있는 여배우를 닮은 여신상을 만들어 달라는 주문이 많다고 한다. 촌신은 위와 같이 뚜렷하게 조상되어 있는 경우도 있고, 단순히 돌이나 나무로 표시되어 있는 경우도 있다.

형이 제시되어 있다. 유심론(唯心論)도 있으며 유물론(唯物論)도 있다. 일원론, 이원론, 다원론이 혼재하며, 무신론도 있는 반면 다양한 형태의 신관념도 존재한다. 엄격히 자신을 절제하고 고행하여 해탈을 얻는 방법도 있지만, 동시에 쾌락을 긍정하는 수행법도 있다. 결국 힌두교에는 '이것이 힌두교이다'라고 할 수 있는 특정의 교리가 없다. 힌두교는 모든 사상, 교리를 아무런 모순없이 받아들인다. 따라서 힌두교도라고 하는 근거는 특정의 교리에 있는 것이 아니다. 이는 다른 곳에서 추구하지 않으면 안 된다.

신앙하는 신들도 극히 다양하다. 힌두교에는 쉬바신, 비슈누신과 같이 전인도에 그 사원이 있으며, 예배·제의가 수행되는 신들도 있다. 그러나 어느 한 지방에서만 신봉되는 신도 있으며, 특정한 촌락에서만 공양되는 촌락의 신도 있다. 남신도 있으며, 사라스바티(辯才天), 라크슈미(吉祥天)같은 아름다운 여신도 있다. 동시에 칼리여신과 같이 흑색으로서 인간의 해골을 목걸이로 하고 붉은 피로 물든 혀를 내밀고 있는 추악한 공포의 여신도 있다. 방위의 신들로부터 다양한 귀령(鬼靈)에 이르기까지 힌두교의 판테온은 지극히 복잡하다. 이에 따라 무수한 신화적 전승이 있음도 당연하다.

힌두교도는 이 가운데 어느 신을 신봉하여도 좋다. 특히 어느 신을 수호신으로 신봉하는 사람도 있으나, 자신의 집안과 촌락에서 거행되는 다른 신들에 대한 제의·의식에 참여하여도 상관없으며, 오히려 이러한 일이 보통이다. 그러므로 힌두교가 다신교라고 함은 틀린 말은 아니다. 그러나 다양한 신들의 배후에는 유일·절대자의 존재가 상정되어 있다. 이는 모습, 성격 등을 구체적으로 나타낼 수도 없으며, 어떠한 표현도 초월한다. 모든 신들은 이 절대자의 한없는 기능(활동)의 다른 국면을 대표하는 것으로 생각된다. 이른바 직업분담을 하고 있다. 예를 들어 우주창조는 브라흐만(梵天)이, 그 유지는 비슈누신, 파괴는 쉬바신이 담당한다.

그러므로 다른 신을 신봉해도 결국은 동일한 절대자에 귀의하는 것이 된다. 여기에는 다른 신을 신봉하는 사람들 사이에 배타성이 생길 필요가 없다. 이러한 신관념은 앞에서 말한 '진실은 하나'라는 생각과 함께 힌두교의 종교적 관용성을 보여준다.

물론 대부분의 힌두교도에 공통적인 관념이 없는 것은 아니다. 예를 들어 윤회의 사상은 특정의 어느 분파를 제외하면 모든 힌두교도에 공통된다. 이와 관련하여 자기의 본질로서의 혼이 실재하며, 이것이 윤회의 주체가 된다는 것도 당연한 것으로 받아들여지고 있다. 선한 행위를 하여 공덕을 쌓아 사후에 하늘에 태어난다는 생각도 모든 힌두교도에 공통된 것이다. 촌락과 가정의 제사에 참가하고, 사회인으로서의 여러 가지 의무를 부과하는 것도 힌두교도로서는 필수적인 일이다.

힌두교의 세계에는 놀라울 정도의 다양한 현상이 혼재한다. 인종과 언어의 계통을 달리하는 사람들 사이의 문화의 차이는 매우 크다. 동일한 문화권에서도 예를 들어 한편으로는 불살생(不殺生)을 귀중히 여겨 육식을 하지 않는 바라문들이 있다. 그러나 다른 한편 그가 거주하는 촌락의 촌신제(村神祭)에서는 닭이나 양의 희생을 바치는 일도 보통으로 이루어진다. 어느 편이 올바른 힌두교도인가. 양쪽 모두 올바른 힌두교도로 인정된다. 그러면 누구나 다 힌두교도인가. 그렇지는 않다. 하나의 기준이 있어, 이에 따라 결과적으로 힌두교도라는 느낌을 갖게 한다. 즉 다양한 가운데 통일이 있다. 그 메카니즘은 주로 카스트와

오체투지도

다르마 dharma(法)로 불리는 사유방법이다.

다양성을 통일하는 메카니즘

다르마는 보통 '법(法)'으로 번역된다. '달마(達磨)'로도 음사되며, 중국 선종을 처음으로 열었다고 하는 보리달마(菩提達磨)를 통하여 유명한 사람의 이름으로 까지도 발전하였다. 그러나 본래는 힌두교 뿐만 아니라 불교를 포함한 인도종교를 이해함에 매우 중요한 술어이다.

다르마는 보존한다는 뜻의 dhr라는 동사에서 파생된 말로서 '보존하는 것'이 원래의 의미이다. 따라서 만약 이것이 가장 본질적인 의미에서 인간존재를 보호·유지하며, 인간을 참으로 인간이게끔 하는 것, 나아가서는 '종교적 진실' '인간의 진실'이라는 의미도 갖는다. 그러나 그러한 진실을 발견한 종교인이 사람들에게 가르침으로 설할 때에 다르마는 '가르침' '교법'이 되며, 이것이 체계화되면 '교리'가 된다. 그리고 이러한 가르침에 따른 생활방법이 사회적으로 정착되면 '윤리' '도덕'의 의미가 된다. 또한 '종교'라는 의미가 적당한 경우도 있다. 나아가 이런 생활방법이 약간의 강제력을 갖는 사회관행으로 고정되면 '양습(良習)' '전통적 생활방법'인 다르마의 의미가 되며, 이 강제력이 더욱 강화되면 '법률' '의무'의 의미도 갖게 된다.

현대의 힌두교도는 이 다르마를 '생활방법'으로 받아들이고 있다. 드베라는 문화인류학자의 보고에 의하면 다르마에는 카스트의 전승과 규칙을 지키는 것, 단식, 제례, 통과의례, 순례, 목욕 등, 그리고 공덕을 쌓아 사후의 생천(生天)을 원하는 관념이 포함되어 있다고 한다. 결국 다르마는 일반적으로 시인되고 있는 '생활방법'으로서, 여기에는 이를 지킴으로써 개인의 행복이 보장되며, 동시에 집안, 카스트, 촌락의 평화와 질서가 보존된다는 메카니즘이 있다.
　이러한 사유방법은 고대에도 마찬가지였다. 옛부터 다르마는 다르마 샤스트라(法典)라는 일군의 문헌에서 여러 가지로 언급되어 왔다. 이 문헌군 가운데 대표적인 것이 《마누법전》(2세기경 현재의 형태로 성립)인데, 여기에 언급되어 있는 다르마의 내용도 유사하다. 앞에서 언급한 일반적인 '생활방법' 외에 현대의 형법, 상속법, 민법에 해당되는 것과 종교적인 면에 있어서의 고차적인 해탈의 개념과 실천방법이 포함되어 있는 점이 다를 뿐이다.
　이 다르마가 카스트와 밀접하게 관련된 형태로 생각되고 있는 점은 매우 중요하다. 옛부터 '사성과 사주기의 법(四姓과 四住期의 法)'이라고 하는 것이 일컬어져 왔다. 사성은 앞에서 언급한 바와 같이 카스트제도를 포함한 이론적 조직으로서, 여기에서 말하는 사성의 법은 각 카스트의 다르마라는 것과 동일하다. 또한 사주기는 사람의 일생을 학생기, 가주기, 임주기, 유행기,(學生期, 家住期, 林住期, 遊行期)의 4기로 나누고 각각에 다른 의무와 책임을 부과하는 것을 말한다. 이는 고대의 문헌에서부터 이야기되어 온 것이지만, 실제적인 것이기 보다는 이상적인 것으로 바라문의 입장에서 본 이상적인 생활방법을 제시한 것에 지나지 않는다. 그러나 각종의 문헌과 보고에 의하면 고대, 중세, 그리고 현대에도 이러한 생활을 동경하는 힌두교도가 많다.
　이 사성과 사주기의 다르마는 인간이 지켜야 할 의무·책임이 삶의 각 단계에 따라, 그리고 그가 속하는 각 카스트에 따라 다름을 보여준다. 힌두교의 사회관은 이러한 의미에서는 차별의 사상에 기초하고 있다고 할 수 있다.
　이러한 힌두교의 다르마, 생활방법은 카스트와 불가분의 관계에 있다. 이를 역으로 말하면 카스트에 관한 의무, 다르마를 지키면 힌두교도가 된다. 그리고 이를 바탕으로 하면 어떠한 사상·신조를 가져도 상관없다. 힌두교의 사상으로서 다양한 사상이 거론되어지는 것도 이러한 카스트제도와 관련하여 이해되어야 한다. 인종·언어의 계통을 달리하는 다양한 사람도 어떠한 카스트에 속하고 그 카스트의 성원으로서의 다르마를 지킴으로써 힌두교도가 된다. 카스트나 지방에 따라 관행이 다르고 다르마의 내용이 다른 경우는 있어도, 이는 모두 힌두·다르마 안에서의 차이이다. 실질적으로도 명칭상으로도 힌두교도의 생활관행, 의무는 다르마 안에 편입됨으로써 힌두적인 것이 되며, 힌두로서의 일체관을 조장하는 원인이 된다.
 이렇게 볼 때, 힌두교는 확실히 종교이기는 하지만, 불교·기독교 등의 종교와는 성격이 다르다. 힌두교는 카스트라는 사회구조를 기반으로 한다. 그런데 그 기반이란 사람들의 사유방식으로부터 사회관습, 생활방법의 모두를 포함하는 하나의 세계라고 할 수 있다. 종교적 신앙을 갖지 않으면서도 어떠한 카스트의 구성원으로 살아가는 사람이 곧 힌두교도이다. 개인이 개종하여 힌두교도가 된다는 메카니즘이 여기에는 없다. 여기에는 카스트, 이와 관련된 의례와 제식, 생활방법만이 있고 이에는 경제적 요소도 관련되어 있다. 소박한 민간신앙적인 각종의례와 관념의 복합체이며, 동시에 해탈이라는 고차적인 실존의 관념과 수행법이 있다. 힌두교는 인간생활의 모든 국면을 포괄하며, 넓이와 깊이를 갖는 하나의 세계이다.
 다음 장에서 상세히 설명될 것이지만, 이와 같은 힌두교 또는 원시힌두교의 세계가 고대의 북인도에서 성립되었다. 이것이 점차 인도대륙 각지의 무수한 부족·종족을 힌두화하며 발전하였다. 동시에 장구한 역사가 흘러가는 가운데 다양한 종교·신앙이 외지에서 인도로 유입되었으나, 그 대부분은 힌두교라는 대해(大海)에 들어가 동화되었다. 동화됨이 없이 독자성을 지닌 것이라 할지라도, 힌두교와 평등한 입장에서 병존하는 형태로 정착되지는 못하였다. 힌두교의 세계라는 체제 안에서 그 존재 위치를 부여받았다고 할 수 있다.
 고대인도에 있어서의 불교의 성립과 발전도 동일한 입장에서 고려되어야 한다. 불교는 결코 힌두교와 동일한 평면에서 동일한 자격으로 병립하였던 것은 아니다. 불교는 힌두교 세계 위에서 성립하였고, 그 세계 안에서 다채로운 발전을 이루었던 한 종교였다.

제1장 불교 이전의 상황

1 힌두문화의 형성

잡종문화

　힌두문화는 잡종문화이다. 인도에는 일찌기 네그로이드인 Negroid이 거주하였던 것으로 보인다. 그들은 아프리카에서 이란연안을 거쳐 남인도 및 서인도에 정착하였다. 그들은 곧 북인도에도 나아갔으며, 후에는 안다만제도에서 마레의 방향으로 이주하였다. 그러나 이들은 후세의 인도문화에는 거의 영향을 미치지 못하였다.

　그 후에 이주해 온 사람들은 오스트로·아시아계의 사람들이었다. 그들은 현대의 중인도의 콜족 Kol과 문다족 Muṇḍa, 아삼의 카시족 Khasi의 조상이라고 한다. 또한 벵갈에서 비하르에 이르는 지방에 거주하는 산탈족 Santal도 마찬가지이다. 버마와 타일랜드의 몬족 Mon, 캄보디아의 크메르족 Khemer도 동일한 계통에 속한다. 그들은 당시 전 인도에 유포되어 있었으며, 그 후 인도문화의 제형태에 상당한 영향을 미치고 있다.

　다시 그 후에 유입된 사람들은 드라비다인 Dravida이었다. 그들은 지중해지역 및 소아시아 방면에서 이주해왔다고 하며, 현대의 남인도인은 주로 이 계통에 속한다. 드라비다계의 언어를 사용하는 사람은 총인구의 20퍼센트가 넘는다.

　이 외에 현재의 벵갈지방에서 비하르, 오릿사 일대에는 티베트·버마어 계통의 언어를 사용하는 사람들이 거주하고 있었음이 확인되고 있다.

　이러한 상황의 인도아대륙에 아리야인 Ārya이 침입한 시기는 대략 서력 기원전 15세기 이후이다. 그들은 먼저 서북인도의 판잡지방으로 침입하고는 점차 동진하여 북인도의 중앙으로 확장하여 갔다.

그 후 기원전 4세기의 알렉산드로스대왕의 인도원정을 계기로 하여 그리스인과 서아시아인들이 인도로 들어와 정착하였다. 기원전 1세기 이후에는 사카족 Saka이 북인도에서 서인도의 일부에 걸친 지역에 지배권을 확립하고 인도에 정착하였으며, 기원후 1세기 부터는 북아시아의 쿠샤나족 Kuṣāna이 인도에 통일왕조를 수립하였다.

이외에도 옛부터 인도에 거주하였거나 외부에서 인도로 들어온 군소의 종족·부족·종교집단은 적지 않다. 힌두교는 이러한 사람들을 모두 자신의 카테고리 속에 편입시켰다. 즉 힌두교는 이와같이 상이한 문화를 소유한 다양한 집단을 힌두화함으로써 결국엔 인도대륙 전체를 뒤덮었다. 이는 상상을 넘는 다종다양한 생활양식과 문화가 겹치고 혼융되며, 상호 변용하면서 정착되어 간 부단한 반복이라고 할 수 있다.

인도의 문화인류학자인 슈리니바스교수는 이러한 힌두교의 발전과정을 '산스크리트화'라는 개념으로 설명한다. 산스크리트는 힌두문화의 전통을 담당하는 바라문이 사용하는 고전적 문장어이다. 그는 힌두교 발전의 핵심을 이루는 생활문화를 주로 바라문이 만들어 낸다는 점에서 산스크리트문화라고 이름하였다. 비힌두인이 힌두화될 때, 그는 가능한 한 높은 카스트에 위치하기를 갈구하여 보다 바라문에 가까운 생활문화를 받아들이고자 한다. 그 결과 산스크리트문화는 힌두화되어 가는 사람의 모방의 대상이 되었다. 결국 산스크리트문화를 구심점으로 지향함으로써 이질적 문화는 산스크리트화되며, 이 과정에 의해 힌두교가 확대되었다는 것이다.

그러나 이 이론의 큰 결점 중 하나는 '산스크리트문화'라고 하는 것이 실체가 명확하지 않다는 점이다. 대체 언제, 어느 지방의, 어떠한 내용의 문화를 '산스크리트문화'라고 하는가? 고대인도의 문화 그 자체도 그가 말하는 '산스크리트화'의 과정을 끊임없이 밟아 나아가는 것으로서 정지된 것으로는 파악될 수 없다. 그러므로 특정한 국면을 실체적으로 파악하는 것은 곤란하다. 따라서 산스크리트문화는 하나의 실체가 아니라, 비힌두문화에 접촉되었을 때의 힌두 측의 문화를 가리키는 이름이라는 구조적 용례로 사용되어야 한다. 그럼에도 불구하고 이는 매우 유용한 개념이라고 할 수 있다.

슈리니바스교수도, 그리고 다른 학자도 지적하고 있는 것처럼 힌두문화를 항상 변용되며 발전하는 동적인 것으로 보는 문화사적 입장에 설 때, 대체 힌두교는 언제 시작되었는가라는 문제가 제기된다.

힌두교라는 말에는 넓은 의미와 좁은 의미가 있다. 가장 좁은 의미로는 8~9세기 이후의 종파적, 학파적 힌두 제파가 성립된 이후를 가리키며, 가장 넓은 의미로는 불교와 자이나교도 포함한 인도대륙의 종교 전체를 가리킨다. 그러나 현재보다 일반적으로 사용되는 경우는 불교가 출현하기 이전, 즉 대략 기원전 6~5세기의 바라문을 중심으로 한 특이한 종교체계를 바라문교라고 하며, 이것이 변용·발전된 형태를 힌두교로 부른다. 네델란드의 인도학자 곤다교수는 기원전 6세기~기원후 4세기를 '초기힌두교'라고 부른다.

이에 대해 바라문교와 힌두교를 구별하지 않고, 바라문교를 힌두교의 고전기 또는 원시·원초힌두교로 보아야 한다는 주장이 최근 제시되고 있으며, 저자의 생각도 이에 가깝다.

생활양식 전체를 문화로 간주하는 문화사의 입장에서 보면 어떠한 미개사회에도 문화는 있다. 문헌자료가 없으므로 문화가 없다는 주장은 성립되지 않는다. 따라서 인도대륙의 '문화'의 변용·발전을 고찰함에 힌두교의 핵심으로 우선 문다인과 드라비다인의 문화를 위치시키고, 여기에 아리야인과 그리스인 그리고 북아시아의 제민족의 문화가 혼입되어 현대의 힌두교로 발전되었다는 인식도 가능하다. 뒤에서 다시 언급되겠지만, 아리야인이 침입하기 이전의 제문화의 요소가 현대 힌두교에서 점유하는 비율은 매우 높다. 그리고 아리야인 문화가 현대의 힌두교에서 점유하는 위치도 매우 높다. 아리야어 계통의 언어를 사용하는 인구는 총인구의 73퍼센트에 이르며, 종교전승·사회제도에도 아리야문화의 영향력은 매우 커, 오히려 이것이 힌두문화 형성의 실질적인 핵심을 이루는 존재라고 하여도 좋다.

그렇다면 힌두교는 문화사적으로, 아리야인의 인도 침입 이후 그 문화가 원주민의 제문화와 접촉·융합되기 시작할 때를 기원으로 하며, 그 후 상이한 문화들을 포용함으로써 성립된 대해(大海)와 같은 문화의 체계로 간주함이 타당할 것이다. 따라서 바라문교는 힌두교의 원초적 형태가 아니라, 초기힌두교의 종교적 특징을 나타내는 언어로 이해하고자 한다.

아리야인의 등장

아리야인이 서북인도의 판잡지방에 침입한 시기는 대략 기원전 15세기 이후라고 한다. 물론 단일 민족이 한번 침입한 것이 아니라, 여러 집단이 파상적으로 이 지방으로 침범해 들어왔을 것이다.

판잡Pañjab은 지금의 파키스탄에 해당된다. 이곳에는 인더스강을 이루는 다섯 지류가 있다. 판잡은 이와 같은 다섯 물의 흐름(pañca ap)이라는 명칭에서 비롯되었다. 보통 오하(五河)지방으로 불리는 이곳에 아리야인이 침입하여 원주민을 무력으로 정복하였다.

당시 아리야인은 철기를 사용하지 않았던 것으로 보인다. 무기와 그밖의 도구로 청동기가 사용되었던 흔적이 있다. 이에 비해 문다족과 드라비다족의 원주민들은 석기사용의 단계에 머물러 있었으므로 무기에 관해서는 아리야인의 적수가 되지 못하였다. 아리야인은 전쟁에 마차를 사용하였던 것으로 보이는데, 이것도 원주민들에게는 미지의 것이었다.

인도로 이주하기 이전의 아리야인의 주된 생업은 방목이었다. 특히 소가 존중되었으며, 소는 오랫동안 물물교환의 수단으로 사용되었다. 현대에도 소가 존중되고 있는데 이러한 습관은 이미 이 시대에 비롯되었던 것이다. 그러나 판잡지방으로 침입하고 나서는 방목과 동시에 농경(보리)을 행하였던 흔적이 있다. 이는 그 이전에는 알려져 있지 않던 농기구에 관한 용어가 토착어로 부터 차용되어 당시의 문헌에 사용되었던 점에서 확인된다.

그들의 사회는 부계제도로서 몇 개의 부족으로 나뉘어 있었으며, 하나의 부족은 몇 씨족으로 구성되고 하나의 부족에는 왕 rājan이 있어 사람들을 지도하였다. 왕위는 세습되었던 것으로 보인다. 그러나 그 당시의 왕권은 신성한 것이라든가, 또한 왕위는 종교적 권위와 결부되었다는 확실한 증거는 없다. 어디까지나 실제생활의 지도자였던 것으로 이해된다. 전제군주적인 모습은 없으며, 귀족들의 회의에서 논의된 것을 왕이 수렴하는 형식으로 지도를 하였던 것으로 보인다.

이 시대의 아리야인 사회에는 이미 무사계급, 종교관계의 의례를 관장하는 사제계급, 그리고 일반대중이라는 세 개의 막연한 계급의 구분이 있었다. 그리고 피정복자인 원주민은 다사 dāsa라고 하여 노예계급으로 편성되었다. 이 아리야인의 세 계급과 피정복자인 원주민 다사는 다양한 변천을 겪으면서도 후에 '사성제도'로 발전되는 모체가 되었다. 다수의 부족집단으로 구성된 아리야인 사회는 특히 정치적 통합을 이루었던 것으로는 보이지 않는다. 외적에 대한 전쟁이나 큰 제의(祭

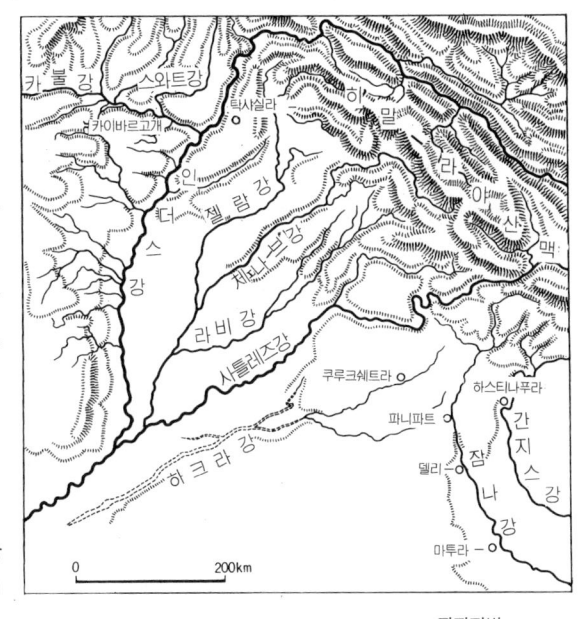

판잡지방

儀) 또한 특별한 경우 함께 모여 공동적으로 행동하는 일은 있었지만, 정치적 통일의 의식은 없었다. 오히려 종교에 관한 공동의 의식이 강하였던 것으로 생각된다.

아리야인들은 자연현상 및 대자연의 여러 요소를 의인화한 신들을 숭배하였다. 아침의 신 우샤스, 번개의 신 인드라, 물의 신 바루나 등이 그것이다. 그 중에서도 인드라는 당시의 아리야인들의 영웅으로서 가장 중요한 숭배의 대상이었으며, 인더스강을 막고 악룡(惡龍)과 만적(蠻敵)을 퇴치하는 인드라신의 모습이 옛 문헌인《리그 베다》에 생생히 묘사되어 있다. 이 인드라신은 후대에는 주신적인 지위를 잃는다. 불교에서도 외호신으로 받아들여지고 있으며, 중국·한국·일본 등지에도 전래되었다. 제석천이 바로 이 신이다.

이러한 신들은 모두 데바 deva로 불린다. '빛난다'는 의미이다. 그리스신화의 디아우스와 어원적으로 대응한다. 아리야인들은 하늘에 거주하는 힘있는 남성신을 주요한 신으로 숭배하며, 다양한 신화를 창출하였다. 그리고 각 가정에 난

제1장 불교 이전의 상황 33

로를 만들어 불을 지피고 이곳에 공물을 바쳐 신들에게 원망의 성취를 기원하였다.

그들의 신화와 신들에 대한 찬가를 집성한 것이 《리그 베다》이다. 이의 성립은 서력 기원전 12세기를 중심으로 하는 수 세기에 해당된다. 여기에는 아리야인들의 종교, 생활, 문화의 여러 가지 모습이 반영되어 있다. 앞에서 설명하였던 것도 고고학적 증거를 제외하면 거의 《리그 베다》의 내용에서 도출된 것이다. 그리고 이 문헌은 그후 현대에 이르기까지 힌두교의 가장 중요한 문헌으로 전승되었다.

원주민의 문화

판잡지방에 들어온 아리야인들이 만났던 사람들은 문다인, 드라비다인을 중심으로 하는 원주민들이었다. 티베트·버마계의 언어를 사용하는 사람들도 있었으나 아리야인들이 그들과 마주쳤던 것은 한 시대 다음의 일이었다.

《리그 베다》는 이러한 원주민들을 다사 dasa 또는 다슈 dasyu라고 부르며, '코가 낮고' '피부가 검으며' '황소와 같은 (두꺼운) 입술을 가진 사람들'이라고 한다. 전혀 다른 언어를 사용하였던 점에서 '알 수 없는 언어'를 지껄이는 사람들로도 기록되어 있다. 종교적인 면에서는 '공희를 행하지 않으며' '다른 신앙을 지니고' '신을 모독하는 사람들'이라고 한다. 또한 그들은 '남근(男根)을 숭배하는 사람들'이라는 비난을 받고 있다.

그들은 여러 부족으로 분열되어 있었던 것으로 보이며, 예를 들면 샴발라 Sambala라는 우두머리가 이끄는 부족은 100성채를 관장하며 산악지대를 근거로 하여 아리야인들과 전투를 계속하여 그들을 괴롭혔다고 한다. 그들은 모계제의 사회를 유지하고 있었으며, 이러한 점은 아리야인과 현저히 다르다. 그리고 주로 농경에 종사하였던 점에서, 특히 토지의 풍요를 기원하는 지모신(地母神)을 숭배하였다.

아리야인의 제부족과 원주민 제부족은 상쟁을 하였으나 점차로 원주민은 아리야인의 지배 아래로 들어가게 되었다. 그러나 모든 원주민이 아리야인의 지배를 받게 되었던 것은 아니다. 독립된 지위를 유지하면서 아리야인과 전투를 하거나 또는 협력하였던 부족이 있었음도 알려져 있다. 예를 들면 《리그 베다》

의 후기의 부분에는 십왕(十王)전쟁이라고 하여 아리야인의 부족 사이에 내분이 있었던 것으로 기록되어 있다. 이와 같이 상쟁하는 아리야인들 사이에 원주민 부족의 왕이 참여하여 함께 전투를 벌였던 것이다. 그러나 다사로서 아리야인 사회 속으로 해체·흡수되어 그 하층민으로 편입되어 버린 원주민들이 많았음은 의심의 여지가 없다.

이 시대 이후 아리야인과 원주민 사이의 인종적·문화적 융합, 중층화는 점차적으로 진전된다. 그리고 이를 바탕으로 인도문화의 근간이 축조되어 현대에 이르고 있다. 그러나 적어도 문헌에 관한 한, 이 시대 그리고 이에 계속되는 시대에는 아리야인들의 문화요소가 사회의 표면을 덮고 있었다. 이는 아리야인 문화가 원주민의 문화를 일방적으로 정복·흡수하였음을 말하는 것은 결코 아니다. 사회의 표면에 나타나지 않는 저변에서는 두 문화가 다양한 형태로 혼합되고 상호 변용되어 중층화되었다. 그리고 점차 원주민 문화에서 유래하는 요소가 사회의 표면에 나타나 일반화되고, 확실한 모습을 드러내게 된다. 아리야계의 문화가 핵심이 되면서도 원주민 문화를 넘치도록 받아들여 상호 변용되면서, 서력 기원전 10~6, 5세기에 걸쳐 특이한 문화가 건설되었다. 이것이 붓다가 출현하기 직전 시대의 문화이다.

바라문중국(中國)의 성립

아리야인들은 대략 서력 기원전 10세기 경부터 점차 동진하여 간지스강, 잠나강의 중간지대 즉 도아브지방을 중심으로 하는 일대에 정착하기 시작하였다.

당시의 북인도 일대는 오늘날과는 달리 숲이 울창하였으며, 매우 습기가 많은 기후였다. 훨씬 후대 상황의 반영이지만, 불교 경전은 국왕이 숲을 불태워 화전(火田)을 만들 것을 권유하며 감세·면세의 특전을 주었음을 기록하고 있다. 농경민 부락 사이에 정글이 펼쳐져 있었음을 말하는 것으로 보인다.

판잡지방에 침입한 시기와는 달리 간지스강 중류 유역으로 진출하였을 때에는, 아리야인들이 무력을 사용하였던 흔적은 없다. 오히려 아리야인 가운데의 사제승들이 소위 선교사로서 각 부족의 선두에 서서 원주민 부족으로 들어가 주력(呪力)과 불(火)의 제사(祭祀)의 위력으로 사람들의 존경을 끌어내고, 서서히 아리야적인 생활양식, 즉 (초기)힌두문화에 동화시켰던 것으로 생각된다.

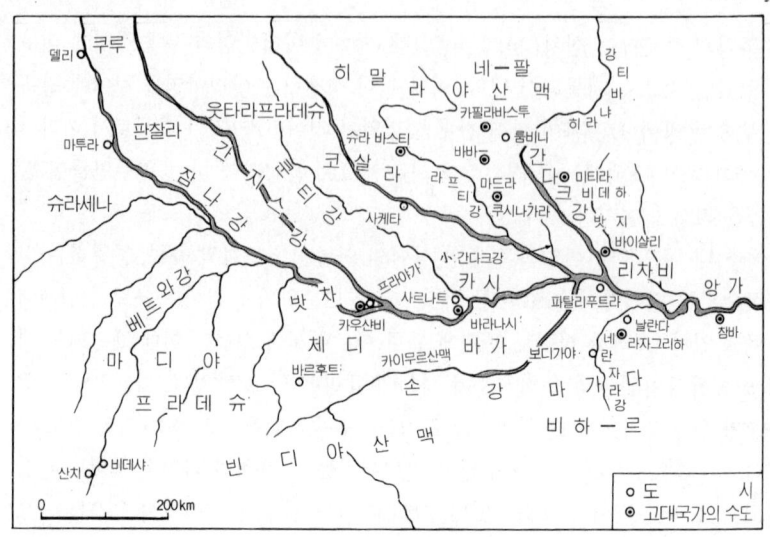

간지스강 중류 지방

아리야인들이 점차 동진해 간 경위를 당시의 한 문헌은 다음과 같은 상징적인 이야기를 통하여 전하고 있다. 즉 비데가 마타바라는 사람이 있는데 그는 만물에 편만한 성화(聖火) Agni-vaiśvānara —— 아리야문화의 상징 —— 를 입안에 보존하고 있었다고 한다. 그런데 그의 사제승이《리그 베다》의 성스러운 구절을 독송하자 이 불은 그의 입에서 떨어져 대지와 하천을 태우며 동쪽으로 나아갔다. 두 사람은 이를 뒤따랐지만, 불은 사다니라강에 이르러 건너지 못하고 멈추었다.

이 문헌은 나아가 '일찍이 이 불에 의해 정화되지 못했으므로 이 사다니라강 동쪽에 바라문들이 거주할 수 없었다. 그곳은 거주하기에 적합하지 않은 땅이었다. 그런데 이제 제식(祭式)의 힘에 의해 정화되었으므로 많은 바라문들이 동쪽에 거주할 수 있다'고 한다. 이 사다니라강은 사르수티강(현재의 간다크강)으로 비정된다.

이 이야기는 바라문이 선두에 서서 불(火)의 제식(祭式)을 수행하면서 아리야문화가 동쪽으로 확장되어 갔음을 보여준다. 지도에서 보는 바와 같이, 이 간다크강은 현대의 비하르주 동북부에 해당된다. 즉 아그니 바이슈바나라로 불리는 이 불이 멈춘 곳은 비하르주 북쪽으로서, 이곳은 고대 인도의 유명한 비데하지방이다. 비데하는 비데가 마타바의 '비데가'에서 유래한다.
　이와 같이 동진하여 도아브지방에 정착한 사람들은 다시 동쪽과 남쪽으로 전진하였다. 비옥할 뿐만 아니라 비와 고온의 혜택으로 말미암아 농업이 발전하였다. 《야주르 베다》에는 아리야계 사람들이 점차 목축에서 농업으로 옮겨간 과정이 제시되어 있다. 그들은 폐쇄적인 농촌을 단위로 하여 부족사회를 이루고 있었다.
　이러한 상황 아래 원래는 사제승이었던 바라문들이 점차 하나의 사회계급으로서의 힘을 얻게 되었다. 그들은 주술의 힘을 기조로 하는 제식의 효과를 강조하고 이를 독점함으로써 종교적 권력을 장악하였다. 여기에 바라문 지상주의, 제식만능을 특징으로 하는 바라문 중심의 문화가 성립되었다. 이에 관한 상세한 부분에 대해서는 뒤에 다시 언급하겠다. 다만 이러한 문화는 서력 기원전 10~6, 5세기 경에 성립되었으며, 그 본거지는 남북으로는 빈디야산맥과 히말라야산맥으로 한정되며, 동으로는 프라야가, 서(西)로는 비나샤나에 이르는 지역, 결국 현대의 웃타르 프라데쉬주를 중심으로 하는 지역이다. 그들은 이곳을 중국으로 불렀다. 즉 '바라문중국'이라고 할 수 있다. 그런데 붓다가 활약했던 비하르주의 동방은 이곳에 포함되어 있지 않다. 그곳은 변방이었다.

새로운 움직임
　최초기의 힌두문화는 바라문문화라고 할 요소가 많았지만, 이는 결코 정체적·고정적으로 파악되어서는 안된다. 아리야인의 생활문화가 표면화되면서도 내면으로는 아리야인과 원주민의 인종적·문화적 혼혈이 착실히 진행되어 갔던 것이다. 경제면·사회면으로도 다양한 변화가 있었으며, 점차 기원전 6~5세기의 소위 인도고대사의 격동기로 이어져갔다.
　우선 경제면에서는 대략 기원전 800년 경에 철이 사용되기 시작했다. 철의 사용에 의해 농기구와 그 이외의 도구가 개량되었으며, 이는 숲의 개간과 농업 생산의 증대에 크게 공헌하였다. 또한 다양한 수공업 제품의 증산에도 도움이 되었다. 이에 따라 토지가 증가하고, 많은 토지를 소유한 부유한 농민이 나타나게 되었다. 풍부하게 생산된 제품은 자급자족의 범위를 넘어 상품으로 취급되었으며, 이에 따라 이를 사고 파는 상인계층이 출현하였다. 그들은 도적과 교통

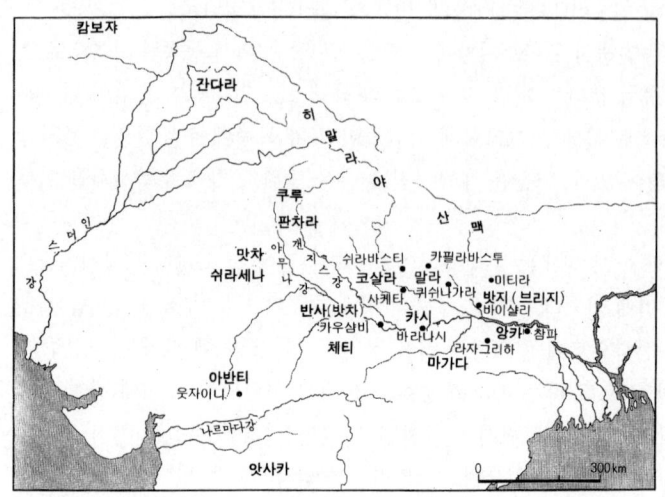

붓다시대 16국

의 불편함 등의 난관을 극복하고 시골과 도시 사이를 왕래하며 교역했다. 그들은 점차로 이 교역로의 안전을 위하여 무력을 지닌 왕족과 관계를 맺었다. 그들은 무력에 의해 보호받으며 교역의 이익을 확장하였으며, 동시에 왕족은 재정적인 혜택을 받을 수 있었다. 육로와 하천을 이용한 교통로가 개척되고, 시장이 생기면서 시장을 중심으로 하는 거리·도시가 나타났다. 이에 따라 폐쇄적인 농촌의 부족사회는 도시에서 붕괴되어 갔다.

 정치적으로는 이 시기에 촌락 또는 여러 마을을 포함한 국가가 성립되었다. 아마도 그 최초기에는 어떤 부족이 지배하는 범위가 확대되면서 부족국가의 형태를 취한 것이 많았을 것으로 생각된다. 그러나 위에서 지적한 바와 같은 경제적, 사회적 변혁에 수반되어 전제적인 군주국가도 점차로 성립되어 갔다.

 불교경전은 붓다시대에 '16대국(十六大國)'이 있었음을 기록하고 있다. 과연 정확하게 16국이었는가는 의심스러운 일이지만, 당시 많은 국가가 병존하고 있었음은 인정되어야 할 것이다. 그 가운데 예를 들어 마가다국(수도는 라자그리하 즉 왕사성)이라던가, 코살라국(수도는 슈라바스티 즉 사위성) 등은 군주제 국가로서 관료조직과 군대를 소유하고 있었다.

 한편 붓다가 속하는 샤캬족의 국가, 붓다를 외호한 것으로 알려진 밧지족의 국가(수도는 바이샬리)는 부족국가의 범위를 벗어나지 못하였다. 장로들이 모여 일을 논의하는 공화정이 운영되었다.

그러나 부족국가는 점차 전제적인 군주제 국가에 병탄되었다. 샤카족의 국가가 코살라국에 멸망된 것은 아마도 붓다 재세 당시의 일이었을 것이다. 코살라는 후에 마가다에 멸망된다. 붓다시대에서 서력 기원전 4~3세기에 걸친 시대는 부족국가가 전제국가군에 압도되고, 인도 최초의 통일제국인 마우리야왕조로 이어지는 시대였다.

군주제 국가가 신장됨에 따라 국가의 장벽을 넘는 통상, 경제행위가 발전하였다. 이는 불가분 왕권의 강화와 결부되어갔다. 화폐경제가 일반화되고, 도시에는 상공업자의 길드도 생겼다. 조합장과 대상인의 자본가와 왕족은 도시를 중심으로 사회의 상층계급을 형성하였다. 그들은 바라문들이 주장하는 사성제도 varna에 구속되지 않았다. 재래의 농촌과는 다른 새로운 기운과 새로운 가치관의 새로운 문화가 발생하였다. 이에 따라 바라문의 종교적 권위는 옛날의 빛을 잃게 되었다.

당시 바라문이 독점했던 제식 yajña은 현세의 이익을 기원하는 의례였다. 현세이익은 어느 시대에도 변하지 않는 서민의 종교적 요청이지만, 이 시대에는 그 제식에 부수된 동물의 희생이 혐오되었으며, 그 효과도 의심되기 시작하였다. 이에 따라 푸자 pūja라는 새로운 예배의식도 토착문화에서 출발하여 번성하게 된다. 옛날의 신들은 몰락하고, 쉬바 또는 비슈누와 같은 신들이 대두되기 시작하였던 것도 이 시기부터였다.

동시에 인간의 지식의 발달은 종교적으로 보다 고차원적인 '해탈'의 경지를 희구하게 되었다. 해탈에 관한 수행법과 사상이 정비되고, 그 가치는 일반인에게도 알려지게 되었다. 윤회와 업의 사상도 이 시대에 일반화되었는데, 당시의 문헌은 왕족이 이러한 새로운 설을 바라문에게 가르쳤던 것으로 기록하고 있다. 경제, 사회, 지성, 종교성 등의 여러 면에서 바라문 지상주의가 붕괴되기 시작하였던 것이다. 초기의 불교경전이 사성을 기록함에 있어 크샤트리야를 바라문 보다 앞서 열거하고 있는 것도 이러한 사회상황을 반영하고 있는 것으로 간주된다.

이러한 변모를 겪으면서 초기의 힌두문화는 급격히 동쪽과 남쪽으로 확대되어 갔다. 어쩌면 이러한 지역적 발전은 필연적으로 변모를 수반하였던 것이라고 하겠다. 이러한 경향은 특히 동인도에서 현저하였다. 동인도는 바라문 중국의 입장에서 보면 변방지역이며, 그러한 점에서 전통적인 바라문 문화의 속박을 덜 받는 지방이다. 힌두세계에 동화되어 가면서도 독자적인 생활양식과 관행을 많이 지니고 있었다. 비바라문적 또는 반바라문적 분위기도 강하였다. 여기에서 새로운 사상운동이 꽃핀 것은 어쩌면 당연한 일이었을 것이다. 이러한 사상운동을 담당한 사람들은 슈라마나 śramana(沙門)라는 출가유행자 그룹이었다. 그들은 반바라문적 색채를 감추려 하지도 않고 다양한 학설을 제시하였다.

석존 붓다도 이러한 슈라마나의 한 사람이었다. 불교는 정치, 경제, 사회, 그리고 종교문화 등 인간생활의 여러 면에서 재래의 전통이 의심되었던 격동의 시대에 태어난 신흥종교의 하나로서 새로운 가치관을 제시하였다.

2 바라문의 종교문화

제식(祭式)과 제관(祭官)

아리야인들은 자연현상과 대자연의 구성요소를 의인화한 하늘의 신들에게 원망의 성취를 기원하였다. 신들이 권청(勸請)되고 그들의 덕이 찬양되었다. 《리그 베다》는 이와 같은 신들의 권청과 찬탄을 위한 찬가를 집성한 것이다. 사람들은 제단을 쌓고 여기에 불을 지피고는 공물을 바쳤다. 그리고 공중으로 오르는 연기를 타고 그 공물은 신이 있는 곳으로 감으로써 기도하는 사람들의 성의가 받아들여지는 것으로 생각되었다. 살아 있는 동물이 헌공되는 일도 종종 있었다. 사람들은 자신이 먹는 곡물과 육류등의 일부를 의인화된 신에게 성의를 다하여 바치지 않으면 안된다. 그 성의가 전달됨으로써 신들은 인간의 소원을 들을 수 있다. 그럼으로써 공희(供犧, yajña)라는 제식이 발전하였다.

제식의 형식이 점차 완비됨에 따라 소임의 분담도 이루어졌다. 《리그 베다》를 관장하며 신들을 제장(祭場)으로 이끌며 그들의 덕을 찬탄하는 리투비주 Rtuvijju 제관이 있으며, 이에 대해 신에 대한 찬가를 선율에 따라 노래하는 사람은 우드가트리 Udgātṛ 제관으로 불린다. 이들이 취급하는 가영집(歌詠集)이 《사마 베다》이다. 그리고 제식 그 자체는 《야주르 베다》를 관장하는 아드바류 Adhvaryu 제관에 의해 수행된다. 이와 같이 《리그 베다》에 이어 《사마 베다》 《야주르 베다》가 대략 서력 기원전 10세기에서 8세기 경 사이에 성립되었다.

그 가운데 신들 앞에 엎드려 숭배하며 기도하는 제식은 일찍부터 그 성격이 점차 변화되기 시작하였다. 그 하나의 발단은 아마도 《아타르바 베다》 및 이를 관장하는 바라문 제관에 의한 것이었다. 《아타르바 베다》는 옛부터 리그, 사마, 야주르의 세 베다와 합쳐 4베다로 불려왔다. 그러나 그 내용, 성격은 다른 세 베다와 크게 다르다. 이는 본질적으로 주법(呪法)의 책이다. 당시의 주술에 관한 찬가, 문구의 집성으로서 이를 관장하는 바라문은 혹 아리야인 가운데 하층의 주술사 계층의 명칭이 아닐까 하는 주장도 있다. 확실히 바라문 제관은 다른 세 베다를 관장하는 제관보다는 한 단계 낮은 사람으로 간주될 수 있는 흔적이 있다. 주법은 제식보다 차원이 낮은 것으로 간주되었기 때문이다.

바라문은 정확히 말해 브라흐마나 Brāhmaṇa라고 하며, 이는 브라흐만 Brahman이라는 말에서 유래한다. 브라흐만은 음성·언어 가운데 감추어져 있는 주력으로서 이는 구체적으로는 베다의 찬가에 표현되어 있는 것으로 생각되었다. 그리고 여기에서 발전하여 찬가 가운데 표현되어 있는 지식도 브라흐만으로 간주되었다. '브라흐마나' 제관 즉 바라문 제관은 본래 베다에 관한 지식과 관련된 주술의 힘(Brahman)을 구사하는 사람의 의미로 사용되었던 것이다.

바라문 제관들은 처음에는 베다 제식의 계층질서 가운데에서 결코 높은 지위를 가지고 있던 사람들은 아니었다. 오히려 낮은 위치에 있었으나, 그들은 특히 《아타르바 베다》를 중심으로 주력 '브라흐만'을 구사하고 제식을 주술화함으로써 제식 전반을 통솔하는 사람으로서의 지위를 구축하게 되었다. 그러면 주술적 제식이란 어떠한 것인가?

주술의 힘과 바라문

잡다한 현상세계, 우주 안에서 이 모두를 통일하는 최고원리를 탐구함은 인간지성의 발달에 따라 당연히 수반되는 하나의 지향이다. 어떠한 문화권에서도 소박한 주술적 종교관념은 점차 세계·우주를 통합하는 원리 또는 세계의 창조 등에 관한 철학적 고찰을 낳는 모체가 되고 있다.

이미《리그 베다》의 후기에 세계·우주의 근원적 원리를 탐구하는 시도가 나타나 있다. 이와 같은 인간의 지성의 자연스러운 발전을 담고 있으면서 예를 들어《아타르바 베다》에는 브라흐만을 아는 사람은 신을 직접 볼 수 있다거나, 브라흐만은 세계를 지탱하는 지주라는 내용의 표현이 나타난다. 주술의 중심인 브라흐만은 우주만물을 창출하는 근원적 힘이 되었다. 만물을 창출하고 이를 지배하며, 만물에 두루 존재하는 근본원리로 생각되었던 것이다.

브라흐만을 최고원리로 생각함은 브라흐마나 문헌에서도 더욱 계승, 발전하였다. 브라흐마나 문헌은 베다의 제식을 실제로 시행함에 관한 설명 및 그 철학적 의의, 해석을 담고 있는 한 무리의 문헌이다. 이들은 대략 서력 기원전 8세기 이후에서 기원전 5세기 경에 걸쳐 이미 중요한 18종의 브라흐마나가 성립되었다. 이들은 넓은 의미의 베다 문헌에 포함되며, 이 경우 위의 4베다는 베다본집(本集)으로 불린다.

브라흐마나 문헌에서는 브라흐만 뿐만 아니라 여러 가지 다른 관념과 만물이 우주의 최고원리로 간주되고 있다. 예를 들어 프라나 prāṇa(호흡·生氣), 사트 sat(實有), 아크샤라 akṣara(불멸인 것), 또는 아트만 ātman(자아) 등이 그것이다. 그리고 이 문헌에서는 기묘하면서도 흥미있는 사유방법이 발전되었다. 동치(同置)의 논리로 이해되는 염상(念想, upāsana)이 그것으로 이는 현상적 존재 A를 최고원리인 B로 염상하는 것이다. 신들과 최고원리는 모든 일을 가능케 하는 힘을 갖고 있다. 그러나 인간의 힘으로는 이를 자유롭게 구사할 수 없다. 그러므로 자신이 자유롭게 다룰 수 있는 비근한 사실 A를 신들의 최고원리 B로 동치, 염상함으로써 B에 대한 지배력으로 획득하고 이로써 원망을 성취하고자 하는 것이다. 예를 들어 '소(牛)는 생기이다'라고 의례적으로 동치·염상하고 소는 자신이 자유롭게 조종할 수 있으므로 생기도 자유롭게 획득하는 것으로 생각한다. 그리하여 적(敵)의 '생기'도 빼앗을 수 있다는 논리로서 이는 주술 이

외의 다른 것이 아니다.

이러한 사상은 이미 《아타르바 베다》에 나타나 있으며, 브라흐마나 문헌에서는 이 소에 해당하는 것으로 제사의 도구, 언어, 인간의 기능, 자연계의 요소가 제시되어 있는 예가 종종 보인다. 즉 주변에 가까이 있으며 인간이 자유롭게 다룰 수 있는 사물을 거론하고, 이것과 동치될 수 있는 모든 원리의 힘으로써 세속적인 원망의 성취를 기원한다. 이러한 의미에서 제식은 보다 명확한 형태의 주술세계와 관련되어 발전하였다고 할 수 있다.

여기에서 오직 신들에 기도하며 은총을 희구하는 경건한 자세는 기대되지 않는다. 신들도 브라흐만 등의 최고원리의 지배 아래에 있으며, 동시에 동치의 원리에 의해 결국은 제식 집행자의 지배 아래에 놓이게 된다. 즉 바라문들이 브라흐만의 구체적으로 나타나 있는 찬가를 부르고, 정확한 의궤에 따라 제식을 수행하며, 동치의 논리에 입각하여 숭배 또는 의례를 수행하면, 그 제식의 효력은 절대적이어서 신들도 그 지배를 벗어날 수 없다. 여기에 주고 받음의 관계가 성립된다. 일정한 방법에 따라 수행된 의례에 의해 일정한 결과가 필히 획득된다고 상정될 때, 이는 주술적 의례의 세계에 있는 것이라고 하지 않으면 안될 것이다.

브라흐마나 문헌이 많이 작성된 시대에 이르면, 바라문 제관들은 자신의 주술의 힘을 이용하여, 그리고 노력의 결과로서 다른 세 종류의 제관을 능가하게 되었으며 제식 전반을 통솔하는 지위에 올랐다. 제식을 비롯한 종교의식 일반을 관장하는 계층의 사람들은 점차로 바라문이라는 명칭으로 흡수되어 바라문이라는 계층이 성립되었다.

그들은 엄한 훈련에 의해 주술의 힘 '브라흐만'을 갖추었다. 그들은 지상에 존재하는 브라흐만 그 자체이며 지상에 거주하는 신들이라고 자칭하면서, 의식적으로 제식의 의궤를 보다 치밀하고 복잡하게 만들었다. 당시의 사회에서 제식은 사회생활 전반의 성패를 좌우하는 것으로 믿어졌다. 바라문들은 제식을 독점하고, 일반인의 보시와 존경을 받았다. 적어도 그들은 그렇게 유도하였다. 그들의 사회적, 종교적 지위는 절대적인 것이었다. 바라문 지상주의, 제식만능주의로 불리는 이 시대 종교의 두가지 특징은 이와 같이 다분히 주술적 세계를 바탕으로 하여 성립된 것이었다.

사성(四姓)제도의 시작

바라문계급이 주로 아리야인 사제자 그룹을 모체로 하여 성립된 경위에 대해서는 앞 절에서 설명하였다. 이와 동시에 점차 크샤트리아, 바이샤, 슈드라계급이 이야기되기 시작한 시기, 소위 사성제도의 이념이 성립되기 시작한 시기는 대략 서력 기원전 8세기에서 기원전 6세기에 걸치는 시기이다.

상위의 세 계급은 인도에 아리야인들이 막연히 사제승, 왕족, 일반서민 계층으로 나뉘었던 것에 대응한다. 슈드라는《리그 베다》에서의 아리야와 다사의 대응이 이 시대에 이르러 아리야와 슈드라의 대응으로 바뀌어 정착된 것이라고 한다. 이와 같이 다사에서 슈드라로 바뀐 것은 문화사적으로는 매우 중요한 의미를 갖고 있다. 앞에서 언급한 바와 같이《리그 베다》시기의 다사 또는 다슈는 원주민이며, 아리야인과는 피부색 varṇa에 의해 명확히 구별되었다. 그런데 이 시기에서는 피부의 색을 나타내는 바르나가 사성(4 varṇa)제도의 명칭으로 사용되었다. 대체로 흰색의 아리야인이 대개 상위의 세 계급을 차지하고, 검은색의 원주민들이 슈드라의 위치를 가졌다고 하면 틀림이 없다.

그러나 슈드라가 곧 원주민인 것은 아니다. 슈드라는 원래 군대를 가진 비아리야계의 한 부족의 이름이었다. 코삼비교수에 의하면《리그 베다》시기의 다사는 생산수단과 생산양식의 발전에 따른 생산증대의 결과, 농노 또는 노예로 전락하여 바라문이 주창한 사성계급제도의 하위집단으로 편입, 슈드라가 되었다고 한다. 즉 슈드라는 이 시기에 성립된 계급제도의 최하위집단에 붙여진 명칭으로서, 여기에는 아리야인의 혈통을 갖고 있으면서도 슈드라로 편입된 사람들이 있었던 것이다.

동시에 상위의 세 계급도 모두 아리야인이었던 것은 아니다. 혈통의 순결성을 자랑하는 바라문 중에도 원주민 부족 출신자가 있었음은 익히 알려져 있다. 또한 바라문과 크샤트리아의 관계도 후대의 법전(法典)들에 규정되어 있는 것과 같이 엄격한 것이 아니라 상당히 유동적이었던 것으로 생각된다.

이러한 과정을 거쳐 사성제도의 이념이 이 시기에 명확한 형태를 취하기 시작하였다. 이는 당시의 실상을 반영하면서도 바라문들이 자신을 가장 상위에 두는 스스로의 입장에서 보는 이상적인 사회상이었다. 엄격히 말하면 사회의 실상을 번영하는 것이라고 하기보다는 오히려 이상적인 이념에 기초한 사회의 조직을 말하는 것이었다.

이 사성제도는 점차 이론적으로 세밀하게 되어 갔다. 그리고 바라문을 중심으로 하는 문화, 즉 우리가 초기 힌두교로 부르는 문화가 동인도와 그리고 남인도와 확장되어 감에 따라 점차 새로운 부족·종족이 힌두세계로 편입되었다. 이론적으로 사성제도는 전세계의 사람들을 포함하고 있으므로 이와 같은 새로운 사람들의 위치가 정해지지 않으면 안 되었다. 동시에 소위 카스트제도로 불리며, 현대에도 유지되고 있는 실질적인 사회집단도 점차 그 모습을 드러내기 시작하였다. 바라문들은 이러한 새로운 부족·종족 또는 카스트집단을 사성제도 안에 이론적으로 받아들이는 노력을 기울이지 않으면 안 되었다. 그 결과가 예를 들어 《마누법전》(현재의 형태가 성립된 것은 기원후 2세기)으로 대표되는 법전류에 자티jati론, 브라티야 vrātya론으로 제시되어 있는 것이다.

사성제도의 이론

법전류는 4바르나 외에 제5의 바르나는 없다고 단언한다. 그러나 바히야 bahya 즉 바르나제도 이외의 존재라는 범주 중에는 자티라고 불리는 많은 그룹이 존재했음을 전하고 있다. 그리고 이는 모두 4바르나 사이의 잡혼에 의해 발생한 것이라고 설명하고 있다.

이상적 혼인형식은 사바르나 savarṇa혼으로 불린다. 이는 동일한 바르나에 속하는 사람들 사이의 통혼이다. 그러나 상위 바르나의 남성과 하위 바르나의 여성의 혼인, 즉 순생(順生, anuloma〈머리카락의 방향에 따름〉)은 허용된다. 그 중에서도 바로 아래의 바르나에 속하는 여자와의 혼인에는 관대하며, 태어난 자녀는 아버지의 바르나를 계승할 수 있다. 그러나 2위 또는 3위 아래의 여자와의 혼인에 의해 출생한 자녀는 아버지, 어머니의 어느 바르나에도 속하지 않는다. 새로운 자티에 속하는 것이다. 예를 들어 바라문 남자와 슈드라 여자 사이의 자녀는 니샤다 Niṣāda라고 불린다.

이에 반해 상위 바르나의 여자와 하위 바르나 남자의 통혼은 역생(逆生, pratiloma〈머리카락의 방향에 거스르는 혼인〉)으로 불리며, 금기로 간주된다. 최악의 역생관계는 슈드라 남자와 바라문 여자의 경우로서 아들은 찬달라 caṇḍāla가

된다. 찬달라는 인간 가운데 가장 천하여 마을 바깥에 거주하며, 신분은 슈드라와 동등하다. 이와 같이 발생한 자티 사이의 통혼은 다시 새로운 자티를 낳게 되어 이론상으로는 무수한 자티가 성립된다.

이 자티가 곧 현재 카스트로 불리는 제도의 인도어임은 앞에서 지적한 대로이다. 그리고 법전류에 기록되어 있는 자티의 이름 가운데 많은 것이 원래 비아리야계의 한 부족의 이름이거나 변방지역의 이름, 또는 수공업적인 직업집단의 이름이었음에 주의하여야 한다. 즉 종래에는 현대인도의 2,000여 카스트가 고대의 사성제도의 잡혼에 의해 성립·발전되었던 것으로 설명되었으나, 이는 바라문 법전류의 기술을 그대로 믿은 것에 지나지 않는다. 역사적으로 살펴보면 사회의 실질적인 단위로서 발생한 자티집단이 후에 이념적인 바라문의 사성제도에 편입되어 잡종이라는 형태의 위치를 부여받았던 것으로 생각된다.

나아가 바라문들은 브라티야라는 한 무리의 사람들을 규정한다. 브라티야는 '재생족(再生族) 이면서도 입문식을 규정된 나이에 이르기까지 실행되지 않았으므로 재생족에게 경멸을 받는 사람'으로서 서계(誓戒, vrata)를 시행하지 않은 재생족이다. 재생족은 바라문들이 말하는 사성제도의 상위 세 계급을 말하며, 입문식을 행함으로써 종교적으로 또 한번 태어나므로 재생족이라고 한다. 《마누법전》(5.21~23)에는 상위의 세 바르나로부터 타락하여 생긴 브라티야로서 몇 이름을 거론하고 있다. 그 중에는 마가다, 리챠비 등, 동방인도의 불교와 자이나교를 비롯한 신흥종교의 지반이 되는 유력한 부족의 이름이 있다. 그들은 크샤트리야에서 브라티야가 된 사람들이라고 한다. 그 외에 법전류에 기록되어 있는 브라티야는 모두 고대인도의 문헌에 나타난 변경의 지명, 부족·종족 또는 외국의 이름이다. 즉 초다(남인도의 촐라족), 드라비다, 캄보자(카슈미르 동북부), 야바나(서북인도 및 아프카니스탄 일대에 거주하는 그리스인), 사카(서북인도, 중국자료의 塞族), 팔라다(판잡지방의 사람), 팔라바(페르시아인), 지나(중국인), 키라타(네팔 및 부탄지방 일대의 주민) 등이다.

이 기록은 힌두문화권의 확대에 따라 그 주변에 거주하면서도 아직 완전히 힌두화되지 않은 부족이나 외국종족을 바르나제도 안에 포섭하여 간 과정을 나타내는 것으로 생각된다. 그들은 4바르나 이외의 그룹인 바히야로 파악되면서도, 의무는 슈드라와 같이(《마누법전》) 부과되어 바라문세계에서의 하나의 지위를 부여받았던 것으로 보인다. 마찬가지로 부족의 이름이었던 슈드라가 의미의 확대는 있지만 시성 안에 포괄되어 있는 것은 그 동화(同化)가 상당히 일찍 행해졌음을 보여 준다.

브라티야로 분류되는 사람들 가운데 많은 사람들은 반바라문교적 태도를 갖고, 독자적인 생활습관과 의례, 즉 법(法)을 지켰다. 각 법전은 이와 같은 법들을 존중해야 함을 가르치고 있다.

이러한 부족이 바라문이나 바이샤가 아니라 크샤트리야였음은 아마도 그들이 정치적 독립을 유지하고 독자적인 상위의 사회계층을 차지하고 있었음을 가리키는 것으로 보인다. 힌두화가 진행됨에 따라 그들은 스스로를 크샤트리야로 칭함으로써 종래의 지배권을 그대로 유지하면서 힌두사회에 동화되어 갔던 것이다.

후대의 사실이기는 하지만, 라즈푸트족이 크샤트리야로 자칭함으로써 힌두화되었던 사실, 아마도 8세기에 바라문이 들어오기 전까지 케라라지방 일대의 주권자였던 나야르족이 크샤트리야로 자칭함으로써 힌두사회에서의 지위를 얻으면서도 그 지역에서의 사회적, 정치적 우월성을 종래와 같이 유지하였던 경위는 앞의 추정에 하나의 근거를 제공해 주는 것이다. 그리고 바라문 측에서는 나야르족을 슈드라로 부르고 있는 사실은 마치 바라문 법전류가 힌두화되지 않은 부족이나 민족을 바히야로 규정하면서도 의무는 슈드라와 동일하게 하는 것과 궤를 같이 한다.

그러나 사성제도는 그 후에도 오랫동안 이념으로서 전승되었다. 사회의 실질적인 한 단위인 바라문을 제외하고 크샤트리야 이하의 세 계급, 특히 하위의 두 계급은 비문에도 나타나지 않는다. 그러나 사람들은 이념으로서의 이 제도를 인정해왔다. 또한 이념과 실질이 혼동되었던 면도 있다. 예를 들어 바라문을 서서히 현대의 힌두교도에 비정하면서 그의 자티(카스트)는 사성 가운데의 어느 것인가라는 물음에서는 양자가 별개의 것이라는 대답은 상정되지 않고 있다. 자티는 사성의 잡혼에 의해 성립되었다는 논리가 인정되고 있는 점에서 이 제도는 '카스트·바르나 제도'로 불리어야 한다는 제안은 큰 의미를 지니고 있다.

3 새로운 사상운동

범아일여(梵我一如)

　바라문이 독점한 제사는 일상생활에서 야기되는 위기를 조절, 구제하려는 것이다. 그것은 현세이익의 기능을 가진 것으로, 일반인의 생활에 없어서는 안되는 것이었다. 그러나 인간의 종교성은 종종 그 단계를 넘기도 한다. 우주의 근본원리, 유일한 진실이 탐구되며, 이것과 인간존재의 동일성이 통찰되었다. 인도에서는 기원전 10~6세기 경에 이와 같은 철학적인 문제의식과 사상이 심화되었다. 범아일여의 사상과 수행법은 이러한 발전의 극치라고 할 수 있다.

　범은 브라흐만 brahman으로서 우주의 근본원리를 지칭한다. 아(我)는 아트만 atman으로서 '호흡하다'(at)라는 동사에서 파생된 말이다. 여기에서 숨이라는 의미가 나아가서는 생기, 그리고 그 생기가 머무는 곳으로서의 신체를 의미하게 되었으며, 다시 자기 자신을 의미하는 말로 발전하였다. 따라서 재귀대명사로도 사용되는 보통명사이다. 그러나 이 말은 점차 단순히 나 자신이 아니라 가장 종교적·철학적인 의미에서의 자기의 본질이라는 의미를 갖게 되었다. 즉 자기존재의 근저에 있으면서 이를 지탱하는 자기의 본질로서, 사후에도 소멸되지 않는 영원불변한 것으로 생각되었다. 이러한 관념은 이 시대부터 표면화되는 윤회(輪廻), 전생(轉生)의 관념과 결합되어 영혼적인 것이 되었다.

　한편 이 시대부터 인간의 개인존재와 우주의 여러 현상의 대비, 상즉(相即)이 주목되기 시작하였다. 자연의 리듬과 주기, 다양한 기상과 그 밖의 변화는 결코 인간과 유리되어 있는 것이 아니라고 생각되었다. 사람들은 범상치 않은 자연의 여러 현상 속에서 자신과 함께 울고 웃으며 생활하는 모습을 발견하였던 것이다. 현대의 합리적 지성과는 달리 당시의 사람들의 마음은 자연과 분리되어 있지 않았다. 자연의 하나하나의 움직임은 인간에 비교되는 생명체의 움직임이며, 인간과 공감적 유대를 갖는 사물로 간주되었다.

　고대의 인도에서는 언제부터인가 이러한 감각에서 인간과 우주, 그리고 자연의 동일과 합일이 거론되었다. 예를 들어 인간의 호흡과 바람, 눈과 태양, 정액과 물 등이 이러한 관계에 있다. 즉 천체인 우주가 대우주(macro-cosmos)라면 인간은 소우주 (micro-cosmos)이다. 이러한 사유방법은 그 후에도 인도사상의 바탕을 이루었으며, 탄트리즘과 밀교에 이르러 더욱 결정적인 형태로 인간과 자연의 동일화가 구체화되었다.

생활속의 다르마 오체투지(五體投地)에 의한 순례.

인간이 자연과 합일한다면, 자기의 본질인 아트만은 동시에 우주 그 자체의 본질이지 않으면 안 된다. 아트만은 만물에 내재하며, 우주의 모든 존재를 지탱하는 것이다. 그렇다면 그것은 최고원리 브라흐만과 다른 것이 아니다. 즉 아트만과 브라흐만은 하나이지 않으면 안 된다. 이것이 범아일여의 기본적 의미이다.

아트만은 사물을 인식하는 주체이지만, 그 자체는 인식의 대상이 아니다. 어떠한 표현으로도 그것을 표현할 수 없다. 어떠한 모습으로 이를 정의할 때, 그것은 어디까지나 언어로 파악되는 것에 지나지 않으며 그 본질은 드러나지 않는다. 그럼에도 당시의 철학자들은 이 아트만을 여러모로 형이상학적으로 설명하고자 하였다. 후대에도 아트만은 인도철학의 중요한 술어의 하나로서 전개되었다.

동시에 '브라흐만이 곧 아트만'임을 아는 것은 종교체험 속에서 감득되어야 하는 것이기도 하다. 단순한 형이상학적인 문제가 아니라, 그 근저에는 체험이 있어야 하는 것이다. 범아일여는 뛰어난 신비주의적 종교실천으로서 여기에 보편적인 우주의 실재와 계합하는 자기가 발견된다.

불교는 이러한 사상과 수행법이 발전되어 가는 시대에 태어나 무아(無我)를 주장하였다. '무아'의 '아'는 곧 아트만이다. 그러면 불교의 무아와 범아일여의 아는 어떠한 관계에 있는가. 또는 어떻게 다른가. 이는 당시의 사상, 종교의 상황에 있어서의 불교의 위치와 직결된 문제이므로 후에 다시 검토하기로 한다.

고행

인도의 종교적 평원은 실로 광대하다. 그 수행의 방법은 매우 다양하여 한편으로는 침묵하며 깊은 명상에 잠겨있는 수행자가 있는가 하면, 다른 한편으로는 인간의 애욕까지도 긍정하며 나아가서는 인간의 애욕 행위 그 자체를 종교적 수행의 한 수단으로 사용하는 탄트리즘 등의 분야도 있다. 또한 단식을 하거나 신체에 고통을 가하는 고행자의 무리가 고대로부터 현대에 이르기까지 언제나 있어 왔다. 이 고행을 타파스 tapas라고 한다.

타파스는 원래 열, 불을 의미하는 말이다. 아마도 알이 열을 받아 부화되어 새로운 생명이 탄생한다는 점에서 열이 만물 창조의 원동력의 하나로 간주되었던 것으로 보인다. 이러한 사고방법은 이미 《리그 베다》의 가장 후기에 성립된 부분에 제시되어 있다.

그러나 동시에 어떠한 방식으로든 신체를 극한에 이르기까지 학대하여 육체를 강하게 긴장시킬 때, 일종의 열감각이 생긴다는 사실, 그리고 이에 수반되어 특이한 정신상태가 나타나며 신비적인 능력이 생긴다는 사실을 사람들은 체험을 통하여 알고 있었을 것이다. 《아타르바 베다》(XI.5)는 이러한 타파스를 행하는 수행자의 무리가 있었음을 기술하고 있다. 그들은 타파스에 의해 망아(忘我), 황홀의 경지에 들어가고 신비한 주술적인 힘을 얻었던 것이다.

《아타르바 베다》와 이를 관장하는 바라문들과의 관계, 그리고 바라문들이 주재하는 제식과 주술과의 관계는 앞 절에서 언급한 대로이나, 주술의 힘과 타파스가 관련되어 있다면 타파스는 당연히 제식과도 직결된 것이라고 하지 않을 수 없다. 브라흐마나 문헌에서 이 타파스는 제식을 수행할 때 켜놓은 불과 관련하여 설명되고 있다. 만물을 창조하는 열은 제사를 수행시키는 원동력으로 생각되었던 것이다. 브라흐만을 알고 만물을 자유로이 움직이는 힘을 얻는 것은 타파스를 체현함으로써 가능하다. 이러한 사고방법은 고차원적인 '실존적' 실천이 발전함에 따라 원래의 주술적인 타파스에서 불사(不死)와 관련된 수행법으로 승화되었다.

이와 같은 점을 고려할 때, 타파스와 제식이 분리되었던 점도 부사의한 것은 아니다. 처음 타파스는 제식의 원동력으로서 양자는 부즉불리(不卽不離)의 관계에 있었다. 그러나 이제 제식은 주술의 세계를 벗어나지 못했으나, 타파스는 깊은 실존의 문제와 관련되었다. 초기의 어떤 우파니샤드는 이와 같이 양자가 위상을 달리하는 점을 신도(神道)·조도(祖道)와 관련하여 설명하고 있다.

이에 의하면 숲에서 신앙을 고행으로 신봉하는 사람은 사후 화장의 불꽃을 타고 천계로 간 다음 신계(神界)를 포함한 여러 세계를 지나 마침내 브라흐만의 세계의 이르러서는 다시 돌아오는 일이 없다. 이를 신도라고 한다. 한편 제사와 선행을 보시로 신봉하는 사람은 사후 화장의 연기와 함께 천계로 가며, 조령계(彫靈界)를 포함한 여러 곳을 지나 달에 이른다. 이 즐거움의 세계에 선행의 힘이 남아 있는 한 머무르지만 이것이 소진되면 비가 되어 지상으로 내려와 쌀, 밀 등의 곡물에 섭취된다. 곡물이 인간(男子)에게 먹히면 이 인간의 영체(靈體)는 정자가 되며, 여성의 모태에 들어가 재생한다. 이를 조도라고 한다.

이 우파니샤드는 또 악업을 지은 사람은 이 두 가지 길 가운데 어느 곳으로도 가지 못한다고 하여 제3의 장소에 대해 말하고 있다. 결국 이 '2도설(二道說)'은 소박하면서도 업보·윤회를 말하고 있는 것으로, 그 최초기의 단계를 보여주고 있다. 동시에 제사를 행하는 일과 타파스라는 높은 단계의 수행·실천이 구별되고 있는 점에 주목할 필요가 있다. 신도(神道)의 입장에 서면 제사의 의의는 부정된다.

물론 이는 높은 단계의 종교실천, 사상세계에서의 일로서 일반사회에서 제사의 의의가 완전히 부정·폐지된 것은 아니다. 일찍이 만능으로 생각되었던 제사의 한계가 알려지고, 이를 넘어서는 높은 세계가 있음이 발견되었던 것이다.

이에 따라 제사를 행하지 않고 일반적인 일상생활에서도 떠나 오직 높은 종교적 경지를 목적으로 하는 고행자의 무리가 생겼던 사실은 극히 자연스러운 일이다. 그들은 무리를 지어 숲속에 거주하였다. 세속적 생활 일체를 버리고, 식물의 뿌리·줄기·꽃·열매 등을 먹으며, 나무 껍질을 옷으로 삼았다. 번뇌를 억제하고 살생을 하지 않으며 남을 생각해 주고 여성을 멀리하는 청정한 생활을 하였다.

나아가 고행자들 가운데 어떤 사람들은 숲속에 정주하지 않고 한곳에 머무름이 유행(遊行)의 생활을 하였다. 그들은 숲속에 거주하는 고행자들보나 세속사회를 더욱 멀리함으로써 세속과 일체의 관계를 끊고 수행에 전념하였다.

이와 같이 숲속에 거주하는 고행자 그룹과 유행자 집단이라는 두 가지 수행형태는 앞에서 언급한 사주기(四住期)라는 제도의 임주기(林住期)와 유행기(遊行期)의 원형으로 생각된다.

그리고 이 시대에는 여러 형태의 고행자가 개인적으로 또는 집단을 이루어 수행하였다. 그 중에는 물론 바라문도 포함되어 있지만, 바라문이 아닌 소위 이단의 수행자도 있었다. 이러한 이단의 흐름이 특히 동인도에서의 슈라마나(沙門) 집단의 성립과 깊이 관련된 것으로 생각된다.

요가

범아일여를 달성하는 수행에 타파스만이 있는 것은 아니다. 요가도 있다. 범아일여는 결국 우주의 본질과 자기의 본질이 동일함을 종교체험 속에서 감득하는 것이다. 따라서 우주의 본질과 동일시 되는 자기(ātamn)의 본질이 탐구되지 않을 수 없었다. 자기의 본질을 자기 안에서 발견하는 것, 즉 내관(內觀)이 곧 요가수행법이다.

요가 yoga라는 말은 yuj(묶다)라는 동사에서 파생된 말이다. 영어의 yoke(멍에)도 동일한 어근에 속한다. 결국 요가는 신과 인간을 결합시키는 수행법이다. 또는 마음을 대상에 결합시키는 것, 즉 의식의 집중을 나타내는 말이기도 하다. 현재 요가는 체조의 일종이 되었지만, 실은 고차원적인 신비체험에 이르기 위한 종교적 수행법이었다.

타파스가 아리야계 문화의 수행법임에 대하여, 요가는 비아리야계 문화에 속하는 것이 아닌가 생각된다. 아리야인에 의해 성립된 《리그 베다》와 그 외의 베다본집(本集)에는 요가의 수행법이 설명되어 있지 않다. 반면 인더스문명의 모헨조다로에서 출토된 인장 가운데에는 반가부좌를 하고 명상에 잠겨있는 조각이 있는데, 이는 요가의 원류를 보여 주고 있는 것으로 보인다.

토착문화의 한 요소이기는 하지만, 어떠한 이유에서 그리고 어떠한 경위로 요가가 형성되었는가에 대한 학자 간의 설은 일정치 않다. 인도의 약초학의 전승과 관계있는 것으로 추정하는 사람도 있으며, 혹은 호흡이 몸과 마음의 움직임과 밀접하게 관계됨에 뿌리를 둔 좌법(坐法)으로 추정하는 사람도 있다. 어느 경우일지라도 몸과 마음의 움직임을 콘트롤하는 것으로서의 호흡과 여기에서 발전한 명상이 요가의 중요한 요소가 되었음은 의심의 여지가 없다.

애초에 아리야인은 알지 못하였던 것이라고 할지라도 명상 그 자체는 아리야인도 행하였던 증거가 《리그 베다》에 제시되어 있다. 따라서 요가의 전승이 토착문화라고 할지라도 아리야인이 이를 용이하게 받아들일 소지가 있었다고 할 수 있다.

요가 수행자 인도철학에서는 요가도 6파철학의 하나이다.

범아일여의 사상이 표면화되는 것은 우파니샤드에서인데, 그 가운데 가장 오래된 우파니샤드에서도 요가에 관한 설명은 보이지 않는다. 다만 이와 유사한 수행법이 행해졌던 것으로 상정된다. 요가가 명확한 형태로 제시되는 예는 다음과 같다. 즉 사고력이 정지되고 이성도 활동하지 않는 상태를 유지하는 것이 요가이다(카타 우파니샤드)라고 하던가, 감관을 억제하고 일정한 좌법에 따라 앉아 호흡을 조정하는 수행이 결국 불노, 불사에 이르게 한다(슈베타슈바타라 우파니샤드)고 하는 것 등이 그것이다.

따라서 요가 수행법이 문헌상 명확한 형태를 취하게 되는 것은 대략 서력 기원전 6세기 전후, 즉 붓다가 이 세상에 출현했던 시대, 또는 이보다 조금 앞서는 시대로 간주된다. 요가는 그 이후에도 계속 발전하여 6파철학의 하나인 요가학파로 집대성되며, 《요가 수트라》라는 문헌도 기원후에 작성되었다.

완성된 형태의 요가 수행방법으로서는 요가의 8지(八支, 여덟 부분)가 있다. 수행자는 올바른 생활법 즉 계를 지키면서(① 制戒), 마음을 청정히 하고 여러 가지의 학문과 고행을 행한다(② 內制). 그 후 일정한 방법에 따라 앉아(③ 坐法) 호흡을 조정한다(④ 調息). 그리고 욕망・번뇌를 억제하고(⑤ 制感), 마음을 한 곳으로 집중하여 대상을 염한다(⑥ 總持). 이 상태가 계속되면 다른 번뇌가 유입됨이 없이 ⑦ 선정의 상태에 들어간다. 그리고 이것이 더욱 깊어지면 궁극적으로 일체의 사고활동을 하지 않는(⑧ 三昧) 경지에 들어간다.《요가 수트라》는 이 삼매를 "대상만이 빛나며 자신은 허공과 같이 된다. 그 결과 예지 prajña가 빛나는 경지"라고 설명한다. 이는 일체의 사려분별을 초월한 곳에서 우주의 실재와 합일하고, 그 망아(忘我)의 황홀함 가운데 불사(不死)를 획득하고 영원으로 펼쳐지는 자신을 발견하는 것으로서 전형적인 신비체험이라고 할 수 있다.

붓다가 보리수 아래에서 선정에 잠겨 깨달음을 얻었다는 사실은 널리 알려져 있다. 붓다는 보리수 아래에서 선정에 들어가기 전, 두 사람의 선인(仙人)으로부터 다른 종류의 선정을 습득한 적이 있으며 계속하여 6년간 고행 tapas을 하였다. 따라서 붓다는 타파스를 버리고 선정 즉 요가에 의해 깨달음을 얻었다고 할 수 있다. 다만 원시불교 초기의 경전에 의거하는 한, 붓다와 초기불교에서는 후대의《요가 수트라》에서와 같이 선정과 삼매를 명확히 구별하고 있지 않다. 따라서 붓다가 후대에 완성된 요가와 동일한 형태의 수행법을 실천하였다고는 할 수 없다.

그러나 선정, 그리고 그것의 궁극적인 경지로서의 삼매는 불교실천의 기본으로서 그 후에도 계속 전승되고 있다. 예를 들어 계·정·혜(戒·定·慧) 3학도 요가의 8지와 중복되는 부분이 있으며, 후대의 지관(止觀)이라는 명상체험도 요가와 관계없지 않다. 또한 공관과 유식 등 정교한 철학을 구축한 대승불교에서도 그 실천은 요가였다. 이는 유가파(瑜伽派, 요가파)라는 명칭, 그리고 지관을 요가라고 부르는 점에서도 확인된다. 유식파에서는 그 이론과는 별도로 수행자 마음 내부의 수행이 진척되어 가는 단계를 유가지(瑜伽地, yogabhūmi)라고 하며 유가사(瑜伽師)라는 명칭도 사용한다. 결론적으로 불교의 명상에 관한 전승에는 후대의 요가파 및 이에 관한 전승과 공통된 술어도 많으며 상호 영향을 주고 받았음을 알 수 있다.

이와 같이 요가는 붓다 당시의 종교계에 이미 폭 넓은 신봉자를 갖고 있던 종교실천의 한 방법이었다. 원시불전은 당시 특히 동인도에 많은 고행자와 요가 행자가 있었음을 생생하게 묘사하고 있다.

그 후 요가는 인도 전반의 종교실천의 대도(大道)로서 발전되었다. 물론 여기에는 본래의 실존적 차원의 종교체험을 얻기 위한 요가의 삼매도 있지만, 동시에 다양한 형태의 민간신앙적인 관념 및 수행법과 결합되거나 또는 이를 이용한 흔적도 있다. 현대에도 인도 각지에 산재해 있는 샤만의 지위도 철학적으로는 차이가 있으나 인류학의 관점에서는 요가의 밀접히 관련되어 있다.

푸자와 채식주의

공희(供犧, yajña)로 대표되는 제식의 효과 및 의의에 대한 비판이 제기되었다는 점에 대해서는 이미 설명하였다. 이러한 비판은 주로 제식학의 권위자인 지식인 계급에서 이루어졌다. 그들은 기본적으로 주술의 세계에서 가능한 일인 제사의 한계를 자각하고 영원·불사와 관계되는 실존적 차원의 범아일여의 수행법과 철학을 개발하였다. 그러나 이는 종교적으로 고차원적인 것이라고 할지라도, 일반인 모두가 실행할 수 있는 것은 아니었다.

한편 야즈나는 다른 측면에서도 비판을 받았다. 그것은 특히 동물의 생명을 희생하는 것에 대한 혐오감이다. 제식, 공희의 기본적인 관념은 적어도 그 출발점에 있어서는 신들에게 존경과 공물을 바치고 이로써 그 댓가를 얻는 것이었다. 마치 어떤 사람이 다른 사람에게 무엇인가를 의뢰할 때 선물을 바치고 음식을 대접하는 것과 같이, 그들은 자신이 먹는 최상의 음식을 신들에게 바쳤다. 당시의 사람들은 바라문들도 포함하여 소, 양 등 동물의 고기를 식용으로 사용하였다. 따라서 동물의 피와 고기를 신들에게 바치는 일은 아무런 이상한 일이 아니었다.

그러나 제사 자체의 의의가 의심되자 일반인에게도 과연 동물의 생명을 헌공하지 않으면 안되는가에 대한 의문이 제기되었다. 당시의 인도사회는 일반적으로 촌락을 중심으로 하는 폐쇄적인 부족공동체였다. 당연히 소, 양을 포함한 일체의 재산은 촌락 및 부족의 공동 소유였다. 그러나 사회적·경제적 변천에 수반되어 도시가 성립되고, 부족사회가 점차 해체되어 대가족제도로 변함에 따라 재산은 사유화되었다. 즉 공용의 재산이 사유재산으로 변했던 것이다. 따라서 전에는 부족성원 전원이 공동으로 한마리의 소 또는 양을 제물로 사용하는 일이 가능했지만, 사유재산이 됨에 따라 어느 집안도 동물을 희생하여 바치는 일이 경제적으로 곤란하게 되었다. 코삼비교수는 대략 기원전 7세기에서 기원전

5세기에 걸치는 격동의 시기에 점차 동물의 희생이 기피되는 이유를 이와 같은 경제적인 이유에서 찾고 있다. 그러나 이에 반론이 없는 것은 아니다. 희생으로 바쳐진 동물의 고기는 버려지는 일이 없었다. 제사에 관계된 사람들이 이를 식용으로 사용하였던 것이다. 동물은 어떻게 되었든 결국 식용으로 사용될 운명을 지니고 있었다. 따라서 이러한 경제적인 측면이 특히 동물의 희생을 혐오하는 기본적 이유라고는 할 수 없다. 여기에는 다른 이념이 작용하고 있는 것으로 생각되지 않으면 안된다는 것이다.

이러한 입장에서 종종 주장되는 내용이 불살생(不殺生, ahiṃsā)의 윤리이다. 특히 불교 또는 자이나교 등, 당시 바라문의 주장에 배치되는 가르침으로 출발한 신흥종교는 불살생을 강하게 주장하였다. 물론 바라문들 중에서도 고행자 및 요가행자들은 불살생의 덕을 강조하였다. 그러나 그들의 불살생은 어디까지나 일반인의 생활을 떠난 출가인들이 스스로에게 부과하고 스스로 행하였던 실천덕목이었다. 이에 대해 불교 및 자이나교에서는 출가수행자뿐만 아니라 일반 재가신자들도 그들의 사회생활 속에서 이 덕목을 실천해야 함을 말하고, 실제로 이를 행하였다. 불살생이라는 덕목이 사회전반에 끼친 영향력은 이러한 신흥종교에 의한 것이었다.

이와 같은 여러 가지 이유로 제사에서의 동물의 희생은 혐오되기 시작하였으며, 점차 이를 대신하는 푸자 pūja라는 예배형식이 일반화되었다. 이는 현대의 인도에서도 가장 일반적인 신에 대한 예배형식이다. 사람들은 신상(神像)을 안치하고 공물을 바친다. 이 신상은 단순한 우상이 아니다. 신 그 자체로 믿어지고, 마치 살아 있는 사람을 대하듯이 봉사와 예배가 이루어지는 것이다. 의례를 통하여 신상은 아침에 잠에서 깨어나게 되며, 물・향・꽃・불・음식물 등이 공양된다. 더울 때에는 부채로 부치며, 큰 신사에서는 춤이 봉납되는 경우도 있다. 푸자에 의해 반대급부의 혜택이 추구되는 일이 전혀 없지는 않지만, 그러한 경우는 희귀하다. 그 본질은 어디까지나 존숭과 봉사이다. 이러한 점에서 야즈나와는 현저히 다르다.

야즈나도 그 출발점에서는 전적으로 신들에게 기도를 드리고 은혜를 바라는 것이었다. 그것이 점차 제식의 메카니즘에 따라 교환관계가 되어 신들을 지배하게끔 되었다. 적어도 의례의 구조적 측면에서 볼 때 신들에 대한 존숭은 이미 의미를 잃게 된 것이다. 이에 대해 푸자가 다시금 신들에 대한 존경과 그들에 대한 인간의 신애(信愛)의 생각을 회복시켰던 것이다.

문헌의 기록에 따르면 신상(神像)은 적어도 기원전 4세기 경에 존재했다. 그러나 베다의 찬가에도 신상의 존재가 암시되어 있어 그 역사는 상당히 고대로 소급될 수 있다.

푸자 물, 향, 꽃, 불, 음식물 등을 공양. 마치 산사람을 대하듯이 봉사와 예배가 이루어진다. 현대인도에서는 보통의 예배형식이다.

물론 푸자의 일반화와 신상의 존재가 항상 일치한다고는 할 수 없지만, 푸자에는 필히 신상의 존재가 예상되고 있다. 역으로 신상의 존재는 어떠한 형태로든 숭배의례가 수행되었음을 예상케 한다. 푸자라는 예배형식도 지금 문제가 되고 있는 기원전 6세기 내지 5세기를 중심으로 하는 시대에서부터 점차 발전하였을 것으로 생각된다. 확실히 푸자의 기원에 대해서는 이설이 많다. 본래 아리야족 하층민들의 의례였던 것이 여러 가지 토착신앙의 영향을 받아 표면화된 것이라는 설도 있다. 그러나 더욱 유력한 설은 푸자의 '푸'가 타밀어로 '꽃'이라는 의미로서 '푸자'는 '꽃을 바친다'는 의미라는 것이다. 이는 푸자가 드라비다족에게서 기원하는 것으로 간주하는 설이다. 어쨌든 푸자는 이시대 이후 현대에 이르기까지 계속 전승되어 왔다. 불전에도 푸자의 형식이 다양한 형태로 유입되어 불교와 민간신앙 차원의 기도, 기원의례가 나타나 있다. 이 점에 대해서는 다음에 다시 설명하기로 한다. 동시에 불교와 자이나교 등에 의해 일반화되기 시작한 불살생의 사상은 신들에 대한 동물의 희생을 금지하는 것으로 그치지는 않았다. 붓다 자신은 고기를 먹었지만, 육식을 하지 않는 채식주의가 널리 유포된 것은 이 시대부터이다. 그 후 특히 종교적 계층제도의 정점에 위치한 바라문들의 기본적 생활양식의 하나가 되었다. 앞에서 언급한 적이 있는 슈리니바스교수의 '산스크리트화'에 있어 '산스크리트문화'의 대표적인 생활양식의 하나가 되어 비힌두교도가 힌두화될 때의 모방의 대상이 되었던 것이다.

윤회와 업

힌두교의 내세관 가운데 중요한 것의 하나가 '윤회와 업'의 사상이다. 인간의 본질은 영혼으로서 이는 영원불변한 실체이다. 육체가 소멸해도 이 영혼은 소멸되는 일이 없이 여러 세계를 산다. 이는 천계(天界)와 지옥에 동물로서 또는 인간으로서 삶을 계속한다. 윤회가 바로 그것이다.

인간의 행위는 구체적으로 드러나기만 하는 것이 아니라 필히 다음에 어떠한 영향을 미치는 일종의 여력을 남긴다. 이와 같이 어떤 행위에 의해 예외없이 생기는 잠재적인 힘을 업(業)이라고 한다. 이 업이 갖는 선악의 성질에 따라 사람들은 즐거움, 또는 괴로움의 세계에 태어난다.

현대의 힌두교도는 물론이고 인도인 일반이 무조건적으로 믿고 있는 이 윤회와 업의 사상은 붓다 출현에 조금 앞선 시대부터 점차 일반화되었다. 그 이전의 아리야문화에서도 사후의 세계에 대한 관심은 있었지만, 반드시 이와 같은 윤회와 업, 그리고 사후의 세계에 대한 확실한 의식을 갖고 있지는 않았다. 윤회와 업의 사상이 명확한 형태를 띠기 위해서는 우파니샤드문헌의 고대본(本)이 성립되는 시기(기원전 7~6세기 경)를 기다리지 않으면 안 되었다. 소위 '오화설(五火說)' '이도설(二道說)'이 그것이다.

이도설에 대해서는 이미 앞에서 언급하였다. 그런데 이 설의 기본이 되는 것은 오화설이다. 오화설은 당시의 대표적인 종교의례인 불의 제사에서의 제화(祭火)의 의미와 관련하여 인간이 이 세계에 다시 태어나는 과정을 구분하는 것이다. 사람이 죽어 화장되면 그 사람의 영혼은 우선 달로 간다. 그리고는 비가 되어 땅으로 떨어져 식물에 흡수되며, 이는 인간의 음식물이 된다. 남자가 먹었을 경우 그 영혼은 정자가 되며, 마지막으로 모태로 들어가 재생한다.

이 오화이도설(五火二道說)은 판찰라국(북인도 중앙)의 왕 프라바하나가 바라문이며 우파니샤드의 유명한 철학자인 웃달라카 아루니에게 설명한 것으로 전해진다. 당시 지식인의 대표인 바라문 철학자가 크샤트리야 즉 왕족에게 가르침을 청했다는 사실은 크샤트리야가 종교 또는 사상의 면에서도 크게 대두되었음을 보여준다. 동시에 윤회·업의 사상이 아직 일반화되지 않았음을 보여주고 있다.

윤회와 업의 사상은 아마도 토착문화에서 비롯되어 붓다가 출현하기 1~2세기 전에 일부에서 새로운 학설로 유포되기 시작하였을 것으로 생각된다. 그 후 이러한 관념은 급속히 확장되어 사회에 정착되었다.

윤회·업의 관념은 한편으로는 숙명론적인 사유방법을 낳는다. 과거에 이루어진 행위의 결과로 현재의 상태가 결정된다면, 그것은 어쩔 수 없는 것으로 상황을 개선코자 하는 인간적 노력은 무익한 것이 된다.

그러나 인도의 윤회·업 사상은 항상 숙명론적이고 소극적인 생활태도를 보여주고 있지는 않다. 현재의 행위가 미래의 원인이기 때문에 인간적 노력의 여지가 있는 것이다. 현재의 생활이 괴롭더라도, 그리고 이것이 과거의 행위의 결과라고 할지라도, 다음의 삶의 상황은 현재의 행위에 의해 결정된다. 현재의 선행에 의해 혜택받은 생활환경에 태어날 수 있으며, 반면 악행을 일삼으면 괴로움의 세계나 동물의 세계에 태어날 수밖에 없다.

이러한 업이론은 당시 사회의 괴로운 생활상황에 처한 하층민들의 불만을 교묘하게 설명하고 사회적 불평등을 정당화하는 데에 성공하였다. 우파니샤드 시대 이후에 이러한 생각이 급속히 일반화되었던 사실은 이 사상이 당시의 정신적 요구에 응답하는 것이었음을 보여주고 있다.

붓다도 일종의 민간신앙으로 일반화되어 있던 이 윤회·업의 사상을 받아들였다. 뒤에 상세히 설명하겠지만, 붓다의 가르침과 윤회·업은 모순되는 것이 아니다. 그러나 점차 교리가 정비되어 무아설(無我說)이 무영혼설과 동일한 의미로 이해되었을 때, 불교의 기본적인 무아설은 윤회·업의 사상과 대립하는 것이 되었다. 인간존재의 본질로서의 영원불변한 실체, 예를 들어 영혼을 인정하지 않으면서 그 인간이 윤회한다고 하면, 업을 짊어지고 윤회하는 주체는 무엇인가?

인간은 사후 어떠한 형태로든 어디엔가에 계속 존재한다는 막연한 민간신앙적인 생각과 불교의 근본적인 가르침으로서의 무아설 사이에는 간극이 있으면서도 모두 불교도의 생활에 큰 영향을 미치고 있다. 이는 교리학의 문제가 아니라 생활문화의 측면에서 파악되어야 할 문제이다. 이에 대해서는 다음 장에서 상세히 검토할 것이다.

제2장 석존 붓다의 생애

1 고타마의 탄생과 환경

고타마의 탄생

7세기의 중국승 현장(玄奘)은 불교를 연구하기 위하여 인도에 갔다. 그 여행기인《대당서역기》(大唐西域記)는 붓다가 탄생한 곳인 룸비니의 정황을 다음과 같이 기록하고 있다.

> 여기에 샤캬족의 한 인물이 목욕한 연못이 있는데 그 물은 맑아 거울과 같다. 여러 가지 꽃들이 어지러이 피어있고——여러 스투파(탑)가 세워져 있다. 그 가까이에 큰 석주(石柱)가 있는데, 그 위에는 말의 상이 조각되어 있다. 아쇼카왕이 건립한 것이지만, 이제는 중간 부분에서 꺾여 있다.

현재의 룸비니는 여기에 기록되어 있는 바와 같이 아름다운 숲이라고는 할 수 없다. 네팔정부가 보존하고는 있지만, 억새풀이 흩어져 있는 넓은 초원에 지나지 않는다. 그러나 10세기경에 건립된 것으로 보이는 오래된 사당이 있으며, 아쇼카왕의 석주도 중간이 부러진 상태 그대로 남아 있다. 말의 상이 조각되어 있다는 석주의 머리부분은 현재 남아 있지 않다.

아쇼카왕은 기원전 3세기의 마우리야왕조의 제3대 왕이다. 인도 최초의 대제국을 건설한 영명한 왕으로서 불교를 신봉하고 법(法, dharma)의 정치를 실행하였던 것으로 유명하다. 그는 영토 각지에 석주 또는 암벽을 반듯이 깎은(磨崖) 곳에 12종의 법칙문(法勅文)을 새겨 시정의 방침을 국민에게 알렸다. 룸비니의 석주는 그 중의 하나로 7세기에 현장이 이것을 기술하고 현재에도 그대로

룸비니　오른쪽은 마야당(堂), 중앙에 있는 것이 아쇼카왕의 석주로서, 현장이 본 것도 바로 이것이다.

남아 있는 것이다.

그런데 룸비니의 위치에 대해서는 19세기 말에 이르기까지 명확하게 알려지지 않았었다. 그러던 중 1896년 12월 고고학자 A. A. 퓰러가 현대의 네팔령 타라이분지의 옛 사당을 조사하면서 아쇼카왕의 석주를 발견하였다. 이는 룸민데이로 불리는 사당으로 울창한 숲에 가리어 있으면서 겨우 그곳 주민들 사이에만 알려져 있을 뿐이었다. 그러나 아쇼카왕 석주의 비문에는 이곳에서 붓다 샤캬무니가 태어났으며 왕은 즉위 20년이 되는 해에 이곳을 순례하였음이 기록되어 있다. 그리고 붓다의 탄신을 기념하여 석책(石柵)과 석주를 건립하고 이 '룸비니' 촌의 세금을 면제하였다고 한다.

이에 따라 현장의 기록이 확인되었으며, 동시에 룸비니의 소재도 확실하게 되었다. 이것 뿐만이 아니다. 근대의 유럽에서 불교연구는 주로 문헌을 통하여 이루어지고 있었으며, 붓다의 실재성마저 의심되는 시기도 있었다. 붓다에 관한 전승은 태양신화의 한 유형이라고 하였다. 룸비니의 발견은 붓다가 실재하였음을 증거하는 자료가 되기도 하였던 것이다.

붓다는 샤캬(釋迦)족이라는 소부족의 지도자의 아들로 태어났다. 아버지는 슛도다나, 어머니는 마야라고 하며, 어머니는 동쪽 인근의 콜리야 출신이다. 아버지의 성은 고타마로서 이에 따라 붓다도 '고타마성 출신의 깨달은 자'라는 의미로 고타마 붓다 Gotama Buddha 라고 불렸다. 또한 샤캬족 출신의 성자라고 하여 샤캬무니 Sākyamuni라 하기도 한다. 이것의 한역이 석가모니(釋迦牟尼)이며, 석가족의 존귀한 분이라고 하여 석존(釋尊)으로도 불린다. 이 책에서는 원칙적으로 이 칭호를 사용한다. 어릴 때의 이름은 싯달타 Siddhārta 이었던 것으로 전해지는 데, 그 뜻은 '목적을 성취한 〈사람〉'으로서 후대의 전승이다.

샤캬족의 본거지는 카필라바스투라는 도시인데, 석존은 이곳에서 20킬로미터 떨어진 룸비니에서 태어났다. 산월을 맞은 마야부인이 왜 이곳까지 와서 출산하였는가에 대해서는 잘 알려져 있지 않다. 출산하기 위해 친정인 콜리야족의 도시로 가는 도중이었다고도 하며, 염오를 피하기 위하여 가족과 떨어진 곳에서 출산하는 당시 인도의 습관에 따른 것이라고도 한다. 그러나 이 모두는 설득력이 있는 설도 아니며, 증거도 없다. 그럼에도 불구하고 석존이 이곳 룸비니에서 태어났다는 것은 모든 전승이 일치하고 있으므로 이는 사실로 간주된다.

태어난 해에 대해서도 이설이 많다. 남방불교권에서 전승되는 팔리어 계통의 문헌(南傳)에서는 기원전 6세기 중엽이라고 한다. 그러나 중국으로 전래된 북방불교 계통의 자료(北傳)에는 기원전 5세기 중엽이라는 설이 많다. 이 사이에는 약 100년의 차이가 있는데, 본서에서는 나카무라 하지메(中村元) 교수의 설을 좇아 기원전 463년 탄생, 기원전 383년 입멸로 한다. 결국 붓다는 서력 기원전 5~4세기의 인물이 된다.

탄생한 날짜도 정확히 알려져 있지 않다. 전승에 의하면 인도의 음력으로 두 번째 달인 바이샤카(팔리어로는 베사카)월의 후반 8일 또는 후반 15일이라고 한다. 이를 태양력으로 환산하면 4, 5월이 된다. 중국, 한국 등지에서 부처님 오신 날을 4월 8일로 하는 것은 여기에서 유래한다. 한편 남방불교의 국가들에서는 베사카달의 만월이 되는 날에 베사카제를 지내면서 불탄·불멸·성도를 함께 경축하고 있다.

어머니 마야부인은 출산 후 곧 사망하였다. 이에 따라 석존은 양모 마하프라자파티에 의해 양육되었는데, 그녀는 마야부인의 동생으로 아마도 언니가 사망한 후 후처가 되었던 것으로 보인다.

이와 같이 석존의 탄생에 대해서도 그리고 그 후의 생애에 대해서도 명확한 역사적 상황을 알 수가 없다. 이의 한가지 이유는 중국과 달리 세속적 일을 문서로 남겨두지 않는 인도인의 성격에 유래한다. 옛부터 인도인은 영원한 우주의 리듬을 중시하고, 윤회의 한 과정인 인간의 덧없는 일생 그리고 그 중의 세세한 일상적 일에 대해서는 깊은 관심을 갖지 않았다. 동시에 석존에 관계된 전승은 점차 신화적 윤색을 띠게 되었으므로 이곳에서 역사적 사실을 추출하는 일은 쉽지 않다. 반면 역사서가 없는 인도에서 석존의 연대와 그밖의 행적, 사적이 현재까지 확실하게 남은 것은 인도의 역사에 있어 석존 및 불교가 차지하

신령한 태몽
흰 코끼리가 내려오는 꿈을 꾸고 마야부인은 석존을 잉태했다고 한다.

는 중요성이 얼마나 큰가를 보여주고 있다.

샤카족

샤카(팔리어로는 Saka)족은 바라문을 핵심으로 하는 당시의 아리야문화의 중심을 둘러싸고 있는 주변지대에 위치하였다. 즉 바라문 문화권의 변방에 있던 소부족이었다. 최고층(最古層)의 불전에는 후에 석존이 출가수행하였을 때의 말을 다음과 같이 기록하고 있다.

> 설산(히말라야)의 중턱에 정직한 한 부족이 있다. 옛부터 코살라국의 주민으로 부와 용기를 갖추고 있다.

결국 샤카족은 마가다국과 함께 2대 강국이었던 코살라국에 귀속되어 있었다. 다만 자치권은 인정되어 있었으며, 아마도 공물을 바쳤던 것으로 보인다. 후에 샤카족은 이 코살라의 공격을 받아 멸망되는 비운을 맞는다.

이 2대 강국이 전제군주제 국가였음에 비해, 샤카족은 일종의 공화제의 형태를 취하였다. 거리에는 공회당이 있으며, 이곳에서 부족 안의 유력한 가문의 장로가 모여 모든 일의 운영을 논의하였다. 그 중 의장격인 사람을 라잔 rajan (왕)으로 불렀는데 이는 전제군주제의 왕과 동일한 명칭이다. 석존의 아버지는 이러한 의미에서의 왕이었으므로 석존이 왕자였던 것은 틀림없다. 그러나 실제로는 혈연으로 연결된 한 소부족의 우두머리의 아들이었다는 편이 타당하다.

불전은 모두 샤캬족을 크샤트리야로 기록하고 있다. 크샤트리야는 앞에서 언급한 바와 같이 바라문 문화권에서 성립한 4성(四姓)의 하나이다. 이러한 의미에서는 샤캬족은 아리야문화 속에 있었다고 할 수 있다. 그러나 카필라바스투를 중심으로 하는 샤캬국에 사성 가운데 그 외의 것, 즉 바라문과 바이샤 그리고 슈드라가 있었다는 기술은 없다. 바라문과 크샤트리야는 직권을 분담하면서 공존하였던 상층계급의 구성원이다. 그런데 크샤트리야 만이 있었다는 것은 이상한 일이다.

그리고 카필라바스투와 그 밖의 도시, 촌락의 주민이 모두 샤캬족이었는가 그렇지 않는가는 확실치 않다. 아마도 그렇지는 않았을 것이다. 농노(農奴)이건 무엇이건 종성(種姓)을 달리하는 하층민도 있었을 것으로 상정되며, 이를 지지하는 문헌적 증거도 있다. 만약 그렇다면 샤캬족은 무력을 바탕으로 일정한 지역의 지배권을 갖는 사람들이었으며, 스스로를 크샤트리야로 칭함으로써 종래의 지배권을 보존하면서 아리야문화권에 흡수되었던 다른 많은 예와 동일한 경우라고 추측하는 것도 부당한 일은 아닐 것이다. 그렇다면 샤캬족은 아리야인 계통이 아닌 것이 되는데, 이에 대해서는 다음 절에서 검토하기로 한다.

크샤트리야 또는 왕족이라고 하면서 그들은 호미, 괭이 등을 사용하여 농업에 종사하였다. 논 농사를 지었다는 기록도 있다. 석존의 아버지의 이름 숫도다나는 '청정한 쌀'이라는 의미이며, 그 형제도 모두 오다나(쌀)라는 말이 포함되어 있는 이름을 갖고 있다. 이는 농경과의 밀접한 관계를 나타내는 것으로 보인다. 다만 샤캬국에는 카필라바스투 외에 몇몇 도시와 촌락이 있었다. 영토 외에도 약간의 상업식민지도 있었다는 설이 있다. 따라서 농업만이 행해졌던 것은 아닐 것이다.

최근에 수도 카필라바스투에 대한 흥미있는 논쟁이 일어났다. 룸비니의 서쪽으로 약 25킬로미터 되는 곳에 타우리하와라는 도시가 있으며, 종래에는 그 주변의 티라우라 고트가 카필라바스투의 유적이라고 하였다. 그러나 1972년에서 1973년에 걸쳐 여기에서 동남쪽으로 약 30킬로미터되는 지역인 피프라와의 한 스투파(탑)에서 불사리(佛舍利) 항아리가 발견되었으며, 가까이에 있는 승원의 유적에서는 "대카필라바스투 = 비구(比丘)상가"라는 말이 조각되어 있는 40여개의 인장과 항아리가 발굴되었다.

피프라와는 1898년 페페라는 사람이 이곳의 스투파에서 불사리 항아리를 발견하고, 그 각문(刻文)에 의해 석존이 실재한다는 주장의 증거로 삼았던 경위도 있다. 이번의 발견은 그때 보다 더욱 깊고 광범위하게 발굴한 결과 출토된 것이었다.

티라우라 고트와 피프라와는 30킬로미터 밖에 떨어져 있지 않으나 그 사이에는 국경선이 있으며, 전자는 네팔령, 후자는 인도령에 속한다. 양국의 고고학자 사이에 뜨거운 논쟁이 벌어졌으나 현재 어느 쪽으로도 결정되어 있지 않다. 그러나 석존의 시대에는 네팔국과 인도공화국은 존재하지 않았다. 따라서 어느 나라의 영토인가는 역사적으로 아무런 의미를 갖지 않는다. 문화사적으로는 샤캬족의 인종계통, 소속문화권의 문제가 중요하다.

샤캬족은 아리야인인가

종래 샤캬족은 아리야인으로 생각되어 왔다. 그렇게 생각하여야 할 여러 가지 이유가 있으므로, 불전에는 아리야라는 말이 샤캬족 출신자를 지칭하는 말로 사용된 경우가 있다. 또한 석존이 자신의 가계에 대해 양친의 계통도 순수하며 7세대 전까지 거슬러 올라가 보아도 염오되어 있지 않다고 말했던 것으로 불전은 기록하고 있다. 혈통의 순수함을 자랑하는 것은 바라문과 크샤트리야로 대표되는 아리야인이며, 샤캬족이 '피의 순결'함을 자랑하는 것은 그들이 아리야인이기 때문이라는 경솔한 판단이 여기에 있다. 이렇게까지 생각치는 않는다 하더라도 샤캬족은 크샤트리야가 아닌가, 크샤트리야는 아리야인의 계급으로 샤캬족이 그 안에 위치하고 있는 이상 그들이 아리야인임은 자명하다고 생각하는 사람도 있다.

동시에 샤캬족의 사람들 그리고 석존이 아리야어 계통의 언어를 사용하고 있음은 거의 틀림없는 사실이다. 앞에서 언급한 바와 같이 피프라와에서 출토된 사리 항아리의 명문도 확실히 아리야어 계통의 언어로 기록되어 있다. 그리고 샤캬족의 사회는 부계사회로서 모계제 사회가 아니라는 점도 샤캬족이 아리야계 인물들이라고 결론짓는 하나의 증거가 되고 있다.

그러나 한편으로 1920년대 후반에 저명한 인도사학자 V. 스미스는 석존이 몽고인종이라는 설을 제시하여 학계에 물의를 일으켰다. 최근에 이러한 문제는 여러 가지로 전개되고 있다.

우선 불전의 아리야라는 말은 인종의 계통으로서의 아리야인에 한정되지 않는다. 이 말은 여러 가지의 의미로 사용된다. '성스러운'이라는 형용사로도 사용되며, 당시의 윤리도덕의 규범에 합치된 것을 가리키는 용법도 있다. 적어도 후대의 아쇼카왕 비문에서의 '아리야'는 사회의 상층계급을 가리키는 명칭이다. 결국 아리야'인'을 주체로 하지만, 원주민을 포함한 상층계급 그리고 그 생활양식을 아리야라고 하는 것으로 인종과 직결된 것은 아니다.

샤캬족의 가계의 순수함을 이야기하는 기록은 극히 정형화된 표현으로, 석존 자신의 말이라고 하기에는 어려운 점이 많다. 오히려 힌두세계에서 혈통의 권위가 강조되던 시대에 불교도가 석존을 미화하기 위하여 이러한 표현을 삽입한 것으로 보인다.

불전은 샤캬족이 《리그 베다》이래의 영웅으로 일종족(日種族)의 선조인 이크슈바쿠 Ikṣuvāku왕의 후예라고 한다. 팔리어로 오카카 Okkāka왕이라고 하며, 감서왕(甘庶王)으로 한역되는데 이 역어는 언어학적으로 정확하지 않다. 어쨌든 이 왕은 푸르족과 야다바족의 선조라고 하는데, 이들은 모두 비아리야계의 부족이다. 따라서 이 왕의 후예라고 하는 불전 자체의 기록에 따르는 한, 샤캬족은 아리야인 계통이 아니다. 그리고 석존의 어머니 마야부인은 콜리야족 출신이라고 하였는데, 이 콜리야족도 오스트로·아시아계의 문다어를 사용하는 코르인과 관계있을 것이라는 설도 제시되어 있다(岩本裕교수).

샤캬족이 크샤트리야라는 것도 앞에서 언급한 바와 같이 새로운 부족이 아리야문화권에 흡수되어 갈 때, 무력과 정치권력을 장악한 사람들이 스스로를 크샤트리야로 자칭함으로써 아리야화되어 가는 사례가 여러 차례 있으므로, 크샤트리야라고 해서 아리야'인'이라고 할 수는 없다.

이와 같이 샤캬족이 아리야인이라는 설은 근거가 박약하다. 민족학적 연구에 의하면 당시 히말라야 산록 일대로부터 비하르, 벵갈 지방에 이르기까지 티베트·버마 인종의 제부족이 분포되어 있었다. 현재에도 히말라야 산간 지역에 이 계통의 부족이 남아 있다. 따라서 샤캬족이 티베트·버마계일 가능성이 없는 것은 아니다. 그렇다고 하여 비아리야계라고 확언할 수 있는 명확한 증거도 충분치 않으므로, 아리야인이 아닐 가능성이 높다고 하는 정도로 말해두는 것이 무난할 것이다.

이 문제는 실은 단순한 인종의 문제가 아니다. 문화의 문제와 직결되어 있다. 따라서 불교문화의 변천을 살펴보면서 샤캬족의 성격을 충분히 확인할 필요가 있다. 우선 샤캬족이 이미 아리야 '문화권' 안에 위치함은 의심할 여지가 없다. 언어도 그러하며, 석존도 아리야 문화권의 상층계급 출신자로서의 교양을 충분히 갖추고 있다. 샤캬족이 크샤트리야라는 것도 아리야적 사회의 가치체계를 수용하고 있음을 나타낸다.

그러나 샤캬족에 비바라문, 반바라문적인 요소가 농후함도 의심할 여지가 없다. 예를 들어 바라문계급의 종교적, 사회적 권위는 공공연히 부정되고 있다. 또한 베다적인 제사도 수행되지 않고 있다. 석존이 슈라마나(沙門)로 수행을 시작하였던 것도 비바라문적 요소가 강한 동인도 문화를 받아들였기 때문이다.

그 후의 불교문화의 발전을 살펴보면 비바라문적 토착적 요소가 상당히 많이 발견된다. 예를 들어 요가의 중시, 사리(유골)숭배, 스투파(탑)숭배, 동물숭배, 지모신(地母神) 계통의 야크샤니 Yakṣani(불전의 夜叉, 藥叉의 여성), 그 남성으로 귀령(鬼靈)의 하나인 야크샤 숭배, 나가 Nāga(뱀, 龍神) 숭배 등이 그러한 것이다. 물론 아리야 계통의 사람들도 이러한 토착문화를 흡수하였으므로, 이러한 점을 가지고 샤캬족이 인종의 계통에 있어 비아리야계라고 할 수는 없다. 그러나 샤캬족, 그리고 석존에서 시작되는 불교가 비아리야적 요소가 농후한 인도의 토착문화적 토양 가운데에서 성립·발전되었음을 인정하지 않으면 안된다.

젊은 날들

부족장의 아들 또는 왕자로서의 석존은 혜택받은 유년·소년시대를 보냈다. 어떤 경전은 젊은 왕자를 위해 특별히 연못이 조성되고, 여러 가지의 연꽃이 심어졌다고 한다. 또한 전단향과 의복은 바라나시(베나레스)에서 운반되었다고도 한다. 바라나시는 지금도 고급 직물의 명산지로 유명한 곳이다. 그리고 저택 안을 거닐 때에는 먼지와 안개 그리고 햇빛을 가리기 위하여 양산을 든 사람이 뒤를 따랐으며, 우기·동기·건기에는 그에 적당한 궁전이 건립되어 있어 그곳에서 사치스러운 나날을 보냈다고 한다. 이를 그대로 역사적 사실로 받아들일 수는 없지만, 아주 특별하게 양육되었음을 엿볼 수는 있다.

당시의 상층계급인들은 받아야 할 교육이 정해져 있었을 것이다. 구체적인 것은 확실치 않지만, 조금 후대의 불전은 독서로부터 여러 가지의 계산법, 보석·말 등의 감정법 등을 석존이 익히 알고 있었음을 전하고 있다. 무력을 가진 부족의 남성으로서 승마와 마차를 다루는 법, 무기의 사용법도 연습하였을 것이다. 그러나 어느 정도 숙달되어 있었는가는 잘 알려져 있지 않다. 상당한 후대의 문헌에는 야쇼다라를 아내로 맞아들임에 있어 데바닷타를 포함한 여러 청년들과 무예를 겨루어 압도적인 승리를 거두었다는 기록이 있지만, 이는 역사적 사실이 아니라 창작이다.

그러나 당시의 상층계급으로서의 교양을 충분히 갖추었음은 의심의 여지가 없다. 후년의 석존의 수행과 교화의 사적을 불전의 기록을 통하여 찾아보면, 여기에 부각되는 것은 뛰어난 지성과 교양을 가진 인간상이다. 당시의 사상과 종교에 대한 지식도 지니고 있으며, 제자들에게 가르침을 설할 때의 명쾌함과 정연한 설명은 석존의 투철한 논리적 사고를 보여주고 있다.

한편 세간적인 삶에 대한 지식도 깊어 재가신자에게는 구체적인 생활방법을 자유로이 설한다. 단순히 종교적·사상적 지식만을 갖고 있는 것이 아니라, 당시의 지도자층이 지니고 있을 것으로 예상되는 일반적인 교양과 지식도 충분히 갖고 있음을 나타내는 것으로 보면 좋을 것이다. 여하튼 당대 일류의 인텔리였음은 의심의 여지가 없으며, 그 기초는 소년·청년시대에 쌓았음에 틀림없다.

석존이 결혼하였음도 틀림없는 사실이다. 그러나 부인의 이름은 여러 가지로 전승되고 있다. 북방불교의 전승에서는 야쇼다라 Yaśodharā라는 이름이 비교적 널리 알려져 있으나 그 이외의 이름도 있다. 남방불교의 전승에서 야쇼다라라는 이름은 거의 보이지 않는다. 단순히 '라훌라 Rāhula의 어머니'라고 하는 경우가 많다. 이는 당시에도 그리고 현대에도 널리 행해지고 있는 관습이다. 또는 복수의 부인이 있었을 가능성도 없지 않다. 여하튼 결혼하였던 것은 사실이지만, 석존의 전기 및 불교사에서 석존의 결혼은 그다지 중요한 의미를 갖지 않는다. 이는 어머니인 마야의 경우에도 마찬가지이다. 불교에서는 특히 성모(聖母)숭배, 여성숭배는 없다. 그리고 가정생활을 버리고 출가하여 깨달음을 얻은 석존에게 결혼은 세속적인 일상생활 중의 한 장면에 지나지 않았는지도 모른다.

다만 석존이 결혼하여 애욕의 실태를 알았다는 점은 불교에서 적지 않은 의미를 갖는다. 후에 다시 살펴보겠지만 석존은 인생의 불안을 통찰하고 그 불안의 해소, 극복의 길을 탐구하였다. 그러기 위해 그는 인생의 불안, 괴로움의 원인을 살펴보았는데, 그것은 바로 애욕으로 시작하는 인간의 욕망에 다름 아니었다. 이 욕망의 해소에 대한 이야기를 할 때, 단순한 이론으로서가 아니라 스스로 경험하고 스스로 그 극복의 어려움을 알며 그러면서 이의 극복에 성공한 사람의 설명이어야만 설득력이 있다고 할 것이다.

석존은 섬세하고 내향적이며 감수성이 강한 소년이었던 것으로 보인다. 혜택받은 환경에서 성장하면서도 늙음, 병듦, 죽음으로 대표되는 인간의 불안에 대한 관심을 버리지 못하였다. 소년은 점차 인간은 왜 죽는가, 왜 생각대로 되지 못하는가를 진지하게 생각하기 시작하였다. 왕궁 안의 나무 그늘에서 선정에 잠기기도 하였다. 석존은 이른바 실존적 고뇌를 느끼면서 성장하였다. 그리고 결혼하고 아들도 얻었으나, 곧 일체를 버리고 출가수행자의 길을 걸었다.

2 출가와 깨달음

도(道)를 구하여

최초기의 불전은 석존의 출가에 대해 다음과 같이 대수롭지 않게 설명하고 있다.

> 비구들이여, 나는 실로 젊은 청년이었다. 머리칼은 검었으며, 청춘의 즐거움이 가득하였으나, 인생의 봄에 부모가 원하지 않음에도 그리고 눈물을 흘림에도 머리카락과 수염을 깎고 가사를 입고는 집을 나와 출가행자가 되었다.

양친과 친족이 출가를 말리고 비탄해 함은 상상하기 어렵지 않다. 출가사문은 세속생활과의 일체의 관계를 끊는다. 종교적 진실을 추구하므로 문자 그대로 집을 나와 나무 아래 돌 위의 생활을 한다. 철저히 무소유의 이념을 실천하는 생활을 한다. 세속사회와는 전혀 다른 세계로서 그 엄함은 상상을 뛰어 넘는다. 출가는 이 다른 세계로의 이행으로서 말하자면 살아있으면서 사별하는 것이라고 할 수 있다.

이와 같은 이별, 불안의 정만이 있는 것이 아니다. 집안의 후계자로서의 문제도 있다. 부유하고 유력한 집안일수록, 뒤를 이을 사람의 출가에 대한 저항이 크다. 단순히 재산이나 지위를 이어받는 것이 아니라, 당시의 (그리고 현대의) 인도에서는 선조에 대한 제사는 남자가 행하지 않으면 안 된다. 남자가 없는 가정은 조령제(祖靈祭)를 지낼 수 없으므로 양친의 영혼은 조상의 영혼이 되지 못하고 망령(亡靈)이 되어 버린다. 인도인의 감각에 이는 견딜 수 없는 것이다. 이러한 점에서 후대의 불전은 석존이 아들 라훌라가 태어난 것을 보고 안심하고 출가하였다고 한다.

여하튼 석존은 29세에 출가하였던 것으로 전해진다. 처자도 있으며 사회적 지위, 권력 그리고 부를 갖춘 사람으로 많은 반대를 무릅쓰고 출가하지 않을 수 없었던 점에 그의 구도의 마음이 강하였음을 발견할 수 있다.

출가를 결심하고 성(城)을 넘는 싯다르타(석존)

출가한 석존은 바로 마가다국으로 향하였다. 동인도의 최강국이며 그 수도 라자그리하(王舍城)는 상업, 문화, 학문 그리고 종교의 중심지였다. 석존은 처음 알라다 칼라마, 우드라카 라마푸트라라는 두 사람의 종교인의 제자가 되어 선정을 닦았다. 두 사람 모두 비아리야계의 인물이었다고 한다. 석존은 그들이 도달한 것과 동일한 선정의 경지에 이르렀으나 자신이 품은 의문을 해결할 수가 없어 결국 이들의 곁을 떠났다. 그러나 석존이 추후 선정에 의해 깨달음을 얻었던 점, 후대 이 두 종교가의 선정의 경지가 불교선정체계의 중간에 위치하는 것으로 조직화되는 점을 보면, 석존은 당시의 최고단계의 선정을 공부하고는 이를 벗어나 보다 높은 차원의 선정을 새롭게 개발한 사람으로 간주된다.

석존은 그 후 6년 동안 고행을 하였다. 여러 가지의 고행이 있지만, 주로 엄한 단식을 하였다. 고행은 베다 이래 널리 행해졌던 수행법으로 이를 실행하면 신통력을 얻을 수 있다고 한다. 석존은 이 고행을 행하였지만, 결국에는 이를 버렸다. 석존은 때 묻은 몸을 씻고 음식을 들어 기력을 회복한 다음, 가야라는 도시 가까이에 있는 보리수 아래에 앉아 선정에 잠겼다. 그러던 어느 날 직관이 번뜩이면서 깨달음을 얻었다.

이와 같은 경위에서 석존이 고행을 버렸음은 사실로 판명된다. 또한 석존의 깨달음의 본질이 고행과 직접 연결되어 있다고는 생각되지 않는다. 그러므로 불교는 고행을 부정한다는 표현이 결코 그릇된 것은 아니다.

그렇지만 교화활동을 하면서 석존은 욕망의 제어를 강하게 권장하고 있다. 욕망을 억제함이 불도수행의 기본이지만, 석존 자신은 어떻게 욕망과 싸웠을까? 대개 각 종교·종파의 개조 또는 조사의 전기에는 수행의 궤적 또는 극복의 내적인 경위가 생생하게 기록되어 있지만, 석존의 경우 문헌에 분명히 나타

나 있지 않다. 그러나 욕망
을 비롯한 감관의 억제는
석존의 경우 6년간의 고행
에서 충분히 실행되었을
것으로 보인다. 석존의 깨
달음은 고행을 버리고 선
정에 잠김으로써 성취되었
다고는 하지만, 그렇다고
하여 6년의 고행이 아무런
도움이 되지 않았다고는
할 수 없다. 물론 이를 적
극적으로 평가해야 한다는
최근의 연구도 있다(山折
哲雄교수). 이는 중요한 지
적이다. 현대에 이르기까
지의 불교의 긴 역사에서

고행하는 석존의 상   간다라 출토.

불교인이 여러 가지의 고행을 하고, 그리고는 마침내 깨달음을 얻었던 사실이 무수히 많다. 불교의 본질은 고행을 배척하는 것이지만, 번뇌에 염오된 육신을 정화한다는 단식수행의 의의는 깨달음에 이르기 이전의 한 단계로서 중요하게 평가되어야 한다. 헛되이 고행, 특히 단식을 배척하기를 고집한다면 불교의 역사에 나타난 수많은 고행자의 의미는 상실될 것이다.

전도의 길

가장 초기의 불전은 보리수 아래에서 명상하고 있는 석존에게 악마가 접근하여 여러 가지의 말을 건넸다고 한다. 불전 속의 악마는 번뇌의 상징이며, 석존의 심리적 갈등을 표현하는 것이다. 그러므로 악마가 생명을 연장하여 선행을 하라거나, 성화(聖火)에 공물을 바쳐 공덕을 쌓으라고 권장할 때, 이는 괴로운 수행을 버리고 일반적으로 선이라고 하는 일을 하는 안락한 생활로 유혹하는 것이다. 이에 대해 석존은 자신은 그러한 세간적인 선업(善業)을 추구하는 것

항마성도(降魔成道) 명상에 잠긴 석존에게 나타난 마왕

이 아니라고 단언하고, 악마의 8종의 군대 즉 욕망, 혐오, 기갈, 맹목적 집착, 태만, 의혹, 겉치레 그리고 억지를 극복하였다고 한다.

여기에서 볼 수 있는 바와 같이, 석존의 깨달음은 단순히 윤리적 생활을 영위하고 공덕을 쌓아 사후 생천(生天)을 희구하는 선업과는 직접적 관계가 없다. 결국 세간적인 단계에 있는 것이 아니라, 세속을 초월하여 출세간적인 단계에 속하는 것이다. 석존이 깨달은 것을 불전의 표현을 빌리자면 "인간을 초월한 진실"이었다.

이는 윤리도 아니며, 지식도 아니다. 선정을 통하여 체험된 지혜이며, 불사·영원한 자기의 감득이다. 신비체험이라는 말은 정의되기 어려우며 혼미한 정신상태를 가리키는 경우에도 사용되지만, 그 본래의 의미인 절대적인 것의 체험이라고 한다면 석존의 깨달음은 바로 이러한 체험이라고 할 수 있다.

이는 당연히 언어표현을 초월한다. 언어로 표현할 때, 그 깨달음은 생생한 내용을 잃고 죽은 개념이 되어 버린다. 그러므로 석존은 불사(不死)에 이르는 길이라고도 하며, "세속의 흐름에 거역하며, 미묘·심원하여 알기 어렵고, 또한 미세하므로 욕망과 탐착의 암흑에 가린 사람들은 볼 수 없는 것"이라고 하여 깨달음의 출세간성을 지적하고 있다.

그러나 한편으로 악마가 다시 나타나 "불사의 도를 얻으면 그 도를 그대 혼자 행하라. 다른 사람에게 설하지 말라"라고 하자, 석존은 소리 높이 전도의 결의를 피력한다. "피안에 이르고자 하는 사람들은 (나에게) 불사의 경지를 물으라. 나는 그들에게 번뇌의 제약이 전혀 없는 것(열반 Nirvāṇa)을 설하리라."

불전은 불교에 있어 중대한 모멘트인 전도의 결의를 범천(梵天)이 출현하여 주저하는 석존에게 설법을 권청하는 일화로써 설명하기도 한다. 불전문학(佛傳文學) 가운데 하이라이트라고 할 수 있는 이 장면에서, 범천은 세간 중에는 불안에 떠는 사람이 많으며 염오됨이 적지 않은 사람이 많다. 그들이 가르침을 들으면 진리를 깨우칠 수 있을 것이라고 하여 설법을 강하게 권유하고 있다. 이에 석존은 "귀있는 사람 누구에게나 불사의 문은 열려 있다. 신앙을 버리라"라고 선언한다.

당시의 종교계에서 진리는 비의(秘義)로서 스승으로부터 제자로 비밀스럽게 전해지는 데 그쳤으며, 일반대중에 대한 교화는 없었다. 있다고 한다면 그것은 제식의 권장과 당시의 바라문적 세계관에 따른 윤리뿐이었다. 인간의 실존에 뿌리를 둔 종교체험과 이를 바탕으로 하는 생활방법을 가르치는 일이 있다 하더라도 이는 극히 소수의 수행자에 대한 것이었다. 이러한 의미에서 석존의 가르침은 인도에 있어 최초의 출세간적 차원의 종교이며, 동시에 일반대중에 개방된 최초의 가르침이었다.

전도의 시작

석존이 설법의 대상으로 처음으로 선택한 사람들은 일찌기 함께 고행하던 5인의 수행자들이었다. 그즈음 그들은 바라나시 교외의 '선인의 주처(仙人의 住處)' 사르나트(鹿野園)에서 수행하고 있었다. 바라나시는 인도에서도 가장 오래된 도시의 하나로서 상업, 문화의 중심지였다. 종교의 거리도 있어 많은 사상가, 종교가들이 모였다. '리시파트나 Rṣipatna'(한역불전의 '仙人墮處', 선인이 모여 머무르는 곳의 의미)라는 지명이 이를 말하고 있다. 전도를 결의한 석존이 보드가야에서 무려 400킬로미터 떨어진 바라나시로 간 것은 말하자면 사상, 문화의 중심지에서 자신의 깨달음을 펴고자 했던 것이라고 할 수 있다.

전승에 따르면, 5인의 수행자를 만났을 때 석존은 자신에 가득차 있었다. 반면에 그들은 석존이 고행을 버렸을 때, 그를 좌절한 사람이라고 생각했다. 그

初転法輪 아래쪽에 5인의 수행자의 모습이 묘사되어 있다. 사르나트 출토.

러므로 석존을 보아도 인사하지 않을 것을 상의하였으나, 석존의 모습을 보자 그들도 모르는 사이에 일어나 환영하면서 "그대여"라고 불렀다. 이에 석존은 "나는 여래(如來)이며, 깨달은 사람이다. '그대여'라고 불러서는 안 된다. 귀를 귀울여라, 불사(不死)의 길이 열렸다. 나는 법을 설하리라"라고 대답하였다. 이 전승에는 석존 자신의 깨달음과 법에 대한 절대적인 자신감이 엿보인다.

그들은 얼마동안 함께 머물며 수행하였다. 번갈아 탁발하여 음식물을 구하면서 소위 일대일로 가르침을 베풀었다. 그러던 어느날 그 중의 한 사람인 카운디나라는 수행자가 깨달음을 얻었다. 기쁨에 넘쳐 석존은 탄성을 발하였다. "아아, 카운디나가 깨우쳤다." 이때부터 그는 아즈나타 ajñata(깨달은) 카운디나라고 불렀다(한역에서는 阿若憍陳如로 음사된다).

다른 네 명도 차례차례 깨달음을 얻어 불전은 '6인의 아라한(阿羅漢, 眞人＝깨달은 사람)'이 이 세상에 있다고 하였다. 그러므로 5인의 석존과 동일한 깨달음을 얻었던 것이다. 이는 극히 중요한 기술이다. 후세에 이르면 석존과 동일한 깨달음은 보통으로는 얻기 어려운 것으로 생각되었다. 그만큼 석존의 위대함이 강조, 신격화되고 이와 동시에 불신관(佛身觀)도 발전하지만, 이에 대해서는 다음에 다시 검토하기로 한다. 여하튼 초기의 불교에서는 석존의 깨달음과 제자의 깨달음 사이에는 구별이 없었다.

이 다섯 사람에 이어 바라나시의 호상의 아들 야샤스가 출가, 깨달음을 얻고, 그의 네 친구와 다른 50인의 친구도 깨달음을 얻어 합계 61인의 아라한이 존재하였다고 한다. 동시에 야샤스의 양친과 처자도 재가신자로서 귀의하여 불교교단의 기초가 이루어졌다.

전도 초기에 중요한 사건 몇 가지가 일어났다. 석존은 바라나시에서 마가다로 돌아왔는데, 여기에서는 카샤파(가섭) 3형제를 교화하였다. 그들은 배화외도(拜火外道)로서 성스러운 불에 제사지내는 것을 중시하였다. 무서운 나가 Naga(龍)가 성스러운 불을 지키고 있다고 하면서 주술을 구사하여 세인의 신봉을 유도하였으나, 석존도 주술로써 나가를 조복하고 이 세 형제와 그 제자 도합 천 명을 비구로 만들었다고 한다.

또한 당시 슈라마나의 지도자의 한 사람인 산자야라는 회의론자의 제자였던 샤리푸트라(사리불), 마우드갈랴야나(목건련)를 개종시킨 것도 큰 의의를 지닌다. 이 두 사람은 석존의 대제자로서 불교교단의 중심이 되어 교단을 발전시켰던 사람들이다. 산자야는 석존과 마찬가지로 종교적 진실과 언어표현 사이의 간극에 고뇌했던 인물이다. 그러나 침묵하기만 한 것도 아니며, 석존과 같이 알리려고 노력하지도 않았다. 그는 항상 종잡을 수 없는 방식으로 대답했던 것으로 알려져 있다. 예를 들어 사람이 사후에 존재하는가, 존재하지 않는가 라는 질문 하나하나에 대해 "그렇게 생각하지 않는다. 그러리라고도 생각하지 않는다. 그것과 다르다고도 생각하지 않으며, 그렇지 않다고도 생각하지 않으며, 그렇지 않은 것도 아니라고도 생각하지 않는다"라고 대답하였다.

그의 제자인 샤리푸트라, 마우드갈랴야나는 형이상학적 논리에 의해서가 아니라, 연기의 법에 대한 앎과 선의 실천을 통하여 회의론을 극복하고 불교에 귀의하였다. 산자야의 다른 제자 250명도 그들과 함께 비구가 되었으므로 산자야는 피를 토하였다고 한다.

이와 같이 불교교단은 당시 성행하였던 여러 종교그룹의 사상·실천과 대결, 그들을 집단개종시킴으로써 점차 그 세력을 확장시켜 나갔다. 샤리푸트라, 마우드갈랴야나 외에도 석존을 돕고 교단을 지탱한 뛰어난 제자들이 나타났다. 동시에 재가신자도 비약적으로 증가하였다. 또한 깨달음을 연 몇년 후, 석존은 고향 카필라바스투로 돌아가 동족인 샤카족의 청년들을 비구가 되게끔 하였다. 이때 양모 마하프라자파티도 최초의 비구니가 되었다고 한다. 이에 따라 비구, 비구니, 우파사카(남성의 재가신자, 우바새), 우파시카(여성의 재가신자, 우바이)의

'4중(四衆)'이 완성되어 교단의 기초가 확립되고, 석존의 45년간에 걸친 전도가 시작되었다.

3 석존의 전도

전도의 생활

45년 동안 석존은 특정한 지역에 정착하지 않았다. 우기의 3개월간은 외출하지 않고 한 곳에 머무르며 안거(安居)했지만, 다른 때에는 여러 곳을 끊임없이 유행(遊行)하였다.

그 범위는 라자그리하(왕사성)에서 바이샬리, 파바, 쿠시나가라, 카필라바스투를 거쳐 슈라바스티(사위성)를 잇는 교선들 중심으로, 서쪽으로는 바라나시에서 카우샨비에까지 이르고 있다. 석존이 매년 안거했다고 하면 45회의 안거가 있었던 것이 되는데, 가장 많이 안거했던 곳은 슈라바스티이다. 석존이 이곳에서 23회, 그리고 라자그리하 및 마가다국에서 8회 안거하였다. 이 외에 바이샬리, 카우샨비 등의 대도시에서도 안거하였다. 결국 어디까지나 동인도를 중심으로 교화의 여행을 하였던 것이다.

전도의 최초기에는 슈라마나(沙門)의 예에 따라 석존도 수하석상(樹下石上)의 생활을 하면서 제자를 교화했다. 원시불전의 고층(古層)에서 석존, 수행자를 '숲에 거주하는 사람' '고독한 사람' 등으로 표현하는 것도 그대로 인정된다. 다만 전인미답의 정글이나 심산의 오지는 아니다. 그러한 곳은 사람들을 교화할 수 있는 곳이 아니며, 탁발하여 음식물을 얻을 수 있는 곳도 아니다. 그들은 마을 가까이를, 그러면서도 사람의 왕래가 적은 곳을 선택하였다. 구체적으로는 숲, 나무 아래, 산, 동굴, 묘지(화장장) 등으로서, 특히 우기에는 작은 집을 짓고 그곳에 머물렀다. 인도의 경우 화장장은 옛부터 불길한 곳이라는 감각과 함께 가장 명상에 적당한 성스러운 곳으로 생각되었다. 이러한 장소에서 석존도 비구도 각자 고독하게 지내며 선정의 수행에 힘썼다.

동시에 하루 중 어떤 시간을 정하여 비구들은 석존이 있는 곳에 모여 지도를 받았다. 그러므로 그 설법은 집 밖에서 이루어졌다. 영취산(靈鷲山)도 그러한 설법장소의 하나였다. 현재 정상에는 승원의 유적이 있지만, 이는 후대의 것이다. 많은 불전은 그 첫머리에 정형구로서 "어느 때 세존은 왕사성 영취산에서 1250인의 비구와 함께 계셨다"라고 한다. 1250인이라는 숫자는 다른 문제이지만, 아마도 영취산 위의 절벽 언저리에서 설법했던 사실이 이러한 표현의 배후일 것이다.

한편 재가신자도 이러한

석존을 방문한 빔비사라왕 아래쪽에 왕이 마차에서 내려 영축산에 있는 석존을 방문하려는 모습이 묘사되어 있다. 산치 제1탑 동문의 부조. 기원전 1세기.

이야기를 듣고 와서는 법을 청문하였다. 옥외의 설법이 많았던 점은 숲, 동굴 또는 화장장 등에서의 설법에 관한 기록이 많은 점에도 잘 나타나 있다. 국왕의 경우도 이와 같다. 예를 들어 마가다국왕 빔비사라도 여러 차례 영취산으로 와 석존을 찾고 있다. 종교인을 왕궁으로 부르는 것이 아니라, 왕자라도 종교인을 찾아가는 것이 인도의 관습이다. 수행자 측에서도 국가권력을 가까이해서는 안된다고 불전은 반복하여 강조하고 있다. 사실 수행자가 왕궁으로 가는 일은 거의 없다. 이러한 점은 바라문이 왕궁과 밀접한 관계를 맺고 있는 사제였던 사실과 그 성격에 있어 매우 다르다. 사제는 사회체제 안의 종교인이며, 사문들은 사회를 떠난 종교인이었다.

그러나 후에는 신자의 집에서 설법하는 일도 있었던 것으로 보인다. 식사의 공양을 집안에서 받는 것도 보통이 되었다. 출가라고는 하지만, 전도·교화하는 이상 사람들과의 접촉이 있지 않으면 안 된다. 탁발에 의하여 식사를 얻는 것이 원칙이지만, 음식물의 보시가 신자의 공덕을 증대시키고 마음을 깨끗하게 한다는 종교적 의미가 있는 이상 원칙을 고집할 필요도 없었다. 신자의 집으로 식사초대를 받는 것도 실제의 필요에서 나타났던 것으로 생각된다.

그리고 신자의 기진(寄進)에 의해 정사(精舍)가 증대함에 따라 설법은 이곳에서도 행해졌다. 불교사의 흐름을 살펴볼 때, 출가·유행 생활로부터 시작한 수행자의 생활이 점차 승원에 정주하는 형태로 변한 것은 사실이다. 다만 그러한 변화가 언제, 어떻게 이루어졌는가는 확실치 않다. 석존 재세 당시 이미 부분적으로 정사에 정주하는 형태가 있었음은 틀림없지만, 후세에서와 같이 건물·조직이 완비되어 있었다고는 생각되지 않는다. 석존은 만년에 이르러서도 때로는 숲속이나 나무 아래에서 밤을 지냈던 것이다.

두 사람이 함께 길을 가지 말라

이와 같이 석존의 생애는 각지를 유행하는 일생이었다고 할 수 있다. 물론 한 곳에 반년 또는 일년을 머무는 일도 있었지만, 교화전도의 열의는 석존으로 하여금 항상 유행을 하게끔 했던 것이다. 다음의 장소로 가는 목적이 그렇게 명확하지 않고 자주 가는 길을 왕래하는 경우도 있으며, 때로는 특정한 사람 또는 집단을 교화할 목적으로 방문지를 결정하는 경우도 있었다. 또는 신자가 방문을 청하므로 그곳으로 가는 경우도 있었다. 여행의 도중에 만난 사람들에게 도를 설하여 교화하였던 예도 적지 않다. 교화의 대상은 다양하여 국왕, 대상인, 조합장과 같은 사회의 상층계급 인물도 있으며, 공인, 불가촉민(不可觸民) 등의 하층민도 있다. 농부, 어부 그리고 도적에 이르기까지 인연이 있는 사람들에게 법을 설하였다. 바라문 등의 다른 종교인 집단을 신자로 만드는 데에 실패하는 경우도 있지만, 성공하여 집단개종시킨 예도 많다. 전도자로서의 강열한 의식과 자세는 석존의 후반생에 일관되고 있다.

전도의 초기에 바라나시에서 야샤스를 비롯한 청년들을 교화하여 61인의 깨달은 사람, 아라한이 생겼을 때, 석존은 다음과 말하였다.

> 그대들도…일체의 속박에서 해방되었다. 여러 사람의 이익을 위해, 여러 사람의 안락을 위해, 세상 사람들과의 공감을 위해, 그리고 (천계의) 신들과 인간의 이익과 안락을 위해 가라. 두 사람이 한 길을 가지 말라. 처음에도 중간에도 마지막에

도 이로(理路)와 표현이 잘 갖추어진 법을 설하라. 홀로 안전하고 순결하며 청정한 행을 보이도록 하라.

이는 확실히 전도의 선언이다. 두 사람이 함께 길을 가지 말라는 것은 예를 들어 예수 그리스도가 제자들을 '두 사람씩 파견'하였던 전도에 비하여 석존 및 불교의 전도의 성격이 다름을 상징적으로 보여주고 있다. 불교에 한정된 이야기는 아니지만, 인도에서는 종교적 박해의 예가 거의 없다. 어떠한 종교도 자유로이 주장되고, 포교활동이 허용되었다. 특히 불교는 뒤에서 다시 설명될 것이지만 특정한 도덕률, 주의를 강요하지 않는 종교이다. 자기 자신에 엄격함으로써 자신을 사랑하고, 사회인들과 협조하여 살아갈 것을 가르치므로 특정한 주의·주장에 저촉되는 일이 없다. 따라서 전도는 평화로이 이루어졌다.

그러나 새로운 가르침에 대한 반감이 없지도 않았다. 조금 후대의 일이지만 푸루나라는 데칸 서부 출신의 비구가 전도를 위해 자신의 고향으로 돌아가고자 할 때, 석존은 그에게 사람들이 학대할 때 어떻게 할 것인가를 물었다. 푸루나는 "욕을 하여도 때리지 않으므로 이 사람들은 훌륭한 사람들이라고 생각합니다. 때리면 방망이로 치지 않으므로 그들은 훌륭하다, 방망이로 치면 죽이지 않으므로 이 사람들은 훌륭하다고 생각합니다. 그리고 죽이면 괴로움이 넘치는 세계에서 참된 열반의 세계로 보내주는 이 사람들에게 감사합니다"라고 대답하였다. 석존은 그의 인내심을 칭찬하고 떠나게 하였지만, 이는 국가권력이나 특정한 사회집단의 박해를 말하는 것은 아니다. 어디까지나 불교를 알지 못하는 사람들에게 전도할 때, 개인의 입장에서 당하는 고난을 감당하는 인내의 중요성을 지적하고 있는 것이다.

두 사람씩이 아니라 한 사람이 길을 가, '처음도 중간도 마지막도' 이로(理)와 표현(文)으로써 진실(法)을 설하고 납득시켜가는 전도의 자세는 불교의 큰 특징으로 간주된다.

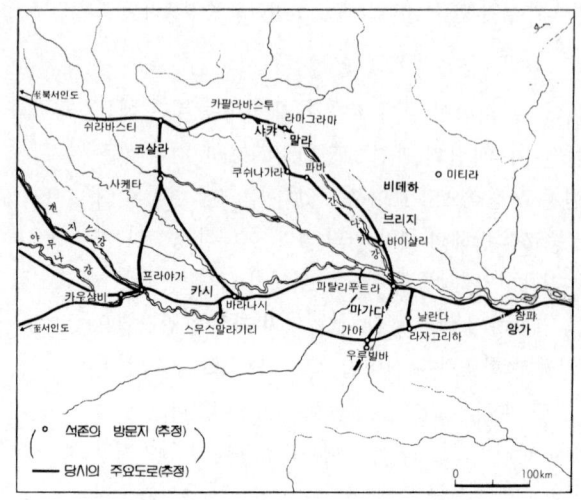

석존의 교화와 그 범위

절묘한 설법

원시불전에 나타난 석존의 설법은 참으로 알기 쉽다. 수행자에 대한 교리적 해설도 그러하지만, 재가신자에 대한 설법이 특히 그러하여 '이로와 표현이 갖추어진 법'을 설하고 있다. 후대의 선승들에 보이듯이 종교체험의 내용을 그대로 전하고자 하여 사용한 역설적이며 수수께끼 같은 표현은 거의 없다. 그 이유중의 하나는 깨달음의 체험을 그대로 전하는 것이 아니라, 그러한 깨달음 위에 이것이 자연스럽게 실천되는 생활방법을 잘 정리하여 설하고 있기 때문이다.

그 설법에서도 비유를 사용하는 방식이 극히 절묘하다. 특히 재가신자에 대한 가르침에서는 필히 비유가 들어있다고 하여도 과언이 아니다.

독화살(毒箭)의 비유라는 유명한 일화가 있다. 말룽키야풋타라는 청년은 이론을 좋아하여 우주의 시초나 인간의 사후의 세계 등을 알지 못하면 수행을 하지 않겠다고 강변을 하였다. 이에 대해 석존은 독화살을 맞으면 우선 이것을 뽑는 것이 급한 일로서 쏜 사람의 이름, 화살·대의 재료 등을 아는 것은 생명을 구하는 일에 관계없지 않은가라고 하여 이론에 앞선 실천의 중요성을 설하였다.

그리고 소나라는 청년이 격렬한 수행을 계속하였지만, 별로 진전이 없었다. 석존은 이 청년이 속세에 있을 때 가야금의 명수였음을 알고 가야금의 현을 뜯는 방법을 비유로 들어 지나치게 강해도 지나치게 약해도 모든 것은 올바로 진행되지 않는다고 하여 중도가 중요한 일임을 설하였다.

항상 비유를 쓰고 있는 것과 관련하여 일반적으로 알려진 사물과 명칭, 또는 그 사람의 직업과 관련될 수 있는 일을 불교적으로 전환시켜 설명하는 것도 빈번한 설명방법이었다. 예를 들어 석존은 자신과 제자들을 종종 '바라문'이라 불렀다. 물론 바르나가 바라문이었던 것이 아니라, 올바른 종교인·수행자라는 의미의 그것이다. 석존은 참된 바라문이란 학식이 있으며, 덕행을 갖추고 올바른 생활을 하는 사람이라고 한다. 이는 바라문들도 승인하지 않으면 안 되는 일이었다. 동시에 이는 불교인의 이상이기도 하였으며, 그러한 의미에서 불교수행자를 바라문이라고 불러도 그릇된 일은 아니다. '바라문'의 내용을 불교적으로 이해하고, 확대하여 적용하였던 것이다.

다음과 같은 예도 있다. 가장 오래된 불전의 하나인 《숫타니파타》는 석존과 소사육인 다냐의 대화를 아름다운 시로 기록하였다. 다냐가 "나는 이미 밥도 지었고 우유도 짜놓았습니다. 내 움막은 지붕이 덮이고 방에는 불이 켜졌습니다. 그러니 비여, 내리려면 내려라"라고 하며 가정생활의 안정됨을 기뻐하였다. 이에 대해 석존은 "내 움막(자기 자신)은 드러나 있고, 탐욕의 불은 꺼져 버렸습니다. 비여, 내리려면 내려라"라고 하여 종교적 안심(安心)의 경지를 이야기하고 있다. 또 다냐가 "내 처는 순종하며 나의 뜻에 따릅니다. 그녀에게는 어떠한 나쁜 점도 없으니 안심입니다"라고 하자, 석존은 "나의 마음은 내게 순종하며 잘 조어되어 해탈되어 있습니다. 나에게 나쁜 점이 없으니 마음은 안심입니다"라고 응하였다. 또 다냐가 "소를 매놓을 말뚝은 땅에 박혀 흔들리지 않습니다. 새 밧줄은 잘 꼬여 있습니다. 비여, 내리려면 내려라"라고 하였을 때, 석존은 "나는 황소처럼 (번뇌의) 고삐를 끊고 덩굴을 짓밟아 다시는 윤회·재생하는 일이 없습니다. 비여, 내리려면 내려라"라고 대답하였다.

석존은 이렇게 세속의 행복에 비유하면서 번뇌를 억제하고 자기를 조어하는 삶의 기쁨을 노래하여 다냐를 귀의시켰다고 한다. 그리고 마지막으로 "자녀가 있는 사람은 자녀로 말미암아 기뻐하고, 소가 있는 사람은 소로 말미암아 기뻐한다. 집착하는 데에 기쁨이 있다. 집착할 데가 없는 사람은 기쁨도 없다"라는 세속의 상식에 대해, 석존은 "자녀가 있는 사람은 자녀로 말미암아 근심하고, 소가 있는 사람은 소로 말미암아 근심한다. 집착하는 데에 근심이 있다. 집착할 데가 없는 사람은 근심도 없다"라는 가르침을 베풀고 있다.

같은 경전에는 또 밭을 갈아 생활하는 바라문과 석존의 대화가 있다. 바라문

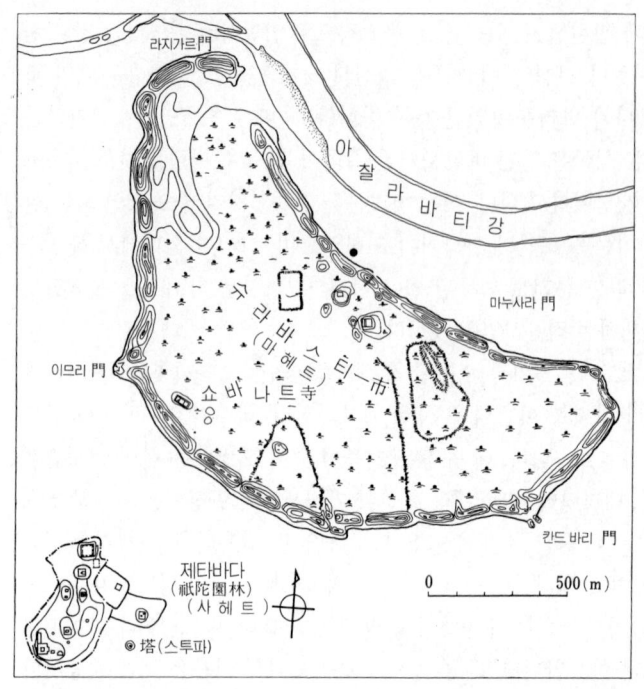

슈라바스티(舍衛城, 사헤트=마헤트) 평면도 J. Ph. Vogel에 의함.

은 "나는 밭을 갈고 씨를 뿌립니다. 그리고 그 후에 먹습니다. 그대도 밭을 가십시오. 씨를 뿌리십시오. 그리고 먹으십시오"라고 석존을 힐문하였다. 석존은 "나도 밭을 갑니다. 씨를 뿌립니다. 그리고 먹습니다. 나에게는 믿음이 씨요, 고행이 비이며, 지혜는 멍에와 호미, 뉘우침이 괭이자루입니다. 몸을 근신하고 말을 조심하여, 음식을 절제하며, 진실을 김매는 것으로 삼고 있습니다. 소(牛)는 노력하여 나를 안온의 경지로 실어다 줍니다"라고 대답하여 자신이 밭을 가는 것은 인간을 괴로움에서 벗어나게 하는 것임을 가르치고 있다.

　석존은 사회의 모든 사람들에게 차별없이 법을 설하였다. 이 점은 바라문계통의 사상가, 종교인들의 관행과는 다르다. 그들은 자신의 자녀나 특정한 제자들에게 비밀스럽게 가르침을 전수하였다. 그 가르침이란 심원한 철학이거나 종교체험 그 자체에 관계된 것이었으므로 일반인에게 전할 수 없었다는 이유도 있다. 석존은 자신이 발견하고 체득한 법을 아낌없이 사람들에게 전하였다. 가장 궁극적인 깨달음은 출가수행자, 비구에게만 가능하다고 한다. 그러나 깨달음을 구하여 수행하는 비구에게도, 재가신자에게도 숨김없이 법을 설하였다. 누구에게나 개방된 설법은 인도종교사에 있어 최초의 일이었다.

이와 같이 석존은 모든 계층의 사람들에게 그 성질, 능력, 교양 등에 맞게 법을 설했다. 각자의 직업, 관심사에 따라 혹은 비유를 들어 그들에게 적절한 가르침을 주었다. 이는 가능한 한 알기 쉽게 그리고 충분히 이해시키고자 하는 원에서 나온 것으로, 석존의 친절한 마음, 자비스러운 마음을 보여준다.

정사(精舍)와 도시

석존의 유행의 경로, 안거지 그리고 정사를 세운 곳이 주로 도시 근처에 많았음은 우연한 일이 아니다. 거기에는 그럴만한 필요성이 있으며, 석존도 이를 의식하고 있다.

마가다국왕 빔비사라가 죽림정사(竹林精舍)를 기진하였을 때, 석존은 적당한 장소로서 "(도시에서) 멀지 않고 가깝지도 않으며, 왕래에 편리하여 원하는 사람에게 가기 쉽고, 낮에는 시끄럽지 않고 밤에는 사람의 소리가 없는, 그리고 사람의 통행이 없으며, 사람을 유혹하는 것도 없어 명상에 적당한 곳"을 지시하였다고 한다. 이는 그후 오랫동안 정사 자리 선정의 기준이 되었다. 사실 슈라바스티의 기원(祇園)정사와 미갈라마타(鹿子母)정사, 카우샨비의 고쉬타라마원정사, 라자그리하의 죽림정사, 바이샬리의 정사 등, 석존 교화의 무대로 쉽게 상기되는 정사는 모두 대도시 부근에 위치하고 있다.

석존의 교화는 깨달음의 체험에 기초한다. 그것은 종교적으로 고차원적 자기실존의 파악으로 그 추체험(追體驗)은 용이하지 않다. 그러나 석존은 출가수행자인 비구들에게 아낌없이 그 법을 설하며 자기의 완성을 권유하였다. 또한 재가신자에 대해서도 깨달음의 체험에서 도출된 올바른 생활방법을 설했다. 궁극적인 깨달음은 재가인에게는 도달불가능한 것이지만, 안심(安心)의 생활은 모두에게 가능하다. 사실 이러한 부분이 석존의 가르침 가운데 큰 비중을 차지하고 있다.

따라서 불교는 일반사회와 격리되어 존재하는 것이 아니다. 이 점은 힌두교에서 설하는 '4주기(四住期)' 가운데 마지막의 유행기(遊行期, sanyāsin)와는 기본적으로 성격을 달리한다. 유행기도 비구의 생활도 '출가' 즉 세속을 떠남에는 다름이 없다. 그러나 전자는 세속을 떠나면서 세속과 일체의 왕래를 단절한다. 즉 '탈속(脫俗)'이라고 할 수 있다. 이에 대해 비구의 생활은 '세속을 뛰어 넘을지언정(超俗) 단절의 '탈속'은 아니다. 비구의 생활은 또다른 형태로 재가신자 및 일반사회와의 여러 가지 관계맺음이었다.

비구들은 재가신자에게 법을 설하며 올바른 생활방법을 가르친다. 또한 보시를 시켜 공덕을 쌓게 하는 '복전(福田, 복덕·공덕을 낳는 밭)'이라는 사회적 기능도 있다. 재가신자는 식사, 생활용구 또는 정사(精舍)와 불탑 등을 보시하여 비구의 생활을 지탱케 한다. '법시(法施)'와 '재시(財施)'라는 종교적 행위는 양자가 서로 도움을 받는다는 사회적 기능을 갖는 것이다. 이러한 의미에서 석존이 정사의 위치를 도시에서 "멀지도 않고 가깝지도 않은 곳"에 정한 것은 비구의 수행과 재가신자의 접촉이라는 모순된 성격을 절묘하게 조종하는 것이었다.

이러한 발상은 항상 도시 가까이를 말하는 것은 아니다. 시골의 조그만 마을이라도 수행자가 탁발할 수 있는 거리라면 어디에도 통용된다. 그러나 실제로는 대부분의 정사가 큰 도시에서 '멀지도 가깝지도 않는' 곳에 건립되었다. 이는 현실문제로서 석존 및 후세의 불교교단이 사회의 어떤 계층에 수용되었는가와도 밀접히 관련되어 있다.

석존의 가르침에 따라 출가하여 비구가 된 사람, 보시를 하며 외호하는 사람들을 살펴보면 사회의 상층계급, 그것도 도시에 거주하는 사람들이 압도적으로 많다. 예를 들어 마가다국의 빔비사라왕과 코살라국의 프라세나지트왕이 그러한 사람들이다.

유명한 기원정사를 기진한 사람은 수닷타장자(長者)인데, 그는 라자그리하에 거주하는 상인이자 그의 동서인 사람이 석존을 공양하는 것을 보고 석존을 알게 되었다. 그리고는 자신이 사는 슈라바스티로 돌아와 기원정사를 짓고 이를 석존에게 헌납하였다.

상업도시 바이샬리의 상층계급의 사람들도 석존의 열렬한 신자였다. 미후지(獼猴池)라는 연못 옆에는 여러 층의 건물을 포함한 정사가 있으며, 이 도시의 사람들은 석존과 그의 교단을 외호하였다. 암바팔리라는 당대의 유명한 유녀(遊女)의 공양을 받은 것도 이곳에서였다. 석존이 80세가 되어 이 도시 부근에서 최후의 안거를 맞았을 때의 이야기인데, 그녀는 이 도시의 최상층 계급의 사람들을 유인하여 석존에게 자신의 식사공양을 받을 약속을 하게끔 하였다. 그들은 그녀의 이러한 뜻을 만류하였으나 암파발리는 이를 받아들이지 않고 석존에게 공양하고 토지를 기진하였다. 당시의 도시생활의 한 단면을 보여주는 고급유녀와 그 의미에 대해서는 다음에 다시 언급하겠지만, 석존은 화려한 도시의 상층계급의 사람들과 깊은 관계를 맺고 있었다.

도시형의 종교

석존이 의식적으로 도시의 상층계급 사람들에게만 가르침을 베풀었던 것은 결코 아니다. 농촌에서도 법을 설하였으며, 교단에는 하층계급 출신의 비구도 있었다. 이처럼 불교와 관계된 사회층에 대해서는 교단사, 문화사의 입장에서 제5장에서 고찰할 것이다. 그러나 다음과 같은 점을 간단히 언급하기로 한다. 석존 자신은 당시의 상층계급 출신이다. 상·하층 계급의 단절이 큰 고대사회에서 문호가 개방되어 있다고는 하나, 석존과 석존의 교단이 관련되어 있는 계층은 어쩔 수 없이 도시의 상층계급의 사람들이었다.

불전은 석존이 청중을 종종 '쿨라푸트라' kulaputra 또는 '쿨라푸트리' kulaputri 라고 부르면서 설법하는 모습을 전하고 있다. '쿨라'는 '집안' '양가(良家)'의 뜻으로 당시 부족 사회가 해체되어 대가족 제도로 변해갔을 때의 그 집안을 말한다. 여기에는 혈연으로 연결된 일족 이외에 많은 노비도 포함되어 있다. 푸트라, 푸트리는 아들, 딸을 뜻한다. 그러므로 쿨라푸트라, 쿨라푸트리는 이러한 집안의 주인의 자녀를 지칭하는 말이다. 따라서 '양가의 자녀'로 번역할 수 있다.

이 말은 후세의 불전에도 사용되며, '선남자(善男子)' '선여인(善女人)'으로 한역된다. '신앙을 가진 선한 남녀'의 의미로 사용되지만, 이 용법은 후대에 발전된 것이다. 불교 초기의 불전에서 석존이 그렇게 부른 설법대상은 실제로는 도시에 거주하는 상층계급의 인물들이었다.

석존의 신자, 제자 중에는 또한 바라문 출신이 많다. 불교교단 안에서 '사성(四姓)'에 따른 그들의 출신을 검토하면 바라문 신자, 제자의 비율이 50%를 넘는다. 왜 바라문이 불교도가 되었는가라는 의문이 있을 수도 있지만, 바르나로서의 '바라문'과 힌두교의 제의를 집행하는 바라문승은 별개의 것이라는 점, 그리고 바라문계급에 속하는 상인, 지주, 농경자 등 세속의 직업에 종사하는 '속인'도 많았던 점을 상기하면 좋을 것이다.

바라문이라고 할지라도 특히 이곳 동인도에서는 혼혈 바라문이 상당히 있었다. 바라문 '집안'에 있어서도 바라문이 아닌 노비가 바라문 남자의 아이를 낳는 경우도 많았으며, 한 집안에서가 아니라 비아리야계통의 종족, 부족과 바라문으로 칭하는 사람들의 혼혈도 여러 가지 형태로 진행되었다. 이와모토 유타카(岩本裕) 교수는 석존의 주요 제자 가운데 이러한 혼혈 바라문 출신자가 많았음을 지적하고 있다. 예를 들어 샤리푸트라, 마우드갈랴야나, 카샤파(迦葉), 푼나만타니풋타(富樓那), 카티야야나(迦梅延)는 10대제자 중의 일부로서, 석존의 교단에서 중요한 인물들이다. 많은 다른 예도 있지만, 이들은 '어떤 여인의 아들'로 불린다. 샤리푸트라 Sariputta(범어, Śariputra)는 '샤리 Sarī(Śarī)라는 여인의 아들'이라는 뜻이다. 이는 모계사회의 특징으로서, 그들이 혼혈 바라문임을 나타낸다. 이러한 혼혈이 있으므로 정통 바라문들은 '7세대를 소급하는 혈통의 순결'을 이야기하며, 동시에 노비에서 출생한 바라문의 아들도 '바라문'으로 인정하는 현실적인 사고방법도 나타났다. 이는 바라문 문화가 확산되는 과정을 보여 준다. 따라서 동일한 바라문이라도 그들은 서북인도, 중인도 출신의 전통적인 바라문보다 정통성에 집착하지 않고 새로운 관념과 관행을 자유로이 받아들이는 유연성을 지니고 있었다.

석존이 설한 생활방법이 도시인에게 수용되었던 사실은 그의 가르침이 전통적인 생각을 자유롭게 제거하고 있는 점에서도 확인된다. 앞에서도 지적한 바와 같이 바라문의 종교적 권위, 제식지상주의는 농촌에서 성장하였지만, 도시에서는 붕괴되기 시작하였다. 새로운 사회, 경제, 정치의 변혁의 파도는 재래의 가치관을 크게 변화시켰다. 석존이 베다의 제식을 배척하고 혈통에 의한 바라문의 지상성(至上性)을 부정한 것은 이러한 도시의 풍조와 합치되었다. 불교는 새로운 가치관을 적극적으로 수용하였다. 물론 이를 조장하는 지도적 역할을 했던 면도 있다. 불교는 열린 사회에 새로운 윤리를 가르쳤던 것이다. 말하자면 도시형의 종교였다고 할 수 있다.

4 석존의 만년과 죽음

데바닷타의 반역

석존의 만년에 석존으로서도 그리고 불교교단으로서도 간과할 수 없는 사건이 일어났다. 데바닷타(提婆達多)의 반역이 그것이다. 데바닷타는 샤캬족 출신으로 석존의 종형제라고 한다. 석존이 성도 후에 고향 카필라바스투를 방문하였을 때, 다른 샤캬족의 청년들과 함께 비구가 되었으며, 석존 보다 상당히 연하이다. 불교의 전승에서는 그를 희대의 악인이라고 한다. 예를 들어 마가다국의 왕자 아자타샤트루가 부왕 빔비사라를 유폐하고 끝내는 그를 죽게 한 것은 데바닷타의 권유에 의한 것이라고 한다. 그는 또한 석존을 해치고 교단을 탈취하고자 하였다. 그러기 위하여 취한 코끼리를 달리게 하고, 바위를 굴려 석존의 생명을 뺏고자 하였으나 실패하고, 결국 최후에는 땅이 갈라지며 붉은 불꽃이 타오르는 무간지옥(無間地獄)에 떨어졌다고 한다.

그러나 사실은 그 반대로 데바닷타는 너무나 융통성이 없는 수행자였던 것으로 보인다. 석존의 만년에 그는 다섯 항목의 교단개혁을 석존에게 호소하고 있다.

1. 숲에 머물며 지붕이 있는 곳에 머물지 말 것.
2. 탁발에 의해 먹고 신자의 초대에 응하지 말 것.
3. 분소의(糞掃依, 버려진 것을 수습하여 세탁하고 꿰맨 옷)를 입고 기진받은 옷을 입지 말 것.
4. 생선과 고기를 먹지 말 것.
5. 우유와 버터를 취하지 말 것.

이 중 1, 2, 3은 슈라마나 생활의 상식으로 석존 자신도 수행시대, 그리고 전도의 초기에 지켰던 일이다. 4, 5는 현대의 인도에서도 널리 실행되고 있는 채식주의의 태도이다. 한편으로 우유와 버터만을 먹는 채식주의자도 있다. 그런데 이러한 요구가 제기된 것은 당시의 비구들이 이를 지키지 않았음을 가리킨다. 사실 석존은 후반생에는 종종 정사에 머물며, 신자의 초대를 받아 식사의 공양을 받았다. 비구의 옷만 해도 아름다운 옷감의 기진이 일반화되는 경향이 있었다. 후대인 서력 기원전 2~1세기 경의 팔리어 율전(律典)에는 오히려 분소의의 착용을 금지하고 있다. 생선과 고기에 대해서도 석존은 먹지 말라고 하지는 않았다. 자기를 위해 살해된 동물의 고기이거나, 그 살아있는 모습을 본 동물의 고기를 먹지 말라는 금지는 있지만, 무조건 육식을 금지하지는 않았다. 그러므로 현대의 남방불교에서도 보통 육식을 하고 있다. 육식을 금지한 것은 오히려 한참 후대의 대승불교시대에 나타난 습관이다.

이러한 사실은 당시의 슈라마나의 생활양식에서 보면 타락으로서, 아마도 당시 엄격하게 수하석상(樹下石上)의 생활법을 지키는 다른 슈라마나 집단으로부터 비판을 받기도 하였을 것이다. 데바닷타는 이 요구에 의해 교단 본래의 생활인 슈라마나의 생활로 돌아가는 엄격한 출가주의를 제언하였던 것이다.

그러나 석존은 그의 요구를 거부하고 있다. 불전은 그 이유를 적지 않고 있다. 그러나 여러 가지 사유를 헤아려 보건대, 우선 석존이 가르치는 올바른 생활방법은 단지 형식에 의한 행위의 규제가 아니라 자각적인 몸가짐이다. 뒤에 다시 이야기하는 것과 같이, 샤리푸트라는 감관을 제어함에 숲도 정사도 상관이 없다, 세계의 모든 곳이 선정을 위한 장소라고 한다. 여기에는 다른 이유도 있지만, 석존도 정사에 거주하는 것을 인정하고 있으므로 동일하게 생각하고 있다고 볼 수 있다. 이는 석존의 중도와 이를 뒷받침하는 주체적 반성, 그리고 이를 기초로 하는 주체적인 몸가짐을 말한다. 소위 대승불교적인 사고로서 석존의 유연한 사고방법을 보여 주고 있다. 이는 잘못하면 세속화, 타락을 초래할 수 있지만, 현대적으로 말하면 석존의 '상황윤리'적인 계율관이라고 할 수 있다.

데바닷타는 그 후 독립하여 별개의 교단을 이끌었던 것으로 보인다. 불교의 분파활동의 첫번째 예일 것이다. 현존하는 불전은 모두 석존의 교단 직계에서 편찬·제작되어 그릇된 모든 일은 데바닷타에게 돌리고 있다. 아주 후세인 7세기에 현장은 그의 여행기에서 '데바(提婆)의 무리'라는 말을 사용하고 있는 점에서 데바닷타의 교단은 오랫동안 존속하였던 것으로 보인다.

죽음에 이르는 병

석존은 80세가 되어 세상을 뜰 때가 되었음을 스스로 알고 라자그리하에서 최후의 여행을 떠났다. 《마하파리닛바나 숫탄타 Mahaparinibbana-suttanta》라는 팔리어 경전은 그 모양을 아주 생생하게 기술하고 있다. 이 경전은 산스크리트어로도 전승되며, 몇 종류의 한역도 있는데 그 가운데 하나가 《대반열반경(大般涅槃經)》이다.

이에 의하면 석존은 왕사성에서 마가다의 대신 바사카라에게 갠지스강을 넘어 밧지국을 정복하는 일이 그릇됨을 설하였다. 그 이유는 밧지인들이 민주적으로 일을 처리하며 일치협력하고 있다는 점이다. 또한 그들은 법이 정하는 바에 따라 노인, 부인을 공손하게 대우하고 선조를 섬기며, 영묘(靈廟)에 공양을 빠뜨리는 일이 없다. 그리고 종파에 관계없이 모든 수행자를 친절하게 대한다. 석존은 단순히 종교적인 일만이 아니라, 정치적인 일에도 말하자면 종교인의 입장에서 발언하고 있다.

석존은 우기가 되어 바이샬리 근처에서 최후의 안거를 하였다. 이때 비구들에게 각각 지인(知人)을 의지하여 우안거(雨安居)에 들어가도록 하였으므로 그들은 분산하였다. 따라서 이곳에는 큰 정사가 세워지지 않았다고 한다. 우안거에 들어간 석존은 신체의 고통을 말하였다. 시자로 늘 따르던 아난다에게 자신의 늙고 쇠잔함과 그리고 고통을 숨기지 않고, 생명이 얼마 남지 않았음을 말했다. 그러한 가운데에서도 여러 가지의 법을 계속 설하였는데, 여기에서 행한 설법 가운데 중요한 내용이 포함되어 있다. 그 중에 다음과 같은 말이 있다. "(나는) 안팎의 구별없이 (모든) 법을 설하였다. 존경할 만한 사람의 가르침에는 무엇인가를 제자에게 숨기는 일은 없다……수행승들은 법(法)을 의지할 것이며 나를 의지하지 말라." 여기에는 당시의 사상계에서 일반적으로 행해지던 스승으로부터 제자로의 비의(秘義)의 전수라는 사상이 없다. 모두에게 개방된 가르침을 아낌없이 설하는 전도의 자세가 여기에 있다. 그리고 교주 또는 교황이 없음도 명백히하고 있다. 신앙은 법에 의지하면서 스스로 실천하는 것으로, 교주의 카리스마 같은 것은 없다. 그러므로 석존은 계속하여 "자신을 섬(島)으로 하고 자신을 의지처로 하지, 남을 의지처로 하지 말라. 법을 섬으로 하고 법

석존의 열반 80세를 맞이한 석존은 영축산을 뒤로하고 그의 고향인 카빌라바스투로 가는 길에서 입멸(열반)했다.

을 의지처로 하지, 다른 것을 의지처로 하지 말라"고 설한다. 이는 소위 '자등명・법등명(自燈明・法燈明)'의 가르침으로서(원어 dipa는 섬으로도 등불로도 번역된다), 법에 인도되면서 법을 자신의 실천으로 표현함을 말한다.

그리고 석존은 바이샬리를 떠났다. 이 바이샬리는 수행시대 이래 몇 차례나 지나친 적이 있으며, 지인(知人)도 많은 곳이었다. 따라서 석존의 애정도 깊었을 것이다. 그는 바이샬리 거리를 바라보면서 "이것이 바이샬리를 마지막 보는 것이리라"라고 술회하고 있다.

곳곳에 잠시 머물러 법을 설하면서 석존은 파바라는 마을에 이르렀다. 이곳에서 세공인 춘다의 공양을 받았는데, 그 음식은 수카라 마츠다바라고는 하지만 그것이 무엇인지는 알려져 있지 않다. 돈육이라는 설이 강하지만, 한역에서는 버섯이라고 한다. 후자의 경우는 아마도 육식이 금지된 시대에 새롭게 해석된 것이 아닐까 한다. 여하튼 이 음식을 든 석존은 '붉은 피가 뛰는' 병에 걸려 한층 쇠약하게 되었다. 그리고 쿠시나가라에 이르러 이 세상을 뜨게 되는데, 그 직전에 수닷타라는 사람을 교화한다. 이 사람은 석존의 최후의 제자라는 점에서 그 이름이 남아 있다. 이 때 석존은 "(나는 출가한 이래 50여년 동안) 정리(正理)와 법(法)의 길만을 걸어왔다. 그 외에는 아무것도 있지 않다"라는 말을 하고 있다.

이것도 바이샬리에서의 설법과 동일한 사유방법에 입각한 것으로 '불교'라는 고정된 가르침은 없음을 지적하고 있다. 존재하는 것은 정리와 법(진실)으로, 각자가 이를 실천할 것을 가르치고 있는 것이다.

사리분골(舍利分骨)

석존은 아난다 및 몇몇 제자가 지켜보는 가운데 운명하였던 것으로 보인다. 후대의 불전문학은 신들과 천녀, 동물을 막라한 무수한 사람들이 운집하고, 하늘의 음악이 연주되는 가운데 입멸(入滅, 般涅槃)하였던 것으로 기록하고 있지만, 이는 후대의 윤색이다. 초기의 불전은 슈라마나(수행자)로서 유행하는 가운데 간소한 죽음을 맞았던 것으로 이야기하고 있다.

그러나 반열반의 소문은 사방으로 전해져 제자와 유력한 신자들이 쿠시나가라로 모였다. 불제자 가운데 가장 연장자인 마하카샤파(대가섭)도 그 중의 한 사람으로 500인의 비구를 이끌고 쿠시나가라로 가던 중, 일주일 전에 석존이 입멸했다는 부음을 들었다. 그는 급히 쿠시나가라로 갔으나, 그전에 이미 이 지역의 말라족 사람들이 장례절차를 마치고 화장의 불을 당기려 하고 있었다. 그러나 불이 붙지 않고 있다가 마하카샤파가 도착하여 석존께 예배를 드리자 저절로 불이 붙었다고 한다. 힌두교 세계에서 고인의 장의책임자는 후계자인 아들이다. 따라서 이러한 사실에서 마하카샤파가 석존의 법의 후계자라는 전승이 후에 생겼던 것으로 보인다. 그러나 앞에서 지적한 바와 같이 석존은 자신을 교단의 주인으로 생각하지도 않았으며, 교단의 후계자도 따로이 정하지는 않았을 것이다. 물론 마하카샤파가 석존으로부터 법을 받았음은 사실이다. 아마도 마하카샤파를 2조로 하는 전승이 이루어진 다음에 이를 증명하기 위해 힌두교적 관행에 따라 이러한 장의전설이 생겼다고 생각할 수도 있다.

석존의 주검이 화장되었음은 틀림없다. 초기의 불전은 주검을 새 무명으로 감싸고 다시 비단으로 감싼 다음 새 옷을 입히기를 500겹으로 하고는 이를 기름솥에, 또 다른 기름솥에 넣었다가 향료로 쓰이는 나무를 장작으로 쌓아 화장하였다고 한다. 화장을 한 후, 팔리어 전승은 마가다국의 아자타샤트루왕, 바이샬리시의 리챠비족, 카필라바스투의 샤캬족, 알라카파의 불리족, 라마촌(村)의 콜리야족, 베타섬의 어떤 바라문, 파바시(市)의 말라족, 그리고 쿠시나가라의 말라족 사이에 불사리(佛舍利, 불타의 유골)의 귀속에 대한 논쟁이 일어났다고 한다. 이 여덟은 석존과 관계깊은 국왕 또는 부족이 대부분이지만, '어떤 바라문'과 같은 개인도 있어 그 배경을 잘 알 수는 없다. 북방불교의 전승에서도 여덟 부류로 나뉘기는 하지만 그 내용이 상당히 달라 그들이 어떠한 사람들이었는지를 확정할 수 없다.

논쟁이 일어났을 때, 드로나(팔리어로는 도나)라는 바라문이 "석존은 인내를 설하셨다. 우리는 사리를 가지고 다투어서는 안 된다. 서로 인내하여 사리를 평등히 나누자"라고 제안하였다. 결국 불사리는 여덟 부분으로 나뉘고, 이에 참여했던 사람들은 각각 불사리탑을 건립하였다. 드로나 바라문은 유골이 담긴 병으로써 탑을 건립하고, 마지막으로 온 모랴족은 재를 가지고 탑을 건립하였다고 한다.

이 팔분골(八分骨) 전설은 여러 문헌에 기록되어 있으며, 역사적 사실로도 간주된다. 후대의 전승은 아쇼카왕이 전국을 통일한 후, 이 8탑을 해체하여 불사리를 모은 다음 다시 8만4천의 탑에 나누어 봉안하였다고 한다.

1898년 1월 페페는 피프라와에서 오래된 불탑을 발굴하던 중 불사리의 항아리를 발견하였다. 표면에는 서력 기원전 3세기를 하한으로 하는 문자로 샤캬무니의 유골임을 명기하고 있으므로, 이것이 진짜 불사리임을 알 수가 있다. 이와 관련하여, 피프라와가 곧 카필라바스투 유적이라는 주장이 일어남에 따라 이곳과 네팔령 티라와라 고트 가운데 어느 곳이 샤캬족의 왕성이었는가에 대한 논쟁이 있었음은 앞에서 이미 언급하였다.

당시의 아리야문화 즉 초기의 힌두교문화에서 주검은 통상 화장되었다. 그러나 종교적 성자의 사리탑을 건립하여 공양·예배하는 습관은 힌두교 전승에는 보이지 않는다. 그런데 불교도 사이에서는 석존 및 여러 위대한 제자의 사리탑이 건립되었음이 불전에도 기록되어 있으며, 산치, 바르후트 등에도 고고학적 유적이 남아 있다. 불탑숭배는 그 후 재가신자의 신앙으로서 성행하였으며, 이것이 새로운 대승불교운동의 모체가 되었던 것으로 생각된다. 따라서 불사리탑의 건립, 예배의례는 불교문화사에 있어 중요한 의미를 갖는다. 다만 여기에는 아리야계의 문화와 토착적인 원주문화 사이의 혼융이 있어 불교문화의 복잡한 일면을 보여주고 있다.

석존의 신격화

석존은 신자들에게 뛰어난 종교인·지도자이며, 동시에 보통의 인간이기도 하였다. 가장 초기의 불전은 이러한 면을 여실히 보여주고 있다. 그러나 이제는 돌아가신 석존에 대한 제자·신자들의 찬미와 추모의 생각은 점차 석존을 인간 이상의 존재로 생각하기 시작하였다. 시대가 흘러감에 따라 이러한 경향은 더욱 강화되어 그 후의 불교교리 및 문화에 다양한 영향을 끼치고 있다.

예를 들어 석존의 위대함은 일상인이 쉽게 성취할 수 있는 일이 아니다. 금생에 태어나기 이전, 여러 생에 걸쳐 보살로서의 선행을 쌓았기 때문에 그렇게 위대하게 될 수 있었으며 깨달음을 얻을 수 있었다는 것이다. 윤회의 관념과 관련되어 있음은 두말할 나위도 없으나, 이러한 관념에서 샤캬족의 왕자로 태어나기 이전에 도솔천(天)에 머무르다가 흰 코끼리가 되어 마야부인의 오른쪽 옆구리로 들어가 수태되었다는 전설이 생기게 되었다. 도솔천은 불교의 우주론에서 선행을 하여 공덕을 쌓은 자가 사후 태어나는 안락한 하늘나라의 하나이다.

마야부인의 오른 쪽 옆구리에서 태어났다는 전설에는 석존과 같이 위대한 사람의 탄생은 평상인의 출산과 동일하지는 않을 것이라는 생각이 개재해 있다. 예수 그리스도의 탄생에 대해서도 처녀회태가 이야기되고 있다. 그 의미는 여러 가지로 이야기될 수 있으나, 가장 기본적인 것은 평상인과 다른 위대성을 나타내기 위한 것이다. 석존의 경우도 마찬가지로 일상적인 경우와는 다른 출생이 기대되었다. 조금 후대의 불전에는 "불(佛)은 산도(産道)를 통하지 않는다"라고도 기술되어 있다. 이러한 생각이 점차 모친의 오른쪽 옆구리에서 태어났다는 전승으로 발전되어 갔던 것이다.

후대의 전승에 따르면, 석존이 태어났을 때 아시타선인(仙人)이 왕자의 미래를 예언하였다고 한다. 만약 사회에 남아 왕위를 잇는다면 전세계를 통치하는 전륜왕(轉輪王)이 될 것이며, 출가하면 전세계를 구하는 붓다가 될 것이라고 하

아시타 선인의 예언 갓 태어난 석존에게 아시타 선인
은 그가 전륜성왕이니 불타가 될 것이라고 예언했다.

였다. 지금도 태어난 아들의 별을 관찰하여 미래를 점치는 것이 습관으로 되어 있다. 그러므로 석존의 경우에도 점술사에게 미래를 살펴보게 하였음은 사실일 것이다. 그러나 석존의 시대는 부족사회가 해체되어 전제국가로 이행하여 가는 과정으로, '세계의 왕'이라는 관념이 나타난 것은 기원전 4~3세기의 마우리야왕조 이후의 일이다. 국왕의 권력이 절대적인 것이 됨에 따라, 석존의 종교인으로서의 위대함과 크샤트리야 출신이라는 점이 결합되어 위와 같은 전설이 성립되었을 것이다.

이와 관련하여 전륜왕은 평상인과는 다른 신체적 특징을 갖고 있다는 생각이 나타났다. 32상(相) 즉 32종의 신체적 특징이라는 것이 그것이다. 발바닥에 들어간 곳이 없고, 손가락이 가늘고 길며, 몸은 단정하다는 등의 설명은 일반적인 것이지만, 눈썹 사이에 흰 터럭(白毫)이 있어 빛을 발하며, 이는 40개가 있으며 모두 희고 견고하다. 혀는 넓고 길어 얼굴을 덮으며(廣長舌), 팔은 내리면 무릎 아래에 이른다고 하는 점 등은 일반적인 것이 아니다. 그리고 손가락, 발가락 사이에 물갈퀴가 있다고 하는 점에 이르러서는 괴물에 가깝다. 또한 신체의 털은 하나하나가 오른쪽으로 말려 있으며, 머리 위에는 살이 돋아나와 상투의 모습을 띠고 있다고도 한다. 전승은 석존이 32상을 갖추고 있기 때문에 전륜왕 또는 붓다가 될 것이라는 예언이 있었다고 한다. 따라서 본래 세속의 왕과 관련된 32상이 석존에게 투영되어 머리카락을 자른 석존이 후대에는 나발(螺髮)의 모습으로 조각되었다.

탄생하면서 곧 7보를 걷고는 하늘과 땅을 가리키면서 '천상천하 유아독존(天上天下 唯我獨尊)'이라고 외쳤다는 전승은 보다 이념적 이유에서 창작되었다. 7

보라는 것은 7이라는 숫자에 감추어져 있는 것으로 생각된 성스러움과 관련되어 있다. 그리고 인간인 한 태어나면서부터 만인에게 갖추어져 있는 인간의 존엄성을, 후대의 불교도는 위와 같이 상징적으로 표현한 것으로 간주된다.

그 외에 사문유관(四門遊觀)의 일화, 또는 후에 도솔천에 올라 천상에서 설법하였다는 이야기도 석존의 신격화의 한 예라고 할 수 있다. 신격화는 석존 멸후 곧 시작되어 시대의 흐름과 함께 여러 가지로 발전하였다. 이것이 수 백년에 걸친 교단의 역사와 이에 수반된 경전의 편찬에 반영되어 있다. 따라서 현재 우리가 볼 수 있는 무수한 경전에는 시대를 달리하고, 목적을 달리한 신격화된 석존상이 말하자면 평면적으로 제시되어 있다. 그 중에서 역사적인 석존상과 신격화된 부분을 구분하고, 그 신격화의 발전단계를 나누는 일은 쉽지 않다. 앞에서 설명해 온 석존의 사적, 교화활동은 현재까지의 연구 결과 역사적인 석존상으로 생각되는 일을 중심으로 기술한 것이다. 역사적인 사실과 큰 차이는 없을 것이다.

그러나 신격화된 석존상이 역사적인 사실과 다르다고 하여 전혀 배제하는 것은 옳지 않다. 어느 시대에 성립되었건, 어느 곳에서 만들어졌건, 신격화·신화화가 이루어지고 전승·발달되었던 사실은 그렇게 하지 않으면 안 될 후대의 불교도의 심정과 논리를 표현하고 있다. 특히 불신관(佛身觀)은 교리상의 문제와도 직결되어 있다. 이러한 점도 불교의 문화이다. 역사적인 사실과는 구별되면서도 신격화는 신격화로서 평가·해석되고, 그 의의와 불교도의 사상의 내면을 검토하여 보지 않으면 안 될 것이다.

제3장 사상과 실천

1 인간을 응시함

자기의 탐구

　인생의 제문제를 근본적으로 해결하기 위하여 불교는 인간을 깊이 응시하고 그 실태를 밝히고자 한다. 인간을 응시함에는 여러 가지 관점이 있다. 예를 들어 자연과학의 입장에서는 우선 관찰자로서의 인간과 피관찰자인 인간이 확연하게 구별되지 않으면 안 된다. 관찰자의 주관이 개입됨이 없이 냉엄하게 대상을 보고 분석하여야 한다. 그럼으로써 객관적인 사실이 해답으로서 제시된다. 물론 관점이 변하면 관찰하는 부분도 그 해답도 다르게 된다. 한가지의 예에 지나지 않으나, 생물분류학의 측면에서 말하면 인간은 포유류로서 내장을 구성하는 여러 기관의 생리학적인 활동을 관찰하게 되어 전혀 다른 결론이 도출될 것이다. 그러나 이들이 각각 인간의 진실을 보여주고 있는 것에는 틀림이 없다.
　과학뿐만이 아니라 사회과학 분야 및 예술, 문학의 분야에서도 인간을 관찰하고 그 진실을 밝히고자 하는 시도가 무수히 많다. 그러나 주·객을 분리하여 살펴본 결과는 어떠한 관점을 전제로 하여 성립되는 진실일 따름이다. 그러나 이는 말하자면 제한된 진실에 지나지 않는다. 제한된 지식을 아무리 결합하여도 생생히 살아있는 인간에 대한 참된 앎에 이를 수는 없다.
　불교의 관심은 자신이 어떻게 살아갈 것인가 하는 문제이다. 그러한 이상, 인간을 응시함이 인간 일반을 대상화하여 보는 것이 아니라 자기에게 나타나 있는 인간의 본성을 자기와 연관하여 보는 것이다. 그것은 단적으로 자기를 보는 것이다.

이를 거꾸로 이야기하면 다음과 같다. 석존은 늙음, 병듦, 죽음으로 대표되는 인간의 고통을 자신의 것으로 받아들이고 이를 해결하기 위하여 자신을 관찰하였다. 고행을 하고 선정에 잠겼던 것도 결국 자기의 본성을 보기 위한 것이었다. 그리하여 깨달음이 열리고 자기의 본성이 파악되었지만, 이 자기는 단지 자신만의 자기는 아니었다. 자신도 포함된 인간의 보편적 진실이 파악되었던 것이다. 시대, 장소, 성별, 지성 등에 관계없이, 인간이 인간인 이상 누구에게나 타당한 보편적 진실이 발견되었던 것이다.

자기가 자기를 본다는 것은 어려운 일이다. '나는 살결이 희다' 등의 관찰은 여기에서는 아무런 의미가 없다. 이는 자신이 지성으로써 자신의 일부를 객관적으로 보는 것으로, 앞에서 말한 일반적인 관찰과 하등 다른 점이 없다. 욕망을 일으키며 사고하고 자아를 내세우는 자신 있는 그대로 전체적으로 파악하는 것, 결국 관찰하는 자신과 관찰되는 자신이 하나가 되어 보지 않으면 안 된다. 우리는 사물을 보고 관찰하는 데에 지성, 분별을 사용한다. 지성은 주객분리를 바탕으로 하여 작용한다. 그러나 우리는 자신의 존재를 주관과 객관이 나누어지지 않은 상태에서 보아야 한다. 과연 이러한 관찰은 가능한가.

이를 실현한 사람이 석존이며, 그의 가르침 즉 불교를 전한 대대의 조사(祖師)들의 종교체험이 그러하다. 이는 후대의 선승의 말을 빌리면 확실히 백척간두(百尺竿頭)에서 한 걸음 내딛는 것, 또는 절벽에서 뛰어내림으로써 소생함에 비교될 수 있는 종교적 체험이다. 우리가 하루 하루의 생활에서 당연한 것으로 여기는 견해, 사고방식을 버림으로써 나타나는 지혜, 이는 지성・분별의 결과로서의 지식은 아니다. 이는 '무분별(無分別)'의 지혜이며, 깨달음의 지혜이다. '반야(般若)'의 지혜도 바로 이것이다. 또한 이는 인간을 포함한 만물의 모습을 있는 그대로 여실히 보는 지혜이다.

연기(緣起)와 무상(無常)

그러면 무분별의 지혜에 의해 보이는 인간의 진실은 어떠한가. 이것은 '연기'라는 말로 표현된다. 연기는 인간을 포함한 만물이 '여러 가지 다른 것과의 관계에 의하여 생김'을 말한다. 내가 지금 여기에 바로 나로 존재하는 것은 나 자신만의 힘으로써도 아니며, 자신의 의지에 의한 것도 아니다. 부모가 존재하며,

조부모가 존재하고, 친구·지인·사회가 존재함으로써 그리고 수많은 인간, 사물과의 복잡한 관계 속에서 내가 성장하고 생활함으로써 지금 여기에 내가 있는 것이다. 물론 자신의 자유의지는 있지만, 자신의 의지에 따라 자유롭게 될 수 있는 부분은 극히 적다. 자신의 자유의지를 발한다고 하는 그 자체가 오히려 나의 의지와 관계없는 것으로 보아야 할 것이다.

산과 강, 식물도 마찬가지이다. 일체의 것이 정확히 알 수 없는 수많은 현상, 사물, 생물이 관련되어 지금 여기에 존재한다. 인간도 사물도 모두 연기생(緣起生)이라는 것이 석존이 파악한 진실의 내용이었다. 그러므로 여기에는 예를 들어 신과 같은 창조주는 없다. 불교가 무신론이라는 이유는 바로 여기에 있다.

이러한 사실은 만물이 인연에 따라 생멸한다는 표현으로 설명되기도 한다. 인은 '원인'이며, 연은 그 원인이 어떠한 결과를 일으키는 데에 도움이 되는 외적인 '조건'이다. 우리는 여러 가지 원인, 여러 가지 조건이 결합되어 지금 여기에 존재한다. 새로운 원인, 새로운 조건이 생기면 우리는 그에 따라 변화된다. 그러므로 병들고 늙고 때에 이르면 죽는다. 이러한 점에서 불교의 진리관은 상당히 냉엄하다. 인간의 생각과 감정에 좌우되지 않으며, 모든 것이 과학에서 말하는 인과율과 같은 '관계성' 속에 존재하고는 다음 순간 변한다.

그러나 불교에서는 구체적으로 무엇이 원인이며, 무엇이 조건인가에 대해서는 추구하지 않는다. 예를 들어 나를 성립시키고 있는 하나의 원인은 다른 원인의 결과이며, 그 원인에는 그에 선행하는 또 하나의 원인이 있다. 이를 거슬러 올라가면 결국 우주의 제일원인에까지 이르지 않으면 안 된다. 석존은 이것이 인간의 지성으로써 알 수 있는 문제가 아니며, 이를 추구하는 것은 쓸데 없는 일이라고 하여 배척하고 있다. 중요한 것은 갖가지 불안, 괴로움에 젖어 있는 자기 문제의 해결이다. 이를 위해서는 필연적으로 '지금 여기에 나타나 있는' 사실을 있는 그대로 받아들이지 않으면 안 된다. 이로 부터 해결의 길이 열리기 때문이다.

이러한 사유방법은 무상(無常)이라는 말로 표현되는 사실과도 관련되어 있다. 일체가 연기생이며 인연생이라면, 그리고 항상 새로운 인과 연이 부가된다면, 이는 항상 변하고 있음을 말한다. 무상이므로 사람은 죽는다. 그러나 동시에 무상이기 때문에 사람은 태어나고 성장할 수 있다. 인생과 자연은 모두 무상하다. 이를 '제행무상(諸行無常)'이라고 한다. 따라서 무상과 연기는 동일한 사실을 달리 표현하고 있는 것이다.

무아(無我)

일체가 무상하므로 '나' '자기'라는 존재도 또한 항상됨이 없다. 늘 변화되어 가고 있는 것이다. 불전은 이 '아(我)'를 '아소, 아, 아체(我所, 我, 我體)'의 세 가지로 분석하고 있다. 우선 아소는 '나(私)의 것'이라는 뜻이다. 그리고 '아'는 '나(私)'를 말한다. 또한 아체는 '아의 본질'이다. 이는 예를 들어 영혼과 같이 육체의 존망과 관계없이 영원히 존속하는 실체를 말한다. 무아는 이 3자를 부정한다. 결국 무아는 "이것은 '나의 것'이다, 이것이 '나'이다, 이것이 '나의 실체'이다" 라고 할 만한 것은 존재하지 않음을 지적한다. 이는 무상을 자기 자신에게 비추어 보는 경우의 당연한 귀결이라고 하지 않을 수 없다.

그러나 석존 및 최초기의 불교는 무아를 이론적으로 설명하기보다는 실천적인 의미에서 강조하고 있다. 만약 '나' '나의 것'이 존재한다면, 이는 영원히 변함이 없이 존속할 것이다. 이는 무상이라는 말로 표현되는 만물의 참된 존재방법에 어긋난다. 따라서 어떠한 것도 "이것은 '내'가 아니며, '나의 것'이 아님"을 받아들여야 한다. 즉 무아는 '아가 없음'을 말하기보다는, 일체가 '아가 아니(非我)'라는 의미가 강하다. 결국 아가 존재한다고 보는 아집(我執)을 버리라는 실천적 성격을 띠고 있는 무아이다. 사실 고대의 한역불전에서는 비아(非我)로 번역하고 있는 예도 있다. 영혼과 같은 실체적인 '아는 존재하지 않는다'라는 의미의 무아가 강조되고 있는 것은 형이상학적인 불교철학이 논의되기 시작한 이후의 일이라고 할 수 있다.

이 무아설이 자기존재 그 자체를 부정하는 것으로 간주하는 것은 옳지 않다. 부정되는 것은 어디까지나 아, 아소를 고집하는 나, 나의 본질이다. 선행을 하고 아집을 억제하며 살아가는 윤리적 주체로서의 나는 엄연히 존재한다. 다만 이것도 결코 고정된 형태로 존재하는 것은 아니다. 여러 가지 인과 연이 결합되어 지금 여기에 존재하고 있을 뿐이다. 결국 인과 연의 화합에 따라 변화·존속함에 인간의 참된 실존적 모습이 있다.

인생은 괴로움

일체는 관계 속에 존재한다는 연기, 그리고 이것과 표리관계를 이루는 무상, 무아로 표현되는 인간의 진실, 이것과 함께 인간을 파악하는 불교 독자의 방법에 삶은 괴로움이라는 명제가 있다.

석존은 인생문제의 해결을 위하여 출가하였다. 늙음, 병듬, 죽음으로 대표되는 인간의 괴로움의 극복이 그것이다. 그러나 물리적인 의미에서 늙음, 죽음을 방지하자는 것은 아니었다. 그것은 죽지 않을 수 없는 인간의 유한성 가운데에서 늙음, 죽음을 극복하여 영원한 생명을 얻고자 하는 시도였다.

불교는 인생의 괴로움, 불안을 4고8고(四苦八苦)라는 술어로 정리하고 있다. 4고는 생·노·병·사(生·老·病·死)의 괴로움이다. 그런데 처음의 생은 '태어남'을 말하는 것이지, '살아감'을 지칭하는 것은 아니다. 인간은 항상 윤회를 계속하며 미혹의 세계에 산다. 그런데 당시 윤회는 괴로움으로 간주되었기 때문에 이 세상에 태어나는 '생'도 괴로움으로 파악되었던 것이다. 늙음, 병듬, 죽음은 단순히 육체적인 고통일 뿐만 아니라, 이에 수반된 정신적 고통을 포함한다.

다른 분류로서는 사랑하는 사람과 헤어지지 않을 수 없는 괴로움(愛別離苦), 미워하는 사람과 마주치지 않을 수 없는 괴로움(怨憎會苦), 구하여도 얻어지지 않으며 마음대로 되지 않는 괴로움(求不得苦), 그리고 오온성고(五蘊盛苦)를 열거하는 경우도 있다. 이것과 앞의 4고를 합하여 8고라고 하지만, 결국 인간의 고통은 무엇인가를 끊임없이 추구하여도 획득되지 않는 고통이라고 할 수 있다.

인생이 괴로움이라는 것은 불교의 기본적인 현실인식이지만, 최종적 결론은 아니다. 석존의 출가에서도 인생에 괴로움이 현존한다는 사실인식이 선행하고 이를 극복하기 위한 수행이 따랐다. 그리고는 깨달음에 의해 인생의 괴로움이 초극되었던 것이다. 즉 삶의 고통은 석존에게 있어 수행의 출발점에서의 현실인식이었다. 그러나 깨달음이 열리고 삶의 괴로움이 인간의 진실로 밝혀지면서, 그 괴로움이 '자각적'으로 받아들여져 인생의 문제가 여기에 집약된다. 괴로움의 대표이며 인생의 처음과 마지막을 나타내는 '생사'는 단순한 고의 대표라기보다는 '인생문제'의 대명사가 되었다. 그리고 생사의 문제는 인간의 실존적 질문을 의미하는 것이 되었다. 인생이 괴롭다고 하는 것은 결코 염세주의가 아니다. 이는 추호도 의심할 수 없는 인간의 현실인식이며, 동시에 인생의 문제를 제기하고 이를 해결하기 위한 창구가 되는 것이다. 이는 그리스도교 신앙이 인간의 원죄에서 출발하는 것과 대비될 수도 있을 것이다. 그러나 불교에서는 죄악감이 없다. 불교는 인생의 괴로움으로부터 시작하여 그 괴로움을 보편화하고 이를 인간의 실존적 진실로 간주한다.

그러므로 일체개고(一切皆苦)는 불교를 나타내는 기치이다. 일체개고는 또한 '제행무상, 제법무아, 열반적정(諸行無常, 諸法無我, 涅槃寂静)'과 더불어 4법인(四法印)으로 불리며, 불교 진리관의 기본을 이루고 있다. 열반적정이 부가된 것은 일체개고가 비관적인 괴로움으로 끝나는 것이 아니라, 그 괴로움을 극복한 열반이라는 정신적 차원이 존재함을 나타내기 위한 것이다.

공(空)과 제법실상(諸法實相)

연기와 삼법인 또는 사법인의 내용은 인간 및 만물의 진실을 나타내는 것이다. 석존의 깨달음의 내용도 이와 직결되어 있으며, 후대 불교가 발전되고 교의가 체계화되어도 그 기본은 변함이 없었다.

오랜 세월에 걸쳐 발전된 불교도의 사상의 궤적은 교리사, 사상사로 취급되어야 할 문제로서, 여기에서의 당면문제는 아니다. 여기에서는 석존의 깨달음에 뿌리를 둔 불교의 기본적 진리관을 설명하는 것으로 충분하다. 다만 공과 제법실상이라는 중요한 사상의 발전에 관해서는 설명이 필요할 것으로 보인다.

공은 인간을 포함한 일체의 존재가 영원히 존속하는 실체적 존재가 아님을 지적한다. 다시 말하면 만물이 연기생임을 나타낸다. 그러므로 대승불교의 일체개공(一切皆空)은 제법무아와 동일한 사상이다. 그러나 특히 대승불교가 '공'이라고 하지 않으면 안 되었던 점은 이보다 앞선 아비달마불교의 교리와 관련하여 이해되어야 한다. 여기에 대해서는 다음에 구체적으로 설명하기로 한다. 그리고 대승불교는 연기하는 것, 공인 만물이 어떠한 순간에도 진실되다는 사실을 적극적으로 나타낼 필요가 있었는데, 이것이 곧 제법실상이라는 개념이다.

제법실상은 대승불교가 성립되면서 줄곧 이야기되어 온 말인데, 그 본래의 뜻은 '모든 존재는 그대로 진실된 것으로, 항상 진실의 모습을 드러내고 있다'는 것이다. 이는 무상, 무아설과 일치하지만, 그 강조되는 면에서 차이가 난다. 즉 인간을 포함하여 만물은 항상 변하여 가지만, 이는 단순히 변한다는 객관적 사실을 묘사하는 것이 아니다. 순간 순간 변해가면서도 그것은 다른 것이 대신할 수 없는 존귀한 것으로서, 항상 진실된 것이라는 석존 이래의 이해가 담겨 있다. 이러한 점이 대승불교에서 특히 강조되어 제법실상이라는 말이 사용되었던 것이다.

이를 인간과 관련하여 설명하면, 사회적 지위, 연령, 교양, 성별 등의 차이에 관계없이, 모든 인간은 인간이기 때문에 존귀한 존재라는 것이다. 석존 탄생시의 일화로서 유명한 "천상천하 유아독존(天上天下 唯我獨尊)"이라는 표현도 한 사람 한사람이 천상천하에 유아독존으로서, 인간 그 자체에 갖추어져 있는 존엄성을 제시하는 말이다.

인간만이 아니라 모든 자연물도 마찬가지이다. 유용성·무용성, 가치있고 가치없고, 아름다움·더러움이라는 인간의 입장에서의 가치평가와는 관계없이 만물은 모두가 제법실상이며 존엄하다는 점은 특히 대승불교 이후에 강조된 산천초목도 모두 성불할 수 있다는(山川草木 悉皆成佛) 사상의 배경이 되었다. 불(佛)은 '깨달은 자'이며 '완전한 존재'이다. 따라서 산천초목을 비롯한 일체의 존재는 불(佛)로서의 생명을 가지고 있다. 비는 내리고 바람은 불며 계절은 바뀌어 간다. 끊임없는 자연의 변화는 불의 생명의 활동이다. 이는 단순한 자연과학적 이해의 영역을 넘어선다. 바로 이러한 점에서 만물에 불성(佛性)이 두루 내재함이 강조되고 있다.

이와 같이 인간을 포함한 만물이 있는 그대로 진실의 모습을 드러내고 있다는 생각은 당연히 모든 존재를 존귀하게 여기고 그 존재방법에 합치하고자 노력하는 실천의 문제로 나아가게 된다.

2 미혹과 윤회

괴로움의 원인

　일체가 연기법칙에 따라 생기한다면, 괴로움도 어떠한 원인·조건에 의해 생김은 당연한 일이다. 불교에서는 괴로움의 원인을 인간의 욕망과 무지에서 구한다. 번뇌가 괴로움의 원인이라면 이를 멸함으로써 괴로움은 극복될 것이기 때문에, 번뇌를 어떻게 처리할 것인가가 실천의 중심테마가 된다. 불교는 번뇌론이라고 하여도 과언이 아니라고 할 수 있다.

　앞에서 괴로움은 '생각대로 되지 않는' 괴로움으로 집약됨을 지적하였다. 생각대로 되지 않음은 생각대로 될 가능성이 없는 것을 추구함에서 유래한다. 만물이 무상, 무아라면 이것이 '나'라고 하던가, '나의 것'이라는 판단은 그릇된 판단이다. 이와 같이 그릇된 판단을 유도하는 것을 불교에서는 삼독(三毒)이라고 한다. 욕심(貪)·성냄(瞋)·어리석음(痴)이 그것이다. 마지막의 '치'는 어리석음이지만, 이는 연기·무상·무아의 이법을 알지 못하는 무지이다. 탐과 진은 감성적인 번뇌이며, 치는 지적인 번뇌라고도 한다. 탐·진의 감성적 욕망이 활동하는 배후에는 이러한 무지가 있으므로, 삼독 가운데 치가 가장 근원적인 것이라고 할 수 있다.

　이 무지는 이성적으로 이해하면 제거될 수 있을 정도로 간단한 것은 아니다. 이는 인간이 필연적으로 지니고 있는 특성이지만, 보통 이것이 활동함을 의식하지 못한다. 이러한 의미에서 무지를 무명(無明)이라고도 한다. 불교의 번뇌론은 근본적으로 무명――근원적 욕망――생로병사의 괴로움으로 도식화할 수 있다.

　이와 같이 괴로움의 원인을 추구하면 번뇌에 이르고, 번뇌는 다시 무명으로 소급된다. 그러면 이 무명은 무엇에 의하여 발생하는가. 무명은 인간이 본래 지니고 있는 가장 근원적인 것으로 이것은 원인을 갖지 않는다. 인간은 원래 학식의 구비여부와 관계없이 무명의 어둠에 잠겨있는 것이다.

　무명·번뇌가 인간 본래의 모습이라면, 인간의 행위는 번뇌와 결부되지 않을 수 없다. 그의 행위에는 신체적 행위, 언어상의 행위 뿐만 아니라 마음의 활동도 포함된다. 이를 신(身)·구(口)·의(意)의 3업(三業)이라고 한다. 그런데 이러한 행위는 단순히 행위 그 자체로 끝나는 것이 아니라 필히 영향력을 남긴다. 이것이 곧 업력(業力)으로서, 원인과 결과는 이 업력에 의해 연관을 맺고 고락의 상황을 현출시킨다. 결국 인간의 행위는 무지·번뇌에 연관되어 있으므로 알지 못하는 사이에 계속 여력을 남기고 있다. 윤회와 관련하여 말한다면 인간은 부단히 내세에 재생할 원동력을 낳고 있는 것이다.

윤회와 업

따라서 현재의 상태를 주체적으로 볼 때, 그것이 괴로움과 즐거움 어느 것이라고 할지라도 전세 또는 과거세의 행위의 결과이다. 즉 과거세의 업에 의한 것이라고 생각하지 않을 수 없다. 그렇다면 현재는 과거세의 행위의 필연적 결과이기 때문에 변할 수 없는 것이 되어 일종의 숙명론이 되어 버린다.

원래 윤회와 업의 관념은 석존의 시대에 급속히 일반화되었던 민간신앙이었다. 이는 한편으로 현실의 불행한 상황을 과거세의 업의 결과로 봄으로써 현실을 납득케 하는 설명체계였으며, 또 한편으로는 현세의 선업에 의해 선한 재생을 가져올 수 있다는 점에서 희망을 주는 것이기도 하였다. 당시 대부분의 사람들이 신봉하기 시작하였던 일반적인 윤회와 업의 관념이 석존 및 당시의 불교도 사이에 도입되었던 것은 이상한 일이 아니다.

그러나 불교의 윤회·업설에는 보다 종교적인 차원에서 도입되었던 면이 있다. 민간신앙의 불교적 수용이라고 할 수 있을 것이다. 즉 불교적 윤회·업설은 인간은 과거세에서 현재세로 선악의 과보를 받아 윤회한다는 객관적 일반론이 아니다. 지금 여기에 존재하는 자기를 실존적으로 반성해 볼 때, 자기는 무명에 덮혀 있으며, 번뇌에 감싸여 괴로움을 겪는 존재임을 발견하게 된다. 이는 다른 사람의 문제가 아니라 바로 자신의 문제로 받아들여야 할 문제이다. 그리고 이는 자신의 행위의 결과로 생각되어야 하므로, 인간은 여기에서 '업의 상속자'로서의 자신을 발견케 된다.

고대의 원시불전은 "그와 같이 현자는 있는 그대로 (인간의) 행위(karma)를 관찰하고, 연기에 따라 생기함을 인식하여, 행위의 결과를 안다"(《숫타니파타》)

메난드로스왕의 금화

라고 하고 있다. 여기에서는 업을 미래의 과보라는 면에서 실존적으로 파악하여 현시점에서 올바른 생활을 하도록 노력할 것을 권유하고 있다. 결국 종교적 자각을 바탕으로 하는 윤회·업설로서, 결코 일반적인 윤회설을 그대로 수용한 것은 아니다.

여기에 불교의 무아설이 결부될 때, 불교적으로 변용된 윤회설은, 윤회하는 것은 그 주체가 아니라 업 그 자체라는 설이 된다. 힌두교 일반의 윤회에서는 영혼이 윤회의 주체로서 이것이 업의 담지자가 된다. 그러나 불교에서는 영혼과 같은 실체적 존재를 인정하지 않으므로 업(業)만이 계승된다고 한다.

이는 한편으로는 이해하기 어려운 관념이다. 일반적인 불교도 사이에서는 물론 민간신앙적인 윤회의 관념이 그대로 수용되기도 하였다. 이에 대해 자각적인 윤회를 말하는 사람도 있으나, 어느 경우에도 영혼은 없다고 한다. 업만이 이행해 가는 것이다. 이러한 모순을 어떻게 조정할 것인가 하는 것은 실로 인도불교 교리사의 큰 문제이었다. 사실 교리학 발전의 이면에는 항상 이 문제가 의식되고 있다. 대승불교의 하나인 유식파(唯識派)의 아뢰야식(阿賴耶識) 이론도 무아에 저촉되지 않는 업·윤회의 사상을 설명하기 위한 것이기도 하다.

《밀린다팡하》라는 경전은 이 문제에 대해 흥미있는 설명을 싣고 있다. 이 경전은 서력 기원전 2세기에 서북인도의 샤카라(현재의 시아르고트)에서 박트리아의 그리스왕 메난드로스(=밀린다)와 불교승 나가세나(한역경전은 那先比丘라고 한다)의 문답을 기록한 것이다. 서구와 인도의 상이한 사유방법이 맞부딪친 흥미있는 경전인데, 여기에 윤회와 무아의 관계, 업의 이행에 대한 토론이 실려 있다.

나가세나는 우선 영혼이 존재하지 않음을 지적하고 윤회는 어떠한 주체의 전이가 아니라고 한다. 그러면 어떻게 업을 담지하여 갈 것인가라는 질문에, 그것은 마치 하나의 등불에서 다른 등불에 불을 붙일 때 어떠한 주체가 전이됨이 없이 불이 옮겨가는 것과 같다고 한다. 또는 선생에게서 시를 배울 때, 선생에게서 제자로 주체가 전이하지 않는 것과 같다고도 한다. 그러면 과거세의 업이 현재세로 전달되지 않는가하면 그렇지 않다. 마치 씨앗으로서의 망고열매와 이것이 큰 나무가 되고 이 나무에서 열린 망고열매는 별개의 것이지만, 후자는 전자에 의존한다. 따라서 망고열매를 훔치고 "내가 훔친 망고와 본주인이 심은 망고는 별개의 것이므로 나는 누구의 것도 훔치지 않았다"라는 논리는 성립되지 않는다고 한다. 결국 사람은 과거세의 업에 의해 현재세에 새로운 삶을 얻지만, 실체적인 윤회의 주체는 없다는 것이다.

이 설명은 실은 설명이 되지는 못한다. 주체없이 업만 이행한다는 논리가 주장되고 있기는 하지만, '어떻게'라는 질문에는 대답하지 않고 있다. 이 문제가 얼마나 일반불교도에게 이해되기 어려운가는 현대 남방불교의 여러 나라에서 지금도 다양한 답변이 계속되고 있는 사실에서도 확인된다.

윤회·업의 관념은 일반불교신자의 일상생활과 여러 모로 관련되어 있다. 또한 여기에는 민간신앙적 요소도 결부되어 있으며, 그 대부분은 교리의 입장에서 용인하기 어려운 것이다. 그러나 불교도 사이에 사실로 신행되고 있다는 점만으로도 불교문화의 입장에서는 간과할 수 없는 의미를 갖고 있다. 이러한 업·윤회의 민간신앙적인 불교수용에 대해서는 다음 장에서 자세히 검토하기로 한다(제5장 2).

3 실천

번뇌멸진(煩惱滅盡)

원시불전에 4제설(四諦說)이라는 것이 있다. 석존 자신이 그대로 설했는가는 명확치 않지만, 원시불전에 종종 거론되고 있는 가장 초기의 가르침으로 불교의 기본적 사상을 제시하는 것이라고 할 수 있다. 고제, 집제, 멸제, 도제(苦諦, 集諦, 滅諦, 道諦)의 4제(네 진리)가 그것이다. 고제・집제는 인생은 괴로움이라는 진리와 이 괴로움에는 필히 몇가지의 원인, 구체적으로는 번뇌가 있으므로 괴로움이 생긴다는 진리이다. 결국 이 둘은 미혹의 세계의 인과관계를 나타내는 것이다. 멸제・도제는 이에 대해 깨달음의 인과관계를 나타낸다. 괴로움의 원인을 멸하면 괴로움이 극복되고 열반이 획득될 수 있다는 것이 멸제이다. 도제는 그러기 위해서는 도, 즉 수행의 길을 걷지 않으면 안 됨을 말한다.

여기에서 '멸'이라 함은 번뇌를 멸하는 것이지만, 과연 번뇌는 절멸될 수 있는가. 당시 불교 이외의 종파에서는 고행에 의해 육체를 극한에 이르기까지 학대함으로써 번뇌의 활동을 최소화하고자 하는 수행법도 실행되고 있었다. 그러므로 육신이 죽으면 번뇌는 전혀 없는 것으로 생각하여 종교적 자살을 이상으로 삼는 일도 있었다.

그러나 불교의 '멸'은 단순히 번뇌를 아주 없애버린다는 의미는 아니다. 번뇌는 인간에 고유한 것으로 이를 아주 없애는 것은 불가능하다. 그러나 그 번뇌가 구체적인 모습을 띠고 밖으로 드러나 활동하는 것을 억제하고 제어하는 일은 가능하다. 그렇다면 결과로서의 번뇌의 활동은 소멸된다. 멸의 원어 니로다 nirodha는 멸진이라는 의미와 함께 억제라는 의미도 갖는다. 한역불전은 이 말을 멸(滅)로 번역하였는데, 어떤 의미에서 오해는 여기에서 야기되었다고 할 수 있다.

이 번뇌를 취급하는 방법은 매우 중요하다. 후의 대승불교에는 번뇌즉보리(煩惱即菩提)라는 사유방법이 있다. 이 '즉(即)'은 결코 일치한다는 것이 아니

4제(四諦)의 가르침 이 석조물에는 팔리어(브라흐미)로 "비구들이여! 성제는 넷이다. 그 넷은 무엇인가. 그것은 고제, 집제, 멸제, 도제이다"라고 간결하게 씌여져 있다.

다. 말하자면 '깨달음의 논리' '실존의 논리'라고 할 수 있는 것으로서 그 이해가 용이하지는 않지만, 요컨대 번뇌를 좋건 그르건 고정된 것으로 파악함을 배제하는 일면이 있다. 번뇌와 보리, 또는 염오된 현실로서의 사바세계와 깨달음의 세계(娑婆即寂光土)라고 할지라도, 이것이 번뇌이며 이것이 깨달음이라고 결정지어 말하는 것은 실은 우리 인간의 분별일 따름이다. 불(佛)의 눈으로 보면 양자는 모두 인간 본성의 작용에 지나지 않는다. 그러나 양자는 빛과 어둠과 같이 상대방이 존재함으로써 자신도 존재하는 것이다. 양자는 또한 전혀 무가 될 수 있는 것도 아니다. 번뇌의 행위이건 깨달음의 행위이건 행위로서는 별개라 하더라도, 우리 범부의 입장에서가 아니라 불의 입장에서 보면 모두 같다는 실존 세계의 안목이 여기에 있다.

여하튼 번뇌즉보리라고 할 때, 여기에는 적어도 번뇌를 '무'라고 하는 발상은 없다. 그러므로 석존과 원시불전이 번뇌를 끊어 없애라고 하였다면, 석존과 후대의 대승불교 사이에는 번뇌론에 대한 질적인 차이, 전환이 있는 것으로 이해해야 한다는 주장도 있었다. 그러나 그렇지 않다. 본질적으로는 동일한 것으로, 강조하는 방식이 달랐던 것이다. 즉 원시불교에서는 번뇌를 일으키지 말 것을 강조하는 점에서 출발하여 뒤에는 이러한 점도 잊어버린 상태에서 자연스럽게 번뇌가 일어나지 않는 깨달음의 경지를 설하며, 대승불교는 염불(念佛), 염법(念法) 등의 수행법을 중시하고 불타와 동일하게 되는 수행을 함에 저절로 번

제3장 사상과 실천   111

뇌가 발동하지 않는 세계를 말한다. 그러므로 대소승 사이에 사상・교리의 발전은 있지만, 불교의 본질적인 부분은 변하지 않았던 것으로 간주해야 한다.

선정

연기, 무상, 무아의 이법(이치)을 알고 번뇌의 활동을 억제함은 지식, 인식의 문제가 아니다. '삶' 그 자체와 관련된 것으로 체득되지 않으면 안된다. 선정은 바로 이를 위한 수행법이다.

선정(禪定)은 산스크리트어로 디야나 dhyāna라 하며, 명상을 말한다. 팔리어를 비롯한 중기의 인도어에서는 쟈나 jhāna가 되었으며, 이것이 한역불전에서는 '선나(禪那)'로 음사되었다. '정(定)'은 삼매(三昧, samādhi)의 번역어이다. 따라서 선정은 음사어와 번역어가 결합되어 만들어진 말이다.

디야나가 요가 체계의 제7지라는 점에 대해서는 앞에서 언급하였으나, 석존 시대에 이러한 체계가 정비되어 있었다고는 생각되지 않는다. 아직 미발달의 단계에 있었던 것으로, 당시의 인도에는 다양한 선정과 그 발전단계가 있었던 것으로 보인다. 그 증거로 최초기의 불교에서는 이 '선나'와 요가의 제8지 삼매가 구별되어 있지 않다는 점을 들 수 있다. 거의 동의어로 사용되었던 것이다. 그러므로 선과 정이라는 별개의 말이 결합되어 '선정'이라는 하나의 의미를 나타내는 것도 가능했을 것이다. 그 외에 명상, 묵상, 염상, 내관 등으로 표현하는 것이 적당한 여러 관념과 수행법이 있었음이 알려져 있다. 그러나 불교의 선정의 내용이 구체적으로 어떠한 수행법이었는가를 상세히는 알 수 없다. 석존 자신의 선정의 방법, 내용도 알 수 없지만 적어도 원시불전에 기록되어 있는 바에 따르면, 대개 다음과 같은 수행법이 있었던 것으로 생각된다. 즉 조용한 곳에 자리를 잡고 호흡을 조정하여 마음을 하나의 대상에 집중한다. 이때 의식을 집중하는 대상으로 땅・물・불・공기와 색깔, 빛, 또는 삼보(三寶)와 윤리적 덕목 등이 있다. 부정관(不淨觀)이라고 하여 인간의 신체의 부정함을 생각함으로써 여체 또는 현세에 대한 욕망을 누르는 방법도 알려져 있다. 석존과 지도자들은 수행자에게 각자에 적합한 다른 명상의 대상을 제시하였던 것으로 보인다. 그렇게 함으로써 번뇌의 활동이 진정되고 고요한 가운데 만법의 진실을 아는 지혜와 이를 아는 기쁨이 나타나게 된다.

선정 가운데에 지혜가 발현됨은 틀림없는 사실이다. 예를 들어 가장 초기의 경전 가운데 하나인 《담마파다 Dhammapada》(法句經) 372는 "지혜가 없는 자는 선정이 없으며, 선정이 없는 자는 지혜가 없다. 선정과 지혜를 가진 자는 열반에 이른다"라고 한다. 이 지혜는 앞에서 말한 바와 같이 지성의 작용으로써 알 수 있는 것이 아니다. 그것은 종교체험에 의해 감득되고 온몸으로 체득되는 것이다. 대승불교에서 강조되는 반야의 지혜도 이와 마찬가지이다.

불교의 전 역사를 통해 선정은 인간의 참된 지혜, 깨달음을 얻기 위한 가장 중요한 수행법으로 이야기되고 있다. 여러 가지의 실천, 수도의 체계, 예를 들어 팔정도, 삼학, 육바라밀(八正道, 三學, 六波羅蜜) 등에도 선정은 늘 포함되어 있다.

극히 치밀한 인도불교의 철학, 교리학은 한편으로는 지성의 성과이지만, 그렇다고 하여 전적으로 그런 것은 아니다. 불교 본래의 종교체험이 그 바탕에 놓여 있으며, 이것이 교리로서 논리적으로 표현되어 일반인의 이해를 돕는다. 또한 그 철학은 새로운 수행자가 종교체험을 하도록 돕는 역할을 한다. 선정은 실천면에서 불교의 기초이며, 동시에 선정에 의해 마음이 깊어가는 단계도 다양하게 논의되고 체계화되었다.

계(戒)와 율(律)

인간의 진실을 통찰하는 깨달음은 당연히 인간관 및 세계관 그리고 사회적 행위, 실천방법에 근거를 제공한다. 다만 불교는 구체적인 윤리, 도덕의 덕목을 직접적으로 이야기하지는 않는다. 윤리, 도덕은 종종 그 당시의 사회적 상황에 좌우된다. 그러한 의미에서 이는 절대적인 것이 아니다. 보편적인 '인간의 진실한 모습'을 통찰한 불교인은 항상 자기 또는 인간으로 되돌아온다. 그리고 그 통찰을 기초로 판단하고 그에게 주어진 환경 속에서 자신의 사상과 행위를 선택한다.

이러한 주체적 또는 구체적 행위를 '계'라고 한다. 스스로 선택한 올바른 견해, 올바른 행위는 습성이 되어 자연스럽게 실행된다. 계의 원어 쉴라 śila에는 '흐름에 따르는 것과 같이 자연스런 행위' '자연의 올바른 행위'의 뜻이 있는 것도 이를 나타낸다.

이에 대해 교단이나 어떠한 사회집단에서 생활할 때에는 자신의 자유를 최대한으로 발휘하면서도 최대한 다른 사람의 자유를 침범하지 않기 위하여 공통의 규칙이 있지 않으면 안 된다. 이것이 '율'이다. 따라서 계와 율은 본래 다른 것으로, 계가 주체적·자율적인 것임에 반해 율은 위로부터 주어진 것이지만 그 기본은 계에 있다. 그러므로 비구이건 재가신자이건 불교도로서의 생활의 규범은 덕목의 나열이기보다는 주체적인 판단을 권장하는 것이다.

예를 들어 가장 기본적인 불교의 실천·수도에 3학이 있다. 계·정·혜(戒, 定, 慧)가 바로 그것으로, 이에 따르면 계에 기초한 올바른 생활을 가능케 하는 것은 선정과 이에 의해 획득된 지혜이며, 선정을 행하면 그 지혜는 저절로 계에 합치된 생활을 하게끔 한다. 계·정·혜는 결코 개별적인 것이 아니다. 서로 긴밀히 관련된 것이다.

원시불전에 자주 등장하는 8정도도 마찬가지이다. 이는 구체적인 덕목보다 자세를 강조한다. 팔정도는 사제 가운데에 마지막으로 이야기되는 도제(道諦)를 구체적으로 열거한다. 올바른 견해(正見), 올바른 사유(正思惟), 올바른 말(正語), 올바른 행위(正業), 올바른 생활(正命), 올바른 노력(正精進), 올바른 주의(正念), 올바른 선정(正定)의 여덟가지가 그것이다. 이를 묶어 보면 정어·정업·정명이 계, 정념·정정이 정, 정견·정사유가 혜가 된다. 정진은 이 삼학 모두에 공통된 불교적인 생활방법을 체득하기 위하여 부단히 노력하는 것이다.

대승불교의 실천법으로 이야기되는 6바라밀에서 바라밀 pāramitā은 완성을 뜻한다. 따라서 이는 보시, 지계, 인욕, 정진 선정, 반야(布施, 持戒, 忍辱, 精進, 禪定, 般若)의 여섯 가지의 완성을 권하는 것이다. 여기에도 선정과 반야가 거론되고 있다. 보시, 인욕은 구체적인 덕목이지만, 대승불교운동의 사상적인 특징에 대응하는 것이다. 정진은 여기에서도 독립된 항목으로 강조된다.

계가 주체적인 행위로서 각자가 선택한 것이면서, 긴 역사를 겪어가면서 깨달음을 얻은 사람의 눈에 올바른 행위로 간주되는 구체적인 덕목이 열거되는 일도 가능하였다. 특히 재가신자를 위하여——물론 이는 비구에게도 당연히 적용되지만——살생하지 말 것, 도둑질 하지 말 것, 음행하지 말 것, 거짓말 하지 말 것, 술 먹지 말 것(不殺生, 不偸盜, 不邪淫, 不妄語, 不飮酒)의 5계가 제시되었으며, 이는 현대에 이르기까지 불교의 중심적 계(戒)가 되고 있다.

어떻게 보면 불살생과 불망어를 완전히 지키기는 어려운 듯이 보인다. 그렇다면 어느 정도까지 이를 지킬 것인가? 이는 기본적으로 불교인으로서의 각자의 주체적인 판단에 맡겨지는 경우가 많다. 한 예로 불살생의 계를 살펴보자.

중도와 자비

살아있는 것의 생명을 빼앗아서는 안 된다는 말을 극단으로 밀고 나가면, 몸 속에 들어온 콜레라균도 죽이지 않아야 하는 데에 까지 이른다. 한편 흉악한 도적에게 괴롭힘을 당하는 사람의 생명을 구하기 위하여 그 도적을 죽이는 일은 타당한 일인가, 또는 그렇지 않은가?

이러한 경우 자이나교는 여하튼 죽여서는 안 됨을 강조하며, 스스로 죽음을 택할 것을 가르친다. 한편 후대의 대승불교, 특히 중국에서는 어쩔 수 없이 생명을 탈취함을 정직하게 인정하고, 크건 작건 타자의 생명을 빼앗지 않으면 안 되는 인간의 업의 깊이를 참회하는 방향으로 나아간다. 석존은 그 어느 쪽도 좇지 않는다. 오히려 중간적 자세를 취하고 있다. 불필요하게 생명을 죽여서는 안 됨을 말하면서, 한사람 한사람의 주체적 판단에 맡기고 있다. 석존은 자이나교도처럼 채식주의자는 아니다. 당신에게 공양드리기 위하여 살해되었거나 죽이는 현장을 본 동물의 예를 제외하면, 석존은 공양받은 음식이 무엇이건 이를 받았다. 즉 석존은 육식도 마다하지 않았던 것이다. 인도의 불교교단에 채식의 관습이 정착된 것은 훨씬 후대의 일로서, 대개 4세기 이후의 굽타왕조시대 이후로 보인다.

계는 적극적으로 지켜야 할 것이지만, 최종적으로는 각자의 주체적 판단에 맡겨져 있다. 그 판단은 당연히 진실에 바탕을 두지 않으면 안 된다. 이를 역으로 말하면 그렇게 이루어진 행위, 사상의 선택은 항상 인간의 진실의 입장에 서 있는 것이다. 그리고 그것은 진실 속에 서 있는 길이므로 중도(中道)라고 한다.

중도는 보통 고행과 쾌락 등의 두 극단을 떠난 중간의 길로 해석된다. 그러나 단순한 좌우의 중간, 결국 절충을 말하는 것은 아니다. 인간의 진실이라는 중심에 따라 만약 사회전체가 우측으로 기울어지면 중도는 좌측에 가까워지며, 좌측으로 기울어지면 우측에 가깝게 간다. 석존도 이 법은 '세류(世流)에 거스르는 것'이라고 한다. 즉 세인들이 욕망을 좇아 자아를 주장하는 바, 이러한 흐름과는 역행하는 것이다. 또한 한 원시불전에는 "나라의 속법(俗法)에 따라 옳다, 그르다 하지 말라"라고 한다. 단순한 중간이 아니라, 인간의 입장에 서서 시시비비를 가려야 함을 가르치고 있는 것이다.

중도로 제시되는 주체적인 삶의 바탕에는 늘 자비가 있다. 석존 뿐만 아니라 많은 수행자의 종교체험은 항상 무상, 연기, 무아라는 법의 진실을 확인하는 것이다. 그리고 그 진실은 인간의 존엄과 평등, 자신과 타인에 대한 자비로 나타난다.

사람이 사람이기 때문에 갖는 존엄성에 대해서는 앞에서도 언급하였다. 그러므로 자신도 중요하다. 번뇌를 억제하고 올바른 삶을 영위하는 것은 곧 자기를 사랑하는 것이다. 원시불전에도 자기를 돌보라, 또는 자신을 의지하라고 하는 표현이 종종 사용되고 있다. 동시에 타인의 경우에도 그 사람 자신은 어느 것으로도 대체할 수 없는 존엄성을 갖고 있다. 원시불전의 하나인《숫타니파타》는 "그들도 나와 마찬가지이며, 나도 그들과 마찬가지라고 생각하고 내 몸에 비추어 살아있는 것을 죽여서는 안 된다. 또 다른 사람으로 하여금 죽이게 해서도 안 된다"고 하고 있다. '내 몸에 비추어'라는 것은 자비의 원점이라고 할 수 있다. 여기에서 자기와 타인의 자기가 결국은 하나라는 생각이 주장될 수 있었던 것이다. 이는 불교의 기본적 관념의 하나로서 후에는 대승불교에서 보살의 이타행(利他行)의 이상과 관련이 된다.

4 깨달음과 부처

열반

열반 즉 깨달음의 종교체험을 다른 사람이 알기는 어렵다. 그러나 깨달음을 얻은 상태가 대개 어떠하리라는 기술은 원시불전에 있다. 원래 열반은 니르바나 nirvāṇa의 번역으로 불꽃이 꺼진 상태를 가리키는 말이다. 그리고 열반이 불교에서만 사용된 용어는 아니다. 바라문계의 교설과 자이나교 등 당시의 종교계 일반에서 불과 같이 타오르는 번뇌가 소멸된 상태를 가리키는 말로 널리 사용되었다. 불교에서도 이 점은 마찬가지로 번뇌, 망집(妄執)의 작용이 없는 상태를 말한다. 망집이 억제되면 이를 바탕으로 하여 일어나는 괴로움도 발생하지 않으므로, 깨달음은 괴로움의 소멸이다. 따라서 열반은 적정,안은(寂静, 安隱)으로도 표현된다.

여기에서의 괴로움의 소멸은 육체적인 괴로움의 소멸이 아니다. 병이 없어지는 것이 아니라는 사실은 석존 자신이 병에 들거나 치료를 받았다고 하는 전승을 통해서도 알 수 있다. 따라서 괴로움의 소멸은 앞에서 언급한 4고, 8고로 대표되는 보다 근원적인 고뇌의 극복을 지적하는 것이다. 늙음·죽음도 육체적인 늙음·죽음은 피할 수 없는 것이기 때문에 결국 이에 대처하는 인간의 마음의 상태, 수용방법의 문제가 되지 않으면 안 된다. 인간의 실태를 있는 그대로 보고, 연기·무상의 이법을 철저하게 알면, 늙음·죽음은 필연적인 것으로 납득된다. 또한 필연적인 것을 필연적인 것으로 수용하지 못하는 것이 망집의 작용이라는 것도 이해된다. 따라서 망집의 억제는 자기의 제어이며, 이것이 가능하다면 괴로움은 괴로움이 아니게 된다. 말하자면 인간의 괴로움에서 도피하는 것이 아니라 그 괴로움에 직면함으로써 괴로움이 없는 삶을 살아간다는 안락의 경지가 이야기되고 있는 것이다.

그러므로 깨달음은 늙음·죽음을 초월하는 것으로 불사(不死)로도 표현된다. 이것이 곧 윤회의 탈각이다. 괴로움이 끊임없이 연속되는 삶이 윤회이므로, 괴로움이 극복되고 불사가 획득될 때 윤회가 멈춘다. 다만 후대의 불교는 천(天), 인간, (아수라(阿修羅)), 축생, 아귀, 지옥의 다섯(또는 여섯)의 세계(=道)에 대해 말하며, 사람은 이 5도(道, 또는 6道)를 끊임없이 윤회한다고 한다. 이 5도를 실체적인 것으로 간주하고 윤회, 전생을 물리적인 의미로 이해하며, 이 윤회가 멈추는 것을 열반이라고 한다면, 깨달음은 이해하기 어려운 것이 된다. 깨달음에 의한 윤회로부터의 해방은 본질적으로 현세에 있어서의 그리고 종교적 차원에서의 괴로움의 극복이다.

그러므로 깨달음은 예를 들어 고행을 통하여 육체를 학대함으로써 욕망이 일어나지 않는 상태와 직결된 것이 아니다. 깨달음은 몸과 마음이 모두 (비구 또는 재가인으로서의) 일상적인 생활 가운데에서 여여하게 활동하는 것이다. 바꾸어 말하면, '지금' 또는 '현재'를 충실하게 살아가는 것이 깨달음의 생활이다.

불교는 부단한 노력을 쌓음으로써 이러한 생활이 가능하다는 점을 강조한다. 한 원시불전에는 이에 대해 다음과 같이 말하고 있다. "과거를 좇지 말고 미래를 원치 말라. 과거는 이미 지나갔고 미래는 아직 오지 않았다. 단지 현재의 법을 있는 그대로 관찰하고 동요됨이 없이 철저히 알아 수행하라. 오늘 해야 할 일을 열심히 하라, 누가 내일의 죽음을 알 것인가."

이와 같이 번뇌의 활동이 없이 현재를 살아가는 종교적 확신이 깨달음이지만, 일반적으로 이를 실행하기란 극히 어려운 일이다. 무명·번뇌는 인간에 뿌리를 두고 있는 것이므로 평생에 걸친 수행으로도 이를 초극하기 어렵다. 그러나 깨달은 사람의 안목으로 올바른 생활자세를 제시하는 일은 가능하다. 따라서 비구·신자는 이를 따름으로써 불교적 삶을 살아가는 것이 깨달음으로 한 걸음 나아가는 일임은 틀림없다. 그러나 이러한 생활이 그대로 깨달음과 직결되어 있는 것은 아니다. 따라서 원시불교시대에는 재가인이 깨달음을 얻을 수 없는 것으로 생각되었다. 출가하여 비구가 되어 엄한 수행을 함이 깨달음에 필수적인 것으로 간주되었다.

비구에게 깨달음은 현세에서 획득될 수 있다. 석존도 이러한 맥락에서 깨달음을 얻었던 것이다. 원시불전은 석존이 사르나트에서 처음으로 법을 설할 때 그 대상이었던 다섯명의 수행자도 깨달음을 얻었으며 원시불전은 석존을 포함한 여섯명의 아라한(眞人)이 있었다고 한다. 그리고 아라한의 수는 점차 증가하고 있다.

그러나 시대의 변천과 함께 깨달음에 대한 해석은 점차 교조적인 성격을 띠게 되었다. 업의 이론에 의하면 현세의 육체는 과거세의 업의 과보이다. 따라서 위와 같은 깨달음의 경지에 이르러도 육체가 남아있는 이상, 윤회·업의 영향이 남아 있으므로 완전한 열반이라고 할 수 없다고 한다. 여기에서 이러한 깨달음을 '생존의 근원을 남기고 있는 열반(有餘依열반)'이라고 하고, 이를 육체가 없게 되었을 때 비로소 완전하게 되어 '생존의 근원을 남기지 않은 열반(無餘依열반)'과 구별하였다.

석존의 깨달음을 실제 체험의 측면에서 생각하면 이러한 생각은 실로 기묘하다. 그러나 이러한 생각이 후세에 끼친 영향은 적지 않다. 즉 석존 자신도 (유여의) 열반은 일찍이 얻었으나, 80세에 이르러 세수를 다할 때에 비로소 완전한 무여의 열반에 들었다고 한다. 이를 '완전한 열반'(parinirvāṇa)이라고 표현하며, 반열반(般涅槃)으로 한역된다. 이러한 점에서 열반은 불타와 수행자의 죽음과 동의어로 사용되게 되었다. 열반회(會), 열반상(像) 등의 용법도 여기에서 유래한다.

아라한과 보살

불교는 '불타의 가르침'임과 동시에 '불타가 되는 가르침'이다. 석존도 깨달음을 얻어 붓다로 불리게 되었던 것이다. 붓다 Buddha는 깨닫다는 동사에서 파생된 말로서 '깨달은 사람' 또는 '각자(覺者)'를 의미한다. 따라서 붓다는 불교에서만 사용된 말은 아니다. 자이나교에서도 사용되었다. 자이나교의 문헌에는 불제자 샤리푸트라가 붓다로 기록되어 있기도 하다. 그러나 불교에서는 석존만을 지칭하는 말로 사용되었으며, 교학의 발전과 함께 다양한 '불타관'이 전개되었다.

깨달음을 얻은 사람을 아라한(阿羅漢, Arhat)이라고도 한다. 원래는 공양을 받을 '가치가 있는 사람'의 뜻이나, 이것이 발전하여 '성자'의 의미도 지니게 되었다. 따라서 이 시기에는 붓다는 곧 아라한이었다.

한편 석존의 위대함은 후대에 이를수록 과장되었다. 여러 가지 특성과 능력이 붓다에 가탁되어 신격화되어 갔다. 그 결과 붓다는 단순히 깨달음을 얻은 사람 이상의 존재가 되었으며, 인간은 깨달음을 얻어 아라한이 되어도 붓다와는 다른 것으로 생각되었다. 한편 석존의 붓다로서의 그러한 위대함은 단순히 이 세상에서의 수행만으로 획득되는 것이 아니라 여러 차례 전생에서의 수행의 결과 이 세상에서 최종적으로 깨달음을 얻은 것으로 간주되었다. 이러한 생각은 윤회설과 업사상에서 유래한다.

석존은 전생에 수행자이었는데 이를 보디사트바 Bodhisattva(팔리어로는 Bodhisatta)라고 한다. 한역경전은 이를 보리살타(菩提薩陀)로 음사하고, 줄여서 보살(菩薩)이라고도 한다. 본래 '깨달음을 구하여 노력하는 사람'의 뜻으로 장차 붓다가 될 사람을 지칭한다. 그러므로 석존도 깨달음을 얻기 이전에는 보살이며, 이를 과거생으로 연장하면 전생의 석존도 보살이었던 것이다. 자타카 Jataka(전생이야기)문학의 주인공인 보살이 바로 이러한 존재이다.

그러나 대승불교에 이르면 '깨달음을 추구하는 사람'이라는 원래의 뜻이 확대되어 전생의 석존 뿐만 아니라 일반수행자, 재가신자도 보살로 불렸다. 특히 대승불교에서는 자신의 깨달음만이 아니라 세상 사람들을 구제하리라는 서원을 세움을 동시에 강조하였다. 자리(自利)보다는 이타(利他)가 보살의 참된 존재의미로 간주되었다. 이에 대해 전통적인 교단의 비구는 깨달음만을 추구하나 이는 아라한의 깨달음으로서 낮은 단계의 것이라고 하였다. 따라서 대승의 무리는 그들을 열등한 가르침이라는 의미에서 '소승(小乘)'이라고 헐뜯었다.

이타의 강조는 충분한 수행이 쌓여 붓다가 될 수 있는 사람이라도, 바로 성불하지 않고 이 세상에 남아 세인들을 구제한다는 생각을 낳았다. 따라서 자신의 의지에 따른 것이기는 하지만, 이들도 붓다가 되기 이전의 단계에 머물러 있으므로 보살로 불린다. 이들 가운데 관음, 문수, 보현, 대세지, 허공장, 지장(觀音, 文殊, 普賢, 大勢至, 虛空藏, 地藏)보살 등이 유력한 존재가 되어 널리 신앙되었다. 이들의 기원, 성격은 다양하다. 어떤 경우에는 불교의 지혜와 자비를 상징하기도 하며, 지장과 같이 민간신앙에 유래하는 경우도 있다. 다만 공통된 점은 세인을 구제하리라는 서원이다.

문수, 보현 등은 불교도 일반에 널리 신앙되었다고는 할 수 없다. 이들은 깨달음에 직결되는 지혜와 수행의 상징으로 기도, 예배의 대상이 되었다. 그러나 지장, 관음신앙은 인도 뿐만 아니라 중앙아시아·중국·한국·일본에도 전파되었다. 그 사이에 구제의 내용에 따라 종류도 다양해졌다. 또한 각지의 민간신앙적 요소가 흡수되기도 하였다. 관음의 경우 힌두교의 신들이 관음으로 수용되기도 하였는데, 마두관음(馬頭), 청경관음(靑頸), 엽의관음(葉衣) 등이 그러한 예이다. 불교도 사이에 널리 유포되었던 관음, 지장보살신앙의 발전경위는 극히 복잡하다.

이러한 보살들은 실존적 차원의 신앙의 대상이기도 하였지만, 동시에 현세이익적 기도의 대상이기도 하였다. 그런데 남방불교 국가에는 이와 같이 대승불교권에서 발달한 보살신앙이 없다. 그러면 누구에게 현세이익적 기도를 하였는가? 이들에게 있어서는 불교를 외호하는 것으로 믿어졌던 힌두교의 신들이 그 기능을 대신하고 있다. 대승불교에서도 힌두교의 신들이 여러 가지 형태로 수용되어 신앙되고 있다. 비사문천, 제석천, 길상천, 변재천 (毘沙門天, 帝釋天, 吉

祥天, 辯才天) 등의 하늘의 무리와 부동명왕(不動明王)과 같은 존재가 그러한 예이다. 그러나 이와는 별도로 보살, 불타에 관한 사상이 발전하였다. 이는 대승불교의 이타, 서원이라는 기본적인 사상과 민간신앙적인 숭배대상의 융합으로 간주된다.

과거불과 제불(諸佛)

석존은 자신의 깨달음을 오랜 옛날부터 숲속에 가려 있던 성을 발견한 것에 비유하고 있다. 이는 신의 계시에 의한 것도 새로운 창조도 아님을 말한다. 보편적인 법(진실)의 발견이라는 것이다.

만약 그렇다면 석존 이전에 이 성을 발견한 사람이 있었다는 것도 이상한 일이 아니다. 불멸후 100년 경 성립된 과거불(過去佛) 사상은 이러한 논리에 근거한다. 기원전 3세기의 아쇼카왕은 과거불의 한 사람인 코나카마나불의 탑을 건립하였으며, 이는 현재에도 고고학적 유품으로 남아 있다. 이 과거불은 샤카족 혹은 당시의 불교교단과 어떠한 형태로든 깊은 관련을 갖고 있던 부족의 신앙형태가 수용된 것으로 생각된다.

일반적으로는 과거7불이라고 하여 과거의 여섯 불 다음에 석존을 7번째의 불로 헤아리고 있다. 그러나 일단 이러한 사상이 성립되자 다양한 교리적 해석이 부가되어 그 수가 크게 늘게 되었다. 이들은 그 이름을 별도로 하면 모두 과거불로서 차례로 다른 세대에 출현하는 것으로 되어 있다. 결국 시간계열의 종적인 위치를 갖는다.

만약 시간을 미래로 연장하면 당연히 미래불(未來佛)이 존재하지 않으면 안된다. 마이트레야(미륵)불이 그것으로 이 불은 각지의 구세주적 신앙과 관련되어 복잡하게 발전되었다.

그러나 대승불교에 이르러 과거·현재·미래의 3세에 걸쳐 한 시대의 시방에 많은 불국토가 있으며, 그 하나하나의 세계에 불이 계신다고 생각되었다. '시방세계(十方三世)의 제불(諸佛)' 사상이 그러한 것으로, 이는 공간적 관계로 불의 존재를 상정한 것이다.

불타가 다수 출현한다는 사상이 발전하였던 배후에는 여러 가지의 이유가 있을 것이다. 법(진실)의 보편성의 강조, 또는 이를 '발견하여' 깨달음을 얻은 사람이 한 사람에 한정되지 않는다는 것도 그 이유의 하나일 것이다. 또한 불타의 특성 가운데 특히 어느 것을 상징하고, 특정한 활동을 하는 불타가 요청되기도 하였을 것이다. 이러한 많은 불타 가운데 특히 아미타불과 대일여래가 중요한 의미를 갖는다.

아미타불은 법장(法藏)보살이라는 수행자가 서원을 발하고 오랜 세월 동안 수행을 한 결과로서 극락정토에서 깨달음을 향수하고 있는 불이다. 이러한 아미타불도 윤회·업사상을 바탕으로 하여 성립된 것으로, 전세의 수행의 결과라고 하는 점에서 '보신불(報身佛)'이라고 한다. 약사여래(藥師如來)도 보신불의 성격을 갖고 있다. 그러나 보신불이라고 할지라도 법(진실)을 깨달았다고 하는 점에서 불과 법이 일체가 된 존재이다. 여기에서 법 그 자체를 인격화한 대일여래와 같은 '법신불(法身佛)'(법을 몸으로 하는 불)이 등장하였다.

그러면 역사적인 석존은 어떠한 존재인가? 석존은 이 현세(穢土)의 중생을 구제하기 위하여 의지적으로 몸을 나툰 불로 생각되었다. 중생이 사는 세계, 상황에 부응하여 몸을 변화시킨 불이기 때문에 '응신(應身)' 또는 '화신(化身)'이라고 한다. 이와 같이 복잡한 불신관이 발달한 배경에는 앞에서 지적한 바와 같이 법의 보편성과 특정한 불덕(佛德)의 강조 등이 있다. 또한 역사적인 석존이 80세로 장수는 하였지만 어쨌든 죽음을 맞이하여 유한한 인생을 살았음에 대해 설명을 해야 할 필요도 있었을 것이다. 결국 불은 곧 영원한 법신불이며, 석존은 응신으로 이 세상에 출현하였던 것이다. 미혹의 세계에 살면서도 그 미혹을 알지 못하고 태만히 삶을 허송하는 중생들을 자각시키기 위하여, 응신으로서의 석존은 방편으로 80세에 죽음을 맞이하였다는 해석도 제기되었다.

이와 같이 여러 불은 다양한 신앙의 대상이 되었다. 교리적인 위치의 문제를 별도로 하면, 여러 불은 일반불교도의 생활 속에 깊이 스며들어 감사, 보은, 기원 등의 기능을 하였다. 불교는 무신론이지만, 특히 대승불교는 이러한 의미에서 유신론적 경향을 띠며 발전하였다.

5 불교의 특징

실천적 성격

　석존 당시의 인도사상계에는 아트만(我)의 실재성을 강조하는 사상이 있었으며, 석존은 이에 대해 무아론을 주창하였다. 따라서 무아론은 당시의 바라문 사상과 불교를 구별하는 기준으로 생각되었다. 그러나 바라문측은 아의 존재를 인정하고, 석존은 그 존재를 부정하였다고 하여 이를 단순한 대립으로 이해하는 것은 정확한 이해가 아니다.

　바라문 철학자들은 아트만의 실재를 믿고 이를 형이상학적으로 논증하고자 하였다. 그리하여 아트만은 어떠한 말로도 표현되지 않아 항상 '그렇지 않다. 그렇지 않다 neti neti'는 부정형으로 나타낼 수 밖에 없다고 하였다. 그러나 석존은 아트만이 실재하는가 또는 그렇지 않은가를 철학적으로 고찰하고, 이를 바탕으로 그 존재를 부정한 것이 아니다. 이러한 문제가 불교에서 제기된 것은 불교교단 안에 사변적인 철학체계가 성립된 다음으로 적어도 불멸후 100년 이후의 일이다. 석존 자신의 무아설은 앞에서 설명한 바와 같이 무아(無我,아가 없다)가 아니라, 비아(非我, 아가 아니다)설이었던 것으로 생각된다. 즉 어떠한 것을 보아도 '이것이 나다, 나의 것이다' 라고 할 만한 것이 없으므로 '나' '나의 것'이라는 아집을 버리라는 것이었다. 결국 실천을 전제로 하는 무아설이라고 할 수 있다. 결코 바라문 학자들과 동일한 차원에서 아의 존재를 부정하였던 것이 아니다.

　석존은 지성적으로 생각하여 결론을 내릴 수 없는 문제에 대해서는 답을 유보하고 있다. '아 및 세계는 영원한가 영원하지 않은가, (공간적으로) 유한한가 무한한가, 몸과 영혼은 동일한가 다른가, 사람은 사후 존재하는가 존재하지 않는가' 라는 질문에 대답하지 않았다. '무기(無記)' 또는 '사치기(捨置記)'라고 하는 이러한 태도는 대답하지 않고 남겨 둠으로써 그 문제에 대답을 하는 것이라고 할 수 있다. 사실 이러한 형이상학적 문제에 대해서는 별별 의견이 제시될 수 있어 결론이 나지 않는다. 이보다는 오히려 번뇌가 치성한 자신에 대해 위기감을 갖고 그 번뇌의 불을 꺼야 할 것이다. 원시불전의 다음 귀절은 석존의 그리고 불교의 기본적 관심과 실천중시의 태도를 보여주고 있다.

> 왜 웃는가. 무엇을 기뻐하는가. 세간은 항상 타오르는 것을. 그대는 (무명의) 어둠에 가려있는데, 왜 등불을 구하지 않는가.

불교의 긴 역사 속에는 철학, 형이상학이 전승되고 있다. 보다 정확히 말하면 실로 방대한 규모의 웅장한 철학체계가 수립되어 있다. 그러나 불교를 단순한 철학으로 보는 것은 오류이다. 불교는 철학이 아니라 삶의 길이지만, 그 안에 철학이 있을 수 있다고 생각하는 편이 옳을 것이다.

힌두교의 산야신(유행자)은 현세를 방기한 종교인이다. 불교의 비구도 출가자로서 세속을 떠나기는 하지만 현세방기자는 아니다. 비구와 재가신자가 구별되고 그들의 생활기반, 삶의 방법은 다르지만, 각자의 일상생활 속에 깨달음이 실현된다는 점은 동일하다. 일상적 삶의 실천 속에서 영원에 이르는 길을 추구하는 것이 불교의 특징 중의 하나이다.

법을 중시한다

실천에는 기본적 원리가 있지 않으면 안 된다. 법이 곧 그러한 원리로서, 이를 구체적으로 말하면 연기, 무상, 무아, 공으로 표현되는 만물의 보편적 이법이라고 할 수 있다.

이 이법을 깨달음의 체험을 통해 처음으로 발견한 사람이 석존이다. 따라서 불교는 신의 계시에 의해 성립되는 것이 아니다. 이법에 의지하는 것이므로 절대자를 가정할 필요도 없다. 무신론을 취하는 것은 이 때문이다. 다만 이 이법이 법신불이 되고 다른 불타들이 상정됨에 따라 유신론적인 면이 나타났던 점에 대해서는 앞에서 지적한 그대로이다. 그러나 이것은 어디까지나 일상생활의 예배에서 그 대상을 상징하는 기능을 갖는 것으로, 이러한 점을 가지고 불교의 본질이 유신론으로 변한 것으로 간주하여서는 안 된다.

불교의 실천은 그 근저에 있는 진실을 직접 파악하고 이를 법신불 또는 보신불로 이해할 것을 가르친다. 또 법에 의해 자신을 발견하고 자기를 실현할 것을 가르친다. 그리고 이 법의 실천은 어디까지나 자신의 노력에 의한 것이어야 한다.

석존의 마지막 여행을 묘사하고 있는 《대반열반경》에 다음과 같은 일화가 있다. 석존이 얼마 있지 않아 곧 돌아가실 것을 들은 아난다는, 탄식을 하며 석존이 돌아가신 후 누구를 의지하면 좋을 것인가를 묻는다. 여기에서 석존이 설한 것이 "자신을 의지처로 하고 자신을 등불로 하며, 법을 의지처로 하고 법을 등불로 하라"는 가르침이다.

불교의 기본적인 성격이 이 귀절에 남김없이 드러나 있다고 할 수 있다. 연기, 무상, 무아 등은 법의 내용을 표현하는 말이다. 자신에 의지한다는 것은 스스로 노력하고 스스로 책임을 지며, 자신의 현실을 있는 그대로 응시하여 무명과 번뇌를 억제함으로써 법에 수순하고 자신을 돌보는 것이다. 실천에 관한 여러 가지 가르침은 그 방법을 여러 가지로 설명하고 있는 것에 지나지 않는다.

그러므로 불교에는 교주에 해당하는 존재가 없다. 불교는 교주의 카리스마에 의거하지 않으면 신앙이 성립되지 않는다는 형태의 종교가 아니다. 앞에서 인용한 《대반열반경》의 다른 곳에서 석존은 교주라는 의식이 없음을 기술하고 있다. 이는 후대의 불교를 보아도 마찬가지이다. 인도 각지에 불교교단이 전파되고 승원이 곳곳에 세워졌으며 법랍(法臘, 출가한 이후의 햇수)이 높은 비구가 장로로서 존경을 받았다. 그러나 그는 명령권을 갖지 않았다. 또한 각지의 승원, 교단 전체를 통치하는 교주도 없다. 교단의 통일은 법의 보편성과 교단 즉 상가의 이념, 그리고 이를 지탱하는 계를 공유함으로써 유지되었다. 그러나 이것도 내면적인 것일 따름이다. 조직의 면에서 인도 전체 또는 한 지방에 통일된 교단은 존재하지 않았다.

불교의 포용성

가장 오래된 불전집성인 《숫타니파타》 884에는 "진실은 하나로서 제2의 진실은 없다"라는 말이 있다. 《리그 베다》 이래의 진리관이 여기에도 계승되어 있는 것이다. 이 '진실'이 앞에서 말한 법 또는 이법으로서, 이를 일상생활 속에서 스스로 실천하여 체득함이 불교의 참뜻이다.

그러므로 그 진실은 꼭 언어로 표현되지 않아도 좋다. 그러나 언어가 없으면 사람들에게 올바른 실천방법을 전할 수 없다. 동시에 인간의 지성은 대개 자신의 체험을 표현코자 한다. 문제는 진실과 그 표현으로서의 언어·논리의 관계이다. 양자의 관계는 떡 그 자체와 그림 속의 떡의 관계로 비유될 수 있다. 진실은 언어로 표현될 수는 있으나, 그 언어는 진실 자체가 아니다.

또한 떡을 그리는 방법이 여러 가지이듯이, 진실은 여러 가지 견해로 제시될 수 있다. 그 하나하나는 진실의 일부를 보여주고 있다는 점에서 올바른 것이기는 하지만, 그것만이 진실이라고는 할 수 없다.

이러한 관계를 초기불전은 유명한 일화로써 설명하고 있다. 태어나면서부터 맹인인 여러 사람이 코끼리의 다른 부분을 만져봄으로써 코끼리에 대한 결론이 모두 다르게 되었다. 그럼에도 그들은 이른바 자신의 진실을 서로 주장하였다고 한다. 이러한 예를 통해 불교도는 진실은 하나로서 이를 언어로 표현하는 것은 절대적인 것이 아님을 알고 있었다. 그럼으로써 당시 다른 종교들 사이의 논쟁이 각자의 견해, 의견을 절대적인 것으로 고집하는 잘못에서 나온 것임을 예리하게 지적하고 있다.

석존이 이러한 논쟁에 참여하지 않고, 형이상학적인 답변만이 가능한 문제에는 답을 하지 않았음(無記)에 대해서는 이미 언급하였다. 이는 불교의 기본적 자세 중의 하나이다. 결국 불교는 지성에 의해 구축되는 무수한 견해, 주의 가운데 하나를 선택함으로써 성립된 것이 아니다.

그러나 불교의 역사적 흐름에서는 다양한 이론이 제시되어 교리로서 굳어지고 발전되어 갔다. 이는 물론 불교문화의 한 국면으로서 중요한 학적 공헌을 하고 있다. 그러나 불교 본래의 입장에서 보면, 교리는 뗏목에 지나지 않는다는 생각이 초기의 불전에 이미 나타나 있다. 강을 건너는 데에 뗏목은 필수적이지만, 강을 건넌 후에는 버려져야 한다. 아무리 고마운 것이었다고 할지라도 이를 메고 다닐 수는 없는 일이다. 후대의 선종에서는 언어에 의한 가르침은 달을 가리키는 손가락과 같은 것으로 달 그 자체는 아니라고 한다. 그런데 이러한 생각은 석존의 시대에 이미 있던 것으로, 불교적 사유의 한 측면을 잘 보여주고 있다.

이를 적극적으로 말하면, 불교는 진실(법)에 어긋나지 않는 한 어떠한 언어 표현, 논리, 사상, 주의라도 상관하지 않는 것이 된다. 그것이 사상적인 것이든 사회제도적인 것이든 불교는 모든 주의·주장을 포용할 수 있다. 사각형을 포용하여 그 자신 사각형이 될 수도 있지만, 그렇다고 하여 불교도가 모두 사각형인 것은 아니다. 이러한 원융무애한 성격이 인도 또는 세계 각지에서 불교가 발전하는 과정에 극히 다양한 문화적 현상을 낳았다.

다른 면에서도 불교는 마치 보자기와 같이 온갖 것을 포용하는 특징이 있다. 불교는 민간신앙의 관념과 의례도 배척하지 않는다. 앞에서 설명한 바와 같이 불교는 자기 곧 인간의 진실을 실천하는 생활방법이다. 이는 조상숭배와 통과의례 그리고 기원의례 등과 같은 민간신앙적인 관념·의례와 양립될 수 있다. 양자는 종교적 차원에서는 다르지만, 그렇다고 하여 어느 하나를 행하면 다른 것은 성립되지 않는다는 상호배타성은 없다. 열성적인 불교신자가 장례식, 결혼식 등의 통과의례를 행하는 것은 지극히 당연한 일이다. 역사적으로도 주술적인 의례가 어느 정도 불교문화에 유입되었다. 이와 같은 불교와 민간신앙의 관계에 대해서는 다음에 상세히 언급할 것이지만, 불교는 인도 안에서 또는 동남아시아 및 중앙아시아, 중국 등지로 발전되어 갈 때, 높은 차원의 '불교'의 원뜻을 훼손하지 않으면서도 각지의 다양한 민간신앙적 요소를 수용하였다. 불교 본래의 뜻이 훼손된다면, 이는 불교의 타락·소멸이라고 할 수 있으며, 사실 이러한 위험성이 없었던 것도 아니다. 그러나 원칙론적으로 말하면, 불교는 그 본래의 뜻을 잃지 않고 각지의 민간신앙적인 요소를 자유로이 섭취하고 상호 변용되면서, 세계 곳곳에 정착·토착화되었다. 이러한 의미에서 불교의 원융무애한 성격도 불교의 다채로운 역사적 발전에 여러 가지로 영향을 끼치고 있다.

제4장 불교교단의 성립과 발전

1 교단의 성립

상가(僧伽)

어떠한 종교에도 교단은 존재한다. 불교의 교단도 바라나시(베나레스)에서 성립되었다. 깨달음을 얻은 석존은 옛 동료였던 5인의 수행자를 바라나시 근처의 사르나트(녹야원)에서 만나 제자로 만들었는데, 이것이 불교비구의 '모임' 즉 상가 saṃga의 최초의 성립이다.

상가는 회합, 집단, 모임의 의미로서, 길드적인 조합, 공화제(共和制)의 부족국가도 상가로 불린다. 불교의 비구집단도 상가로 불리기는 마찬가지이다. 상가는 원래 보통명사로서, 불교교단만을 지칭하는 말은 아니었다. 그러나 기원전 3세기의 아쇼카왕 시대에는 불교교단을 가리키는 말이 되었다.

상가는 한역불전에서 '승가(僧伽)'로 음사된다. 따라서 오늘날 승려, 승병이라고 할 때의 '승'은 인도어에서 유래한 것이다. 상가는 기본적으로 비구상가・비구니상가라고 하여 남녀의 수행자 집단을 가리킨다. 전승에 따르면 비구니는 석존이 성도 후 몇 해가 지나 고향 카필라바스투를 방문하였을 때, 양모 마하프라자파티가 출가를 간청함에 이를 허락한 것이 최초라고 한다. 석존 재세 당시 그것도 상당히 일찍이 비구니상가가 성립되었던 것이다.

상가에 부속되어 있는 그룹으로 사마네라(沙彌), 사마네리(沙彌尼)가 있다. 비구와 비구니는 20세가 넘어야 하므로 그 이하의 연소한 남녀 출가자를 구별하여 그렇게 불렀다. 또한 사미니가 18세가 되면 비구니 견습(싯카마나, 正學女)으로 2년을 지낸다.

불교교단의 출가자는 위에서와 같이 비구, 비구니, 사미, 사미니, 비구니견습의 다섯으로 구분된다. 이 외에 남녀의 재가신자인 우파사카 (우바새)와 우파시카(우바이)가 있어, 이 둘과 비구·비구니를 합쳐 4중(四衆)상가라고도 한다.

불교교단이 성립되는 당초부터 이와 같이 5종의 출가자와 4중이 있었던 것은 아니다. 상가의 조직, 운영의 방법은 사회적, 경제적 상황의 변화에 따라, 그리고 이와 밀접하게 관련된 계율관의 변천에 따라 점차적으로 확립되었다. 다음에 자세히 언급할 것이지만, 현재 몇몇 부파에 전래하는 율전이 있다. 이들의 공통된 내용은 율에서 가장 기본이 되는 부분인데, 이는 불멸 후 100년 경까지 확립된 상황을 반영하고 있다. 그러나 그 후에 분열된 각 부파의 상이한 계율조항도 있다. 이러한 상가의 조직, 운영방법, 각종 의례가 확립된 시대의 상가의 상황에 대해서는 제5장 〈불교도의 생활〉에서 상세히 언급할 것이다. 다만 상가가 처음 발생하였던 시대와 불멸 후 100년 경이 되는 시대 사이에 수행자의 생활양식이 출가유행으로부터 승원정착으로 전환된 큰 변화가 일어났다.

초기의 상가의 구성원 즉 수행자들은 '숲에 머무는 사람' 또는 '집이 없는 사람' 등으로 불렸다. 당시의 슈라마나(사문)의 생활양식을 충실히 도입하여 각지로 유행하면서 이른 아침에는 근처의 인가에서 탁발을 하고, 식사를 마치면 나무아래, 계곡, 산, 바위굴, 묘지 등에서 선정을 닦으며 노숙을 하였다. 당시의 수행상의 생활을 4의지(四依止)로 표현하기도 한다. 분소의, 걸식, 수하좌, 진기약(糞掃依, 乞食, 樹下坐, 陳棄藥=소 오줌을 발효시킨 약)이 그것이다. 문자 그대로 '출가'——집을 떠난 사람——의 생활을 하였던 것이다.

그러나 불교상가의 생활양식은 여름안거(雨安居)를 계기로 변화되기 시작하였다. 불교에 한정되는 것은 아니지만, 당시의 출가수행자는 우기가 되면 한 장소에 머무는 습관이 있었다. 만물이 고갈되는 건기 다음에 비가 오면 벌레 등이 일제히 활동을 시작하여 밟아 죽일 염려가 있으며, 동시에 비로 말미암아 도로가 유실되어 이동하기 어려운 점이 있기 때문이다.

불교수행자도 이러한 예에 따라 초기에는 각자가 자신의 친척, 지인(知人) 등에 의지하여 근처에 머물면서 우기 동안의 음식을 확보하였던 것으로 보인다. 그러나 유력한 외호자가 늘어나자 수행자는 그들이 기진한 숲에 머물며 우기를 보냈다. 마가다의 빔비사라왕이 석존의 명성을 듣고 죽림원(竹林園)을 라자그리하(왕사성)안에 만들었던 것이 그러한 예이다. 그러나 최초에는 정사를 짓지 않고 다만 숲과 우기 동안의 음식이 보장되었을 따름이다.

그러나 곧 비와 이슬을 피할 수 있는 정사의 기진을 받아들이게 되었다. 왕사성의 한 장자는 하루에 60개의 정사를 세웠다고 한다. 아마도 1인용의 작은 집으로 생각된다. 이러한 일은 곧 보다 항상적인 정사의 건축, 기진으로 연결되었다. 그리고 수행자들은 이곳에 모여 함께 거주하게 되었다. 수닷타장자가 제타원림에 세웠다고 하는 기원정사(祇園精舍)가 그러한 것이다. 율전에 의하면 제반 설비와 건물이 갖추어진 정사라고 하지만, 처음부터 그 전부가 갖추어져 있던 것은 아닐 것이다. 그러나 보다 영구적이며, 하나의 건물에 여러 수행자가 공동으로 거주할 수 있었던 것임은 틀림없다.

유행생활에서 정사에 정주하는 생활로

우안거는 90일간 계속된다. 우안거가 언제 시작되든, 그 마지막 날에는 '자자(自恣)'라고 하여 같은 정사에 거주하였던 수행자들이 처신에 그릇됨이 없었음을 서로 확인하는 의례가 있었다. 이는 안거 중의 생활이 안이하게 되는 것을 스스로 방지하기 위한 것이었다.

그리고 그 다음 날에는 카티나 kaṭhina 의식(衣式)이라고 하여, 신자가 보시한 승복을 분배하는 관습이 있었다. 새로이 보시받은 의복을 몸에 두르고 다시 9개월의 유행생활을 떠났던 것이지만, 여기에는 이미 4의지 가운데 분소의의 원칙이 붕괴되었다. 이는 상가가 성스러운 존재로 간주되며, 뒤에서 다시 설명할 것과 같이 재가신자에 공덕을 쌓아주는 매체로서의 기능이 중시되는 것과 궤를 같이 한다. 상가라고 하여도 신자의 뜻을 무시하여 공덕을 쌓을 기회를 주지 않을 수 없었을 것이다. 어쨌든 분소의를 두르는 습관은 상당히 일찍이 신자가 보시하는 새로운 옷으로 대체되었다.

율전은 다음 단계로서 이 자자(自恣)와 카티나의식이 2개월 연장되었음을 전하고 있다. 그 다음에는 관계있는 비구가 우안거를 마친 후 8개월간 자리를 할당받았다고 한다. 여기에 우안거의 3개월을 더하면 거의 연중 내내 정사에 머무는 것이 된다. 이는 비구, 비구니들이 실제로 정사에 정주하게 되었음을 나타내는 것이다.

아마도 이에 수반되어 포살(布薩, uposatha) 의식이 정비되었던 것으로 보인다. 후에 완전히 정비된 형식으로는 매월 2회, 보름과 초하루에 같은 계(界, 제4장 1 참조) 안에 거주하는 비구가 모두 참가하여 거행하는 것으로 여기서 바라제목차(波羅提目叉, prātimokṣa) 즉 비구(니)가 지켜야 할 계율의 조항이 하나씩 낭독되면 이를 위반한 행위를 한 사람은 이를 고백·참회하여 다시 청정한 비구성을 되찾는다. 그러나 최초기부터 실행되었던 의례는 아니었다. 전승에 의하면 성도 후 몇 년이 지나 빔비사라왕이 다른 종파에서도 실행되고 있음을 예로 들며 석존에게 실행할 것을 청한 데서 비롯되었다고 한다.

포살은 원래 성스러운 날 재계하는 습관에 뿌리를 둔 오래된 관행이다. 바라문들은 월 2회의 성스러운 날에는 전날 밤부터 성화당(聖火堂)에 올라 단식이나 절식을 하면서 청정한 날을 보낸다. 이것이 불교에 도입되어 포살이 되었으며, 비구·재가신자 모두가 이를 실행하였다. 재가신자의 포살은 매월 여섯 차례의 성스러운 날(6재일)에 절을 찾아 설법을 듣고 여덟가지의 계를 지키는 정진결재일(精進潔齋日)이다(제5장 참조). 그러나 비구·비구니의 포살은 앞에서 설명한 바와 같이, 참회고백에 의해 비구의 청정성을 유지하는 의례가 되었다. 이는 개개의 수행자 뿐만 아니라 상가 전체의 청정성을 확인하는 것이기도 하였다. 청정성은 불타가 정한 율이 지켜지고 있는가 그렇지 않은가의 문제로서, 이것이 항상 확인되고 유지되는 일은 상가의 존속과도 관련되어 있다. 다른 측면에서 말하면, 같은 목적으로 입신(入信)하여 같은 상가의 구성원이 된 비구(니)들은 정법을 지켜나가는 데에 서로 연관되어 있다. 이것이 상가의 구성원으로서의 연대의식을 낳는 원천이기도 하였다. 현대의 남방불교에서도 포살에 있어 계율 조항이 낭독됨에 한 자의 틀림도 허용되지 않는다. 이러한 엄격함은 포살의 의미를 상징적으로 나타내고 있다.

승원에 정주하는 일이 제도화 되었어도 종래와 같이 유행하는 비구가 사라진 것은 아니다. 또 같은 사람이라도 유행과 승원생활을 번갈아 가며 하는 사람도 있었을 것이다. 그러나 전반적으로 불교상가는 점차 본래의 출가사문의 길과는 멀어져 갔다. 4의지 가운데 수하좌(樹下坐, 나무아래 돌 위의 생활)도 적어졌으며, 분소의(糞掃依)는 유명무실하게 되었다. 걸식·탁발의 습관도 남아 있었으며, 동시에 신자의 집에 초대받아 식사대접을 받는 일도 허용되었다. 그리고 후에는 정사 안에 재료를 비축하여 두고 재가의 고용인이 승원 안에서 조리하는 것도 허용되었다. 진기약(陳棄藥)에 대해서도 같은 율전은 소의 오줌이 아니라 고가의 약초 이름을 열거하고 있다. 이리하여 영구적인 정사의 건물이 정비되고, 각종 의례가 완성되었다. 그리고 여기에 정주하는 비구의 생활습관도 고정되어 갔다. 이러한 과정에서 승원제도가 확립되었던 것이다.

유행의 편력생활에서 승원에 정주하는 생활로의 전환은 당시의 사문집단 가운데 불교에서 제일 먼저 시작된 변화였다. 그러므로 불교교단 내부에서도 이러한 경향에 대한 비판이 있었던 것으로 보인다. 제2장에서 언급한 데바닷타의 개혁운동 즉 사문의 길에 철저하자는 운동은 이러한 일의 대표적인 예일 것이다.

그러나 석존은 데바닷타의 개혁안을 배제하였고, 교단 전체로서도 순수한 사문생활로 돌아갈 것을 거부하고 있다. 자이나교도 또한 불교보다 늦게 승원제도를 받아들이고 있다. 승원에 정주함이 교단 및 교법을 존속시키는 기반이 되었다는 점에서 석존의 선견이 정확함을 보여주고 있는 일이라 하겠다.

그러면 승원생활의 근간이 되는 불교상가가 어떻게 교단, 교법을 유지하였는가? 그리고 그 기능은 어떠한 것이었나?

상가와 계율

석존이 입멸한 직후, 마하카샤파(大迦葉) 존자의 제자 중의 한 명이 번거로운 말을 듣지 말고 살자, 좋을 대로 하자는 실언을 하였다는 기록이 있다. 이러한 분위기는 어느 정도 사실이었을 것이다. 이에 대가섭은 다른 유력한 제자들과 상의하여 석존이 설한 가르침과 계율을 수집, 확인하는 작업을 하였다. 이를 제1결집이라고 한다.

유행생활을 하건 정착생활을 하건 출가수행자는 원래 구도의 뜻을 견고히 갖고 스스로 선택하여 출가한 사람이다. 그러나 상가가 이루어지고 사람의 수도 증가하자, 개인에게 맡겨서 만은 통제할 수 없는 면도 있었다. 석존은 비구에게 허용되지 않은 일이 저질러졌음을 듣고는 이를 금지하였다(隨犯隨制). 이러한 일이 진행되는 동안에 '하지 말라'라는 규칙이 상당히 정해졌다. 이를 율(律, vinaya)이라고 한다. 이에 대해 자발적으로 옳은 행위를 선택하는 것을 계(戒, śi la)라고 한다. 이와 같이 계와 율은 원래 다른 것으로서 계가 기본이 된다.

제1결집시에 우팔리 존자가 석존이 설한 규칙을 기억하여 낭송하고 이를 모든 사람이 확인하면, 이제는 모두가 이를 기억한다는 의미에서 전체가 합송(合誦)하였다. 그런데 우팔리가 말한 율의 해석에 대해 아난다는 2차적인 미세한 규정(小小戒)은 상가가 원한다면 이를 폐지하여도 좋다는 석존의 말이 있었음을 지적하여 분규가 발생하였다. 그러나 그 소소계의 내용도 확실치 않으므로, 대가섭은 "부처님께서 정하지 않으신 것은 정하지 않고, 정하신 것은 모두 지킨다"는 결론을 내렸고, 모두가 이에 찬성하였다고 한다. 결국 율은 문자 그대로 받아들여져야 함이 결정되었고, 이는 그 후의 비구(니)의 생활양식과 율전의 기술방법(예를 들면 원칙은 변경되지 않고, 예외규정이 설정되는 정도)에 큰 영향을 미치고 있다. 특히 남방불교 교단의 하나인 상좌부계(上座部系)는 율을 엄격히 지켰는데, 이러한 보수성은 여기에 근거하고 있다고 해도 과언이 아니다.

또한 이러한 점이 비구의 생활을 항상 올바르게 하고, 그 청정성을 잃지 않게 한 것도 의심의 여지가 없는 사실이다. 후에 대승불교에서 역설되고 있는 바와 같이, 종교체험을 통하여 법(진실)이 스승으로부터 제자로 전달되는 면도 있지만, 보다 구체적이고 실제적인 면에서 석존의 교법은 이 계율의 엄수에 의해 전해졌던 것이다.

이는 단적으로 계체(戒體)의 문제와 관련되어 있다. 계체란 구족계(具足戒, 20세 이상이 된 수행자가 비구(니)가 되는 의식, 즉 득도식)를 받음으로써 생기는 일종의 내적인 힘이다. 원래는 청정한 생활을 함으로써 몸에 깃드는 성스러움일 것이다. 예를 들어서 불교 이외 종파의 출가자였던 사람이 불교의 구족계를 받을 때에는 4개월 정도 소위 견습생으로 비구의 행의(行儀)를 닦고 나서 득도시킨다고 한다. 이는 계체(비구성)가 비구로서의 행위의 청정함 그 자체와 관련되어 있음을 가리킨다.

그러나 사실은 구족계를 받는 동시에 계체가 생기는 것으로 간주되었다. 후에 다시 언급되겠지만, 비구(니)에게 보시하면 공덕을 쌓는 것이 된다. 특히 출가한지 얼마되지 않아 충분한 수행이 이루어지지 못한 비구라도 공덕을 쌓게 해 줄 수 있다는 것은 이 계체(비구의 성스러움)에 의한 것이다.

그러므로 이 계체는 율에 정해진 행위규범을 깨뜨리면 곧 상실되는 것이 도리이다. 포살의례의 중요성도 여기에 있다. 동시에 계체를 낳는 구족계를 주는 방식도 중요한 의미를 갖는다. 석존의 시대에는 출가가 곧 득도였던 것으로 보인다. "비구여, 어서 오라. 법이 설해지리라. 올바로 괴로움을 멸진시키기 위하여 범행(梵行)을 행하라"고 석존이 말함으로써 득도가 이루어졌다. 이는 말하자면 석존의 초대이다. 그러나 이는 석존 이외에는 아무도 할 수 없는 일이어서, 제2의 형식은 불·법·승(佛·法·僧)삼보에 귀의함으로써, 즉 신앙고백을 함으로써 득도가 이루어지게 되었다. 그러나 일반적으로는 제3의 형식으로서 해당 상가의 전원이 출석한 가운데 엄중한 수속과 승인을 거쳐 득도가 허가되었다. 그 의례의 상세한 점에 대해서는 제5장의 3에서 설명하겠지만, 이것은 최소한 10명의 비구가 있는 상가가 아니면 안된다. 다만 변경지역에서는 5인의 비구상가에서도 득도시킬 수 있음이 석존에 의해 허가되었다고 하지만, 이는 편법이다. 득도는 교단으로서도 비구가 되는 사람으로서도 중요한 의미를 갖는다. '적주비구'(賊住比丘, 득도를 받지 않고 외형적으로 비구의 모습을 한 가짜 비구)는 엄격히 금지되었다.

상가의 의미

5인상가 10인상가라는 말을 하였지만, 상가는 원래 교단 전체를 가리키는 말이다. 그러나 포살, 득도식 등은 현실적으로 한 지역의 상가와 관련된 일이다. 이를 '현전(現前)상가'(실제로 존재하는 실체적 상가)라고 한다. 이에 대해 이념적으로 전교단을 가리키는 것을 '사방(四方)상가'라고 한다.

현전상가에는 경제적인 요인도 개재되어 있다. 상가가 점차 방대하게 되자 전원이 한 곳에 모여 포살을 행할 수 없게 되었다. 이에 자연적 지형 등으로 지역을 분할하고, 그 지역 안의 비구는 필히 포살에 참가하도록 되었다. 이를 계(界, sima)라고 한다. 이는 어디까지나 지역적 구획으로, 그곳의 정사에 정착한 비구이건 유행중 마침 그곳을 지나던 비구이건 전원이 포살에 참가하여야 할 성격의 것이다.

그러나 정사에서의 정착생활이 확립되고 신자의 음식, 옷 등의 보시가 항상적인 일이 되자, 이 계는 그곳의 어느 특정한 정사의 '영역'과 같은 성격을 띠게 되었다. 이에 따라 비구도 그 계, 지역에 고정되었다. 결국 계는 비구의 호적지

와 같은 것이 되고, 이 지역의 신자는 '나의 또는 우리의 신자, 시주(施主)'라는 의식도 나타나게 되었다. 이는 상가의 사유화이며, 동시에 토착화이기도 하다. 율전에는 가티나의식(依式)에서 이 지역을 지나는 유행비구에게도 옷을 공히 분배할 것인가에 대한 갈등이 있었음을 기록하고 있는데, 이는 정사와 지역의 결합이 고정화되어 가는 하나의 경위를 보여주고 있다.

후에 교단이 분열되었을 때 특정한 지역의 이름을 첫머리에 붙인 교단 명칭이 많았던 사실도 이와 같은 상가의 지역 밀착의 상황과 관계없는 것이 아니다.

이렇게 하나의 상가가 형성되고 정사와 제반 시설이 정비되면, 이것은 누구에게 소속되는 재산인가라는 문제가 제기되지 않을 수 없다. '사방(四方)상가'의 관념이 나타난 이유 가운데 하나가 여기에도 있었던 것으로 생각된다. 건물, 불상 등, 비구에게 분배될 수 없는 것은 모두 '사방상가'에 속하며, 전교단의 것이다. 이에 대해 옷, 음식 등도 방침으로서는 전교단에 대한 시물이지만, 실제로는 해당상가 안에서 평등히 분배되어야 한다고 하였다. 이것이 '현전상가'이다.

불교사에서 유행·편력의 생활이 정사에 정주하는 생활로 전환된 의의는 매우 크다. 후대 불교의 전개에 여러 가지로 영향을 미치고 있지만, 이러한 과정을 거치며 확립된 상가의 기능을 정리하면 다음과 같다. 우선 상가는 수행자의 생활공동체이다. 생활을 함께 할 뿐만 아니라, 비구로서의 수행, 행위규범 등 생활문화를 공부하고 전달하는 장소이기도 하다.

둘째, 교법을 전수하는 장소이다. 열반, 깨달음을 추구하는 수행, 그 전수도 상가가 있음으로써 가능하다. 또한 율을 지킴에 기반이 되는 비구성, 즉 상가의 청정성을 지킬 수 있었던 것도 상가의 덕이다. 동시에 정사 안에서의 생활은 재래의 교설을 정리하고 새로운 요소를 부가하여 경전을 편찬하고 이를 전승케 할 수 있는 장소이기도 하였다. 나아가 '아비다르마 abhidharma'라는 번쇄한 교리학의 모체도 정사에 정주하는 생활 속에서 싹텄다고 할 수 있다.

셋째, 상가는 재가신자가 공덕을 쌓는 매체로서의 기능을 갖는다. 공덕, 복덕을 낳는 밭이라는 의미에서 상가를 '복전(福田)'으로 부르기도 한다. 복전으로서의 상가의 역할은 매우 중요하다. 현대의 남방불교에서는 이러한 점이 상가의 기능 가운데 중요한 부분을 차지하고 있음이 기술되고 있다. 어떤 의미에서 불교는 이를 위해 존재하고 있다고 하여도 과언이 아니다. 고대 인도의 불교에서도 마찬가지의 사정이 있었을 것이나, 이에 대해서는 제5장에서 상세히 설명하기로 한다.

이러한 점을 볼 때, 상가가 정사에 정주하는 생활로 바뀐 것은 여러가지 의미에서 교단이 지속될 수 있는 근거가 되었음을 부정할 수 없다. 기원전 2세기의 《밀린다팡하》에는 메난드로스왕(팔리어로는 밀린다왕)이 나가세나 비구에게 유행과 정착생활의 두 가지 형태를 석존이 동시에 이야기한 것은 모순이 아닌가라고 질문한다. 이에 대해 나가세나는 두가지 이유를 들어 정사의 의의를 지적하였다. 우선 정사를 보시함으로써 사람들은 늙음・병듦・죽음의 속박에서 벗어날 수 있다고 한다. 둘째로는 정사가 있으므로 비구들이 식견있는 비구와 친교를 맺을 수 있다고 설명하였다. 처음의 답은 보시를 하면 그 공덕으로 사후에 하늘 나라에 태어나 즐거움을 누린다는 세간적인 선업(善業)을 노・병・사의 속박에서 벗어난다고 하는 출세간적 깨달음에 결부짓는 홍미있는 자세(제5장 2 참조)를 보이고 있다. 둘째의 정사의 생활은 비구의 불도 수행에 도움이 됨을 말한다. 결국 재가신자, 비구 모두에 정사가 교단 수호의 근거가 되었던 사실을 인식하고 있었던 것이다.

2 교단의 발전과 분열

법(法)과 율(律)의 편찬

석존 재세시에는 석존이 교단의 중심으로, 교법을 설하고 율을 제정하였다. 교법, 율의 구체적 근거는 석존이었던 것이다. 즉 특수한 사정에 따라 개정, 시정할 필요가 있을 때 석존이 이를 인정하면 그만이었다.

그러나 불멸 후에는 사정이 변하였다. 율의 적용의 문제가 제기되면, 대체 누가 이를 결정할 것인가? 불멸 후에서 현대에 이르기까지 인도의 불교에는 교법과 계율을 제정하고 시행하는 권위를 가진 중앙의 교회와 같은 것은 존재하지 않는다. 중앙집권적인 행정의 중심이라 할 만한 것도 없다. 불교의 발전은 어디까지나 개개인의 열의에 의한 것이었다. 한 지역에 상가가 성립, 정착하여도 상가의 '교주'는 없다. 앞 절에서 설명한 바와 같이, 모든 사항은 상가 전원의 출석 및 의결(이를 '和合'이라고 한다)에 의해 결정되었다. 입단 후의 햇수(법랍)는 상가 안의 서열이라고 하지만, 특별한 권한을 가진 것은 아니다. 각지의 상가는 통일적인 '사방상가'의 이념 아래 일체감을 지니고 있었으면서도, 현실적으로는 각 지역의 상가가 석존의 교법을 가르치고 율을 올바로 실천하였다. 그러므로 석존이 가르친 율에 없는 사항이 나타날 때 각자의 판단으로 적절한 조치를 하지 않으면 안되지만, 그래서는 교단 전체의 율이 통일되지 않게 된다.

또한 각지의 상가 전원이 45년에 걸친 석존의 가르침 전부를 들었던 것은 아니다. 당시 불타의 가르침은 책으로 편찬되지도 않았다. 모두 귀로 들은 것을 기억해 두지 않으면 안되었다. 이러한 점에서 이것이 불설이라는 것을 모두가 확인한 교설을 정리해 둘 필요가 제기되었다.

이러한 상황에서 불멸 직후 마하카샤파의 주재 아래 석존이 설한 교법, 율의 편찬과 확인이 이루어졌다. 이 제1결집은 시의에 맞는 일이었다. 율이 엄격히 지켜지지 않을 위험과 변화된 상황에 대한 적응의 어려움이 지도적 위치에 있던 제자들에게 의식된 결과라고 하겠다.

마하카샤파는 라자그리하 안의 칠엽굴(七葉窟)에 500인의 비구를 모이게 하였다. 여기에서 오랫동안 시자로서 석존을 수행하였던 아난다가 석존의 교법을, 그리고 지율제일(持律第一)이라고 하는 우팔리가 율을 낭송하였다고 한다. 예를 들어 아난다는 "나는 일찌기 석존께서 ○○○에 계실 때에, 이와 같이 말씀하시는 것을 들었다"(如是我聞)고 하면서 자신이 기억한 석존의 가르침을 낭송한다. 이를 다른 사람들이 듣고 정정할 곳은 정정하고는 모두가 이를 다시 합송(合誦, saṃgīti)하였다. 이는 개정되고 결정된 가르침을 최종적으로 확인하고 모두가 이를 기억하기 위한 것이었다. 율에 대해서도 동일한 과정이 수행되었다. 이것이 불교사에서 최초로 수행된 법, 율의 편찬, 즉 제1결집 saṃgīti이었다.

이 때에 편찬된 법, 율의 구체적 내용은 알 수 없다. 그러나 이것이 그후 경전, 율전으로 발전하여 소위 경·율·논의 삼장 가운데 경·율이라는 방대한 불전으로 정리되었음은 의심의 여지가 없다.

율의 결집이 종료되었을 때, 아난다가 소소계(小小戒)는 상가가 원하면 폐지하여도 좋다는 석존의 말씀이 있었다고 발언하여 분규가 발생하였음은 앞에서 지적하였다. 그리고 이 결집이 끝난 후 푸라나 장노가 500인의 제자와 함께 늦게 도착하여, "나는 내가 이해한 대로 석존의 가르침에 따르겠다"고 하였다 한다. 결국 애써 이루어진 결집이면서도 이에 반대하여 따르지 않는 자가 이미 존재하였던 것이다.

칠엽굴(七葉窟) 석존이 입멸하고 난 뒤 여기서 경과 율에 대한 제1차의 결집이 이루어졌다.

이 때 푸라나 장노가 반대한 항목이 무엇인가는 남방불교의 전승에는 나타나 있지 않다. 다른 율전에 의하면 그는 정사 안에 음식을 저장, 요리할 수 있다고 주장하고, 마하카샤파 등은 이를 비법으로 규정하였다고 한다. 이는 승원 정착의 생활을 좌우하는 중요한 문제이지만, 이와 같이 견해가 나뉜 것은 율에 대한 해석의 차이에 따른 것이라는 점이 주목된다. 즉 교법상의 문제가 아니라는 것이다. 교법이 이론적으로 규명되고 형이상학적으로 발전하는 것은 훨씬 후대의 일로, 지금 단계에서는 법에 대한 해석상의 차이가 나타나지 않았던 것으로 보인다. 물론 율의 해석상의 이견은 율의 성격상 그럴 수 있다는 예측이 가능하나, 근본적으로는 당시의 불교상가가 승원정착의 생활로 전환되어 가는 등, 사회의 변화에 따르는 여러 가지 변혁이 필요하였던 시대에 처해 있었음을 시사한다.

불교의 중국

제1결집 이후 불교는 인도의 어느 지역으로 진출하였는가, 또는 어떻게 정착되어 갔는가에 관한 내용은 자료의 부족으로 충분히 알 수 없다. 그러나 적은 자료지만 이를 종합하면 대개 다음과 같이 추정된다.

불멸 후, 불교는 일찍이 석존이 교화한 동인도를 중심으로 하는 지방에 존속하였으나, 다른 지방으로의 진출은 한 두 곳을 제외하면 그다지 두드러지지는 않았던 것 같다. 석존이 교화한 지역에 대해서는 앞에서 이미 언급하였는데, 불전은 이를 '중국(中國)'으로 표현한다. 바라문들도 같은 말을 사용하고 있지만, 이는 잠나강과 간지스강의 중간지대를 중심으로 하는 북인도 중앙부로서 바라문 문화가 가장 번영하였던 본거지를 지칭한다. 따라서 불전이 말하는 중국은 '불교의 중국'이라고 하여야 할 것이다. 그리고 이는 석존의 재세 당시부터 대략 100년 정도의 사이에 불교의 가르침이 널리 신봉되었던 지역을 그렇게 부른다.

불교중국의 범위는 동쪽으로는 카잔가라 마을, 동남쪽으로는 상라바티강, 남쪽으로는 세타칸니카 마을, 서쪽으로는 투나라는 바라문 마을, 북쪽으로는 우시라닷자산으로 둘러싸인 지역으로, 이곳 이외의 지역은 '변경'이라고 한다. 이들 지명이 현재의 어느 곳에 비정되는가를 알 수 없는 곳이 많지만, 간지스강 중·하류 지역을 중심으로 하는 동인도를 지칭함은 틀림없다.

석존의 시대로부터 기원전 4세기에 마우리야왕조가 성립되기 까지의 불교중국 즉 동인도는 정치적으로 고대부족사회가 점차 전제군주국가로 대체되고, 나아가 통일제국이 수립되어 인도적 봉건제가 성립되는 최종단계에 있었다.

석존과 동년배라고 하는 빔비사라왕이 통치하는 마가다국과 프라세나지트(팔리어로는 파세나디)왕이 지배하는 코살라국은 당시의 전제군주국가의 대표적인 존재였다. 빔비사라왕은 만년에 아들 아자타샤트루(阿闍世)에 의해 유폐되어 옥사하였다고 한다. 현재에도 왕사성 안에 그가 유폐되었던 곳이라는 유적이 남아 있으며, 이곳에서 영축산이 멀리 바라다 보인다. 후세의 대승경전인 《관무량수경(觀無量壽經)》은 이 이야기를 첫머리에 싣고 있다. 이 이야기는 역사적 사실로 간주하여 틀림이 없을 것이다.

아자타샤트루를 이어 우다인과 우다이밧다가 왕위를 계승하였다는 설도 있다. 어쨌든 아자타샤트루의 치세기간 중에 수도가 라자그리하에서 파탈리푸트라로 이전되었다. 이 도시는 간지스강의 오른편 언덕에 위치하여 배편도 편리하였으며, 그 후 마우리야왕조의 수도가 되는 등 오랫동안 동인도의 중심도시가 되었다. 한역불전의 화씨성(華氏城)이 바로 이곳이다. 그는 이 도시를 본거지로 하여 앙가(벵갈), 바이샬리, 코살라를 병탄하였다. 코살라는 이에 앞서 샤캬족을 정복하였었다. 이에 따라 마가다의 세력은 현재의 벵갈에서 비하르, 웃타르 프라데슈주(州) 북부에 이르는 방대한 지역을 지배하는 왕국으로 성장하였다. 대립세력은 카우샴비(현재의 알라하바드市 부근)를 포함한 서인도의 아반티왕국으로, 아자타샤트루는 아반티의 프라디요타왕의 후계자 팔라카왕과 전쟁을 벌였다.

마가다왕국은 그 후 몇 대 못가 멸망하고, 마가다 최후의 왕의 대신이었던 쉬슈나가가 왕위에 올랐다. 그는 아빈티의 프라디요타왕조를 무너뜨려 마가다의 판도를 더욱 서방으로 확장시켰다.

쉬슈나가왕조의 마가다 패권은 2, 3대 밖에 존속되지 않고, 곧 난다왕조가 뒤를 이었다. 그 시조 우다라세나(다른 설도 있다)는 이발사 또는 이발사와 창녀의 아들이라고 한다. 어쨌든 하층민 출신의 왕으로서, 그는 동쪽으로 칼링가(현재의 오릿사州)를 제압하고, 서쪽으로는 아시마카족, 슈라세나족 등을 굴복시켰다. 그리스의 역사가는 기원전 4세기 후반 알렉산드로스왕이 서북인도를 침공했던 당시의 인도에 '파리보트라' 즉 파탈리푸트라를 수도로 하는 강력한 왕이 있었음을 기록하였다. 난다왕조는 교역에 의한 이윤, 농지개발에 따른 풍부한 곡물, 영토 안에서 생산되는 철, 동에 의해 풍부한 경제력과 강대한 군사력을 갖고 있었다. 그리스 자료에 의하면, 기병 2만, 보병 20만, 네 필의 말이 끄는 전차 2천, 그리고 코끼리는 3천 마리 이상을 갖고 있었다고 한다(크레티우스의 기록 등).

이와 같은 마가다의 세력, 즉 난다왕조에 의한 인도 여러 지방의 통일에의 위업은 기원전 317년 경 거병하여 난다왕조를 멸망시킨 찬드라굽타왕의 마우리야왕조로 이어졌다. 그리고 그 3대 아쇼카왕대에 이르러 인도 역사상 최초의 통통일 대제국(大帝國)이 성립되었다.

이러한 상황에서 동인도의 불교교단은 승원을 본거로 하는 체제를 점차 강화시켜갔던 것으로 생각된다. 또한 적은 자료이지만, 마가다의 여러 왕조의 가운데 몇몇 왕이 특히 불교를 외호하였다는 기록이 있다.

도시형으로서, 바라문교 전통의 속박에서 비교적 자유스럽고 시대의 요청에 부응하는 윤리를 설한 불교는 당시의 지도자층에 수용되기 쉬웠을 것이다. 교단이 발전하는 과정의 상세한 점은 잘 알려져 있지 않지만, 기원전 3세기 중엽 아쇼카왕이 불교를 신봉하였다는 점은 그것만으로도 불교교단이 영향력을 갖는 계기가 되었다. 아쇼카왕은 8만 4천의 탑을 세웠다고 하는데, 이는 특히 재가신자의 신앙양식으로서 불멸 후 곧 시작된 스투파(탑) 숭배가 정착되었음을 나타내는 것이다.

그리고 동인도의 바이샬리에서는 비구상가가 금전을 신자로부터 받는 습관이 정착되었다. 이는 불멸 후 100년의 일이라고 하는데, 아쇼카왕 이전의 시대이었음이 틀림없다. 이것이 제2결집의 원인이 되고, 나아가서는 불교교단의 분열의 원인이 된 중요한 사건이다. 뒤에는 동인도 뿐만 아니라 전 인도의 불교교단이 물건과 함께 금전을 신자로부터 받게 되었다. 화폐경제의 발전에 따르는 자연적 추세이기는 하지만, 동인도의 불교교단은 시대, 사회의 변천에 따른 변용, 정착의 길을 착실히 걸었던 것으로 생각된다.

서인도로의 전파

앞에서 설명한 바와 같이, 석존의 재세 중에도, 불멸 후에도 불교가 급격히 인도 각지에 전파, 정착하였다는 증거는 없다. 그러나 서인도의 웃자인시(市)를 수도로 하는 아반티지방에는 이미 석존 재세 때부터 불교가 선포되기 시작하였다.

그 중심이 되었던 사람은 마하카탸야나(팔리어로는 마하카차나, 大迦栴延) 장로이다. 그는 웃자인의 '포악한' 프라디요타왕(마가다국의 우다인왕에 항거한 팔라카왕의 선대)의 왕궁제관의 아들로서, 석존이 성도한 후로 12~13년 경이 되는 해에 제자가 되었다고 한다. 10대 제자의 한 사람으로 분별제일(分別第一)이라고 한다. 분별이란 교설의 논리적, 철학적 해명을 말한다. 결국 그는 이론가였다. 현재의 스리랑카 등지의 남방불교는 부파명칭으로 말하면, 분별부(分別

部, Vibhajjavāda, 산스크리트어로는 Vibhāṣavāda)이다. 부파가 분열된 시기는 마하카탸야나 보다 100년 이후의 일이지만, 이 부파의 인도 내의 본거지가 서인도라는 사실은 어떠한 형태로든 그의 영향이 있었던 것이 아닌가 한다.

그리고 분별부 또는 남방상좌부(南方上座部)라고 하는 남방불교의 소의경전은 모두 팔리어로 전승되

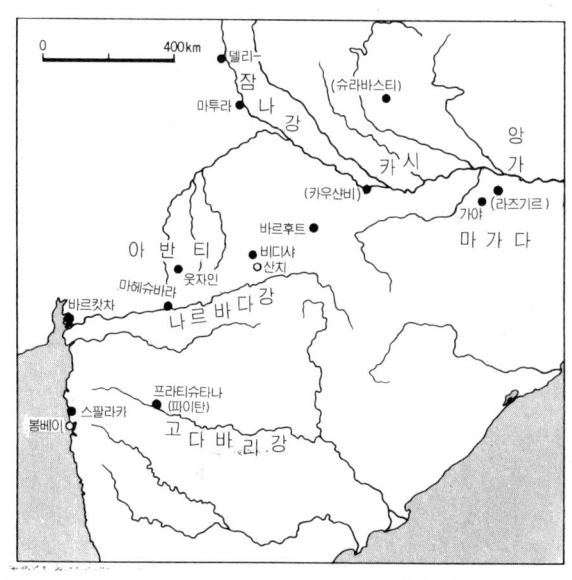

서인도의 포교

고 있다. 불교의 언어에 대해서는 후에 상세히 설명할 것이지만, 팔리어는 서인도의 방언을 바탕으로 성립된 성전어(聖典語)이다. 이러한 사실은 현재의 스리랑카를 중심으로 하는 남방불교와 서인도의 관계가 깊음을 나타낸다. 사실 조금 후대인 아쇼카왕 시대에 세일론에 불교를 전파하기 위하여 비구가 출발한 지역도 서인도였다. 이러한 점에서 마하카탸야나의 불교역사상의 의의는 매우 크다.

그는 석존 재세 당시부터 고향인 웃자인을 중심으로 하는 서방인도에서 포교했던 것으로 보인다. 또한 그의 제자 중의 한 명인 슈로나 코티카르나(팔리어로는 소나 코티칸나, 億耳)를 석존에게로 보냈다고 한다.

불교가 처음 서인도에 전파되었을 당시에는 비구의 수도 적었으며, 득도도 만족스럽게 이루어지지 못했던 것으로 보인다. 슈로나 코티카르나는 자신이 득도하는 데에 3년을 기다리지 않으면 안 되었다 한다. 그는 후에 "변경에서는 구족계를 주는 데에 필요한 10인의 비구가 모두 있기 어려우므로 편법을 인정해 달라"고 석존에게 요청하였으며, 석존은 예외로서 5인의 비구로서 득도시킬 것을 허락하고 있다.

초기의 불교교단에는 서인도 출신이 몇 있다. 푸르나(팔리어로는 푼나)도 그

제4장 불교교단의 성립과 발전 143

중의 한사람이다. 그는 항구도시 스팔라카 출신으로 대상(隊商)의 일원으로 슈라바스티(舍衛城)에 왔다가 석존을 만나 출가하였다고 한다. 불교교단에 들어온 후에는 마하카탸야나의 지도를 받았으며, 후에 자신의 고향으로 포교·전도의 여행을 할때 어떠한 박해에도 굴하지 않으리라는 강한 결의를 보였다는 일화를 남기고 있다(제3장 3 참조). 이러한 일화를 있는 그대로 사실로 받아들일 수는 없겠지만, 위와 같은 불전의 기술과 그 후 서인도가 화려한 불교의 일대 중심지가 되었다는 상황을 고려할 때, 상당히 일찍부터 서인도에 불교가 유입, 정착되었음을 인정해야 할 것이다. 웃자인은 당시 교통의 요충지였다. 북동쪽으로는 비디샤로 가는 길이 있으며, 이곳 중인도에서는 다시 동인도로 연결되었다. 남서쪽으로는 스팔라카, 바르가차 등의 항구를 낀 수라슈트라 지방으로 연결되고, 남쪽으로는 파이탄에 이른다. 파이탄은 고대에는 프라티슈타나라고 하였으며, 마우리야왕조의 몰락 후에는 사타바하나왕조의 수도가 되었다. 불교가 남인도로 진출하였던 것은 이 길을 통해서였다. 그리고 위의 두 항구는 서방세계와의 교역의 창구였다. 특히 마우리야왕조 이후에도 수 세기 이상에 걸쳐 인도의 수출입의 창구가 되었다. 웃자인은 각지의 물자가 모이는 집산지였다. 기원후 3세기 경 화려한 도시인의 세계를 묘사한 유명한 극 《흙의 수레》가 산스크리트어로 쓰여졌는데, 그 무대는 바로 이곳이었다. 이 극에서는 도시에 거주하는 비구의 생활도 묘사되어 있다. 항구 또는 남인도로 가는 대로를 따라 대상들이 왕래하였으며, 그들의 힘에 의해 불교는 점차 굴원(窟院)사원을 조성하는 특이한 문화를 창출하였다. 불교가 서인도에 보급된 것은 불교사에 있어 크나큰 의미를 갖는다.

이와 같이 마하카탸야나로부터 시작된 서인도의 포교는 점차 이 지방을 유력한 불교의 중심지로 만들었다. 불멸 후 100년 경, 서인도의 비구들은 동인도의 비구와 논쟁을 벌이게 됨에 따라, 교단의 분열을 야기하였다. 서인도의 불교는 불교성립지의 교단과 대등한 힘을 갖게 되었던 것이다.

교단의 분열

불멸 후 100년 경, 서인도 출신의 야샤스라는 비구가 마가다지방의 바이샬리로 갔다. 그는 비구들이 쇠로 만든 발우에 물을 채우고 상가를 위한다고 하면서 금전·은전을 집어넣는 것을 보고 경악하였다. 본래 무일물(無一物)을 표방하는 비구는 금전을 받는 것은 물론, 손을 대는 것도 금지되어 있었다. 유행편력의 생활에서 승원생활로 변화되었다고는 하지만, 당시의 서인도 비구들이 금전을 받는 것은 이제까지 알려지지 않았던 관행이었다. 야샤스는 그것이 비법임을 지적하였으나 바이샬리의 비구들로부터 빈축을 사게 되어, 서방의 비구들에게 응원을 청하였다.

그가 응원을 요청한 대상은 중인도와 서인도의 비구들로서, 그 중에는 레바타, 샤나바시 등의 고승도 포함되어 있었다. 레바타의 거주처는 확실치는 않지만 서인도 또는 중인도의 어느 곳이며, 샤나바시는 아호강가산(山) 또는 마투라 사람이라고 한다. 이들에 관한 이야기는 그 당시 서인도, 중인도에 불교가 널리 퍼져 있고, 각지에 고명한 제도자가 있었음을 나타낸다.

야샤스는 이 비구들의 도움을 받아 금전을 받는 행위 등을 포함한 열가지 일에 대해, 동·서의 두 불교교단이 대화할 기회를 마련하였다. 양쪽에서 각각 4명씩의 판정인을 내세워 심의를 하였는데, 결국 장로들은 이 10사(十事)를 비법으로 단정하였다. 그러나 이에 불복한 비구도 많았다. 교단은 여기에서 장로파와 대중파의 두 집단으로 분열되었다. 전자를 상좌부(上座部), 테라바다 Theravāda라고 하는데, 테라는 장로, 바다는 파의 의미이다. 후자는 대중부(大衆部)라고 한다. 이와 같이 불교교단은 처음 이 두 부로 분열되었다.

여기에서 문제가 되었던 10사는 각 율전에 따라 다른 점이 있으나, 팔리율에 따르면 다음과 같다.

1. 뿔로 만든 그릇에 소금을 넣어 휴대하고, 소금기가 없는 음식에 뿌려서 먹는 일이 좋은가 그른가?
2. 수행자는 정오가 지나면 식사해서는 안되는데, 정오를 지나 해 그림자가 손가락 두 마디를 지난 시간까지 식사시간을 연장하여도 좋은가 그른가?
3. 한 번 탁발하여 충분히 식사를 하였음에도 불구하고, 다시 한번 마을에 들어가

초대받은 식사에 감이 좋은가 그른가?
4. 동일한 계(界) 안에서 포살을 따로이 행하는 것이 좋은가 그른가?
5. 상가의 일을 결정함에 우연히 비구가 전원 모이지 않아, 먼저 참석한 사람들로 결정을 하고 뒤에 늦게 온 사람에게 보고를 하여 사후 양해를 구하는 것이 좋은가 그른가?
6. 석존과 아사리(阿闍梨)가 관행적으로 행하는 일을 자신도 행하는 것이 좋은가 그른가?
7. 우유를 마셔 만족한 다음에 아직 낙유(酪乳)가 되지 않은 것을 마셔도 좋은가 그른가?
8. 나무나 그 열매의 즙을 발효시켜 아직 알콜이 되지 않은 음료를 마셔도 좋은가 그른가?
9. 장식을 하지 않은 천을 좌구(座具)로 사용하는 것이 좋은가 그른가?
10. 금(전) 및 은(전)을 받는 일이 좋은가 그른가?

　이상의 10사는 그 일이 크건 작건 실제적 필요성이 대두되어 당시의 교단에서 어떻게 할 것인가에 대한 의문이 생겼던 것이다. 그 중에서도 특히 열번째의 금전을 받을 것인가의 여부가 가장 중요한 테마였을 것이다. 이러한 점은 바이샬리의 논쟁을 기록한 여러 율을 검토하여 보면 알 수 있는 일이다. 그리고 이는 불교교단의 발전사에 있어 매우 중요한 의의를 갖는다.
　그 시점에서 서인도와 중인도의 교단은 이를 불허하였다. 그러나 이 대원칙이 그 후에도 계속 지켜지지는 않았다. 뒤에서 다시 언급할 것이지만, 전 인도의 불교교단은 대개 서력 기원 전후의 시대에는 신자로부터 금전을 받고 있다. 경제 및 사회적 상황의 변동에 따른 자연스러운 추세일 것이지만, 각 율전은 율의 규정을 범하지 않고 금전을 받는 방법에 대해 고심을 하여 설명하고 있다. 그러기 위해 생긴 편법의 하나가 상가에 속인으로 고용인을 두어 금전상의 일을 처리케 하는 것이었다. 상가는 금전 뿐만 아니라 점차 기진받은 토지를 소유하게 되어, 소작인을 고용하는 등 장원제도를 발달시켜갔다(제5장 3 참조). 따라서 금전을 받을 것인가 받지 않을 것인가에 대한 바이샬리에서의 논쟁은 교단발전사에 있어 특정한 시기의 시비논쟁이었다. 그리고 이는 교단의 생활문화가 변화되어 가는 과정의 한 단계를 보여주는 것이었다.

그리고 이 시점에서 동인도의 불교교단은 사회변화에 대한 적응이 빨랐으며 자유주의적이었다. 이에 대해 서·중인도의 교단은 전통을 묵수하는 보수적 경향이 강하였다. 불교가 일찍 정착된 동인도에 대해, 서·중인도의 교단은 소위 후발그룹이다. 이교도가 많은 지역에서 포교에 노력하고 있었으므로 전통을 엄격히 지키지 않으면 안 되는 사정도 있었을 것이다. 일반론이기는 하지만, 후발그룹 쪽이 보수적임은 수긍된다. 이는 힌두교에서도 북인도의 바라문이 자유주의적이며 새로운 상황에 쉽게 적응하지만, 남인도의 바라문은 전통을 준수하는 자세가 강하여 북인도보다도 보수적이라는 사실과 상통한다.

그러나 뒤에서 다시 언급하겠지만, 서·중인도의 불교교단도 후에는 금전을 받기 시작했다. 이와 같이 교단발전에 있어 한 단계의 차이를 드러내면서 불교는 그 지반을 넓혀갔다. 그러나 전 인도에 걸친 급격한 발전은 마우리야왕조의 아쇼카왕의 출현을 기다리지 않으면 안 되었다.

3 아쇼카왕과 불교

마우리야왕조의 성립

불교가 전 인도에 비약적으로 발전하게 된 중요한 계기 중의 하나가 마우리야왕조의 성립이다. 이 왕조의 제3대 아쇼카왕이 불교도가 되어 불교를 외호하기도 하였지만, 동시에 중앙집권적인 통일 대제국의 존재가 불교의 전파를 용이하게 하였다. 이와 더불어 서북인도를 매개로 한 서아시아 문화와의 교류도 그 후 불교의 발전에 큰 영향을 미치게 되었다.

마우리야왕조에 앞선 난다왕조 시기에 부족적인 소왕국 대부분이 이 전제군주국에 병합되어, 통일제국 성립의 기초가 마련되었다. 한편 간다라지방을 중심으로 하는 서북인도에는 많은 왕국, 공화제의 소국가가 존재하였지만, 이들은 페르시아의 아카이메네스왕조의 지배 아래에 있었다. 간다라인의 군대가 편성되어 있었다는 기록도 있으며, 타크샤실라(탁실라)에는 기원전 4세기 초의 아람어 비문이 출토되기도 하였다. 아람어는 페르시아제국의 상용어(商用語)로서, 이곳이 이미 서아시아 세계의 문화를 수용하였음을 나타낸다.

아카이메네스왕조는 마케도니아에서 군사를 일으켜 전 그리스를 정복한 알렉산드로스대왕과의 전투에서 패배하였다. 이때 서북인도의 왕들은 페르시아편에서 전투하였는데, 그 용맹스러움은 마케도니아군의 사기를 크게 떨어뜨렸다고 한다. 알렉산드로스대왕은 인더스강을 넘어 판잡지방을 석권하였으나, 베아스강을 넘지는 못했다. 병사들은 먼 원정에 지치고, 동방의 난다왕조의 강대함을 듣고는 전의를 상실하였다. 그러므로 알렉산드로스대왕은 곧 철병을 하였다. 그 때가 기원전 325년이었으며, 그 2년 후인 기원전 323년에 그는 바빌론에서 객사하였다.

알렉산드로스대왕의 영토는 휘하의 장군들에 의해 분할되었으나, 판잡지방은 그에 의해 임명된 사람이 지배하였다. 인더스강 동부는 필리포스가, 그 다음에는 에우데모스가 통치하였는데 후자는 기원전 317년에 서방으로 가버렸다. 이로써 그리스인의 인도지배는 종말을 고했으나, 많은 그리스인들이 계속 이 지역에 거주하였다.

한편 알렉산드로스대왕의 장군 세레우코스는 바빌론의 태수가 되었으나, 후에 이집트로 망명하였다. 그는 이곳에서 3년을 지낸 다음 다시 바빌론을 회복하고 세레우코스왕조를 확립하였다. 그는 박트리아를 공략하고, 기원전 305년에는 서북인도에 진격, 인더스강을 넘었다. 이는 알렉산드로스의 옛 영토를 회복코자 하는 시도였는데, 이때 전면에서 그를 막은 사람이 마우리야왕조의 시조 찬드라굽타였다.

그는 마가다지방의 비천한 계급 출신이라고 한다. 적어도 정통 바라문이 정식으로 크샤트리야로 인정하지 않은 마우리야족 출신으로 생각된다. 그는 전란의 틈을 헤치고 판잡에서 거병하였으며, 뒤에는 난다왕조의 9대 다나난다왕을 격멸하고 마우리야왕조를 수립하였다. 그 세력이 강대하여 세레우코스왕은 찬드라굽타와 강화조약을 맺어 자신의 지배하에 있던 판잡의 4주(州)를 양도하였다. 또한 그는 파탈리푸트라의 마가다제국 수도에 대사를 파견하였는데, 이 사람이 메가스테네스로 당시의 인도 사정을 전하는 중요한 기록을 남기고 있다.

이렇게 하여 찬드라굽타왕은 북으로는 히말라야산맥에서 남으로는 빈디야산맥을 넘어 남인도의 일부, 동으로는 벵갈만에서 서로는 힌두쿠시산맥을 넘어 현재의 아프가니스탄 대부분을 포함하는 영토를 지배하였다.

찬드라굽타왕은 종교에는 특별한 관심이 없었던 것으로 보인다. 불교와도 아무 관계가 없었다. 만년에 자이나교도가 되었다고 하나, 이는 자이나교의 문헌에만 나타나 있는 것으로 그 진위를 확인할 수 없다.

왕은 기원전 317년부터 기원전 297년에 걸쳐 통치하였으며, 그 뒤를 이은 빈두사라왕(기원전 293~268)은 각지에 잔존하던 반란세력을 진압하여 영토를 확장하였다. 이 왕은 세레우코스 뒤를 이은 안티오코스 1세에게 무화과 열매와 포도주, 철학자를 보내줄 것을 의뢰하였는데, 결국 포도주만을 받았다. 어쨌든 이는 마우리야왕조와 서방세계의 교류의 한 예를 보여주고 있다. 빈두사라왕의 뒤를 이은 사람이 아쇼카왕 Aśoka(阿育王, 재위 기원전 268~232년경)이다.

아쇼카왕

아쇼카왕이 불교도가 되었음은 의심의 여지가 없다. 불교의 가르침에 뿌리를 둔 법(法, dharma)을 정치이념으로 삼고, 후세에 성왕(聖王)으로 추앙받는 정치를 폈다는 것은 사실이다. 따라서 불교교단으로서도 중요한 인물이었음은 당연하다. 후세의 불교문헌은 아쇼카왕의 사적을 기록하고 그 공적을 찬양하고 있다.

아쇼카왕의 시대에 이르기까지 불교교단은 인도 각지에 진출, 정착해 가고 있었다. 그 중에서도 웃자인을 중심으로 하는 서인도의 불교교단은 튼튼한 지반을 구축하고 있었다. 부파분열이 일어난 후에도 상좌부계의 분별부(分別部)가 강력하여 이 계통의 불교가 이 시대를 전후하여 멀리 세일론까지 교세를 확장하였다. 이것이 남방상좌부라는 부파로 정착하여 현재의 남방불교의 기초를 이루고 있다. 그들이 서인도의 방언을 기초로 하여 만든 성전어가 팔리어 Pāli 로서, 남방상좌부의 문헌은 팔리어로 전승되고 있다.

이에 대해 아쇼카왕의 전후에 마투라에서 서북인도의 간다라, 카슈미르에 걸쳐서도 불교의 교세가 확장되었다. 이곳의 중심이 되었던 교단은 같은 상좌부계통의 다른 부파인 설일체유부(說一切有部)였으며, 그들은 후에 산스크리트어로 경전을 편찬하였다. 대승불교가 중앙아시아, 중국으로 전파되면서 그들의 문헌은 주로 중국에 소개되었는데 이것을 통칭 북전(北傳)이라고 하며, 반대로 남방상좌부의 전승을 '남전(南傳)'이라고 한다.

마가다──웃자인──세일론의 남전과 마가다──마투라──서북인도의 북전, 두 전승은 각각 아쇼카의 공덕을 현양하면서도 자파의 입장에서 기록하고 있으므로 내용상 서로 어긋나는 점이 많다.

아쇼카왕의 사적은 왕명으로 새겨진 법칙(法勅) 비문과 힌두, 자이나교 계통의 문헌을 통해서도 알 수 있지만, 위의 남전·북전의 차이는 아쇼카왕 및 당시의 불교의 상황을 확인하기 곤란하게 하고 있음은 부인할 수 없는 사실이다. 그러면서도 많은 자료를 남기고 있어, 이러한 문헌을 면밀히 조사함으로써 아쇼카왕의 사적을 정확하게 알아갈 수 있을 것이다.

아쇼카왕은 왕자 시절, 탁샤실라에 태수로 부임하여 그곳의 반란을 진압하였다고 하며(북전), 또는 웃자인을 통치하였다고도 한다(남전). 마우리야왕조의 정치기구는 지방에 소속되었으나, 중요한 직할지에는 왕자들을 배치하였다. 그 직할지에는 서북인도의 탁샤실라, 서인도의 웃자인, 남인도의 수바르나기리(데칸 남부), 칼링가(현재의 오릿사 지방)의 토살리가 있다. 따라서 아쇼카왕이 태수로 파견되었다는 것은 사실로 생각되지만, 그것이 어디였는가는 확실치 않다. 그의 출생, 즉위의 경위도 잘 알려져 있지 않다. 형제들 사이에 투쟁이 있었다는 사실 외에는 확실한 것이 없다.

즉위 후 8년이 되는 해에 아쇼카왕은 칼링가국을 공격하여 이를 멸망시켰다. 이 지방은 세일론을 비롯한 동남아시아의 여러 나라와 교역을 하여 부강한 나라였으나 제국을 통일하기 위해서는 또한 반드시 정복하지 않으면 안될 곳이었다. 이렇게 하여 200~300년에 걸쳐 행사되었던 마가다 세력의 전 인도적 발전은 북으로는 히말라야, 동으로는 벵갈만의 오릿사지방, 서로는 판잡, 남으로는 안드라에서 마이소르 북부에 이르는 광대한 제국을 수립함으로써 완성되었다.

칼링가 전쟁에서는 10만 명이 죽고, 15만 명이 포로가 되어 인도의 각지로 보내졌다고 한다. 그리고 그 몇 배에 이르는 사람들이 전화를 입었다고 한다. 아쇼카왕은 이를 보고 전쟁의 죄악과 비참함을 느꼈다. 그는 자신의 법칙비문에 이를 스스로 고백하고 있다. 그 후 그는 칼링가 전쟁을 계기로 힘의 정치를 버리고 법(法)의 정치를 펼쳤던 것이다.

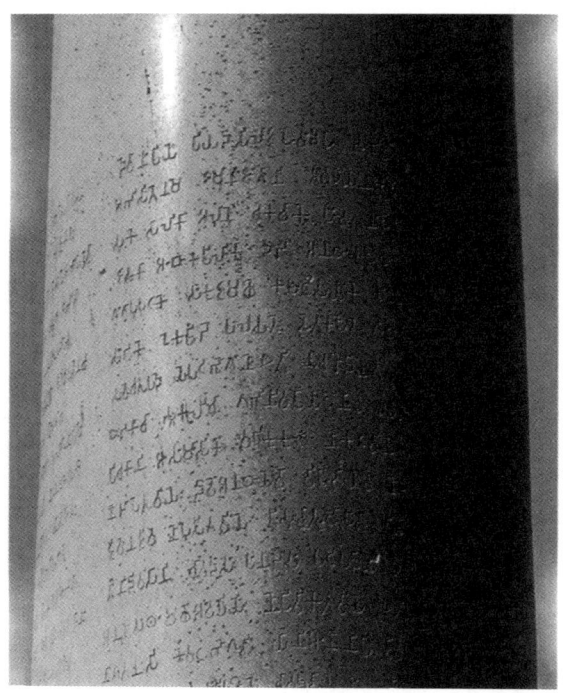
아쇼카왕의 석주(石柱)와 법칙각문(法勅刻文)

아쇼카왕은 영토 안의 중요한 곳에 석주(石柱)를 세우거나 큰 바위의 표면을 연마하고, 그곳에 법칙문(法勅文)을 새겨 놓았다. 비문의 내용이 모두 동일한 것도 아니며, 일시에 새긴 것도 아니다. 그러나 이들은 모두 법(法)의 정치라는 시정방침을 포고하고, 각 지방의 고관이나 각층의 지도자 계급에게 그 준수를 명령한 것이다.

아쇼카왕 시대에는 이미 부족적 결합이 파괴되어 집안(kula)을 기초로 하는 계급사회가 확립되었다. 아쇼카왕의 조부 시대, 수도 파탈리푸트라에 주재하던 메가스테네스는 7종의 사회계급이 존재하였음을 기록하였다. 그것은 즉 철학자, 농민, 목축업자와 상공인, 그리고 전사, 감독관과 협의관으로서 모두 세습을 하고 상호간 통혼을 하지 않았다고 한다. 결국 카스트적인 사회가 정착되었던 것이다.

바라문들은 제식을 집전하여 촌락과 사회의 질서를 유지하는 한편, 4바르나제도의 크샤트리야와 바이샤에 해당되는 계급은 도시에서 실권을 장악하였다. 경제활동은 매우 활발하여 화폐제도가 크게 진전되었다.

그리고 영토 안에는 여러 '임주족(林住族, aṭavi)'이 있었으며, 지방에는 반은 독립적인 세력도 있었던 것으로 보인다. 또한 변경지방에는 여러 민족, 종족이 살고 있었다. 한 비문에는 영토 안의 서북부에 요나(그리스인), 캄보자(이란인), 간다라인이 있으며, 북쪽에는 나바카, 나바판티, 남쪽에는 보자, 파린다, 피팅가, 랏티카, 안드라족이 있다고 기록되어 있다. 이러한 이질적인 요소를 하나의 통일체로 유지시키기 위해서는 완비된 관료군에 의한 중앙집권적 조직만으로는 충분치 않다. 여기에는 높은 정치적 이념이 있지 않으면 안 된다. 이에 따라 제시된 것이 '다르마 (法, dharma)'의 이념이다. 그것도 단순한 주의·주장을 초월한, 국왕이라도 따라야 할 절대적이고 보편적인 것이어야 했다. 그러면 아쇼카왕의 다르마의 내용은 어떠한 것인가?

아쇼카왕의 다르마와 불교

아쇼카왕의 법칙에 기록된 여러 가지 다르마의 내용을 정리하면, 대개 다음과 같다. 첫째, 인간·동물의 불살생, 불상해이다. 이는 무력행사의 중지이며, 동시에 바라문들이 거행하는 공희(供犧)의례에 대한 문제제기이다. 또한 수렵을 즐기는 것도 행하지 말 것을 요청하고 있다. 아쇼카왕은 그 전에는 새와 짐승의 고기를 즐겨 먹었더라도 이제는 그 수를 감축하고 나아가서는 전혀 먹지 않도록 하라고 말하고 있다.

둘째, 부모·어른에 대한 존경과 순종, 친구·지기(知己)·친족에 대한 존경과 올바른 대우, 바라문·슈라마나(사문) 등의 종교자에 대한 경의와 보시, 빈궁자·의탁할 데가 없는 사람들의 보호, 고용인에의 올바른 대우 등 인간관계의 윤리를 강조한다. 그 바탕에 있는 것은 타인에 대한 자비라고 할 수 있다. 아쇼카왕의 가로수, 휴게소, 샘, 인간과 가축의 요양원, 약초, 죄수의 특사 등의 사적은 이러한 생각을 바탕으로 하는 것이다. 셋째로는 만인이 스스로 힘써야 할 자제, 유화, 보은, 신앙, 다르마에 대한 경의 등을 권장하고 있다.

아쇼카왕은 다르마를 지킴으로써 국내에 평화와 질서, 그리고 사람들의 이익과 안락이 획득됨을 말하고, 이를 '다르마의 정복(dharma-vijaya)'이라고 하였다. 그러기 위해 그는 '법대관'(法大官) 제도를 설치하였다. 그들은 이 법이 각지의 행정에서 실행되고 있는가, 사람들이 다르마를 준수하고 있는가를 조사하고, 이를 촉진하는 역할을 하였다. 또한 그들은 '모든 종파'에 관한 사항도 관할하였다. 그리고 아쇼카왕 자신도 각지로 '법의 순행(巡行)'을 하고 있다.

아쇼카왕의 이러한 다르마에는 불교의 가르침이 기반이 되고, 이를 촉발시키고 있음은 의심의 여지가 없다. 그는 법칙 가운데에서 자신이 열심히 노력하는 불교도임을 명언하고 있다. 스승으로 받드는 불교승도 있었다(남전에는 이를 목갈리풋타 팃사 장로, 북전에서는 우파굽타 장로라고 한다). 붓다가 성도한 곳인 보드가야와 탄생지 룸비니 등을 순례하기도 하였다. 또한 비구·비구니의 이상, 실천의 도, 재가신자가 지켜야 할 것을 설하는 7종의 법문도 한 비문에 적고 있다. 이 7종의 법문은 현존하는 경전에 기록되어 있는 그대로는 아니다. 아마도 경전으로 정리되기 이전의 교법의 전승 가운데 중요한 것을 거론하고 있는 것으로 보인다. 그리고 사르나트, 카우샴비(코삼), 산치 등 당시 불교교단의 본거지라고 할 수 있는 곳에 교단(saṅgha)의 화합을 깨뜨리는 자는 환속시켜 교단에서 추방할 것을 경고하고 있다. 그는 상가의 화합을 강력히 원했던 것이다.

이와 같이 아쇼카왕은 현저히 불교에 기울어 있었으나, 그가 제시한 다르마가 '불교' 그 자체는 아니었다. 그는 불교라는 한 종교의 영역을 넘어서 보편적인 법을 지향하고 있다. 그러므로 불교 이외의 여러 종교도 받아들이고 있다. 또한 그의 다르마는 조부인 찬드라굽타의 재상 카우틸리야가 저술한《아르타샤스트라 Artha-śāstra》(實利論)의 기본적인 생각과도 일치한다. 아쇼카왕의 다르마는 그의 불교신앙으로부터 출발하고 있으면서, 동시에 보편화된 정치이념이었다. 따라서 아쇼카왕의 '다르마'의 선포는 '불교'의 선포와 구별되지 않으면 안 된다.

전도사 파견의 전설

아쇼카왕은 불교도로서 불교의 보급을 원하였고, 그래서 상가의 화합을 깨뜨리는 자에 대한 경고를 남기고도 있지만, 그렇다고 하여 다른 종교를 배척하지는 않았다. 불교와 마찬가지로 다른 종교도 외호하였던 것이다. 이는 아쇼카왕에게만 한정되는 것이 아니라 인도의 많은 왕에 공통된 현상으로서, 국왕이 자신이 신봉하는 종교가 있을지라도 다른 종교를 박해하지는 않는다. 오히려 적극적으로 외호한다. 아쇼카왕도 이러한 전통을 따르고 있다. 그는 힌두교, 자이나교, 아지비카교(불전의 邪命外道) 등의 종교인, 교단에 보시를 하고, 방문・경의를 표하면서 외호하였다.

그러나 아쇼카왕이 불교도이며 불교에 기반을 둔 법을 고양하였던 점이, 불교의 지방적 발전에 크게 공헌한 점은 부정할 수 없다. 지방의 고관과 유력자들도 열성적인 불교신자가 많았던 것으로 보인다. 어쨌든 이 시대에 불교는 크게 발전하였다. 이와 관련하여 아쇼카왕이 인도의 변경지역에 전도사를 파견하였다는 전승이 있다. 이는 남전의 기록으로서, 왕의 스승 목갈리풋타 팃사 장로는 아쇼카왕의 원조 아래 파탈리푸트라에서 제3결집을 행하여 정법을 확립하고 인도 각지에 전도사를 파견하였다는 것이다. 예를 들면 세일론에는 아쇼카왕의 아들 마힌다비구와 딸 상가밋타비구니가 파견되어 세일론불교의 터전을 마련하였다고 한다. 현대의 스리랑카 및 남방불교교단에서는 이 전승을 역사적인 사실로 믿고 있다.

그러나 아쇼카왕의 전도사 파견에 대해서는 남전과 북전이 크게 다르며 다른 전승과도 다른 점이 많다. 즉 서인도교단(주로 上座部계)이나 마투라와 카슈미르의 교단(주로 有部계)은 각각 그 지역에 불교를 전파한 존경스러운 고승이 있었다. 그러나 두 교단은 각각 자파의 전통을 불교발상지역인 마가다와 직결시킴으로써, 또 성왕 아쇼카와 관계지음으로써 정당성을 주장한 흔적이 있다. 예를 들어 유부 계통의 《아육왕경》《아육왕전》 등은 마투라에서 성립된 문헌인데, 이들은 아육왕(阿育王, 아쇼카왕)의 스승을 우파굽타라고 하며, 그에게로 이어지는 석존 이래의 독자적인 사법(嗣法)의 계보를 그림으로써 자파의 발전을 아쇼카왕과 관련시키고 있다.

한편 팔리어로 기록된 남전은 서인도에서의 오랜 기간에 걸친 전교활동을 아쇼카왕의 전도사 파견이라는 형태로 기술하고 있다. 또한 이에 따른 독자적인 사법의 계보를 제시한다. 그러므로 예를 들어 마힌다의 세일론 전교는 역사적 사실이지만, 아쇼카왕이 파견한 것은 아니었다고 한다.

이와 같이 그들은 특정한 지역의 선교자로서의 고승들에게 독자적인 위치를 부여하고 있으므로 아쇼카왕의 사적은 각 문헌의 기록들 사이에 모순되어 나타나지 않을 수 없었던 것으로 생각된다. 그렇다면 종래의 아쇼카왕에 관한 역사는 정정되어야 할 점이 많게 된다. 제3결집의 역사성만 하더라도 이를 부정해 버릴 수 있는 가능성도 있지만, 반면에 마가다교단의 지방적인 결집이었을런지도 모른다. 이러한 점에 대해서는 금후의 연구를 기다리지 않으면 안될 것이다.

아쇼카왕은 약 40년 가까이 통치한 후, 기원전 232년 세상을 떴다. 마우리야왕조는 그후 40여년 만에 멸망하였다. 대제국은 주로 동인도에서 중인도에 걸친 슝가왕조, 남인도의 사타바하나왕조, 칼링가의 체디왕조, 서북인도의 그리스 세력 등 지방적 세력으로 분할되었다. 다르마의 정치는 상실되었지만, 그럼에도 불구하고 불교문화는 그 후에도 현저하게 발전하였다. 승원의 건축 및 굴원의 조성, 신자의 경제적 지원의 안정, 교학의 정비, 불교신자의 활발한 탑 건립, 초기불교미술의 개화, 불상의 제작 등 화려한 '불교인도 Buddhist India' (Rhys Davids 교수의 표현)로 발전하여 갔다.

4 불교교단의 언어와 경전

석존과 언어

석존 자신이 교화한 지역은 현재의 비하르주, 웃타라 프라데슈주, 그리고 벵갈주의 일부를 포함하는 소위 동인도임은 앞에서 설명하였다. 그러면 석존은 어떠한 언어로 설법을 하였는가?

석존이 사용한 언어의 문제는 인도라는 나라를 생각할 때, 매우 중요한 의미를 갖는다. 현재의 상황으로 말하면 비하르주에서는 비하르어, 웃타라 프라데슈주에서는 힌디어, 벵갈지방에서는 벵갈어가 주로 사용되고 있으며, 이들은 모두 인도·아리야어 계통에 속하는 언어이다. 그러나 특히 익숙한 사람이 아닌 한, 벵갈인은 힌디어를 모르며, 힌디어를 모어로 하는 웃타라 푸라데슈주 사람은 벵갈인과 전혀 대화를 나눌 수 없다. 동인도만 해도 이와 같은 상황이기 때문에 석존 재세 당시, 그리고 불멸 후 불교가 점차 전 인도에 확장되어 갈 때, 교법을 설하는 데에 사용된 언어가 무엇이었는가를 확인하는 일은 불교문화의 발전을 살핌에 큰 관심사가 되지 않을 수 없다.

석존 당시 서북인도, 중인도는 물론 동인도도 아리야문화권 안에 있었음은 틀림없다. 언어면에서도 아리야어가 각 지방에 정착하고, 그곳 원지어의 발음과 관습, 어휘 등을 풍부하게 채용하면서 토착화되었던 것으로 생각된다. 당연히 아리야어는 붕괴되어 갔다. 순수한 아리야문화에 자부심을 갖고 이를 지키고자 하는 정통 바라문 사이에 올바른 언어를 보존하려는 운동이 발생했던 것은 당연한 일이다. 이러한 상황에서 아리야문화의 근거지인 서북인도에서 교양있는 사람들이 사용하던 언어가 고정되었다. '고전 산스크리트'라고 하는 것이 이것이다. 이 운동의 중심적인 인물이 파니니 Pāṇini라는 문법학자인데, 그는 석존 보다 조금 앞선 시대를 살았던 것으로 보인다. 그는 《아쉬타댜이 Aṣṭādhyāyi》라는 문법서를 썼는데, 이 책에 의해 고전 산스크리트는 그 이전의 '베다어'와 구별되고, 그 후 오랫동안 정통적인 인도의 문장어로 인도문화를 담지하게 되었다.

그러나 각지의 일상적 회화어는 토착 언어의 영향을 더욱 받으면서 발전하였다. 토착화의 정도가 더욱 심화되고 각 지방의 차이가 깊어짐에 따라 고전 산스크리트의 정통성이 주장되고, 문장어로서의 또는 교양있는 사람들의 공통된 회화어로서의 가치가 높아졌다.

기원전 3세기의 아쇼카왕의 법칙문은 인도 각지에 산재한다. 그 가운데 서북인도의 샤바즈가리, 만세라에 있는 것은 아람문자 계통의 카로슈티문자로 쓰여져 있다. 아람어와 아람문자는 페르시아의 아카이메네스왕조에서 일반적으로 사용되었던 언어이다. 아프가니스탄의 칸다하르 및 간다라의 탁샤실라, 란파카에 남아있는 법칙문은 이 아람어로 인각되어 있으며, 특히 후자의 두 곳에는 그리스어 비문이 함께 놓여졌다. 이들은 이 지방에 페르시아계, 그리스계의 사람들이 많이 살고 있었음을 전해주고 있다.

그 외의 지방에 있는 아쇼카비문은 모두 브라흐미 Brāhmī문자로 쓰여져 있는데, 이 언어도 각지의 언어습관을 따르고 있어 서로간에 상당한 차이가 있다. 어디까지나 그 지방 사람들이 사용하고 있는 언어로 새겨서 그들이 읽기 쉽도록 하려는 배려에 따른 것이지만, 이 사실은 동시에 아리야어가 토착화되어 점차 분기되어 가는 한 단계를 보여주고 있는 것이기도 하다.

시대가 다시 내려오면, 각지의 아리야어는 지방적 차이가 더욱 심화되어 마가다지방의 마가디어, 코살라지방의 아르다 마가디어, 마하라슈트라지방의 마하라슈트리어, 슈라세나지방의 샤우라세니어 등, 지방어적인 문장어가 확립되고 적지 않은 문학, 종교작품이 쓰여지게 되었다. 자이나교의 성전은 주로 아르다 마가디어로 쓰여져 있다.

이러한 지방어를 '산스크리트(세련된)어'에 대해 '프라크리트 Prākrit(토속의)어'라고 한다. 아쇼카비문의 언어도 프라크리트어이다. 하나의 문장어가 고정될 때에는 그 기초가 되었던 일상적 회화어는 더욱 변화·진전되는 것이 보통이어서, 각지의 지방어는 10세기 경에는 이미 방언의 차이라기보다는 언어의 차이라고 할 정도로 큰 차이를 보이게 되었다. 이러한 각지의 언어가 현대의 아리야어 계통의 여러 언어의 원형으로서, 현재의 복잡한 언어상황을 야기하였다. 현대의 인도어는 이러한 원형에서 더욱 분기한 것이다. 예를 들어 동인도의 벵갈어, 오릿사지방의 오릿사어, 아삼지방의 아사미즈어 등이 분리된 것은 이 시대의 일이었다. 따라서 현대의 언어상황을 그대로 석존의 시대로 소급시킬 수는 없다. 그러면 그 실상은 어떠하였는가? 이는 자료의 절대적 부족으로 충분히 알 수 없다. 아마도 석존은 당시의 마가다 및 코살라지방의 언어를 사용하였던 것으로 생각된다. 당시의 교단은 동인도 출신의 사람들이 대부분으로서, 방언의 차이는 있었어도 기본적으로는 동일한 언어를 사용하여 서로간의 이해에 불편은 없었을 것이다.

석존의 시대 또는 그 후의 시대에 방언의 차이가 있었음은 확실하다. 이에 대해서는 다음의 일화가 불전에 기록되어 있다. 세련된 언어를 사용하는 두 사람의 바라문 출신 제자가 있었다. 그들은 석존에게 교단에는 출신이 다른 많은 제자들이 있는데, 석존의 말씀을 자신들의 방언으로 반복함으로써 더럽히고 있으니 당연히 석존의 말씀을 베다어로 통일해 달라고 호소하였다. 석존은 이 호소를 배척하였다. 석존은 그렇게 해서는 사람들을 불교로 귀의시킬 수 없음을 지적하고, 각지의 사람들이 자신의 방언으로 석존의 말씀을 공부하도록 하였다고 한다.

이 일화는 불교교단이 분열된 이후 각 부파가 따로 지니고 있던 율전에 공통으로 실려있으므로, 부파분열 이전의 전승으로서 상당히 오래된 것으로 보인다.
 석존은 각지의 민중이 알 수 있는 언어로 법을 설하였으며, 산스크리트라는 지식인언어의 사용을 금지한 사실은 후대의 불교 발전, 특히 경전의 편찬에 큰 영향을 끼치고 있다.

구전과 독송

 석존 재세 당시에도 그러하지만 그 후 약 200~300년 간, 교법이 기록되는 일이 없었다. 모두 기억에 의존하였던 것이다. 석존 당시에도 문자가 있었던 것으로 생각되지만, 인도에서는 옛날이나 지금이나 종교인의 성스러운 말을 문자로 기록해서는 안 된다는 관념이 있다. 그러면 언제부터 교법이 문자로 기록되기 시작하였는가? 이에 대해서는 기원전 1세기 중엽, 세일론의 밧타가마니왕의 시대에 '정법(正法)이 오래 머무름'을 위해 필사되었다는 기록이 있다. 인도 본토를 포함하여 대개 이 시기부터 교법이 문자로 기록되기 시작하였던 것으로 보인다.
 인도인이 성스러운 말, 교법을 기억하는 능력은 경탄스러울 정도이지만, 기억에 편리하게끔 교법을 정리하는 노력을 기울인 것도 사실이다. 석존의 가르침도 기본적인 것은 정형구로 되어 있으며, 반복되는 구절이 많다는 면도 있다. 또한편 고대의 경전에 게송의 형태를 취한 것이 많은 것도 구전 즉 기억에 의한 교법 전승과 관계가 없지는 않다.
 불교가 인도 각지로 발전해 가고 각지의 언어로 기록되었을 때, 동인도의 옛 마가디어 방언의 영향력이 남아있는 것은 당연한 일이다. 예를 들어 게송의 경우, 음절의 수와 모음의 장단을 변경시키면, 운율이 붕괴되어 버린다. 낭송할 때에도 전혀 가락이 살아나오지 않는다. 운율의 형태와 종류는 여러 가지이지만, 시를 완전히 다른 지방의 언어관습으로 모사하는 일은 극히 곤란한 일이다.
 팔리어에 마가다방언의 흔적이 남아있는 것도 이러한 이유에서이다. 팔리어는 현대의 남방상좌부의 불교교단에 전승된 방대한 경·율·론을 기록한 언어이다. 종래 팔리어는 석존이 사용했던 언어, 또는 적어도 마가다지방의 언어라고 하는 등 그 기원에 대해서는 여러 가지의 논의가 있었다. 석존이 사용했던 언어라고 함으로써 '부처님이 쓰신 말'로서 권위가 높아지게 되기도 할 것이다.

그런 가운데 옛 마가디어라고 하는 설이 상당히 유력하였다. 그 증거 가운데 하나로 마가다방언의 요소가 지적되었다. 그러나 팔리어는 언어적으로는 서인도의 방언에 가장 가깝다. 또한 서인도지방에 위치한 아쇼카왕 법칙문의 언어습관과도 유사하다. 현재 팔리어는 서인도교단에서 서인도의 방언을 기초로 성립된 '성전어(聖典語)'임이 확실한 것으로 간주되고 있다.

언제 이 언어가 성립되었는가는 명확하지 않다. 그러나 이 지방 출신의 마힌다가 세일론에 포교하였을 때, 팔리어로 교법을 전했음이 틀림없으므로 대개 기원전 3세기 경에는 성립되어 있었을 것이다.

한편 조금 후대인 기원전 2세기 말에서 기원전 1세기에 이르는 시기에, 설일체유부를 중심으로 하는 교단이 카슈미르, 간다라 지방에 정착하였다. 그들은 비교적 초기부터 산스크리트로 교법을 전하고, 후에는 이 언어로 경전을 편찬하였다.

그리고 간다라 지방에는 기원전 3세기 경부터 간다라어 Gāndhārī가 사용되었으며, 이 언어로 기록된 《다르마파다》(法句經)가 남아 있다. 중앙아시아의 타클라마칸사막 남도(南道)에는 기원전 1세기 경부터 샨샨(중국 역사서의 鄯善)왕국이 있었으며, 2세기 후반에는 서북인도를 중심으로 위세를 떨쳤던 쿠샤나왕조에 복속되었다. 그들은 서북인도로부터 카로슈티문자와 간다라어를 수입하여 공용어로 사용하였다. 행정상의 몇 비문도 남아있는데, 간다라어 《다르마파다》 필사본이 이 왕국의 도시인 코탄에서 발견되었다.

더욱 후대의 일이지만, 유명한 역경승 구마라집이 대승경전인 《묘법연화경》을 한역하였을 때, 그 원본은 그의 고향이 있는 중앙아시아의 쿠차의 언어로 쓰여져 있었다고 한다. 각지의 방언으로 가르침을 설했다는 석존의 교훈은 이와 같이 상당히 후대에 이르기까지 생생하게 지켜졌던 것이다.

후세의 티베트의 한 역사서는 불교의 중요한 네 부파가 번영했던 장소와 성전에 사용된 언어를 기록하고 있다. 이에 의하면 유부(有部)는 카슈미르, 간다라에서 번영하였으며 언어는 산스크리트를 사용하였고, 상좌부(上座部)는 웃자인을 중심으로 하는 서인도에서 파이샤치어(프라크리트의 일종으로 팔리어와 상당히 가깝다)로 성전을 독송하였다. 대중부(大衆部)는 마하라슈트라 지방에서 마하라슈트리어를, 정량부(正量部)는 슈라세나 지방에서 샤우라세니어를 사용하였다고 한다. 훨씬 후대인 14세기의 자료이기는 하지만, 당시의 언어상황의 일단을 전하는 것으로 간주해야 할 것이다.

불교의 수행자들은 이와 같이 자신의 언어로 교법을 기억하고 독송하였다. 불전은 비구도 재가신자도 아침·저녁으로 경전을 독송하였음을 전하고 있다. 현재의 남방불교에서는 젊은 신참의 비구·사문들이 필요한경·율을 필사로써 기억하고 있는 모습을 쉽게 볼 수 있다. 물론 책을 보면서 기억하는 것이지만, 고대에는 선배나 낭송하는 것을 귀로 듣고 기억하였을 것이다.

교법 및 율의 독송은 교리를 학습하고 올바른 생활방법을 몸에 배게 하는 데에 필요한 것이지만, 그 외에도 여러 가지의 기능이 있다. 우선 교리 및 율의 해석 등에 관한 토론에서 원문을 기억하는 일이 필요하였다. 현대의 남방불교에서도 또는 인도의 각 종파에서도 '어떠한 경에 이르기를' 또는 '어느 스승의 말씀에'라고 하여 원문을 들어 자기의 논거로 삼으면서 토론을 진행하는 것이 보통이다. 고대에 있어서도 사정은 마찬가지였을 것이다. 재가신자에 설법하는 경우에도 경전을 기억하고 있지 않으면 안 된다. 나아가 경전독송은 점차 낭송하는 것 그 자체에 종교적 공덕이 있는 것으로 생각되었다. 이는 후대의 경전서사(書寫)에 공덕이 있다고 하는 관념과 연결된다. 경전을 독송하면 성스러운 힘이 몸에 붙는다는 생각은 특히 '파리타 paritta'(防護呪)에 현저하다. 구체적인 내용에 대해서는 다음에 설명하겠지만, 파리타는 비교적 소박한 불교 주술의 경전이다. 비구들은 자신을 위하여 이를 외웠다. 아마도 재가신자를 위해서도 이를 외워 무사함을 기원하고 축복을 주었을 것이다. 결국 경전독송은 본래의 목적 이외에 의례화되었던 것이다. 율에 대해서도 같이 적용된다. 포살·자자(布薩·自恣)를 수행할 때, 율의 조항 prātimokṣa을 낭송함은 앞에서 말한대로 인데, 이는 계체(戒體)의 청정성을 유지하는 실질적 효과뿐만 아니라 동시에 의례적 의미도 가졌던 것이다.

경전의 편찬

45년간에 걸쳐 이루어진 석존의 교법, 즉 '경'과 '율'은 적지 않다. 대대의 지도자들이 설한 가르침도 '불설(佛說)'로 가탁되어 점차 증가되어 갔다. 한편 교법에 대한 설명도 증가되어 갔으며, 율에 대해서도 그 내용이나, 율이 제정된 인연을 설명할 필요가 있었다. 이에 따라 경과 율이 정리·편찬될 뿐만 아니라 기억하기 편리하도록 만들려는 시도가 나타났다. 어쩌면 이것은 자연스러운 일이라고 할 수 있다.

경전편찬의 역사는 극히 복잡하여 그 대체적인 일밖에 알 수 없으나, 최초의

पुनरपरं महामतिराह—ननु भगवन् अभिलापसद्भावात्सन्ति सर्व-भावाः । यदि पुनर्भगवन् भावा न स्युः, अभिलापो न प्रवर्तते । तस्मादभिलापसद्भावाद्भगवन् सन्ति सर्वभावाः । भगवानाह असतामपि महामते भावानामभिलापः क्रियते । यदुत शशविषाणकूर्मरोमवन्ध्यापुत्रा-दीनां लोकेऽदृष्टोऽभिलापः । ते च महामते न भावा नाभावाः, अभिलप्यन्ते च । तयदवोचस्त्वं महामते—अभिलापसद्भावात्सन्ति सर्वभावा इति, स हि वादः प्रहीणः । न च महामते सर्वबुद्धक्षेत्रेषु प्रसिद्धोऽभिलापः । अभिलापो महामते कृतकः । कचिन्महामते बुद्धक्षेत्रेऽनिमिषप्रेक्षया धर्मो देश्यते, कचिद्धिङ्गितैः, कचिद्भ्रूविक्षेपेण, कचिन्नेत्रसंचारेण, कचिदास्येन, कचिद्वि-जृम्भितेन, कचिदुत्कासनशब्देन, कचिक्षेत्रस्मृत्या, कचित्स्पन्दितेन ।

산스크리트 경전

형식, 내용에 따라 분류하면 몇 가지의 문학형식으로 정리될 수 있다. 예를 들면 교법을 간결히 정리한 산문, 즉 법(法)의 강요(綱要)는 숫타 Sutta(한역의 修多羅, 經)로 불린다. 율의 조항인 프라티목샤도 숫타로 불린다. 산문의 교법을 다시 게송의 형태로 정리한 것은 게야 Geyya(祇夜, 重頌), 문답체로 교법이 설해진 것은 베야카라나 Veyyākaraṇa(經分別)이다. 그리고 기본적인 교법을 간결히 노래한 것이 가타 Gāthā(伽陀), 석존이 기뻐하거나 걱정을 한 감흥을 그대로 표현한 것이 우다나 Udāna이다.

석존이 교법을 설하고 '이상과 같이'라고 한 것은 이티붓타카 Iti-vuttaka(如是語)이다. 자타카 Jātaka(本生譚)는 불타가 전세에 보살로서 행한 훌륭한 일을 설명하는 과거세 이야기이다. 그리고 교리적인 사항을 석존이나 장로에게 묻고 이에 답하는 형식으로 되어 있는 교리문답의 내용이 베달라 Vedalla, 불타가 보여준 희유한 행위에 관한 기술을 아부다담마 A-bbhudadhamma(未曾有經)라고 한다.

위의 9부류를 옛부터 '9분경(九分經)'으로 불러왔지만, 이는 어디까지나 문학적 형식으로, 그러한 명칭의 경전이 독립되어 존재하였던 것은 아니다. 이러한 형식은 현존하는 경과 율전 가운데 산재되어 있다.

또한 위의 분류에서 어떤 것은 형식에, 어떤 것은 내용에 따른 것으로 체계적이지 않다. 따라서 오랜 세월을 거치면서 서로 혼합되거나 새로운 의미·내용이 부가된 것도 있어 경전의 분류, 편찬의 역사는 매우 복잡하다.

후대에 이르러 율장(律藏)이 완성됨에 율이 제정된 상황, 즉 그 인연을 설명하는 설화가 작성되어 니다나 Nidāna(因緣)라는 쟝르로 확정되었으며, 주로 불제자의 과거와 현재세 이야기를 중심으로 인과응보의 이치를 설명하는 일군의 아바다나 Avadāna(譬喩) 문헌도 성립되었다. 아비다르마(論藏)가 성립된 이후로 보이자만, 이를 우파데사 Upadesa(論義)로 불리는 일도 있었다. 위의 3종과 앞의 9종을 더하여 '12분경(十二分經)'이라고 한다. 이와 같이 9분경으로의 정리가 12분경 보다 앞서는 것으로 보이는데, 이는 당시 불교도의 경전편찬 경위의 일단을 보여주고 있다.

삼장(三藏)의 성립

그러나 불교도는 점차 다른 종류의 편찬작업을 시도하였다. 여기에서 성립된 것이 보통 5부(部) 4아함(阿含)으로 불리는 것으로, 기본적으로 현대의 경전은 이러한 분류법에 따른 것이다. 《디가 니카야 Dīgha-nikāya》(長部경전)는 34개의 긴 경전을 집성한 것이다. 한역으로는 《장아함경》으로 전승되고 있으나, 여기에는 30경 밖에 없다. 아함은 아가마 Āgama의 음사로 '전승'을 뜻하는 말이다. 팔리어 삼장에서는 아가마라는 말도 사용되지만, 보통 모음을 의미하는 니카야라는 말이 사용되고 있다.

중간 정도 길이의 경전을 모은 것이 《마지마 니카야 Majjhima-nikāya》(중부경전, 152경을 포함)이며, 이에 상응하는 한역은 《중아함경》(222경)이다. 그리고 내용적으로 동일한 테마나 서로 관련된 항목의 경을 모은 것이 《상유타 니카야 Saṃyutta-nikāya》(相應部경전), 한역 《잡아함경》으로서, 《앙구타라 니카야 Aṅguttara-nikāya》(增支部경전, 《增一아함경》)와는 다른 기준으로 편찬되었다. 불교에는 옛부터 숫자가 들어 있는 술어가 많다. 일승, 삼독, 사제, 팔정도(一乘, 三毒, 四諦, 八正道) 등이 그러하며 이를 법수(法數)라고 한다. 후자의 경전은 법수를 테마로 한 경전을 그 수에 따라 1부터 차례로 증가되어 가는 순서로 편집한 것이다. 이는 학습의 효과를 고려하여 그렇게 편집된 것이다.

이상을 4부, 4아함이라고 하는데, 남방상좌부의 팔리어 전승을 비롯한 몇몇 부파에서는 제5의 니카야가 전해 내려오고 있다. 《쿠다카 니카야 Khuddaka-nikāya》(小部경전)가 그것으로, 여기에는 유명한 《담마파다 Dhammapada》(法句

經)와 《숫타니파타 Suttanipāta》(經集) 등이 포함되어 있다. 기원전 2세기의 바르후트 명문(銘文)에 "5니카야에 정통했다."라는 말이 나오므로, 5니카야가 이 시대에는 성립되어 있었을 것으로 보인다.

불교는 아쇼카왕 시대에 이미 분파, 세분화되어 있었다. 그런데 이 부파들은 각각 이와 같이 편찬된 일군의 경전들, 즉 경장을 소유하고 있었다. 그러나 이들 모두가 현존하지는 않는다. 거의 완전하게 전해지고 있는 것은 팔리어로 된 상좌부의 경장 뿐으로, 이것이 앞서 지적한 5니카야이다. 다른 부파의 것은 부분적으로 남아 있을 뿐이나, 한역으로 잔존하는 부분을 수집하면 4아함은 4니카야에 상당한다. 그러나 4아함은 결코 한 부파의 경전이 아니다. 예를 들어 《장아함경》은 법장부(法藏部) 소속의 경전으로 보이며, 《중아함경》은 유부 또는 이에 가까운 부파의 문헌이다. 《잡아함경》도 유부 소속이며, 《증일아함경》은 대중부 계통의 경전이라고 한다. 팔리어 《쿠다카 니카야》는 그 중의 일부인 《담마파다》와 같이 한역의 단독경전(《법구경》)에 대응하는 것을 포함하기도 하며, 한역 경전 여러 곳에 동일한 게송이 산재되어 있는 것도 있다.

각 부파는 기본적으로 9분경과 4니카야의 분류에 따르고 있으나, 시대의 변화와 함께 각각 이를 개조·가필하고 있다. 그러므로 예를 들어 상좌부의 팔리어 《장부경전》과 법장부의 한역 《장아함경》의 내용 및 이에 포함되어 있는 경전의 수가 일치하지 않는다. 이는 그 전승부파가 다르기 때문이다.

율도 각 부파에서 독자적으로 전승되었다. 율장은 기본적으로 프라티목샤와 그 해설로 이루어져 있으나, 부파에 따라서는 율 제정의 인연담을 풍부하게 부가시키고 있다. 이 부분은 불교 설화문학의 자료이기도 하다. 단편적인 것을 제외하면, 남방상좌부는 율을 거의 완전히 전승시키고 있다. 법장부, 화지부(化地部), 유부, 근본유부, 대중부의 율은 한역으로 각각 《사분율》 《오분율》 《십송율》 《근본설일체유부비나야》 《마하승기율》(四分律, 五分律, 十誦律, 根本說一切有部毘奈耶, 摩訶僧祇律)로 전해지고 있다. 각 율전을 비교해 보면, 서로 공통된 부분도 있지만 질적으로 양적으로 다른 부분도 많다. 이러한 부분은 각 부파에서 독자적으로 개변·증광시킨 것으로 생각된다.

각 부파는 또한 철학적 논의(abhidharma)를 발전시켰다. 아비다르마는 '다르마에 대한 것'이라는 뜻으로 다르마(교법)의 철학적 해석을 의미한다.

이에 따라 경·율·론의 삼장이 성립되어 소위 '부파불교' 시대의 현란한 사상활동이 전개되었다. 비구들은 안정된 승원생활을 하며 경·율·론을 발전시켰던 것이다. 그러나 교리체계의 연구에 몰두했던 것은 교단 전체로서의 생생한 신앙생활의 정감을 위축시키고, 재가신자와의 관계를 약화시켜 점차 대승불교운동을 흥기케 하는 하나의 원인이 되기에 이르렀다.

불전(佛傳)과 찬불(讚佛)문학

불교의 전승에서는 성경의 〈사도전(使徒傳)〉과 같이 석존과 고승들의 전기를 기록한 사실이 적어도 초기에는 없었다. 예컨대 《장부경전》에 속해 있는 《마하파리닛바나숫탄타 Mahāparinibbāna-suttanta》(한역으로는 《大般涅槃經》)라는 경전은 80세의 석존이 마지막 여행을 하면서부터 쿠시나가라에서 입멸하기까지의 경위를 아름답게 묘사하고 있다. 여기에는 죽음 직전의 상황, 사후의 장의, 사리분골(舍利分骨)이 기술되어 있으며, 이는 불전문학의 백미라고 할 수 있다. 그러나 이는 한 사람의 작가가 기록한 것이 아니다. 여러 단편적인 전승을 한데 모아 편찬한 것이다. 또한 '불전'을 의식하여 이와 같이 집록한 것도 아닐 것이다. 오히려 '임의사명(任意捨命, 의지에 따라 생명을 버림)'이라는 불신관을 바탕으로 중요한 교리를 제시하는 것이 목적이었던 것으로 생각된다. 불교에서 붓다라는 말은 초기의 '깨달은 사람'이라는 뜻 외에 점차 법신불, 보신불, 응신불로 구체화되어 갔다(제3장 4 참조). 불신관이 발전되어 가는 도중에 소박한 의문이 제기되었다. 그렇게 위대한 스승이 왜 80세로 돌아가시지 않으면 안되었는가 하는 것이다. 이에 대한 답변은 '임의사명' 즉 원래 영원한 생명을 지녔지만, 교화의 방편으로 스스로 생명을 버렸다는 것이다.

결국 '불전'으로 의식된 것이 아니다. 다만 어떠한 목적을 위해 붓다의 언행록을 모았고, 이것이 점차 불전문학으로 형성되어 갔던 것으로 생각된다. 의식적인 불전으로 최초의 것은 2세기의 인물 아슈바고샤 Aśvaghoṣa(馬鳴)의 《붓다차리타 Buddhacarita》(한역으로는 《佛所行讚》)이다. 이 작품은 한 사람의 작가가 산스크리트어로 쓴 것으로 문학성도 매우 높다.

아슈바고샤는 쿠샤나왕조의 카니쉬카왕의 비호를 받았다고 한다. 《붓다차리타》 외에 《사운다라난다 카비야 Saundarananda-kāvya》라는 작품도 있다. 이는 난다라는 아름다운 청년이 애욕에 탐닉되어 있던 생활에서 점차 종교성을 깨달아 출가·득도하게 된 경위를 미려한 산스크리트어로 묘사한 것이다. 이 두 작품은 모두 인도의 산스크리트 문학사에서 중요한 위치를 차지하고 있다. 힌두교적 세계관을 절대적인 기조로 하는 산스크리트문학의 최초기를 장식하는 것이 불교도의 작품이라는 점은 역사의 아이러니라고 할 수 있다. 동시에 이는 당시의 사회에서 차지하던 불교의 위치가 컸음을 보여주는 것이기도 하다.

아슈바고샤의 시대에는 이미 대승불교가 성립되어 있었다. 그러나 부파불교──소위 소승불교──계의 활동도 융성하였다. 특히 아비다르마가 발전되었다. 경과 율의 편찬, 해설 활동 등에서는 두드러진 움직임은 없었으나 전통을 묵수하는 분위기에서 교단은 안정기에 들어갔다.

그러나 이 시대의 불교도 가운데에는 소승·대승의 교리적 차이에도 불구하고 오직 석존에 귀의하고 석존을 찬탄하는 풍조가 있었으며, 이것이 일련의 찬불문학 작품들을 낳았던 것으로 생각된다. 그 대표적인 인물이 마트리체타 Mātṛceṭa로서, 그는 《차투후 샤타카 Catuḥśataka》(四百讚), 《바르나르하바르나 스토트라 Varṇarhavarṇa-stotra》 등을 저술하였다. 스토트라는 '찬가'의 의미이다. 그의 작품은 소승불교의 사상이 기조를 이루고 있으나, 불신관 및 수행법에는 대승의 영향도 있다. 그는 유부에 기반을 둔 인물이었던 것으로 생각되는데, 순수하고 간결한 산스크리트어로 작품을 썼다. 이 시대의 불교교단이 점차 산스크리트어를 널리 사용하기 시작하였음을 보여 주는 것이다. 이러한 찬불문학이 상당히 성행하였음은 찬불승(讚佛乘)이라고 할 수 있을 정도의 석존에 대한 찬탄·예배의 신앙이 있었음을 보여준다. 또한 이것이 불상조각의 성립, 발전의 한 배경을 이루고 있다.

5 암굴사원과 스투파신앙

마우리야왕조 이후의 상황과 동인도의 불교

아쇼카왕의 사후 마우리야왕조는 급격히 쇠퇴하였다. 그렇게도 강대했던 통일 대제국도 각지에서 신흥세력이 출현하였으며, 급기야 마우리야왕조는 기원전 180년 경 장군 푸샤미트라 슝가에 의해 멸망하였다.

이보다 앞서 서북인도 바깥 시리아의 세레우코스왕조는 마우리야왕가와 우호관계를 맺고 있었는데, 기원전 3세기 중엽 이 왕조로부터 파르티아와 박트리아가 독립하였다. 파르티아는 이란 세력이며, 박트리아는 세레우코스왕가와 마찬가지로 그리스인의 식민국가였다. 박트리아는 중국 자료의 대하(大夏)로서, 세레우코스왕조의 태수 디오도토스가 독립하여 세운 나라이다. 그 제4대인 데메트리오스왕이 기원전 189년에 즉위하자 곧 인도를 침입하여 판잡과 서북인도의 상당한 지역을 지배하였다. 그러나 이 왕국도 신흥세력인 사카족의 압박을 받게 되었다.

사카족은 중국 자료의 색족(塞族)으로, 스키타이인이라고 한다. 그들은 북아시아의 월씨족(月氏族)에 의해 고향인 아랄해(海) 연안지방에서 쫓겨나 남하하였으며, 기원전 2세기 후반에는 그리스인으로부터 박트리아를 빼앗았다. 그리고 마우에스왕은 기원전 80년 경 간다라로 진출, 크샤트라파(태수)를 각지에 둠으로써 인도에 세력을 뻗쳤다. 그 중의 한 크샤트라파는 마투라까지 진출하고 있다. 한편 사카족의 별동부대는 인도의 서해안 일대로 진출하여 옛 아쇼카왕의 영토인 남인도를 지배하던 사타바하나왕가와 접촉하였다.

사카족은 문화적으로 그다지 뚜렷한 개성을 갖지 못하였다. 이란, 아프가니스탄, 그리고 인도로 이주하는 동안 그리스문화의 영향을 받았으며, 인도에서는 점차 인도화되었다. 기원전 2세기의 힌두 측 자료에는 그들이 사성 가운데 슈드라이지만 불가촉성이 강하지 않아 같이 식사해도 괜찮았다고 한다. 상술에 뛰어나며, 특히 서인도의 해안에 정착한 집단은 로마제국과의 무역으로 거부가

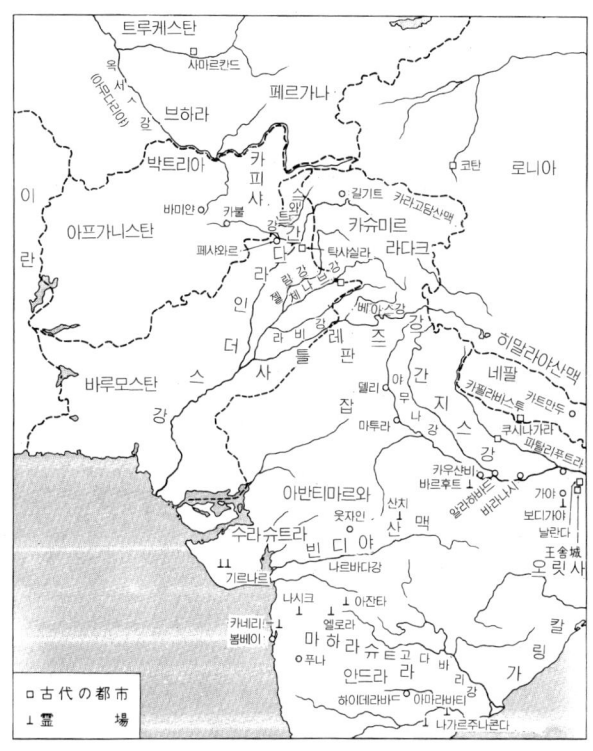

마우리아 왕조이후 불교발전도

되었다. 힌두 자료가 사카족에 대하여 한편으로 경의를 표하고 있는 것도 그들이 사회적으로 무시할 수 없는 힘을 갖고 있었기 때문일 것이다. 그러나 바라문 측의 바르나이론으로 말하면, 그들은 어디까지나 슈드라이다. 인도에 정착했어도 사회계급의 면에서 특정한 지위를 부여하기는 어려웠을 것이다. 그들이 카스트를 부정하면서, 당시 사회적 영향력을 갖고 있던 불교에 기울게 된 것은 당연한 일이다. 바로 그들이 인도 서해안의 불교 굴원사원의 유치에 적극적으로 가담하였다.

그들이 이 지방에서 접촉했던 사타바하나왕조는 대개 기원전 2세기 경 급격히 세력이 신장되었다. 이 왕조는 인도 서해안 즉 데칸 서부의 프라디슈타나(현재의 파이탄)에 도읍하고 서방무역에 의한 축재를 배경으로 불교 굴원의 완비에 힘을 쏟았다.

한편 동인도의 칼링가 지방(오릿사)은 마우리야왕조 말기 이후, 대개 기원전 2세기 경에 체디왕조로 독립하였다. 제3대 카라베라왕은 기원전 1세기의 인물로서 어떤 의미에서는 또 한 명이 아쇼카왕적인 정치를 하였다. 그에 대한 상당한 장문의 송덕비문이 남아 있는데, 이곳에서 그는 '왕권을 신장한 사람' '법왕'으로 불리고 있다. 강력한 군대를 가지고 남인도 사타바하나왕조의 샤타카르니왕과 전투를 벌였다. 마가다 지방에도 진출하여 라자그리하를 손에 넣고, 멀리 네팔까지 또는 마투라까지 원정하였다. 거리의 보수, 저수지와 유원지, 수도시설의 정비, 조세의 경감 등 내정에 크게 힘을 쏟았으므로 '법왕'으로 불렸으나, 그는 자이나교도였다. 왕비도 자이나교도로서 우다야기리에 자이나승을 위한 굴원을 기증했다. 왕은 '비구의 왕'이라고 하는데, 이 경우 비구는 불교승이 아니라 주로 자이나 수행자를 말한다. 다만 인도의 다른 왕이 그러하듯, 불교를 비롯한 각 종교를 외호하였다. 동일하게 법왕이라고 하지만, 불교도인 아쇼카왕은 무력행사를 극력 배제함에 반해 카라베라왕은 크게 무력을 떨쳤다.

슝가왕조는 마우리야왕조를 넘어뜨렸으나, 마우리야의 수도였던 파탈리푸트라를 그대로 수도로 하였다. 시조이면서 마우리야왕조를 넘어뜨린 푸샤미트라는 기원전 180~144년 경 간지스 유역을 중심으로 지배하였다. 서인도의 웃자인, 비디샤(현재의 비르하) 지방도 지배하였는데, 그는 영내 각지에 번후(藩侯)를 배치하였다. 비디샤 지방에는 슝가왕조에 속하면서도 어느 정도 독립된 작은 왕조가 있어 산치, 바르후트의 불탑을 정비하는 데에 원조를 하였다. 그 외에 판찰라, 코살라 등에도 작은 왕가가 번후로서 존재하였음이 알려져 있다. 푸샤미트라왕 계통의 슝가왕들은 모두 힌두교도이다. 이 왕조는 약 10대가 계속되었으나, 점차 마가다를 중심으로 하는 지방세력으로 쇠퇴하였으며, 기원전 68년 경에는 대신 바수데바에게 멸망되어 칸바왕조로 대치되었다. 45년 정도 지속된 이 왕가도 힌두교도로서 바라문교의 의례를 부활하였다.

이와 같이 마우리야왕조 이후의 인도사는 대개 서북인도의 불교를 신봉하였던 그리스세력과 사카세력, 남인도의 힌두교도이면서도 불교를 외호하였던 사타바하나왕조, 힌두의 슝가왕조와 칸바왕조, 그리고 칼링가를 지배했던 자이나교의 체디왕조의 네 세력이 축이 되어 전개되었다.

그러나 불교는 이러한 정치적 정세의 변화에 좌우되는 일은 없었다. 석존이 성도한 곳인 동인도의 보드가야는 아쇼카왕이 건립했다고 하는 금강보좌와 석존이 그 아래에서 깨달음을 얻었다고 하는 보리수를 중심으로 순례지가 되었다. 기원전 1세기에 세일론의 비구가 순례했다는 기록도 있다. 사르나트에도 아쇼카왕이 건립하고 후에 굽타왕조 시대에 확장된 다르마 라지카탑과 다메크탑이 현존한다. 더욱 동쪽의 타므라리프티(현재의 타무르크)는 버마, 말레이지아 등 동남아시아와의 교역으로 번영한 항구인데, 이곳에서는 브라흐미문자로 비구의 이름을 새긴 슝가 시대의 테라코타 인장과 자타카의 한 장면을 기록한 테라코타 판이 출토되었다. 서력 기원 전후의 문헌자료에서는 이 시대에 동인도의 불교가 현저하게 발전되었다는 증거를 찾기 어려우나, 불교가 존속하였음은 의심의 여지가 없다.

물론 불교가 새롭게 전개된 곳은 서인도에서 남인도에 걸친 지역이다. 이곳에서는 탑과 굴원이 융성하였다. 또한 마투라에서 서북인도에 이르는 지역은 유부계통의 부파가 신장되고 그 교학이 정비되었다. 특히 이 지역에서의 불상의 출현은 큰 의미를 갖는다.

서인도의 상황과 스투파신앙

간지스강과 잠나강의 합류 지점 부근의 카우샨비(현재의 코샴 마을 근처에 유적이 있다)에서 웃자인으로 가는 길은 옛부터 중인도와 서인도를 잇는 간선도로였다. 이 길의 연해에 바르후트, 비디샤(현재의 비르하)가 있다.

바르후트에는 불사리(佛舍利) 또는 제자의 사리가 봉안되어 있는 벽돌의 스투파가 있었다. 그 둘레에는 난순(欄楯)으로 불리는 울타리가 남아 있는데, 사방에 토라나 toraṇa(塔門)가 있다. 대개 아쇼카왕 시대로부터 기원전 2세기 사이의 건축물로 보이는데, 그 기둥 부분에는 불전도(佛傳圖)와 자타카 이야기가 조각되어 있다. 거의 실제 사람의 크기로 나체에 가까운 아름다운 야크쉬니 yakṣinī(夜叉女) 상도 있다.

바르후트에서 빈디야산맥 북쪽을 따라 서남방으로 가면 비디샤에 이른다. 현재 이 지방에는 다섯 군데에 스투파가 남아 있다. 비디샤에서 동남방으로 약 18킬로미터에 있는 안데르, 남동남으로 약 10킬로미터되는 곳의 보지푸르, 서방

산치 탑

10킬로미터 지점의 사트다라, 서남방 9킬로미터 지점의 산치, 그리고 여기에서 다시 서남방으로 약 10킬로미터 지점의 소나리가 그곳이다. 모두 크고 작은 여러 개의 스투파가 있으며, 오래된 부분은 아쇼카왕의 시대에까지 소급된다. 불사리 및 이 지방의 고승의 유골이 사리용기에 봉납되어 있으며, 각문(刻文)이 있어 고승들의 이름도 알 수 있다.

  이들 비디샤의 불탑군(佛塔群) 가운데 가장 완전한 형태로 남아 있는 것이 산치이다. 3탑이 현존하며, 제1탑이 가장 크다. 복발형(覆鉢型, 발우를 엎어 놓은 모양의 덮개)의 탑 본체의 직경은 36미터 정도, 높이는 16.5미터로서 정상에 산개(傘蓋, 우산 모양의 덮개)를 세울 수 있는 장치가 평평한 곳에 마련되어 있다. 아쇼카왕 시대에 건립되었을 때의 핵심 부분은 이것의 반 정도의 크기였던 것으로 보이나, 마우리야 후기, 슝가기 그리고 기원후 1세기 초엽의 사타바하나왕조 시기에 이르는 기간에 확대되고 난순도 만들어졌다. 난순에는 사방에 문이 있는데, 이것도 일시에 만들어진 것이 아니라, 남·북·동·서문의 순서로 만들어졌다. 탑문을 들어서면 복발 중앙을 돌 수 있는 길이 있다. 또한 탑문 둘의 기둥과 셋의 횡량(橫梁)에는 빈틈없이 부조의 조각이 있다. 그 내용은 불전도 및 자타카 이야기이지만, 갖가지 문양도 적지 않다.

  탑문의 기둥과 제일 낮은 횡량이 교차하는 아랫 부분에는 완전 나체에 가까운 야크쉬니상이 배치되어 있다. 야크쉬니는 문양 사이에도 조각되어 있어 당시의 사람들에게 사랑받는 존재였음을 알 수 있다. 야크샤, 야크쉬니는 당시의 민간신앙에서 인기있는 풍요의 신들이었다. 바르후트, 산치 뿐만 아니라, 남인도의 탑, 굴원의 조각에도 그 모습이 나타나 있는 점에서 이들이 수호신적인 의미도 갖지 않았나 생각된다. 어쨌든 이는 당시의 민간신앙과 연결되어 있던 불교의 한 단면을 보여주고 있다. 산치 제1탑에는 약 670명의 봉납자 이름이 새겨져 있다.

제2탑은 가장 오래된 탑으로 탑문이 없다. 복발의 탑 본체는 아쇼카왕의 시대, 난순 및 그 외의 것은 슝가시대에 완성되었다. 난순에는 원형, 반원형의 부조가 있으며, 이 탑에서 마지마, 목갈리풋타 외에 모두 8명의 고승의 유골이 발견되었다. 또한 116명의 기진자 이름이 새겨져 있다.

제3탑은 1세기의 작품으로 복발의 크기가 작고 남쪽 탑문만이 남아 있다. 석존의 제자로 유명한 사리불, 목건련의 유골이 여기에서 출토되었다.

스투파숭배의 의미

산치의 언덕에는 이들 탑에 딸려있는 승원과 탑원의 유적이 있다. 그러나 스투파숭배는 본래 출가비구와는 관계가 없다. 《대반열반경》에는 석존은 자신의 죽음 후 유골의 숭배·예배는 재가신자에게 맡기고, 비구들은 이에 관계하지 말 것을 가르치고 있다. 이 경전은 석존의 최후의 상황을 잘 전하고 있지만, 석존이 그렇게 말하였다는 것은 후세의 작가가 그와 같이 기술한 것으로, 즉 당시의 불교교단의 사리숭배에 관한 생각을 잘 기술하고 있는 것으로 볼 수도 있다. 또한 사리, 사리숭배는 '자등명·법등명(自燈明 法燈明)'에 제시되어 있는 수행과는 이질적인 것으로 비구에게는 무용한 것이며, 석존도 재세시에 이러한 점을 가르쳤던 것으로 보인다. 여하튼 최초기의 불교교단에서는 비구가 이에 관계하지 않았던 것으로 생각된다.

그러나 재가신자들은 석존 멸후 숭배·예배의 대상이 없는 점을 감내할 수 없었을 것이다. 재가신자들이 불타의 사리를 여덟 등분하고 탑을 세워 공양했다는 것은 사실을 반영한 전승으로 생각된다. 또한 당시 불상을 만드는 일은 금기였다. 경전을 문자로 기록하는 일도 마찬가지였다. 그림으로 나타낼 수 있다면 그것은 유한(有限)한 붓다의 모습이 되기 때문이다. 따라서 바르후트, 비디샤의 불탑군에 부조되어 있는 불전도에서도 석존이 있어야 할 장소에 보리수, 발자국, 법륜 등의 상징이 나타나 있다. 불상이 출현한 시기는 1세기에서 2세기

초 사이이다. 따라서 오랫동안 불교도의 예배대상은 불사리를 봉납한 스투파였다.

스투파는 한역경전에 솔탑파(率塔婆)로 음사되었으며, 원래는 분묘를 말한다. 최초에는 불사리를 봉안한 용기를 흙으로 덮어 봉분을 만들었지만, 예배의 례가 확립됨에 따라 더욱 커져 복발형이 되었을 것으로 생각된다. 신자는 경전을 낭송하면서 탑을 오른 쪽으로 세 번 도는 것이 일반적인 의례로서, 산치탑 등에 보이는 요도(繞道)는 바로 이것이 발전된 것에 다름 아니다. 탑파숭배는 재가신자 뿐만 아니라 비구도 이를 행하게 되었는데, 이는 문헌에도 그 증거를 찾을 수 있으며, 이 지방의 불탑의 각 부분을 기진한 봉헌자 명문(銘文)에 비구의 이름이 있는 사실에서도 확인된다. 불사리는 물론이지만, 곧 그 지방에서 숭앙 받는 고승들의 유골을 위해서도 탑이 건립되고 숭배되었다.

불탑숭배는 공덕이라는 측면에서도 평가되지 않으면 안 된다. 공덕에 대해서는 다음 장에서 자세히 설명하겠지만, 보시와 선행을 함으로써 공덕을 쌓고 사후 보다 좋은 세계에 태어나기를 원하는 것은 당시 인도 일반의 민중적 신앙이었다. 불교신자도 예외가 아니었다. 재가신자는 물론이지만, 비구도 이를 원하였음은 문헌 곳곳에 나타나 있다. 보시는 종교자에 대한 음식, 생활용구의 보시도 있지만, 승원, 불탑의 건립도 포함된다. 그리고 후자에 보다 많은 공덕이 있는 것으로 생각되었다. 각 불탑의 포장석, 울타리와 요도의 난순 등을 보시한 많은 사람의 이름이 명문으로 남아있는 것도 이를 증거한다. 각자가 하나의 기둥, 하나의 횡량을 기진하고, 이러한 행위가 모여 점차 불탑이 정비되었던 것이다. 결국 불탑신앙은 석존 및 고승의 덕을 흠모하여 그들을 자신의 마음을 정화하는 대상으로 삼는 동시에 공덕을 쌓는 중요한 행위이다.

서인도의 불탑 봉헌자를 명문을 통하여 보면, 지역적으로는 웃자인과 이곳 사람들이 압도적으로 많다. 그러나 동인도와 중인도 및 남인도 지방의 사람들도 있어; 당시 이 지방이 불교의 중심지였음을 알 수 있다. 직업으로서는 왕가의 인물 외에 상공업자가 압도적으로 많으며, 개인 또는 단체(길드)로 기부하고 있다. 관리는 소수이고 군인은 거의 없으며 농민도 전혀 없다. 이러한 점은 당시의 불교가 사회의 어느 계층의 지지를 받았는가를 쉽게 알 수 있게 해 주고 있다.

결국 불교는 어떠한 왕조에서도 사회의 상·중류층인 왕족, 상공업자의 외호를 받고 있다. 불교가 널리 신봉·외호되며, 승원 등이 건립되고 불교미술이 발전되었던 이유는 불교가 교리적인 만족을 주었다든가 청정하며 윤리적인 생활을 권장하였기 때문만은 아니다. 오히려 공덕의 관념을 중심으로 하는 민중신앙이 핵심이었다. 그리고 불교를 외호한 사람들은 대체로 사회의 상층계급출신이 많았는데 이러한 것은 당시의 사회적, 경제적 문제와 관련되어 있다.

서·남인도의 여러 왕조와 서방무역

로밀라 타파르 여사에 의하면 기원전 2세기에서 기원후 3세기에 걸친 인도의 혼돈된 정치상황의 기저에는 일관된 요소가 있다. 그것은 상업, 무역의 융성이었다. 알렉산드로스대왕 이후 계속된 그리스, 이란, 사카계 이민족의 인도 침입, 정착에 의해 세계가 확대되었으며, 그 문화의 차이는 서로를 보완케 하고 물자의 교환을 촉진하였다. 교통로가 보다 정비되었던 점, 그리고 마우리야제국의 통일적 행정제도도 교역을 촉진하였던 것으로 생각된다.

서방세계와의 교통은 서북인도의 탁샤실라를 거점으로 하는 육로도 있지만, 기원전 2세기 경 부터는 해외교역이 급격히 발전하였다. 양자의 수요뿐만 아니라 주문생산, 가공, 교역 등의 제조건이 합치되었다. 예를 들면 인도측에서는 길드조직의 정비, 생산품의 품질과 가격의 관리, 노동조건의 규칙의 확립 등을 거론할 수 있다. 길드와 카스트의 결합은 노동자를 안정되게 공급하는 데에 도움이 되었다.

조선기술과 계절풍의 항해술도 진전되어, 카티아와르반도를 비롯한 인도 서해안 지역은 서방무역으로 활황을 누렸다. 인더스강의 델타에 위치하는 바루바리쿰, 나르바다강 어구의 바르캇차(현재의 바루치)를 비롯하여 스팔라카(현재의 소파라), 카르나, 반코트 등의 항구도시가 그것이며, 반도 남부의 케랄라 지방 연안에도 항구가 번영하였다. 그리고 반도 남단의 고모린을 지나 벵갈만으로 들어가며 북상하는 곳에도 여러 항구도시가 있었다. 카베리파티남과 아리카메두(현재의 폰디체리 남쪽) 등이 그것이다. 기원후 1세기에 한 무명의 로마 항해사가 《에류트라해(海) 안내기》를 저술한 것도 이러한 종류의 책이 필요할 정도로 서방세계와 인도의 교역이 성행하였음을 보여준다.

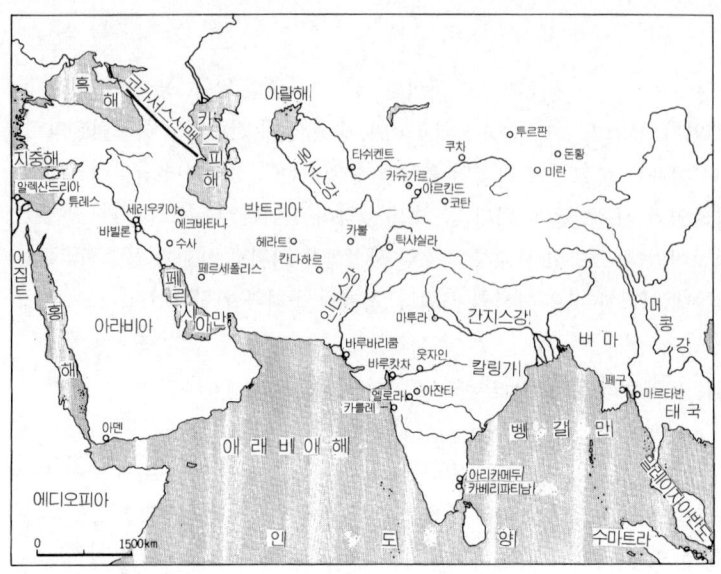

기원후 1세기경 인도의 국제교역도

《에류트라해 안내기》에는 항로와 각 항구도시에서 취급되는 상품 등을 상세하게 기술하고 있다. 여러 항구 중에서 물자의 태반을 취급했던 도시는 바르캇차였다. 여기에서는 향료, 마하바트론(연고조제용), 다이아몬드·사파이어 등의 보석, 거북이 가죽, 비단 등이 수출되었다. 그 대신 지중해 연안 각 지방의 술, 구리, 주석, 아연, 산호, 유리, 금화·은화 등이 수입되었으며, 인도 각지의 유력자에게는 소년 가수, 소녀, 술, 직물 등이 보내졌다고 한다. 지불은 금화로 이루어졌으며, 현재에도 남인도 서해안 일대, 나아가서는 동해안에서 상당한 양의 금화가 출토되고 있다. 기원 후 77년에 《박물지》(博物誌)를 쓴 늙은 프리니우스가 매년 5억5천만 세스테레티우스의 금이 인도로 유출된다고 감탄하고 있는 것도 이러한 상황을 가리키고 있다.

이에 따라 인도 내륙의 여러 도시도 융성하였다. 그 중 가장 큰 도시 중의 하나가 웃자인이다. 바르캇차 부근의 서인도에 있는 도시로, 웃자인은 북·동·중인도 물자의 집합지였다. 그 외에 나시크, 준나르, 네바사, 프라티슈타나(파이탄) 등의 도시도 상업도시로서 번영하였음이 고고학적으로 증명되고 있다. 또한 상공업이 신장되어 부를 축적한 왕족, 귀족, 대상인들의 계급이 대두되었다. 물자를 가득 실은 대상(隊商)은 서인도에서 데칸 서부의 상업도시와 항구도시를 왕래함으로써 기원전 1세기 이후 이 지방은 경제, 사회면에서 활황을 누렸던 것이다.

　인도와 서방세계의 교역은 7세기 경까지 계속된다. 기이하게도 서부 데칸의 굴원사원의 성립과 발전은 이러한 해외무역의 융성과 몰락이 거의 때를 같이 한다. 수많은 봉헌자 명문도 불교굴원을 개창하고 유지한 사람들이 부-(富)를 배경으로 하는 상인들, 왕족, 귀족이었음을 보고하고 있다.

　무역에 의한 부를 배경으로 등장한 최초의 정치세력이 샤타바하나왕조이다. 이 왕조는 마우리야왕조가 몰락한 후, 기원전 2세기 경에 독립하여 기원후 3세기까지 데칸 지방을 지배하였다. 초대의 왕은 심카라고 하며, 그가 출생한 연대에 대해서는 기원전 3세기라는 설과 기원전 1세기라는 설이 있으나, 후자가 타당한 것으로 보인다. 최초의 본거지에 대해서도 서데칸 설과 데칸 동남방의 안드라 지방이라는 설이 있다. 화폐의 출토상황으로 보아 서데칸에서 일어나 프라티슈타나에 도읍한 왕조로 간주하는 것이 자연스럽다. 이 왕조는 후에 본거지를 안드라 지방으로 옮겼으므로 후세의 문헌은 안드라왕조라고 기록하는 경우도 있다.

　제2대왕 칸하는 나시크 근처에 불교굴원을 기진하였다. 그 뒤를 이은 슈리 샤타카르니왕은 동쪽으로 칼링가 지방 체디왕조의 카라베라왕과 대치하고, 서쪽으로는 마르와 지방에서 웃자인, 비디샤까지 세력을 신장하였다. 이 왕가의 이름이 산치의 기진자 명단에 나오는 것도 이 시기의 일이다.

　그러나 기원후 1세기에서 2세기에 걸쳐 이 왕조는 사카족의 서부 그룹인 크샤하라타왕조에게 압도되어, 이 지방은 사카 크샤트라파의 지배 아래로 들어갔다. 그 유력한 왕이 나하파나왕으로, 이 왕의 이름이 인각된 화폐가 나시크를 중심으로 상당히 출토되었다. 그런데 2세기 초에는 샤타바하나왕조의 가우타미푸트라 샤타카르니왕이 출현하여 나하파나왕으로부터 지배권을 되찾았다. 나하파나왕의 이름을 각인한 화폐 위에 다시 이 왕의 이름을 각인한 화폐가 발견되고 있다. 그러나 이 왕도 다시 사카족의 다른 파 차슈타나왕가의 루드라다만왕에게 압박을 받아 안드라 지방으로 본거지를 옮기게 되었다.

　샤타바하나왕조는 힌두교를 신봉하였다. 슈리 샤타카르니왕은 다수의 말, 소 등을 희생하는 마사제(馬祀祭)를 행하였다. 이 왕은 명문(銘文)에 "4바르나의

제4장 불교교단의 성립과 발전　175

혼란을 바로 잡았다"고 기록되어 있는데, 이것은 이 왕이 "사카, 야바나, 팔라바(족)의 분쇄자"라는 찬사를 받고 있는 점과 관련하여 흥미가 깊다. 이의 종족은 모두 4바르나 안에 들어가지 않으며, 슈드라 취급을 받아야 할 인도 바깥에서 들어온 이민족이다. 그들을 파한 것이 곧 4바르나의 혼란을 바로 잡은 것이 된다는 점은 이 왕조의 힌두적 성격을 보여주고 있다. 그러나 불교 및 다른 종교도 외호하였으며, 특히 왕가의 여성들은 막대한 금액을 불교교단을 위해 지출하고 있다.

다음의 왕이 슈리 풀루마이(바쉬슈티푸트라)왕으로 이 왕의 이름이 들어 있는 불교굴원의 기진 명문도 많다. 그는 부왕과 사카족 차슈타나왕조의 루드라다만왕과의 약속에 따라 후자의 딸을 왕비로 맞았다. 그러나 그 우호관계는 유지되지 않아 2회에 걸쳐 전투를 하였는데, 그 때마다 패하였다고 한다. 그러나 루드라다만의 사후 세력을 신장하여 2세기 말에 카티아와르, 서데칸에서 동으로는 안드라 지방까지를 영유하게 되었다.

굴원사원

남인도에 불교가 본격적으로 전파된 것은 대개 기원전 2세기 이후의 일이다. 팔리어 역사서, 즉 남전은 아쇼카왕이 전도사를 남인도로 파견하였음을 전하고 있다. 즉 서부데칸의 마하라타(마하라슈트라) 지방에 마하 담마라키타, 바나바사 지방에 라키타, 그리고 마히사라타(다른 남전사료는 마히사만다라)에 마하데바를 파견하였다고 한다. 이 가운데 마지막의 마히사라타에 대해서는 여러 가지 이설이 있다. 마히슈마티(마헤슈바라)를 중심으로 하는 나르바다강 유역이라고도 하며, 마이소르라는 설도 있다. 가장 유력한 설로서는 데칸 동남방의 고다바리강과 크리슈나강 사이의 안드라 지방이라고 하는 것이다. 팔리전의 마하데바를 한역하면 '대천(大天)'이 되는데, 북전사료에도 '대천'이 안드라에서 대중부 안에 분열을 일으켰다고 한다. 사실 이 지역에 대중부 계통의 여러 부파가 정착하고 있었음을 비문을 통해 확인할 수 있다. 북전의 대천과 남전의 마하데바가 동일인으로 생각되기 때문에 마히사라타는 곧 안드라를 지칭할 가능성이 가장 높다. 그러나 확실한 것은 아니다. 그런데 아쇼카왕이 전도사를 파견하였다는 전승에는 남방상좌부의 작위가 개재되어 있을 것이라는 점에 대해서는 앞에서 언급하였다. 따라서 이 전승은 서인도 교단의 고승들이 일찍이 남인도에 와서 전도하였음을 전하는 것으로 생각함이 타당할 것이다.

그러나 남인도의 개교(開敎)에 관한 고고학적인 증거는 기원전 2세기 경 이후의 것들이다. 비구들은 교역상인의 대상과 함께 남인도로 와서 불교를 전파하였을 것으로 보인다. 또한 처음에는 북·서인도와 마찬가지로 돌, 벽

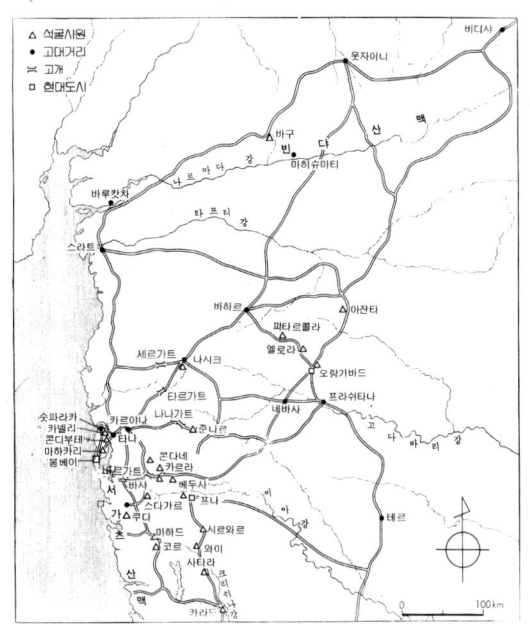

서부데칸 굴원의 소재지

돌, 목조의 정사(精舍, 비구의 주거, vihāra)와 탑원(塔院)이 조성되었을 것이다. 그리고 탑원에는 스투파가 안치되었을 것이다. 그러나 서데칸에는 남북으로 달리는 西가츠산맥의 구릉들이 있다. 그들은 그 허리를 굴착하여 굴원(窟院)을 만들기 시작하였으며, 점차 그 수도 증가하고 있다. 대개 기원전 1세기 초부터 기원후 7세기 경에 이르기까지 800을 넘는 크고 작은 불교 굴원들이 조성되었다. 후에는 힌두교와 자이나교의 굴원도 조성되어 총수는 천 개에 이른다. 인도 전역에 남아 있는 굴원의 약 8할이 서데칸에 집중되어 있다.

굴원 활동을 언제 시작하여 언제 그만두었는가에 대해서는 여러 가지의 이설이 있다. 그런데 불교의 굴원이 남아 있는 곳 가운데 중요한 지역은 나시크(24개의 굴원), 피타르코라(8개), 콘디브테(18개), 베두사(12개), 바샤(22개), 준나르(5곳의 굴원군에 총 140여개), 콘다네(16개), 아잔타(29개)가 있으며, 모두 기원전에 조성활동이 시작되었다. 기원후 1세기부터는 카네리(110년 전후), 카를레(109년)에서도 조성작업이 시작되었다. 엘로라의 굴원은 후대인 굽타왕조 때이다.

하나의 굴원이 완성되는 기간은 그 규모에 따라 다르나, 표준적인 것으로서는 최소한 10년은 걸렸을 것으로 추정된다. 그 비용도 막대하였을 것이나, 한 사람 또는 한 단체가 모든 비용을 부담하는 경우도 있었으며, 많은 사람들의 정재(淨財)를 모아 완성한 것도 있었다. 대체로 굴원의 설계도가 미리 결정되어 기진자에게 제시되었다. 그리고 교단에서 비구가 선정되어 공사의 추진, 자금 등을 관리하였다. 교단 안의 업무분담에 관한 율전의 용어인 '영사비구(營事比丘)'가 이를 말한다.

굴원사원의 생활문화

대체 사람들은 금전을 기진하여 굴원을 조성함으로써 그 결과 무엇을 희구하였는가? 굴원에는 비구의 처소인 비하라(vihāra, 정사)굴과 스투파를 안치하고 예배하기 위한 차이티야(caitya, 탑원)굴의 2종이 있다. 모두 비구가 수행하기 위한 시설에는 다름이 없다. 그러나 최초기부터 기진자의 이름이 비문에 새겨졌으며, 때로는 그들의 상이 벽면에 크게 조각되는 일도 있었다. 아잔타굴의 초기에는 불, 보살의 도상과 함께 연회장면이나 그 외의 세속적인 내용이 벽화로 묘사되었다. 굴원이 재가신자와 여러 모로 관련되어 있음을 보여주는 것으로 생각된다.

지도에 나타나 있듯이 이들 유적이 모두 당시의 교역로와 연결되어 있음은 간과할 수 없는 사실이다. 중·서인도에서 남하하는 길은 마히슈마티를 지나 아잔타, 피타르코라, 오란가바드에서 사타바하나왕조 초기의 수도 프라티슈타나에 이른다. 피타르코라는 나시크를 경유하여 스팔라카항으로 통하며, 다른 큰 항구도시인 카르야나에서는 카네리, 준나르를 경유하여 프라티슈타나로 가는 길이 있다. 카르야나에서 동남쪽으로는 카를레에서 테르에 이르며, 여기에서 다시 안드라 지방으로 가는 길이 펼쳐져 있다. 그리고 이러한 도시들은 다시 종횡의 교역로로 연결되어 있다.

불교굴원이 도시 가까이나 도시를 잇는 교역로상에 있다는 점은 우연한 일이 아니다. 상인들과 왕족, 귀족, 각지에 사는 상공업자들이 불교굴원, 부속설비, 비구의 생활용품을 기진하였는데, 여기에는 상당한 종교적 이유가 있다.

굴원은 우선 교역상인들의 휴게소의 역할을 하였던 것으로 생각된다. 뜨거운 기후의 여행에 지친 그들에게 시원한 바람은 피로를 풀어주는 것이었다. 동시에 설법을 들음으로써 올바른 삶의 의미를 되생각하며 마음을 정화할 수 있었다. 그들은 재시(財施)에 대하여 법시(法施)를 받았다. 그런데 보다 중요한 점은 굴원이 공덕을 쌓는 곳이기도 하였다는 것이다. 이 점은 스투파숭배와 마찬가지이다. 기원전 1세기에서 기원후 3세기에 걸친 이 지방의 굴원에 대한 기진명(寄進銘)을 보면, 대개 그 끝에 '공덕을 위해' '과거·현재·미래의 가족의 이익을 위해' '일체중생의 이익과 안락을 위해'라는 문구 등이 있다. 그리고 '부처님에 대한 공양' '열반을 얻기 위해'라는 표현도 있다. 부모, 가족을 위해서라는 점은 공덕의 회향이라는 관념과 관련되어 있다. 앞에서 지적한 바와 같이 공덕을 쌓는 일은 사후의 생천(生天)을 의미하는 것으로, 불교 본래의 깨달음의 입장과는 차원을 달리한다. 그러나 일반 불교도의 신앙생활을 지탱하는 것은 실제로는 이러한 공덕의 관념이었다. 그러므로 이러한 기진명을 새겼던 것이다. 사실 열반을 얻기 위함이라고 하는 것은 형식적인 기진목적에 지나지 않는다. 이는 불교도의 생활을 아는 데에 중요한 요소가 되므로, 이에 대해서는 다음 장에서 상세히 검토하기로 한다.

비하라와 차이티야

비구의 거주장소인 비하라 vihāra의 가장 간단한 형식은 1인용의 승방을 굴착하는 것이다. 그러나 표준적인 형식은 산허리를 굴착하여 4각의 홀을 만들고 입구를 제외한 3면에 여러 개의 방을 배열하는 것이다. 2인, 3인용의 방이 없는 것은 아니지만, 원칙적으로는 개개인의 방을 따로이 만든다.

입구에서부터 곧 홀이 되는 것이 아니라, 옆으로 긴 베란다를 두고 문을 통하여 홀로 들어가는 형식도 발전하였다. 후대에 이르면 비하라 안에 불상을 안치한 예배 장소를 두는 경우도 나타났다. 이러한 비하라의 구조와 기능의 변천에 대해서는 굴원뿐만 아니라 지상에 건축한 비하라도 포함하여 비구의 생활과 관련하여 다음에 다시 언급하도록 한다(제5장 3).

차이티야 caitya는 기본적으로 예배대상으로서의 스투파와 그 둘레의 요도(繞道)가 있지 않으면 안 된다. 그리고 그 앞에 예배실 및 집회실이 있는 것이 통례이다. 곧 스투파를 감싸듯이 기둥이 배열되어 외곽의 회랑과 내부가 구별되

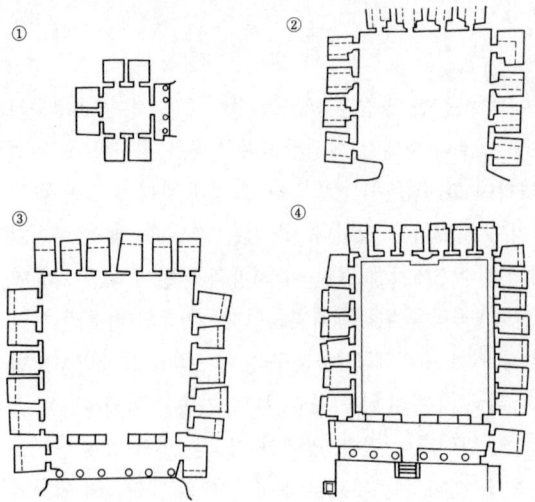

초기 비하라窟의 모형　①나시크 제19굴, ②아잔타 제12굴, ③나시크 제10굴,　④나시크 제3굴. 비하라의 기본구조는 입구와 이와 연결된 홀 그리고 홀에 면해 있는 방들로 이루어져 있다. 위의 ① ② ③에서는 기둥으로 구분된 베란다가 홀 앞면에 배치되어 있다. ④의 각 방들은 홀보다 한 계단 높게 배치되어 있다. 즉 홀의 3면을 긴 의자로 두르고 있는 형태로 되어 있으며, 비구들이 여기에 앉아 식사를 하였던 것으로 추정된다. 이러한 비하라는 후에 정면에 불상을 안치하거나 또는 안쪽에 불상을 안치할 별도의 방을 두었으며, 나아가서는 주방, 창고, 변소 등을 완비한 독립된 사원으로 발전하게 된다 (제5장 268쪽 참조).

었으며, 기둥과 벽면을 다양한 조각으로 아름답게 장식하였다.

　나시크의 24굴원 가운데 셋은 차이티야굴이며 나머지는 비하라굴이다. 물론 모든 굴원이 동시에 굴착된 것은 아니지만, 어떠한 굴원군에도 차이티야와 비하라가 모두 있게끔 되었다. 각지의 굴원 조성의 역사를 살펴 볼 때, 비하라굴만이 존재하고 차이티야굴이 존재하지 않았던 시기는 없다. 결국 양자가 최초기부터 비구의 생활과 불가분의 관계에 있었던 것이다. 그리고 준나르에는 주방으로 사용되었던 것으로 추정되는 작은 방도 있다. 이는 비구들이 필히 탁발을 나가지는 않았을 가능성을 보여 주고 있다. 신자가 기진한 재료 또는 기진한 돈으로 산 재료를 조리하여 식사를 하였던 것으로 짐작된다. 이러한 사실은 굴원에서 뿐만 아니라 지상에 건물을 지었던 다른 지방 비하라의 고고학적 증거와 율전의 기술을 통해서도 확인된다. 결국 비구들은 한 장소에 머물러 살며 독립된 생활을 하였으며, 거처하는 방(협의의 비하라), 예배당, 주방, 선정수행의 시설 등이 갖추어져 있는 '사원'의 형식이 정비되어 갔음을 보여 준다. 이에 대해서도 다음 장에서 종합적으로 설명하기로 한다. 다만 서데칸에서는 다른 지방과 같이 마음대로 건물을 배치할 자유가 제한되어 있었으나, 몇몇 굴원이 연

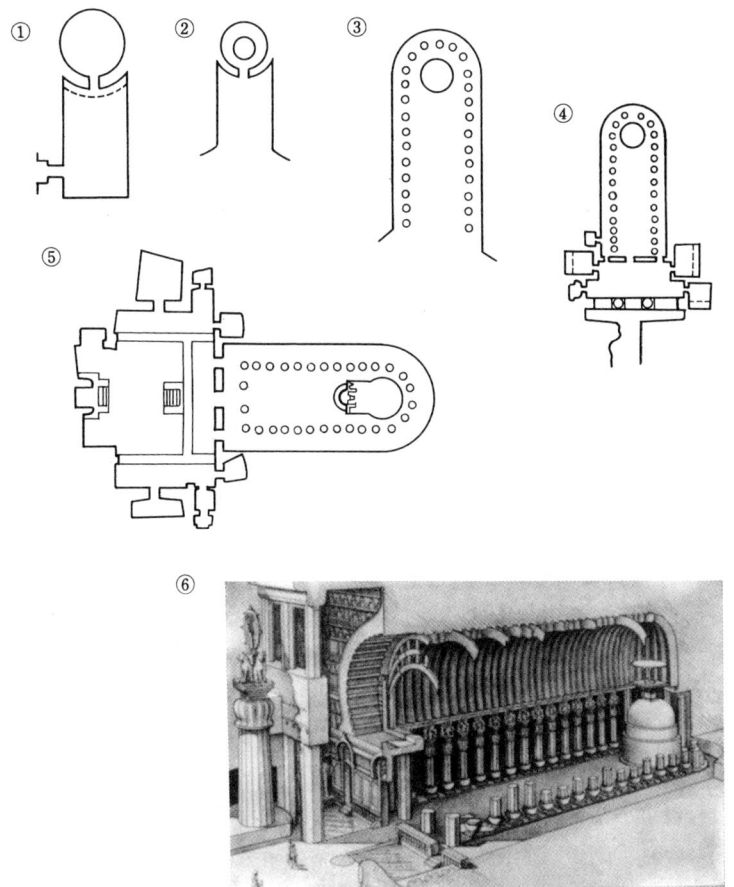

차이티야窟의 변천   ①수다마, ②콘디브티, ③바쟈, ④베두사, ⑤엘로라, ⑥카를레(복원도). 차이티야 굴의 기본구조는 스투파(탑)를 안치한 사당과 그 앞의 예배장소로 이루어져 있다. 그러나 얼마 지나지 않아 ③이하에서 보는 바와 같이 기둥들이 스투파를 에워싸, 바깥쪽 회랑과 그 안을 구별하게 되었다. ④에 이르러서는 그 앞쪽에 베란다가 배치되었다. 천정은 ⑥에서 보듯이 반원으로 석가래와 버팀목을 짜 맞춘 모양으로 되어 있으나, 이는 석굴을 조성할 때의 구조에서 비롯된 것이 아니라 지상에 바위나 벽돌로 건립된 차니티야당을 모방한 것이다. 불상이 성립된 이후에는 스투파의 앞 면에 불상을 새기거나, ⑤와 같이 스투파 앞면을 돌출시켜 감(龕)을 만들고 그 안에 불상을 안치하였다. 시대의 흐름과 함께 기둥들의 머리나 입구 외벽에는 갖가지 문양, 외호신, 기진자 등의 상이 조각되었다.

제4장 불교교단의 성립과 발전   181

합되어 하나의 생활단위를 이루고 있었던 것으로 생각된다. 비문에 이름을 남기고 있는 각 부파 소속의 비구들은 이러한 형태로 각각 독립된 승원생활을 하였다.

교단과 경제

나시크는 당시의 상업도시의 하나로 근처의 구릉에 24개의 굴원이 조성되어 있다. 그 가운데 차이티야굴은 하나이며, 나머지는 비하라굴이다. 이곳의 대표적인 기진명문을 시대순으로 인용하면 다음과 같다.

(1) [제14굴] 사타바하나왕가의 칸하왕의 치세 동안 나시크에 머물던 대관이 이 굴원을 기진하였다.

(2) [제8굴] 크샤하라타가(家)의 크샤트라파(태수)인 나하파나(왕)의 며느리이며 디니카의 자제인 우사바다타가 이 굴원에 거주하는 '사방(四方)상가'에 3,000카하파나를 기진한다. 다만 이 가운데 2,000카하파나는 직물업자 길드에 이자 100카하파나로 대여하고, 1,000카하파나는 다른 직물업자 길드에 75카하파나의 이자로 대여한다. 원금은 반환되지 않고, 전자는 여기에서 우안거(雨安居)하는 20인의 비구(이 비하라와 인근의 제9굴 ── 2인용의 작은 방 ── 을 합쳐 20인이 거주할 수 있다)에게 그 이자에서 의복비를 지불해야 할 것, 그리고 후자의 이자는 그 외의 지불에 충당해야 한다 ── 이상이 길드집회에서 공고되고 관공서에 기록되었다.

(3) [제3굴] 가우타미푸트라 슈리 샤타카르니왕이 대관에게 행한 명령을 기록한다. 종래 우사바다타의 소유였던 아파라카카디 마을의 202바타 나의 밭을 출가자 교단에 기진하며, 이곳에 관리의 개입을 금하고 세를 면제한다. 이 점을 특별 허가장에 기록하고 대신의 확인을 받아 문서화하여 상가에 교부하였다.

(1)은 사타바하나왕가의 2대왕인 칸하가 이곳을 지배하고 있을 때 이루어진 기진으로 1세기 초의 일이며, (2)는 이 왕가를 물리친 사카족의 나하파나왕의 기진명문으로 1세기 후반, (3)은 이 나하파나왕을 넘어뜨리고 나시크를 되찾은 사타바하나왕가의 가우타미푸트라 샤타카르니왕이 그 왕의 영지였던 밭을 불교교단에 기진한 명문이다. 결국 굴원사원에 대한 기진은 왕조의 변화와 관계

없이 계속적으로 이루어졌다.

(2)에 나타나 있는 돈의 대부는 이 당시에 이미 일종의 대부·신탁이 행하여졌음을 보여 준다. 이러한 사례는 나시크의 다른 비문에도 또한 다른 굴원 기진 명문에도 나타나 있어 당시의 교단 외호의 한 형태라고 볼 수 있다. 그런데 이 명문만으로는 의복비로 보시된 돈을 비구가 직접 받았는가, 아니면 속인의 관리인이 있어 이 사람이 그 돈으로 의복을 매입하여 비구들에게 지급하였는가는 명확치 않다. 그러나 이 시대의 여러 명문을 볼 때, 아마도 후자였던 것으로 생각된다. 불멸 후 100년 경의 십사비법(十事非法)의 결집에서는 돈을 받을 수 있는가의 여부가 논쟁의 초점이 되어 이것이 부정되었으나, 여기에서는 금전이 이미 교단의 생활에 깊이 관련되어 있다.

(3)은 밭의 기진과 관련된 것으로, 이러한 종류의 명문은 상당히 많다. 사원에 밭을 기부하고 국가가 일절 개입하지 않는 것은 곧 장원(莊園) 외에 다른 것이 아니다. 고대의 인도에서 바라문 및 그 집단에 토지를 기부하는 것은 일반적인 일이었다. 여기에서는 불교교단도 토지를 소유하게 되었음을 보여 준다. 다른 비문에는 마을 전체가 기진되었음을 전하는 것도 있다. 예를 들어 나시크 제3굴에서는 가우타미푸트라 샤타카르니왕의 아들 풀마이왕이 한 마을을 기진하고 여기에서 생긴 것 모두에 대한 소유권을 교단에 넘긴 것을 공고하고 있다.

이러한 사실에서는 당연히 사찰소유 토지의 관리운영은 누가 하였는가, 경작자의 신분은 어떠한가 라는 문제가 제기되지만, 굴원의 명문에 의거하는 한 명확한 상황을 알 수 없다. 아마도 축적되었을 것으로 보이는 사원의 재산을 코삼비 D.D. Kosambi교수의 말과 같이 상인길드에 대부하고 그 이자를 받았을 것이라는 점도 확증이 없다. 그러나 후대에 이르면 그러한 사례가 발견되므로 이 시대에도 그러한 일이 있었을 것이라는 추정이 전혀 부당한 것은 아니다.

(2)의 비문에 3,000카하파나가 '사방상가'에 기진되었다고 하고, 곧 이어 특정한 20인의 비구의 의복비로 충당되었다는 것은 한편으로는 모순되는 것으로 보이지만, 그렇다고 할 수 없는 이유가 있다. 앞에서 언급한 바와 같이 '사방상가'는 이념적인 것으로 구체적인 실체가 아니다. 숲과 승원, 그리고 탑원도 그러하지만, 현실의 비구 그룹(現前상가)에서 배분될 수 없는 것은 '사방상가'의 소유로 하고, 실제로는 현전상가가 이를 사용한다는 것이 본래의 생각이다. 이

에 대해 분배될 수 있는 의복, 음식 등은 특정한 현전상가에 기진한다.

따라서 '사방상가'라고 할지라도 실제상의 의미는 없다. 이 경우는 3,000카하파나는 건네주지 않고 이자운용으로 비용을 충당한다는 취지이므로, 3,000카하파나는 '사방상가'에 기진하고 그 이자를 이곳에서 우안거하는 20인의 현전상가에 기부한다는 뜻으로 보인다.

그러나 나시크에서건 다른 곳에서건 비하라와 차이티야를 어느 곳에 거주하는 출가자 또는 특정한 부파의 이름을 들어 그 또는 그들의 '소유'로 기부한다는 표현이 상당히 많다. 이는 율의 원칙론에서 보면 모순된 일이다.

그러나 실제문제로서 누구라고 알지 못하는 굴원, 정사에 막연하게 '사방상가'를 위해 기진을 하지는 않을 것이다. 이 당시 불교교단은 승원정주의 생활을 하고 있었다. 유행·편력의 비구는 특수한 사례가 되었던 시대였다. 분배가능한 음식, 용품은 물론이고 분배불가능한 건물, 시설물도 특정한 현전상가에 기진하는 것이 자연스러운 일이다. 광대한 토지를 소유한 부파 또는 특정한 비구집단의 말하자면 사유화에 가까운 상황 속에서 율의 원칙이 어떻게 적용되었는가는 명확치 않다. 다만 이러한 상황은 당시의 시대적 사고의 한 반영으로 보아야 할 것이다.

6 남인도의 불교

안드라 지방의 불교와 아마라바티

데칸 동남부, 즉 고다바리강과 크리슈나강 사이의 지역을 중심으로 하는 안드라 지방은 사타바하나왕조 후기의 근거지가 되었다. 여기에도 서데칸과 마찬가지로 기원전 2세기 경부터의 불교유적이 상당히 남아 있지만, 전자가 바위산의 중턱을 굴착한 석굴 차이티야, 비하라가 압도적으로 많음에 대해, 여기에서는 석굴은 적다. 지형적인 이유도 있지만, 예컨대 구릉지에서도 바위산이 화강암으로 너무 단단하여 굴착하기에 적당치 않다는 사정도 있다.

스투파가 많은 것이 이 지방의 특징으로 어떠한 것들은 거대하다. 예를 들어 아마라바티의 대탑은 직경이 50미터 정도나 된다. 나가르주나 콘다의 대탑은 55미터, 비교적 최근에 발견되어 문제를 던져주고 있는 파우니의 스투파도 그 유구(遺構)로 보아 직경이 40미터 이상이다. 바티플로르의 탑에서는 기원전 2세기를 더 내려오지

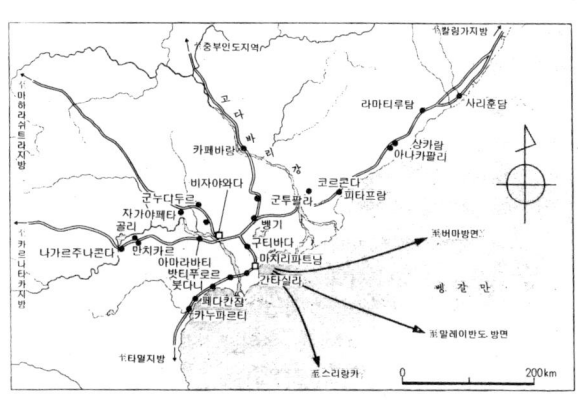

안드라 지방의 불교유적 소재지

않는 비문이 있는 사리용기가 출토되었는데, 이 탑의 직경은 45미터로서 최초의 부분은 아쇼카왕 시대에 조성된 것이라고 한다. 그리고 간타사라의 탑은 기원후 3세기 경의 것인데 직경이 37미터이다. 모두 탑신(塔身)부분은 없어지고 기초부분만 남아 있는데도 산치의 대탑(직경 36미터)보다 훨씬 크다. 이 외에도 안드라 각지에 크고 작은 스투파가 조성되었으며, 그 유적이 현재에도 남아 있다.

이러한 탑의 조성에 필요한 비용은 막대하였을 것이나, 모두 왕가의 인물, 상인 그리고 그 밖의 비교적 사회의 상층에 있던 일반신자들의 기진에 의하였다. 불탑의 조성에 관계한 사람이 비구였는가, 아니면 상가와는 다른 재가인들이었는가 하는 문제는, 즉 대승불교운동을 담당한 사회계층은 누구인가라는 문제와 관련되어 있지만, 서력 기원을 전후로 하는 시대에 비구가 탑숭배에 깊이 관여하였음은 의심의 여지가 없다. 탑 부근에 정사도 많았으며, 신자들은 이곳에 와서 꽃, 물, 향을 공양하고 예배하였다. 때로는 춤과 음악을 탑 앞에서 연주하기도 하였다. 안드라 지방에서는 기원전부터 불교가 민중속에 뿌리를 박아 중요한 불교의 중심지가 되어 있었다.

이 지방에서 불교유적을 남기고 있는 지명을 열거하면 다음과 같다(지도참조).

(1) 단투르군(郡)——아마라바티, 바티플로르, 나가르주나 콘다, 고리, 다라자라

아마라바티 대탑 복원도　　P. Pravan

　(2) 크리슈나군──간다사라, 자가야페타, 구디바다, 펫다간잠
　(3) 슈리카크람군──사리 분담
　(4) 비사카파트남군──상카람 언덕
　(5) 西고다바리군──군트파리
　(6) 東고다바리군──카파바람

　이와 같은 지방에서 탑, 승원의 유적과 봉헌 비문, 석판 등이 출토되고 있으며, 그 시대는 기원전 2세기에서 기원후 6·7세기에까지 걸쳐 있다. 그 중에는 기원후 13세기의 비문도 있다.

　이 가운데 특히 중요한 지역이 아마라바티와 나가르주나 콘다인데 모두 크리슈나강의 오른쪽 언덕에 위치해 있다. 마술리파트남(현재의 마술리파탄)은 이 강 하구 근처의 항구로서, 지금도 인도 동해안의 중요한 수출입항의 하나이다. 당시에도 동남아시아뿐만 아니라 서방세계와의 교역이 이곳을 통하여 이루어졌으며,《에류트라해(海) 안내기》에는 마이소리아라는 이름으로 언급되어 있다. 특히 이곳에서 수출된 모스린 천이 로마인에게 인기가 있었다고 한다. 이러한 점에서 이 지방은 상업을 기초로 하여 번영하였던 것으로 추정된다.

아마라바티는 사타바하나왕조 후기의 수도 다냐카타카를 포함하는 지역으로, 이곳에 남아 있는 대탑은 기원전 2세기 경에 조성되고, 기원후 2세기에 풀마이왕이 중수하였다고 한다. 그 크기는 산치의 대탑에 필적하지만, 사방에 장방형의 돌출부가 있으며 여기에 다섯 개의 돌기둥이 세워져 있는 점이 다르다. 현재 탑의 본체는 없어졌지만, 초석이 남아 있고 여기에서 출토된 석판(石板)에 당시 탑 전체의 완전한 모습이 부조로 새겨져 있어 원래의 모양을 복원할 수 있다. 탑의 본체와 난순에 자타카, 특히 불전도(佛傳圖)가 부조되어 있다. 기진명문에 의하면 재가신자뿐만 아니라 비구, 비구니도 기진하고 있다. 이는 앞에서 언급한 바와 같이 출가수행자도 공덕을 쌓아 생천하기를 원하는 일이 당연한 것으로 간주되었던 당시의 인도 전반의 풍조를 보여 준다.

비문에 의하면 이 도시의 불교교단은 대부분 대중부 계통의 부파였다. 거리의 동쪽에 있는 언덕에는 동산주부(東山住部), 서쪽 구릉에는 서산주부(西山住部)의 사람들이 거주하고 있었는데, 양자는 모두 대중부 계통의 분파라고 한다. 그런데 사타바하나왕조의 몰락과 함께 불교의 중심은 동쪽으로 약 96킬로미터 떨어진 나가르주나 콘다로 옮겨졌다. 이곳이 이 지방을 지배한 이크슈바쿠왕조의 수도였기 때문이다. 이곳에서는 서산주부의 이름은 봉헌 명문에 나타나 있으나, 동산주부의 이름은 보이지 않는다. 외호자의 변화 또는 승원 지도자의 시대적 안목의 변화와 관계가 있었을 것으로 추정되기도 한다.

여하튼 고고학적 자료에 의거한다면 아마라바티는 기원후 3세기 이후 일시 쇠퇴하였으며, 639년 현장이 이곳을 방문했을 때에는 대승불교의 중심지가 되어 있었다. 현장은 폐허된 승원이 무수히 있는 가운데 약 20개의 승원이 계속 사용되고 있었으며, 이곳에 천 명의 대승불교 비구가 거주하고 있었음을 보고하고 있다. 그 이후에도 불교가 존속하였을 것이지만, 상세한 점은 알 수 없다. 그러나 시대가 가장 늦는 비문에는 13세기 중엽 한 왕비가 붓다에 예배하기 위하여 토지를 기진하였다는 내용이 기록되어 있으므로, 이때까지 불교가 이 지역에 존속하고 있었음을 확인할 수 있다.

나가르주나 콘다

사타바하나왕조는 3세기 경부터 점차 세력이 쇠퇴하여 여러 왕조에 의해 영토가 잠식되었으며, 3세기 중엽에는 작은 지방왕조로 전락되었다. 데칸 북부는 아비라족에게 빼앗겼으며, 남부는 바이자얀티를 중심으로 하는 추투왕조의 수중으로 들어갔다. 북부데칸은 3세기에서 6세기에 이르는 동안 남인도의 중심세력이 되었던 바카타카왕조의 지배로 편입되고, 데칸 동남부 즉 안드라 지방은 3세기 전반부터 이크슈바쿠왕조로 귀속되었다. 그러나 이크슈바쿠왕조도 4세기 초에는 다른 왕조에 압도되어 모습을 감추게 되어, 나가르주나 콘다는 겨우 수십년간 이 왕조의 수도가 되었다. 그럼에도 불구하고 이 도시는 상당히 많은 불교 유품을 남기고 있다.

이 왕조의 왕들은 모두 힌두교도로서 바라문의 전통적인 장대한 제사, 의례를 수행하였다. 그러나 왕가의 여성들은 다투어 불교의 큰 스투파나 승원에 기진을 하였다. 초대 왕 슈리 찬타물라의 여동생이나, 제2대인 슈리 비라푸리사다나(275년 경)의 왕비 등의 이름이 봉헌자 명단에 나타나 있다. 후자는 웃자인의 사카족 왕가 출신이다. 이는 이크슈바쿠왕조가 통상(通商)상의 이유로 중인도 세력과 제휴하였음을 가리킨다.

나가르주나 콘다 일대는 동쪽과 남쪽이 산으로 막히고 서쪽과 북쪽 일부에 크리슈나강이 흐르는 천연의 요새이며, 이크슈바쿠왕조의 수도 비자야푸리는 이 도시의 남쪽에 있다. 비자야푸리도 동남아시아, 로마제국과의 교역으로 부를 이루었던 것으로 보인다. 도시의 바깥은 슈리 파르바타로 불리는데, 적지 않은 불탑과 승원이 조성된 것은 이 일대이다. 현재에도 20기의 탑, 22곳의 승원 유적이 남아 있다. 봉헌명문에는 다문부(多聞部), 화지부(化地部), 서산주부 등의 부파의 이름이 있다. 그리고 탑원이 세일론 장로들의 관할로 봉헌되었음을 기록하고 있으므로, 세일론 상좌부의 사람들도 이곳에 거주하고 있었음을 알 수 있다.

부파가 다르다고 하여 그들 사이에 교리상의 확연한 구별이 있었다고는 생각되지 않는다. 그러나 율의 운용에 대해서는 차이가 있어 각각 다른 의례를 행하였다. 그리고 아비달마 교학은 승원생활을 하는 가운데 심오하게 되어 갔다. 나가르주나 콘다뿐만 아니라 안드라 지방이 불교의 일대 중심지가 되었으며, 대승불교가 흥기한 후에도 유수한 불교철학자들이 이 지방과 관련되어 있다. 예를 들어 대승불교 중관파의 개조인 나가르주나(龍樹)는 나가르주나

나가르주나 콘다의 승원 터 기둥들이 서 있는 만다파 홀을 둘러싸고 승방이 배치되어 있으며 중앙 오른쪽에는 말굽형의 사당이 보인다.

콘다에서 만년을 보냈다고 전한다. 그러나 이러한 전승은 13세기 이전까지 소급되지는 않으므로, 꼭 신뢰할 수는 없다. 그럼에도 불교는 이 지방에 정착하여 일반 민중의 신앙생활을 지탱하여 주었다. 그리고 비구의 생활은 그 위에 확립되었다. 이러한 형태의 불교는 다시 남하하여 데칸 지방으로 그리고 인도의 남단부에까지 확장되었다.

나가르주나 콘다는 1960년대 댐공사로 인해 수몰되었다. 유적은 마치 이집트의 누비아신전과 같이 근처의 언덕으로 이전되어 보존되고 있다.

《마니메하라이》

불교가 이입, 정착되어 가던 1~3세기의 타밀은 '샹감시대'로 불린다. 샹감 saṅgam은 일군의 타밀어 고전문학의 총칭이다. 이 가운데에는 문법서, 서사시 등 다양한 장르가 포함되어 있으며, 대개 당시의 타밀 지방의 상황을 생생하게 반영하고 있다.

당시의 남인도는 촐라, 첼라, 판디야의 세 왕가의 항쟁으로 날이 밝고 저물었다. 카베리강에 연하여 있는 우라이유르(수도), 카베리파트남(푸하르)의 두 도시는 촐라왕조의 중요한 도시였다. 그리고 판디야왕조의 수도는 마두라이, 첼라왕조의 수도는 반지였다.

서방세계 및 동남아시아와의 해상교역은 극히 융성하였다. 그리고 신관과 의례, 카스트·바르나제도의 도입에 따른 힌두화도 진행되고 있었으며, 불교·자

이나교도 뿌리를 내리기 시작하였다.

《마니메하라이 Maṇimekarai》라는 서사시가 불교시인에 의해 씌어진 것도 이러한 상황 아래에서 였다. 이 작품은 《실라파디하람 Sillappadihāram》이라는 서사시와 내용적으로 관련되어 있다. 《실라파디하람》은 칸나기라는 여성을 주인공으로 하여 전개된다. 그녀의 남편은 왕궁의 무용수인 마타비라는 여성을 사랑하여 마니메하라이라는 딸을 얻었다. 남편은 처와 가정을 돌보지 않았으나, 그녀는 남편이 억울하게 사형될 때까지 정절을 지켰다. 타밀인들에게는 현대에도 그녀의 이름이 이상적인 여성상으로 간주되고 있다. 그리고 《마니메하라이》는 이 이야기를 이어받아 마타비와 그녀의 딸 마니메하라이를 중심으로 전개되는 불교 서사시이다. 샹감문학의 연대는 기본적으로 1~3세기라고 하나, 이 서사시의 일부 또는 전부는 그 후인 4~5세기에 성립되었다는 설도 있다. 여기에서는 이를 따르기로 한다.

1년에 한 번 왕래하는 인드라신 대제(大祭)가 푸하르시에 가까와 오자 온 도시가 들떠 있었다. 그러나 유명한 여배우이며 무용수인 마타비는 애인의 억울한 죽음으로 시름에 잠겨 있었다. 그녀는 그녀가 귀의한 불교의 한 비구스님에게서 삶이 있는 곳에 고통이 있기 마련이며, 욕망이 없는 자에게는 재생이 없다는 가르침을 받고 비구니가 되리라고 생각하였다. 그러므로 다시 화려한 생활로 돌아오라는 주위의 충고에는 귀를 기울이지 않았다. 그녀의 딸 마니메하라이도 그 영향을 받아 불교에 마음을 기울이기 시작하였다.

마니메하라이는 친구인 스타마티와 함께 아버지의 무덤에 바칠 꽃을 꺾기 위하여 어느 정원으로 갔다. 거리에는 취한도 있어 위험하였지만, 그곳에는 부처님의 보좌(寶座)가 있어 안전하였다고 하였다. 이곳에서 촐라왕 킬리바라반의 아들 우다야쿠말라왕자는 마니메하라이를 보고 유혹하였지만, 스타마티는 육체가 악의 근원임을 말함으로써 마니메하라이를 왕자로부터 지켰다. 그러나 마니메하라이도 왕자에게 마음이 기울어져 있는 자신을 발견하게 되었다. 그럼에도 그녀는 여신의 도움을 받아 왕자로부터 벗어나 공중을 날아 남방의 마니팔라바섬으로 갔다. 이 불가사의한 섬에서 붓다의 보좌에 예배할 때, 그녀는 한순간 자신의 전생을 볼 수 있었다. 그녀는 간다라 지방의 한 왕의 딸로서 라훌라왕자와 결혼하였다. 그러나 왕자는 결혼 후 16일 만에 독사에 물려 죽고, 자신도 그 뒤를 따라 자살하였던 것이다. 그리고 그녀는 이 섬의 여신으로부터 전생의 남편인 라훌라가 실은 우다야쿠말라라는 사실을 듣고 자신의 마음이 그에게로 기울었던 것을 이해하였다. 동시에 그녀는 자신의 어머니인 마타비, 친구인 스타마티도 전생에는 자신의 자매였다는 사실을 알게 되었다. 여신은 마니메하라이의 미래를 예언하고, 또 자유로이 모습을 감추며 공중을 날 수 있는 주문을 가르쳐 주었다.

그녀는 이 섬에서 다시 한 비구니를 만나 아무리 덜어내도 다함이 없이 음식이 담겨 있는 발우를 받았다. 이 발우는 아프트라라는 바라문이 가지고 있던 것이었다. 아프트라의 어머니는 바라나시의 한 바라문의 처로서 순례에서 돌아오는 도중에 그를 낳아 숲에 버렸다. 다른 바라문이 그를 발견하여 바라문의 교양을 갖추도록 양육하였지만, 성장하여 무고한 소가 야즈냐의 의례에서 살해되는 것을 비난하여 추방되었다. 그는 탁발을 하면서 사람들에게 자비를 베풀다가 이 섬에서 마지막으로 생을 마쳤다. 마니메하라이가 받은 발우는 바로 이것이었다. 아프트라는 차바카(현재의 수마트라)에 있는 수행자의 집에 재생하였고, 이곳의 왕은 그를 양자로 삼아 뒤를 이을 사람으로 양육하고 있다.

마니메하라이는 어느 도시의 불교승원에 소속된 공회당에서 이 발우로써 사람들에게 음식을 나누어 주고 있었다. 그리고 이곳에서 어느 왕자에게 늙음·병듦·죽음의 괴로움을 받는 육체에 집착하지 말도록 설하였으나, 왕자는 듣지 않았다. 그녀의 몸에 위기가 닥쳤으나, 불상 가운데 하나가 소리를 발하여 경고하였으므로 그는 단념하고 돌아갔다. 그러자 그녀는 배워 둔 주문을 사용하여 걸식자로 모습을 바꾸었다.

그녀는 어떤 인연으로 촐라국의 왕에게 법을 설하여 죄수들을 해방시키고, 감옥을 자선당과 병원으로 바뀌게 하였다. 이 소식을 듣고 우다야쿠말라왕자는 그녀가 곧 자신이 찾던 마니메하라이라고 생각하여 만나러 왔다. 그녀는 노파의 모습으로 변하여 여인의 젊음과 아름다움도 결국은 이렇게 됨을 보여 주고 무상(無常)의 이치를 설하였다. 그런데 그녀가 모습을 바꾼 바로 그러한 모습의 여자 걸식자의 남편이, 이야기를 나누고 있는 두 사람을 보고, 왕자가 자신의 처를 유혹하고 있는 것으로 오해하여 밤에 왕자를 죽였다.

마니메하라이는 전생의 남편이었던 왕자의 죽음을 매우 슬퍼하였다. 그리고 왕자는 과거세에서 요리인을 죽였던 죄업으로 이제 죽음에 이르렀음을 정령에게 이야기하였다. 한편 아들이 살해되었음을 안 왕과 왕비는 분노하여 그녀를 붙잡았으나 결국 오해가 풀려 그녀는 석방되었다. 이때 한 비구가 마타비와 함께 왕궁으로 와서 모두에게 생의 원인, 무지, 선악의 행위를 설하였으며, 마니메하라이에게 비구니가 되기 전에 불교 이외의 종교를 공부하기를 요청하였다.

마니메하라이는 곳곳을 유행하다가 마지막으로 칸나기 Kannagi가 모셔져 있는 반지로 갔으며, 그전에 공중을 날아 차바카 교외의 한 유원지로 갔었다. 이곳은 푸냐라자왕이 통치하고 있었는데, 왕이 전생에서 쌓은 선행의 공덕에 의해 자연의 혜택이 풍부하고 국토는 번영하였다. 마니메하라이에 관한 이야기를 들은 왕은 그녀를 만나 그녀로부터 지금 그녀가 갖고 있는 발우는 전생에 자신이 갖고 있던 것이라는 이야기를 들었다. 그리고 그녀는 마니팔라바섬의 부처님 보좌에 예배하고 윤회의 감옥이 어떠한 것인가를 알도록 하라는 충고를 하고 돌아갔다.

왕은 어머니로부터 자신이 친아들이 아니라는 사실을 확인하고는 정치를 대신에게 맡기고 마니팔라바섬으로 갔다. 그는 보좌의 수호신으로부터 자신이 이 자리에서 죽었다는 이야기를 듣고, 또 자신의 (전생의 육신의) 유골을 보고는 정신을 잃기도 하였다. 그리고 왕은 마니메하라이로부터 국민에게 옷과 음식을 부족하지 않게 주는 이상적인 왕이 되어 달라는 이야기를 듣고 귀국하였다.

마니메하라이는 반지로 와서 아버지 코비란과 양어머니 칸나기를 위해 건립된 절을 찾아 예배하였다. 그리고 베다, 쉬바, 비슈누, 아지비카, 자이나, 상키야, 바이쉐쉬카, 로카야타 등의 종파의 가르침을 공부하였다. 코비란의 아버지, 즉 조부도 이제는 비구가 되어 있었다. 첼라왕은 마니메하라이에게 귀의하여, 마니팔라바섬에 있는 것과 동일한 숲과 목욕용의 욕조를 기진하였다. 이곳에 어머니 마타비와 친구 스타마티도 와서 모두 삼보(三寶)에 귀의하였으며, 성대히 밝힌 등불 아래서 마니메하라이의 득도식이 이루어졌다. 그녀는 비구니가 된 것이다.

《마니메하라이》는 30권에 이르는 장편의 서사시이다. 신화적인 윤색이 섞이면서 이야기가 전개되지만, 그 가운데에는 당시의 타밀인의 생활과 함께 불교 승원의 생활, 비구ㆍ비구니의 활동, 불상과 보좌의 예배, 그리고 일반적으로 유포되어 있는 불교의 가르침 등이 아로새겨져 있다. 당시에 불교가 수용된 모습을 반영하고 있는 것으로 보아야 할 것이다.

특히 윤회가 신앙되고 선인낙과, 악인고과(善因樂果, 惡因苦果)의 업의 사상이 전편을 흐르고 있다. 이는 북인도에서 서북인도에 걸쳐 서력 기원후 수세기에 성행된 일련의 아바다나 Avadāna 문학작품과 유사성을 보이고 있어 흥미롭다. 아바다나는 자신이 행한 행위의 결과는 예를 들어 육체가 소멸된 후에도 언젠가는 결실을 맺지 않을 수 없다는 업의 사상을 기조로 하는 불교설화문학이다. 그리고 이는 북인도, 남인도를 통해 불교도 일반에 대중적으로 침투되어 널리 신봉되었으며, 윤리성의 근거가 되기도 하였던 불교의 가르침이 어떠한 내용이었는가를 보여 주는 것이기도 하다.

남인도와 불교

북인도의 아리야문화——보다 정확하게 말하면 아리야문화를 핵심으로 하면서도 토착문화와 융합, 중층화되면서 북인도에서 발전한 힌두문화——는 일찍부터 빈디야산맥을 넘어 부단히 남인도로 유입되었다. 그러나 힌두문화의 성격을 규정하는 사회조직, 즉 카스트·바르나제도가 남인도에 정착하기에는 상당한 시간을 기다리지 않으면 안 되었다. 타밀 지방에서도 바르나를 근간으로 하는 카스트제도가 확립되었던 것은 6세기 경이었다. 인도반도 남단의 켈라라 지방의 지배적 호족인 나야르족이 카스트화된 것은 8세기 이후의 일이다.

물론 바라문계급은 일찍부터 존재하였다. 사성(四姓)의 구별도 알려져 있었으나, 실제상의 중요성은 없었던 것으로 보인다. 앞에서 언급한 바와 같이, 여러 왕조의 왕들은 베다적인 제사를 수행하고 있었는데, 이는 물론 바라문의 존재를 예상시키는 것이다. 또한 인드라신과 같이 베다의 신들도 신봉되고 있었다. 동시에 쉬바, 비슈누, 크리슈나, 발라라마 등, 기원전 수세기 이후에 대두된 힌두교의 새로운 신들도 일찍부터 남인도에 알려져 있었다. 그러나 동시에 남인도 여러 부족 고유의 신들에 대한 신앙도 결코 없어지지는 않았다. 대개 기원전 2세기 경부터 10세기에 이르는 1,000년간은 남인도의 생활문화가 힌두문화와 밀접하게 관계를 맺으며, 힌두문화에 새로운 요소를 다채롭게 유입시킴으로써 그 내용을 풍부하게 하고, 그렇게 함으로써 스스로 힌두화되어 갔던 시대이다. 결국 '산스크리트화'가 부단히 진행되었던 시대였다.

이러한 산스크리트화, 힌두화의 최초기부터 불교(그리고 자이나교)는 남인도로 진입, 정착하였다. 지방, 시대에 따라서는 불교가 힌두교보다 우세하였던 것으로 생각되는 경우도 적지 않다. 따라서 불교의 발전이 카스트 및 바르나제도와 관계하며 이루어졌다고는 볼 수 없다. 인도대륙 전체가 힌두화되고 카스트화가 완성된 이후에는 카스트의 질곡에서 벗어나기 위해 카스트를 부정하는 종교――예를 들면 이슬람교, 자이나교, 그리스도교 등――로 개종하는 예가 적지 않다. 그리고 뒤에서 다시 언급할 것이지만, 현대의 인도에서도 암베드카르 박사를 따라 불가촉민 카스트가 집단적으로 불교로 개종한 것도 기본적으로 동일한 발상에 기초한 종교적, 사회적 운동이었다. 그러나 고대의 남인도에서는 카스트·바르나제도가 아직 확립되어 있지 않았으며, 따라서 이로부터 자유를 찾아 불교에 귀의하는 일은 없었다. 석존이 바르나를 부정한 것은 사실이다. 석존 이후의 불교지도자들도 비구(니) 상가에의 입단, 재가신자와의 접촉에 있어 카스트·바르나제도에 따라 차별을 하는 일이 없었다. 결과적으로 불교도에 하층민이 많지는 않았지만, 이는 다른 이유에 따른 것으로 불교 측이 하층민을 의식적으로 거부하였던 것은 아니다. 요컨대 불교는 카스트제도가 없어도 불교일 수 있었으며, 이러한 점에서 종교적 다르마의 실천이 카스트제도와 관련되어 있는 힌두교와 다르다. 동시에 불교는 카스트제도가 있다 할지라도 불교일 수 있으므로, 결국 불교의 수용, 정착에는 카스트제도의 유무가 관련되어 있지 않다.

다만 비문 등의 자료를 가지고 추정하여 보면, 해외무역에 의한 거대한 부를 배경으로 하는 남인도의 여러 왕가, 상인들이 불교교단의 외호자가 되었음은 사실이다. 꼭 사회의 상층계급만이 신자이며 비구·비구니를 배출하는 사회적 기반이라고는 할 수 없지만, 상층계급 사이에 널리 신봉되고 외호되었던 사실은 의심의 여지가 없다. 《마니메하라이》만 하더라도 주인공들은 도시문화가 꽃핀 왕도의 화려한 왕궁생활과 관련된 세계에 사는 사람들이다.

동일한 현상이 남인도의 불교사 전체에 개재되어 있는 것으로 생각되며, 이는 비문을 통해서도 증명된다. 고대 남인도 불교의 그 초기적 형태는 불탑숭배가 중심이었다. 그런데 안드라 지방에는 불탑 유적이 상당히 많지만, 남쪽의 타밀 지방 및 카루나타카 지방에서는 거의 발견되지 않는다. 불상이 불탑을 대신하였던 것이다. 불탑도 불상도 동일한 종교적 기능——진실의 구현자, 역사적 존재로서의 석존 불타에 대한 동경과 귀의——을 갖고 있다. 동시에 불타와 법, 승 즉 삼보에 대한 귀의가 현세이익적인 기원, 기도의 의례와 결부되어 있었음이 틀림없다. 그리고 승원에 거주하는 비구, 비구니, 교단에 대한 갖가지 시여와 윤리적 행위의 강조가 공덕의 관념과 결부되어 있다는 점도 남인도의 봉헌명문에서 알 수 있는 사실이다. 공덕, 생천을 지탱하는 것이 윤회, 전생 및 업보의 관념이라는 사실은 《마니메하라이》의 이야기에서도 충분히 엿볼 수 있다.

한편 불교교단의 엘리트들은 종교적 자각을 심화시키고, 철학적 논의, 경전의 주석 등 지적인 작업을 수행하였다. 종래 남인도의 불교가 무시되지는 않았다 하더라도, 많은 논사, 학자를 배출한 문화사적 맥락과 배경이 충분히 설명되지는 못하였다. 이는 금후의 불교사 연구에 중요한 테마중의 하나가 될 것이다. 다만 여기에서도 각 왕조의 정치적 변화에 좌우됨이 거의 없이, 종교 엘리트들의 지적 활동이 민중신앙으로서의 불교 기반 위에 전승되었다는 사실을 지적해 둘 필요가 있을 것이다.

남인도에서의 불교의 쇠퇴

데칸은 나가르주나 콘다에 불교유적을 남긴 안드라 지방의 이크슈바쿠왕조를 비롯하여 여러 곳의 여러 왕조로 분할되고 그들의 성쇠가 있었으나, 데칸 북부에서 흥기한 바카타카왕조가 5세기 말 경까지는 중심세력이 그러나 6세기 초에 찰키야왕조가 이를 대신하였으며, 6세기 중엽에는 거의 데칸 전역을 지배하였다. 아잔타 석굴사원 벽화의 마지막 부분을 조성한 것도 이 왕조였다.

한편 타밀에서는 기원전 1~3세기 경에 샹감문학이 발생하였고, 칸치푸람, 카베리파티남, 마두라이 등의 도시를 중심으로 불교가 번영하였다. 4,5세기에 불교적 세계관이 널리 수용되었음은 이미 《마니메하라이》를 통하여 살펴보았다. 대승불교도 3세기에는 정착되어 있었으며, 촐라의 불교시인으로 비구인 상가미트라가 세일론으로 건너가 그곳의 왕을 대승불교도로 개종시키고 아바야기리 비하라를 확대·정비하였다고 한다.

이 지방이 5세기 중엽부터 카라브라왕조의 지배 아래에 있었다는 사실은 알려져 있으나, 자료의 부족 등으로 이 시대의 상세한 역사를 알 수는 없다. 다만 6세기 말에 이 왕조를 파하고 독립한 힌두의 판디야왕조 시대의 비문에 '악한 지배자'라는 험구가 있는 점에서 아마도 반힌두, 즉 불교와 자이나교를 보호하였던 왕가가 아니었나 추정된다. 이를 증거하듯이 세일론의 팔리어 경전에 주석을 붙인 유명한 학자 붓다닷타는 이 카라브라의 왕 아추타 비칸타의 보호를 받으며 카베리파트남의 한 정사에서 저작활동을 하였다고 한다. 또한 5세기의 붓다고사도 칸치푸람의 왕의 외호를 받았다고 한다. 붓다고사는 경전, 율전에 방대한 주석을 남긴 사람으로, 그의 팔리어 저작에 의하면 칸치푸람, 카베리파트남, 마두라이가 팔리불교의 3대 중심지로서 세일론, 동남아시아와 불교 교류가 성행하였다고 한다.

또한 6세기 초 중국 양(梁)나라 무제(武帝) 때 처음으로 선(禪)을 전하였다고 하는 보디다르마 Bodhidharma(菩提達磨)도 칸치푸람 출신의 왕자라고 하며, 북인도 굽타왕조의 궁정에서 활약한 대승불교의 논사 디그나가 Dignāga(陳那)도 타밀 출신이라고 한다.

그러나 6세기 말 경부터 이 지방에 판다바, 판디야왕조가 부흥하여 데칸의 찰키야왕조와 항쟁하게 되었다. 현장이 7세기에 남인도에 와 바다미와 칸치푸람에 관한 기록을 남겼던 것도 판다바왕조의 나라싱하 바르만 1세 시대였다. 이 왕은 세일론의 왕위계승운동과도 관련되어 있다.

스리랑카는 현재 독립국이지만, 정치사, 문화사적으로는 인도 본토와 따로 생각할 수 없다. 세일론 측에서 말하면 계속 타밀인 왕조의 침략으로 괴로움을 받았으며, 세일론 상좌부도 이러한 사회변화와 관련을 맺으며 발전하였다.

이러한 가운데 찰키야왕조는 8세기 중엽 데칸 서부에서 일어난 라슈트라쿠타왕조로 대체되었다. 한편 9세기 말에서 12세기에 걸쳐 판다바, 판디야왕조도 새롭게 부흥한 촐라왕조로 대체되었다.

이러한 상황하에서 불교(그리고 자이나교)는 7,8세기 경부터 쇠퇴하기 시작하였다. 그 이유는 여러 가지이지만, 힌두화의 진행, 산스크리트어의 유포, 힌두적 의례의 성행 등이 거론될 수 있다. 특히 인도 중세 종교사의 중심적 테마인 바크티 bhakti신앙의 보급은 불교에 큰 영향을 미치지는 않았다.

바크티는 일체의 자아를 버리고 오직 신에 귀의하여 전적으로 믿음과 사랑을 바치는 가운데 구제가 있다고 설하는 종교로서, 그 기원은 기원전으로 소급된다. 북인도에서 발상하여 점차 인도 전역으로 확대되었으며, 특히 남인도에서는 쉬바파의 나야나르 Nāyanār, 비슈누파의 알바르 Ālvār로 불리는 일군의 성인, 음유시인들이 있어 사람들에게 큰 감화를 주었다.

한편 불교는 이 시대에 밀교 시대로 접어들고 있었다. 밀교의 성립과 발전은 장을 별도로 하여 살펴볼 것이지만, 현장(玄奘)이 7세기 중엽 인도에서 공부를 하고 있을 때 그가 주로 체재하였던 날란다대학은 아직 밀교화되어 있지 않았다. 그런데 겨우 40수년 후인 7세기 후반 이후 의정(義淨)이 날란다를 찾았을 때에는 밀교의 본산이 되어 있었다.

인도의 밀교는 그 후 후기에 이를수록 점차 탄트리즘으로 불리는 사상, 수행법과 혼합되어 발전하였다. 안드라와 타밀 지방에도 이 탄트리즘이 유입되었음은 틀림없다. 안드라 지방, 특히 나가르주나 콘다가 탄트라밀교의 본산이라는 주장도 있으며, 슈리 파르바타가 본거지로 거론되는 경우도 있을 정도이다. 8세기 경의 인도네시아 보로부두르 유적, 그리고 12세기 경의 캄보디아 앙코르 와트 유적에 나타난 불교는 밀교적인 것이다. 이들은 그 시대에 인도 특히 남인도에서 밀교를 받아들였던 것이다.

그러나 인도불교의 탄트라화는 힌두 탄트리즘과의 혼용을 촉진시켜, 불교의 독자성을 잃는 결과를 낳았다. 그리고 뒤에는 힌두교에 흡수되는 원인이 되었다.

본래 남인도에서 불교가 곧 모습을 감춘 것은 아니다. 8,9세기 이후에 속하는 각문(刻文) 가운데 중요한 것을 조사함으로써 대개의 추세를 살펴볼 수 있다. 예를 들면 10세기에 버마승 차파는 칸치푸람 출신 승려 두 명을 포함한 5명과 함께 귀국하였다. 12세기의 카르야니 비문은 남인도의 불교 고승들의 이름을 기록하고 있으며, 그 가운데에는 최초로 팔리어 문법을 쓴 카차나와 칸치푸람의 승원에서 여러 권의 철학적 저서를 쓴 아누룻다 등의 이름이 있다. 또한 판디야의 다르마키르티는 세일론의 파라카마 바후 2세(재위 1236~1268)의 초대를 받아 세일론에서의 결집에 참가하였다.

카르나타카 즉 현재의 마이소르 지방에서는, 1065년의 시카르푸르 비문에 발리가베에게 찰키야왕조의 어느 대신이 하나의 승원을 기진하였으며, 타라와 불타의 숭배를 위하여 토지를 기진하였음이 기록되어 있다. 또한 한 왕은 네가파타남의 승원에 마을을 기진하였는데, 이 사원은 자바의 샤이렌드라왕조의 말라비자야 툰가바르만의 창건과 관계된 것이다. 코리바드에서는 13세기의 산스크리트명문이 있는 타라보살상이 출토되었다. 마이소르 남부에는 고고학적인 자료가 그다지 보이지 않으나, 북마이소르에서는 적어도 13세기까지 불교가 지속되었던 것으로 확인된다.

안드라의 아마라바티에는 스투파에 대한 12세기의 봉헌명이 있는데, 1234년에도 한 왕비가 토지를 불교교단에 기진하고 있다.

이와 같이 남인도의 불교는 7, 8세기를 경계로 하여 쇠퇴의 길을 걸었다. 그러나 각지에 미세하게나마 존속하였음이 알려져 있는바, 이의 상세한 역사는 앞으로 검토되어야 할 것이다. 그러나 화려하였던 남인도의 불교는 점차 힌두세계 안으로 흡수되어 모습을 감추게 되었다.

7 서북인도와 불교

마투라

불교의 발전은 결코 중앙집권적인 본부에서 전도사가 파견되는 형태로 이루어지지 않았다. 한 지역에 '현전상가'가 정착하면 비구들은 이를 근거로 하여 새로운 지방으로 진출하였다. 그곳에서 신자를 얻고 승원이 기진을 받으며, 불탑이 조성되는 형태로 발전하였다. 이때 일반 재가신자에게는 현전상가 및 비구가 소속된 부파의 차이는 거의 의미를 갖지 않았다. 부파를 구별하는 것은 율조항의 사소한 차이이며, 아비다르마로 총칭되는 철학적 교의의 차이였다. 이는 재가신자의 불교신앙에는 거의 관계없는 것이다. 그들의 신앙은 오히려 연이 있는 비구에 대한 귀의이며, 외호였다.

그러나 비구에게서 부파의 의미는 크다. 율을 지키는 일이 비구에게 목숨과 같은 중요성을 갖는 이상, 상이한 내용·수의 율에 따라 출가한 비구는 평생 특정한 상가에 소속된다.
　따라서 고대인도 불교의 발전은 어떠한 지역에 어떠한 현전상가가 성립되고 정착되었는가를 중심으로 살펴보지 않으면 안 된다. 이러한 의미에서 분별부(分別部＝上座部)는 앞에서 언급한 바와 같이, 주로 비디샤와 웃

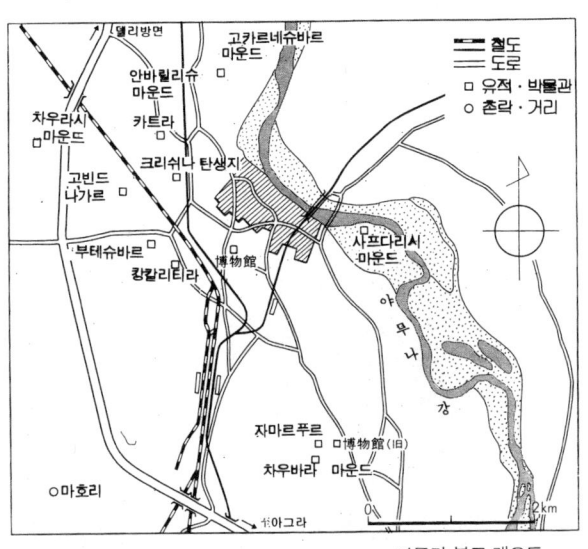

마투라 부근 개요도

자인을 중심으로 하는 서인도를 경유하여 데칸 서부, 세일론으로 발전하여 갔던 큰 흐름이다. 이에 대해 특히 마투라에서 서북인도에 걸친 지역에서 크게 진전된 부파는 유부(有部)교단이다.
　마투라는 야무나강 오른쪽 언덕에 있으며, 현재의 델리시 동남방 145킬로미터, 아그라시 서북방 38킬로미터 지점에 위치하는 옛 도시이다. 간지스강 중하류 유역에서 서북인도로 통하는 교역로상에 있으며, 북동쪽의 슈라바스티에서 남쪽의 웃자인으로 가는 길과 교차하는 교통의 요충이다. 석존 시대에는 소위 16대국의 하나인 슈라세나의 수도였으며, 기원전 2세기의 파탄잘리라는 문법가는 상카샤나 파탈리푸트라보다 부유하였다고 기록하고 있다. 마투라는 상업, 정치의 중심지일 뿐만 아니라 옛부터 종교의 중심지이기도 하였다. 힌두교의 크리슈나 Kṛṣṇa──기원전 7세기 경의 실재인물로서 비아리야계의 야다바족의 지도자였다. 후에는 그가 신앙하던 바가바트 Bhagavat신과 동일시됨으로써 신격화되었으며, 나아가서는 비슈누신의 권화로 간주되어 힌두교의 주신(主神)의 위치에까지 올랐다──신이 발생한 곳으로서 크리슈나신화와 관련된 성소가 많다. 자이나교도 불교와 함께 동남방의 마가다에서 서쪽으로 진출하여 이 지역에 정착하였다. 경전의 편찬과 분파활동도 이 지역에서 이루어진 것으로 전해지고 있다.
　불교가 마투라로 진출하였던 시기는 서인도로의 진출시기보다 조금 늦는 것

제4장 불교교단의 성립과 발전　199

간다라의 불상(좌)과 마투라의 불상(우) 모두 2세기의 작품. 간다라불이 물결 모양의 머리카락을 지니고 있음에 대해, 마투라불은 삭발이다. 그외에 옷을 입는 방법에 있어 양 어깨 모두에 걸치는가 오른쪽 어깨에만 걸치는가 하는 점, 사실성과 상징성 등은 두 지역이 상이한 전통을 배경으로 제각기 불상을 조성하기 시작하였음을 나타낸다.

으로 보인다. 초기의 불전은 서인도 전법을 전하는 한편으로 마투라를 '다섯 가지 잃음이 있는 나라'라고 한다. 즉 인구가 많고 부유하지만 도가 행해지지 않고, 자만심이 강하며, 광포한 개와 소가 많고, 탁발하기 어려운 것으로 기술되어 있다.

마우리야왕조의 지배를 받던 이 도시는 기원전 2세기에는 박트리아의 메난드로스왕의 통치를 받았다. 그는 뒤에서 다시 언급할 것과 같이, 펀잡을 수도로 하는 왕으로서 불교도였다고 한다. 그러나 기원전 1세기에는 사카족이 영유하여 크샤트라파 지배의 본거지가 되었다. 이에 따라 승원과 불탑의 조성활동이 활발하게 이루어졌다. 특히 사카족은 유부교단을 외호하였던 것으로 알려져 있다. 이 도시는 그 후 일시 지방세력의 지배를 받다가, 기원후 2세기부터 쿠샨왕조의 한 거점이 되었다. 그리고 4세기에 이르러서는 320년에 흥기한 굽타왕조의 지배로 편입되었다. 5세기에 이 지방을 방문한 중국승 법현(法顯)은 대소승을 합쳐 20곳의 승원이 있고 그 안에 3,000명의 승이 거주하였으며, 대승의 무리는 특정한 날을 정하여 반야바라밀, 문수보살, 관세음보살을 공양하였다고 기록하였다. 6세기에는 훈족(匈奴)의 침입으로 도시가 파괴되었으나, 그 후 6~7세기에 걸쳐서는 하르샤왕의 프라티하라왕조의 지배를 받으며 불교가 성행하였다. 7세기에 인도 여행을 하였던 현장은 이곳에 문수보살의 탑이 있음을 보고하고 있다. 또한 불상도 많이 있으며, 대소승의 승 3,000명이 거주하였지만, 이교도도 많았다고 한다. 그러나 고고학의 관점에서 6세기 이후의 불상은 출토되지 않고 있다. 그리고 1017년에는 무하마드 가즈니가 인솔하는 이슬람세력의 공격을 받아 불교승원은 파괴되어 버렸다.

마투라 및 그 주변에는 적지 않은 불교유적이 있다. 그리고 출토된 불·보살상도 상당한 수에 이른다. 현재 알려져 있는 불교관계의 비문——그 대부분은 봉헌기록이다——도 단편적인 것을 포함하면 기원전 2세기에서 쿠샤나왕조까지의 것만도 100개가 넘는다. 유품과 명문의 기록에 의하면, 불·보살의 조성활동이 현저하였으며, 승원이나 불탑, 용신(龍神)의 사당 등도 상당히 불교교단에 기진되었다. 이러한 점에서 불교가 융성하였음을 알 수 있지만, 그 가운데에서도 유부와 대중부계의 교단이 유력하였던 것으로 보인다. 이 두 부파는 이미 기원전 1세기 후반에는 경쟁관계에 있었던 것으로 생각되는데, 이는 그 시대에 속하는 사자 조각이 있는 비문을 통해서도 확인된다. 대중부가 전승한 《마하승기율》(摩訶僧祇律)의 성립도 이 지역과 관계있는 것으로 주장되고 있다. 이 지역은 동시에 유부의 일대 근거지이기도 하다. 아쇼카왕과 유부의 관계를 정리한 일련의 아쇼카왕 전설, 예를 들면 《아쇼카 아바다나》,《아육왕전(阿育王傳)》,《아육왕경》 등이 여기에서 편찬되었다고 한다.

유부와 근본유부

유부는 정확하게는 '설일체유부(說一切有部)'로서, 분별부 또는 세일론 상좌부(남방상좌부)와 병립하는 상좌부계의 한 부파이다. 뒤에서 다시 언급하겠지만, 마투라에서 카슈미르, 서북인도로 전파되었으며, 카니쉬카왕의 외호를 받고, 교학을 크게 발전시켰다. 철학사의 측면에서 말하면, 후세에 대승불교 및 힌두교 여러 학파의 논쟁대상이 되었다. 교단으로서의 세력도 강대하여 서북인도뿐만 아니라 아프가니스탄, 중앙아시아로 교세를 확장하여 불교의 국제화에 중요한 역할을 하였다.

아쇼카왕의 스승에 대해 세일론 전승이 목갈리풋타 팃사라고 함에 대해, 유부의 전승은 우파굽타라고 한다. 그는 마투라의 향료 상인의 아들로서 샤나바시의 제자라고 하는데, 붓다로부터의 사법(嗣法)의 계보는 석존——마하카샤파(大迦葉)——아난다[阿難陀)——샤나바시(商那和修)]——우파굽타(優婆笈多)—— 디티카(提多迦)로 되어 있다. 중국 등지 특히 선종 계통에서 강조된 법의 전승은 여기에서 유래한다. 그런데 이는 세일론의 남전에 의한 법의 전승 계보와는 크게 다르다. 아쇼카의 스승이라는 샤나바시는 불멸 후 100년 경의 제2결집에서 활약한 샤나바시와 동일한 인물로 믿어지고 있다. 그의 스승인 아난다는 물론 석존과 같은 시대 사람이다. 그렇다면 샤나바시는 100세 이상의 뛰어난 장수를 누렸던 것이 된다. 이러한 연대상의 모순은 마치 세일론 전승이 그 부파의 정통성을 주장하기 위하여 전법의 계보를 임의로 지어냈듯이, 마투라 유부에서의 신앙으로 간주되어야 한다. 우파굽타는 마투라의 고승이지만, 아쇼카왕과 직접적인 관계가 있었는가 그렇지 않은가에 대해서는 확실치 않다. 그러나 이러한 전승이 있다는 사실은 아쇼카왕이 불교교단에 큰 의미를 갖고 있으며, 동시에 마투라의 유부교단이 이러한 전승을 필요로 하고 또 그들이 이를 만들어 낼 정도로 강력한 세력을 갖고 있었음을 나타낸다.

한편 마투라의 유부교단은 근본설일체유부와의 관계를 고려하여 생각하지 않으면 안 된다. 마투라를 포함하여 간지스강 중·하류지역에는 그 후에도 유부가 성행하였다. 7세기의 현장도 북인도 전역에 유부가 존재하였음을 기록하고 있다. 그러나 약 30년 후에 인도를 여행한 의정은 대중부, 상좌부, 정량부와 나란히 '근본설일체유부'(약칭하여 근본유부)의 이름을 거론하고 있으나 설일체유부에 대해서는 아무런 언급도 하지 않았다. 유부와 근본유부는 사상적으로는 같은 계통에 속하나, 부파로서는 별개의 존재이다. 이는 전자가 《십송율(十誦律)》, 후자가 《근본설일체유부비나야(毘奈耶)》라는 별개의 율을 지니고 있는 점에서 확인된다.

《대지도론(大智度論)》이라는 대승의 논서에는 유부에 2종의 '비니'(毘尼,

vinaya, 율)가 있는데, 하나는 마투라의 비니로서 아바다나와 자타카 등의 설화가 포함되어 있고, 다른 하나는 카슈미르의 비니로서 위의 설화가 포함되어 있지 않다는 설명이 있다. 현존하는 율전 가운데《십송율》은 위에서 언급한 바와 같이 유부에 소속되며, 설화가 포함되어 있지 않다. 반면 근본유부의《근본설일체유부비나야》(8세기 의정 역, 산스크리트원전도 비교적 최근에 발견되었다)에는 다수의 설화가 포함되어 있으며, 일찍이 석존이 카슈미르에 왔었다는 기록도 싣고 있다. 카슈미르와의 관계를 중시하면 근본유부율은《대지도론》에서 말하는 카슈미르 유부의 율이 되며, 따라서 카슈미르와 근본유부의 관계가 농후하게 된다. 그러나 프라우발너 교수는 이 율과 카슈미르를 연결짓는 전승은 후대의 삽입이라고 함으로써 마투라의 비니가 근본유부의 율이며, 설화를 포함한 카슈미르 유부의 율이《십송율》이라고 주장한다. 이 점에 대해서는 여러 가지 이설도 있어, 유부와 근본유부와의 관계는 불교사에서 난제 중의 하나이다.

　이 두 부파의 관계에 대해서는 다음과 같은 문제도 있다. 아쇼카왕이 전도사를 각지에 파견하였다는 전승에 의하면 서북인도의 카슈미르, 간다라에 마잔티카라는 고승이 파견되었다고 한다. 이 아쇼카왕 전도사 파견설은 세일론 상좌부의 전승으로서, 그 역사성에 의심스러운 점이 있음은 이미 앞에서 설명한 바 있다. 그러나 마잔티카는 유부계통의 북전에도 '말전지(末田地)'라는 음역으로 거론되고 있다. 북전은 아마도 아쇼카왕 시대에 또는 이에 앞서 그가 카슈미르 지방에 불교를 전하였다고 하고 있는바, 이는 그대로 믿어도 좋을 것으로 생각된다. 따라서 그는 카슈미르의 불교도에게는 중요한 존재이다. 그런데 마투라 유부의 전승에는 말전지(末田地)라는 이름이 보이지 않는다.《아육왕전》《근본설일체유부비나야》도 마찬가지이다. 이러한 점에서 카슈미르 유부의 사람들이 마하카샤파──아난다──마잔티카──샤나바시──우파굽타로 이어지는 계보를 설정한 것으로 보인다. 그리고 이는《아육왕경》에 제시되어 있다.

　이러한 사정을 고려하여 근본유부라는 명칭이 유부 이후의 것이라고 간주할 때, 유부가 우선 마투라를 근거지로 한 다음 카슈미르로 발전되어 갔을 것으로 생각된다. 카슈미르 유부는 쿠샤나왕조 시대에 크게 발전함에 따라, 점차 마투라와 중인도에 잔류한 유부와 집단으로서의 대항의식을 갖게 되지 않았나 한다. 교단으로서의 내용의 차이도 나타나게 되었을 것이다. 이에 따라 마투라와

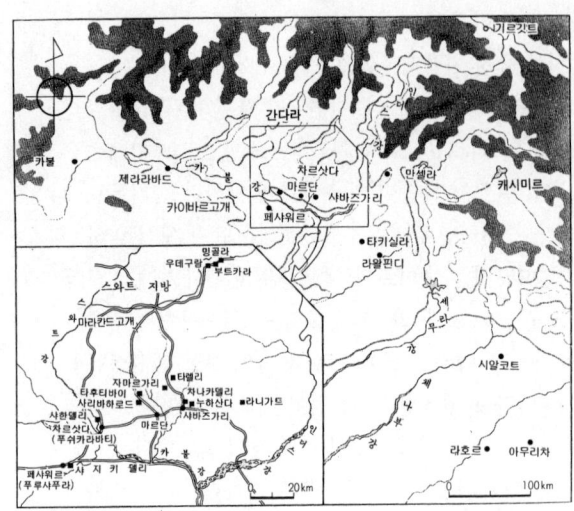
서북인도 및 간다라 지방

중인도의 유부교단이 본가임을 의식하여 후에 스스로는 근본유부로 부르게 되었을 것이라는 추정도 가능하다. 결정적인 결론을 내리기 어려운 문제이지만, 여하튼 마투라와 카슈미르, 간다라의 유부계 그룹 사이에 서로를 의식하는 요소, 일종의 대항의식이 있었음을 인정하지 않을 수 없다.

마투라와 간다라는 모두 당시 인도 조형미술의 중심지로서 서로를 의식하고 있었음은 확실하다. 불상은 1세기 말이나 2세기 초 간다라 지방에서 제작되기 시작하였다. 이에 호응하듯이 마투라에서도 거의 동시에 불상이 제작되기 시작하여 남인도의 안드라파에도 영향을 주었다. 불교에 있어서의 불상의 의의를 생각할 때, 마투라의 존재는 불교문화의 발전에 크나큰 의미를 갖고 있다고 하지 않을 수 없다.

쿠샤나왕조의 성립

카슈미르와 그 서쪽에 인접해 있는 간다라 지방은 불교가 인도를 벗어나 세계종교의 길을 걸어간 문호이다. 현대의 남방불교는 세일론을 통해 전파되었으므로 세일론도 불교가 세계종교로 되어가는 문호였음에는 틀림없다. 그러나 부파적으로는 모두가 남방상좌부로서 교의, 생활문화 전체가 기본적으로 단일한 불교이다. 이에 대해 서북인도에 정착하고 나아가 국외로 전파된 불교에는 유부뿐만 아니라 대승불교도 있으며, 상이한 민족과 문화 속에 정착·발전한 극히 다양한 불교이다. 이는 이 지방 역사의 필연적인 숙명이었다고도 할 수 있다.

기원전 3세기 중엽 옥서스 강과 힌두쿠시 산맥 중간의 비옥한 지방에서 흥기한 그리스 식민세력 박트리아는 제3대 에우티데모스왕에 이르러 세레우코스 왕조를 깨뜨리고 혼인관계를 맺으면서 정식으로 독립하였다. 기원전 3세기 말에서 기원전 2세기에 걸쳐서 일어난 일이었다. 그들에게는 헬레니즘을 옹호하는 의식이 있었다. 그들이 발행한 화폐에는 그리스의 문자와 신, 그리스풍의 국왕 초상이 새겨져 있다. 제4대 데메트리오스왕은 아프가니스탄, 편잡, 서인도를 차례로 정복하였다. 이 시대는 아쇼카왕이 이미 죽고 난 다음의 마우리야왕조 말기

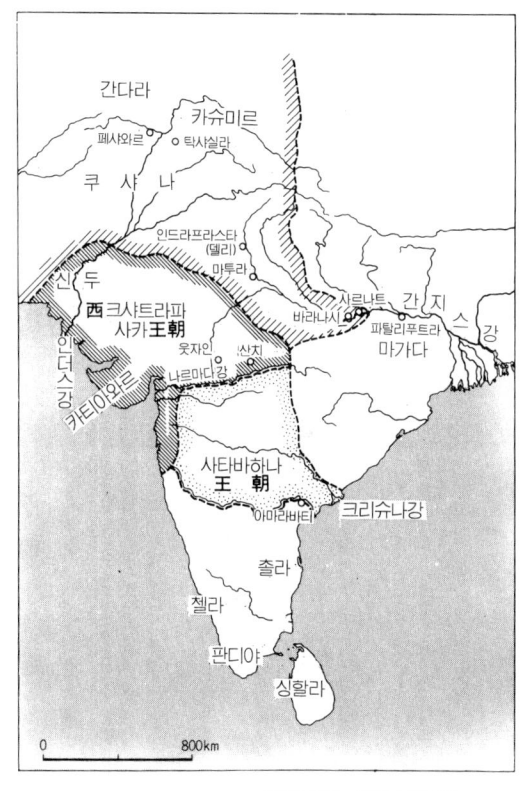

쿠샤나왕조 시대의 세력분포

의 쇠망의 시기였다. 그러나 이러한 정복전쟁으로 말미암아 박트리아 본국은 같은 계통의 에우크라티데스왕에 의해 찬탈되어, 박트리아는 두 계통으로 분열되었다.

에우크라티데스왕은 기원전 2세기 후반의 인물로서, 그 후 인도로 진출하여 데메트리오스의 인도령을 위협하고 카불과 탁샤실라를 중심으로 하는 간다라 지방을 정복하였다. 그러나 그 계통의 세력은 기원전 135년에 박트리아 본국을 사카족으로부터 탈환하였다. 이 계통의 안티아르키다스왕은 간다라 지방 동부의 탁샤실라에 도읍하여 카불도 영유하였는데, 그가 슝가왕조 계통의 한 지방 정권인 바가바드라왕국에 헤리오드로스를 사신으로 파견하였다. 헤리오드로스는 베스나가르에 가르다(불전의 金翅鳥)의 조각을 얹은 석주를 건립하였으며,

그 명문에는 비슈누신도가 되었음을 기록하였다. 명문으로 나타나 있는 그리스인이 힌두교도가 된 최초의 예이다. 이 세력은 그 후 나가르, 프슈카라바티(현재의 샤한 델리의 유적), 탁샤실라를 분유하는 세 왕가로 분열되었다.

한편 데메트리오스왕 계통은 펀잡으로부터 서북인도에 정착하였으며, 이 가운데 메난드로스왕은 기원전 155년~130년 경 샤카라(현재의 시아르 코트)에 도읍하였다. 그는《밀린다팡하》의 주인공으로 불교승 나가세나와 토론을 벌였던 것으로도 알려져 있다. 이 작품에 의하면 샤카라는 부유하며 아름다운 도시였다. 그리고 그의 지배권은 중부 인도에 이르렀으며, 그의 화폐는 카불에서 마투라에 걸쳐 다량으로 출토되었다.

이 박트리아 왕가는 점차 사카, 파르티아족의 세력에 압박을 받았으며, 그 후 기원후 1세기에는 쿠샤나왕조에 멸망되었다. 이에 따라 인도에서의 그리스 세력의 정치적 지배는 끝을 맺게 되었다.

사카족은 마우에스왕이 기원전 135년에 박트리아 본국을 정복한 후, 기원전 90~80년 경 간다라 지방으로 진출, 탁샤실라, 카피샤, 프슈카라바티를 영유하였다. 일부 세력은 마투라에까지 세력을 뻗쳤다. 그 별동대는 더욱 나아가 카차, 카티아와르, 구자라트, 마르와 그리고 데칸 서부로 진출하여 사타바하나왕조와 접촉하였다.

사카족의 펀잡과 중인도 지배를 대신한 것이 쿠샤나 왕조이다. 중국사료에 의하면 그들은 월지족의 하나인 대월지족(大月氏族)에 속하며, 기원전 3세기 후반 진(秦)나라 시황제(始皇帝)의 서호(西胡)정책에 의해 서방으로 추방되었으나, 기원전 2세기 후반에는 아랄해 연안 지방에서 사카족을 추방하였다. 그들은 사카족의 뒤를 좇아 카불에서 간다라 지방으로 들어왔다. 언어는 이란계이며, 인종은 최근 사카족이거나 토카라족으로 이야기되고 있다.

시조 쿠줄라 카드피세스왕과 비마 카드피세스왕은 모두 로마와의 교역으로 힘을 쌓았으며, 후자는 로마의 금단위로 2아우레이 무게의 금화를 발행하였다. 국왕신권설의 관념이 표면화된 것도 이 왕의 시대이다.

카니쉬카왕과 불교

제3대 카니쉬카왕은 처음의 두 왕과 동일한 쿠샤나족이면서도 계통을 달리하여 중앙아시아의 코탄 출신이다. 마투라에서 출토된 카니쉬카의 상에 의하면 그 복장이 전형적인 중앙아시아풍이다. 그의 즉위 연대는 인도 역사상 가장 큰 문제 중의 하나인데, 최근에는 144년, 적어도 2세기 후반이라는 설이 유력하다. 20수년에 이르는 그의 재위기간 중 쿠샤나왕조는 페샤와르에서 남으로는 산치, 동으로는 바라나시에 이르는 대제국이 되었다.

카니쉬카왕이 불교를 신봉·외호하였음은 의심의 여지가 없다. 그는 많은 불탑을 건립하였는데, 그 중에 수도 푸루샤푸라(현재의 페샤와르 부근) 근처의 샤지키델리에 건립한 것이 가장 널리 알려져 있다. 이것은 유부에 봉헌한 것이다. 여기에

카니쉬카왕이 봉헌한 솔제용기

안치되었던 사리 용기가 출토되었는데, 그 뚜껑 위에는 연꽃의 대좌 위에 불타가 앉아 있고, 좌우에는 협시로서 범천과 제석천이 배치되어 있다. 이에 대해 아미타불을 중심으로 관음, 대세지보살, 즉 '미타삼존(미타삼존)'이 아닌가 하는 설도 있다. 용기 본체의 측면에는 카니쉬카왕으로 생각되는 인물상이 해와 달의 신을 좌우로 하여 조각되어 있다.

그의 왕궁에는 불교 시인인 아슈바고샤와 대신 마탈라, 명의로 유명한 차라카가 있었다고 한다. 아슈바고샤 Aśvaghoṣa는 한역으로 마명(馬鳴)이라고 하며, 석존과 불제자의 이야기를 유려한 산스크리트로 쓴 인물이다. 차라카는 《차라카 상히타 Caraka-saṃhitā》의 저자로 유명한 의사이다.

또한 카니쉬카왕은 카슈미르에서 파르슈바존자를 우두머리로 한 500인의 아

라한을 모아 삼장(三藏)을 편찬하였다고 한다. 인도불교사에서 제4의 결집이라고 하는 것이 이것이다.

카니쉬카왕은 불교신자였지만, 다른 종교도 인정하고 보호하였다. 다양한 민족과 문화가 소용돌이치는 지역에서 각종 종교·신앙을 융화할 필요가 있었을 것이다. 따라서 카니쉬카왕이 발행한 화폐에는 석존을 조각하고 그리스 문자로 붓다라고 명기한 금화가 있으며, 동시에 쉬바신 및 그 이외의 힌두신을 새긴 것도 있다. 조로아스터교도 외호하였다는 사실이 알려져 있다.

카니쉬카왕에 한정되는 일은 아니지만, 서북인도에서 이민족들이 불교를 신봉하였던 이유는 첫째, 그들이 인도에 정착하여도 카스트 관계로 힌두교도가 되기 어려웠다는 점이 지적될 수 있다. 둘째, 불교의 보편성 및 종래의 것을 그대로 인정하는 세간적 차원 의례의 융통성이 지적되지 않으면 안 된다. 셋째로는 불교가 사회적으로 높게 평가되고 널리 신앙되고 있던 '인도의 종교'라는 점도 있을 것이다. 이러한 의미에서 불교는 이민족이 인도에 정착할 때 채용할 수 있었던 가장 적절한 종교였을 것이다.

이와 같이 하여 불교는 서북인도에 뿌리를 내릴 수 있었다. 명문에는 부파의 이름으로 유부 및 그 계통이 압도적으로 많다. 카니쉬카왕도 유부교단과 깊은 관계를 맺었던 것으로 보인다. 이러한 상황하에서 간다라, 카슈미르에서는 '유부7론'이라고 하는 아비달마논서가 작성되고 적지 않은 수의 불교철학자가 나왔다. 이들 논서를 주석, 정리한 것이 《대비바사론》(大毘婆沙論)이다. 그리고 4세기에는 바수반두(世親, Vasubandhu)라는 유명한 논사가 태어났다.

불교의 여러 부파 가운데 가장 일찍이 산스크리트어 불전을 작성한 것도 서북인도의 유부일 것이다. 특히 간다라어라는 의미의 '간다리'가 서북인도에서 중앙아시아에 걸쳐 기원전 3세기에서 기원후 3세기까지 사용되었다. 이 언어로 씌어진 《다르마파다》(법구경)가 있으며, 한역 《장아함경》과 《아미타경》과 같은 대승경전의 원전도 이 언어로 씌어졌음이 알려져 있다. 이러한 의미에서 그 지방의 언어로 법을 설하라는 석존의 가르침이 잘 지켜졌다고 할 수 있다.

카니쉬카왕 이후 몇 대가 계속되는 동안, 서방세계와의 교역에 의한 막대한 부를 배경으로 나라가 번영하였다. 불탑, 승원, 불상의 제작도 성행하였으며, 대승불교도 크게 발전하였다. 《법화경》이 성립된 것도 이 시기이다. 대·소승의 사람들이 어떠한 관계를 맺고 있었는가는 어려운 문제이다. 이에 대해서는 다음 장에서 자세히 살펴볼 것이다. 다만 불교를 외호한 사람들 가운데에는 금융 자본가가 많았음을 명문을 통해 확인할 수 있다. 장자 궁자(長者窮子)의 이야기가 나오는 《법화경》 제4장 신해품(信解品)의 내용을 통해서도 이를 짐작할 수 있다.

그러나 쿠샤나왕조는 점차 페르시아 왕조인 사산왕조가 동진해 옴에 따라 그 세력을 잃고 4세기에는 복속된 하나의 작은 왕국이 되었다.

간다라와 불상

카니쉬카 왕조 이후의 복잡한 정치적 변화에도 불구하고 불교는 서북인도에 착실히 뿌리를 내렸다. 그리스인, 샤카족, 쿠샤나족 그리고 인도인 사이에 소승 계통의 부파불교가 수용되었으며, 기원 전후부터는 대승불교도 크게 진전되었다. 이곳의 불교 신장도 남인도와 마찬가지로 기원전 2세기 경부터 성행하게된 인도와 서방세계와의 교역이 크게 관련되어 있다. 이민족의 계속된 침입은 인도 바깥 세계에 관한 다양한 정보를 제공해 주었으며, 교역의 루트도 개척되는 결과를 낳았다. 우선적으로 아라비아해 연안의 해로에 의한 교역이 신장되었다. 이에 따라 인도반도 서해안의 항구도시가 발전하고 그럼으로써 내륙의 상공업을 자극하였다는 점에 대해서는 앞에서 이미 언급하였다.

그 후 육로도 개발되었는데, 간다라 지방이 그 문호가 되었다. 간다라는 현재의 동아프가니스탄과 파키스탄 서북방을 포함하는 지역으로 인도의 가장 서북방에 해당된다. 중심 도시는 프슈카라바티(현재의 샤한 델리에 그 유적이 있다), 푸루샤푸라(현재의 페샤와르 근처), 탁샤실라(현재의 탁실라)였다.

인도내륙에서 탁샤실라에 이르는 길은 다시 카불에서 옥서스 강 유역의 박트리아 령을 지나 카스피해 연안으로 나아가며 다시 흑해에 이른다. 그 남쪽에는 카불에서 간다하르, 헤라트, 에크바타나를 경유하여 지중해에 이르는 길이 있다. 간다하르에서 페르세폴리스, 수사로 통하는 길도 개척되어 대상이 빈번하게 오갔다.

교역의 융성은 필연적으로 인간 그리고 여러 문화의 교류를 가져왔으며, 여러 민족이 각지에 정착함에 따라 그곳은 다채로운 문화가 혼합되는 곳이 되었다. 이러한 토양에서 불상이 조성되기 시작하였다.

불교도에게서 석존 붓다를 구상적으로 나타내는 것은 수백년 동안 금기로 되어 있었다. 전통적으로 일반적인 조상활동이 전혀 없었던 것은 아니다. 인더스 문명에는 무용하는 사람의 상, 쉬바신의 모습으로 간주되는 부조 등 여러 가지 상이 있다. 불교시대에 이르러서도 예를 들면 바르후트, 산치 또는 파탈리푸트라, 마투라에도 야크샤상과 야크시니상 등이 조성되고 있다. 그럼에도 불구하고 붓다상만이 구상화를 허용하지 않았던 것은 불전도(佛傳圖)에 붓다가 있어야 할 곳을 법륜, 붓다의 발자국, 보리수 등으로 대신하고 있는 점에서도 확인된다. 반면 이러한 사실은 붓다의 존재를 나타낼 필요가 있으며, 불교도 사이에 붓다를 구상화하는 일에 대한 기대가 점차 높아져 갔음을 보여 주는 것이라고도 생각할 수 있다. 특히 이 시대에 이르면 붓다는 신격화되고 불신관도 발전하였다. 앞에서 설명한 바와 같이 점차 다불(多佛)사상이 나타났으며, 제보살의 관념도 발전하였다(제3장 참조). 이에 부응하여 예배의례도 발전하였고, 예배 대상에 대한 기대도 컸을 것이다. 한편 힌두세계에서는 오직 믿음과 사랑을 바치는 바크티 bhakti사상이 나타나기 시작하였다. 문헌적으로도 바크티를 바칠 대상으로서의 힌두신상이 기원전 2세기에 조성되기 시작하였다.

그러나 서북인도의 불교도가 불상 제작을 단행한 것은 서방문화의 자극과 여러 이민족이 뒤섞임으로 말미암아 전통의 구속됨이 적은 불교도 사회가 힘을 가졌음에 기인할 것이다. 다만 조형미술의 기법에 관해서는 간다라 불교미술을 그리스 미술의 직접적인 후계로 보는 것은 잘못이다. 간다라 및 그 외의 지역에는 이미 그리스 조형미술의 전통이 유입되어 그 영향을 받고 있으면서도, 토착적인 전통과 로마의 문화를 혼합한 새로운 조형미술의 전통이 발생하고 있었던 것이다.

여하튼 간다라에서 서력 1세기 말에 불전도 가운데 붓다상이 조각되기 시작하였다. 그리고는 곧 독립된 불상이 출현하였다. 이는 1세기 말에서 2세기 초에 걸친 시대로 비마 카드피세스왕의 시기였다. 최초기의 불상은 그레코로망의 영향이 크다. 원광(圓光), 물결 모양의 장발, 사실성, 의복 등에서 이러한 점을 발견할 수 있다.

일단 붓다가 조형화되자 불상 제작은 둑이 무너지듯이 활발하게 전개되었다.

2세기 중엽에 조성된 불, 보살상이 상당한 수에 이르며, 카니쉬카왕 자신이 건립한 사원에 안치한 불사리 용기의 뚜껑에도 불상이 조각되었다.

한편 거의 같은 시대에 마투라에서도 불상이 조성되기 시작하였다. 종래 미술사가들 사이에는 간다라불과 마투라불의 선후 관계에 대한 논의가 있어 왔다. 이는 시간적인 선후의 문제일 뿐만 아니라, 기법에 있어서도 어느 쪽이 선행하며 또 그것이 다른 것을 발전시켰는가 하는 문제를 포함한다. 구미의 연구자는 간다라불이 선행한다고 주장하며, 인도인 학자는 마투라불이 선행한다고 주장하는 경향이 있다. 그러나 현재는 간다라불과 마투라불이 기법상 별개의 전승에 속하며, 간다라에서 불상제작이 시작되었다는 소식이 마투라에 전해지자 마투라에서도 독자적인 조형기술의 전승에 따라 불상을 조성하기 시작하였던 것이 아닌가 하는 설이 유력하다.

어느 경우이든 서북인도 및 마투라를 중심으로 하는 북인도 전반에 걸쳐 그리고 서인도에서도 불상이 급속히 일반화되어 어느 것으로도 대신할 수 없는 예배대상이 되었다. 이러한 사실은 불상의 출현이 잠재적으로 불교도 사이에 얼마나 요망되고 있었는가를 보여 주는 것으로 생각된다.

그런데 불상이 출현하였어도 종래의 숭배대상이었던 불탑이 곧 소멸된 것은 아니었다. 오히려 양자는 긴밀하게 결합되어 불탑의 정면 또는 측벽에 불상을 조각하는 일이 많았다. 스투코 및 테라코타의 조상도 성행하여, 서북인도·아프가니스탄에서는 승원의 외벽에 불, 보살상을 두르는 경우도 발생하였다. 거시적으로 보면 불, 보살상은 점차 예배대상으로 정착하고, 이에 부응하여 예배의례가 급격히 발전되었다. 밀교의 복잡한 의례는 불상이 없었다면 발전할 수 없었을 것이다. 불상예배는 불교신앙의 핵심을 이루는 것이 되었으며, 불교는 불상과 함께 서방의 아프가니스탄 또는 북방의 중앙아시아에서 중국으로 전파되어 갔다.

제5장 불교도의 생활문화

1 두 차원

출세간과 세간

　불교의 본질로서의 세계관·인생관 및 행위규범이 석존의 깨달음의 체험에서 유래함은 두말할 나위 없다. 깨달음은 유한한 몸 그대로 영원·불사에 이르는 종교적 경지이며, 진실한 자기를 발견하는 것이다. 이를 보다 구체적으로 말하면 인간의 자아, 욕망이 작교함을 적극 억제함으로써 자신의 참된 모습을 체득코자 하는 것이다. 그러나 인간 일반의 일상생활은 번뇌에 뿌리를 둔 '계획'과 자아를 바탕으로 성립된다. 이를 세속적, 세간적인 것이라고 한다면, 깨달음은 기본적으로 이를 초월하는 것 즉 '출세간(出世間)'적이다.

　불교가 제시하는 생활법, 윤리도 그 근저에는 깨달음의 체험이 놓여 있다. 깨달은 사람이 인간 및 만물을 바라보는 그 바탕에서 저절로 발현되는 행위, 그것은 참된 자비로 충만한 중도의 올바른 행위이다. 따라서 불교윤리는 인간 실존의 뿌리에서 우러나오는 생활방법이다.

　그러나 일반인은 이러한 점에까지 이르지 못한다. 그러므로 그러한 체험을 지닌 사람들의 가르침에 따라 실현되어야 할 생활을 하고자 하는 노력이 요청된다. 이러한 의미에서 불교의 윤리적인 생활방법도 욕망을 억제하는 방향에 있으므로 출세간적인 것이라고 할 수 있다. 깨달음과 이에 관계된 많은 관념, 행위, 수행법 그리고 깨달음에 기초한 윤리적인 생활은 출세간의 차원이다. 이것이 없다면 불교는 불교로 성립될 수 없다. 그러므로 우리는 이를 불교의 '본질'이라고 부른다.

그런데 인간의 일상생활은 이러한 출세간의 관념과 의례, 윤리적 생활만으로 성립되는 것이 아니다. 예를 들어 공덕을 쌓아 사후 천계(天界)로 가서 안락한 삶을 누린다는 생각은 고대의 인도에만 있는 것은 아니다. 현대의 남방불교 여러 나라에도 그리고 중국・한국 등의 대승불교의 역사에도 흔히 발견되는 생각이다. 물리적인 의미에서의 영혼이 업에 따라 윤회, 재생하는 생각도 불교의 교리와 배반됨에도 불구하고 불교도 사이에 사실로 믿어지고 있다. 장의, 조상숭배의례, 통과의례, 기도, 주술의례 등도 세계의 불교문화에 늘 개재되어 있다.

그러나 이러한 관념, 의례, 관행은 모두 인간의 욕망을 직접적으로 만족시키고자 하는 방향에서 성립된다. 이러한 것만으로는 사태를 본격적으로 해결할 수 없다. 다만 일시적인 기분전환에 지나지 않는 것이다. 그럼에도 이는 인간의 위기를 단적으로 해소코자 하는 것임에는 틀림없다. 그러한 것들이 왜 그렇게도 상세히 규정되어 있는가는 각각의 의례, 관행의 구조와 기능에 따라 논의되지 않으면 안 된다. 그러나 이들은 모두 자아를 만족시키는 방향에서 성립되는 것이므로 현세이익적이며, 완전히 '세간'적 차원에 있는 것이라고 하지 않을 수 없다.

이러한 관념과 의례를 아무리 쌓아도 깨달음은 획득되지 않는다. 오히려 이를 버림으로써 획득될 수 있다. 그러므로 이들은 결코 '불교의 본질'이라고 할 수 없다. 그러나 이러한 세간적 요소는 일반인의 일상생활에서 깨달음보다 더 큰 무게를 가지고 있다. 이것이 없으면 일상생활은 성립되지 않을 정도로 중요한 것이다. 이는 '인간의 본질'이라고도 할 수 있을 것이다.

이러한 세간과 출세간이라는 두 차원의 관념과 의례가 꼭 모순되는 것은 아니다. 차원이 다를 따름으로 양립할 수 있다. 예를 들어 깨달음을 구하여 출가・수행하는 비구에게 있어 인생의 마디를 통과할 때 행해지는 통과의례(성인식, 결혼식 등)는 필요없겠지만, 부모와 동료들의 장의는 없어서는 안 될 것이다. 그리고 조상숭배가 수행에 방해되는 것은 아니다. 주술적 의례는 석존에 의해 금지되었으나, 역사적으로 불교가 발전해 가면서 여러 의례는 주술과 관계를 맺지 않을 수 없었다. 사후의 생천(生天)도 결코 최종적인 목적은 아니다. 하늘에 이르는 것은 깨달음과 다르기 때문이다. 그러나 고대의 인도에서 생천

장례식과 추모공양　　불교가 사회에 정착해 나가는 과정에서 비구는 재가신자를 위하여 장례나 추모 공양을 관장하는 역할을 맡게 되었다.

은 비구에게도 생활의 큰 목적의 하나가 되었다.

　세간적인 다른 관념과 의례도 여러 가지 형태로 불교도 사회에 정착, 실행되었다. 한편으로는 그럼으로써 출가수행자와 재가신자를 포함한 불교교단이 사회에 정착하고 오랫 동안 존속될 수 있었다.

　이와 같이 불교도의 생활문화에는 출세간과 세간이라는 두 차원의 관념, 의례, 관행이 포함되었다. 그러나 전혀 새로운 세간적인 관념이 불교도 사이에 돌연히 나타난 것은 아니다. 세간적인 불교의례도 처음부터 완성된 '불교의례'로서 주어진 것이 아니다. 이에는 종래의 여러 가지 종교전승——그 중에는 민간 신앙적인 것이 많다——이 도입되어 불교문화의 일부가 된 것이 많다. 즉 불교에 속하는 것이 아니었던 것이 점차 불교화됨으로써 불교도의 생활 가운데에 정착된 것이다. 결국 기원에 있어서는 불교적이지 않은 것이 많다. 그러나 이러한 점은 광범위한 힌두사회에서 불교가 정착되어 갈 때에 필연적으로 겪을 수밖에 없는 문화변용의 과정이라고 할 수 있다. 이러한 과정은 불교가 세일론 및 그 밖의 동남아시아, 중앙아시아, 중국 등지에 수입·정착되어 갈 때에도 발견된다. 물론 어떠한 세간 차원의 요소가 어떻게 불교에 유입되었는가, 출세간 차원의 관념·관행과 어떻게 관련되는가 등의 문제는 각 지방에 따라 다르다. 그러나 두 가지 요소가 복잡하게 중첩되고 병존·융합·상호변용되어 불교도의 생활 속으로 유입되었던 점이야말로 불교가 각 지방에서 정착할 수 있었던

제5장 불교도의 생활문화　215

요인이다.

그러므로 불교도의 생활문화 속에 현실로 존재하는 것을 교리적 측면에서 '불교가 아니다'라고 비난하는 것은 옳지 않다. 중요한 문제는 비불교적인 것이 어떻게 불교문화 속에 유입되었는가, 이것이 어떻게 수용되었는가, 그리고 불교 본래의 요소와 어떠한 관계를 맺고 있는가를 살펴보는 일이다.

불교와 불교적이지 않은 것

불교의 본질 부분과 기원적으로 불교적이지 않은 요소의 관계를 현대의 스리랑카, 버마의 불교를 예로 하여 살펴보도록 하자. 이들은 모두 상좌부 불교에 속하며, 불교가 국교라고까지는 할 수 없지만 중요한 종교가 되고 있는 나라이다. 그리고 이들 모두 인도의 이른바 원시불교 직계의 발전형태이다.

스리랑카의 어떤 불교도 마을을 조사한 에무즈 교수는 다음과 같은 보고를 하고 있다. 즉 사람들이 '불교' '종교' '사사나 sasana'(교법)로 부르며, 그러한 것으로 이해하고 있는 관념, 의례, 관행이 있다. 일차적으로 궁극적인 가치로서의 열반, 삼보, 선정의 관념이 중시되며, 수행 중심의 의례가 여기에 포함된다. 그러나 재가 신자는 그렇게 높은 차원의 것이 아니라, 계율을 지키고 공덕을 쌓아 하늘에 태어나기를 원하는 생활에 마음을 기울이고 있다. 여기에서는 비구의 수행은 물론 재가 신자의 생활도 불·법·승과의 관계가 깊다. 특히 비구의 존재가 없으면 그들은 5계도 받을 수 없으며, 공덕을 쌓는 것도 불가능하다. 이러한 것들은 비구가 관련되어 있으므로 이른바 불교 교단이 공인하고 있는 관념, 의례라고 할 수 있다. 그러나 불교도의 생활은 이것만으로는 성립되지 않는다.

'이것은 불교가 아니다' '이것은 종교가 아니다'라고 이해되고 있는 일련의 관념, 의례의 종교복합(체계)이 있는데, 에무즈 교수는 이를 '주술적 애니미즘'으로 부르며 3단계로 분석하고 있다. 우선 가장 위에는 고차원적인 정령과 신들이 있어 그들에게 청정한 공물을 바치고 환자 등에 대한 은혜와 도움을 기대하는 의례를 행한다. 둘째는 별의 신을 숭배하는 것으로 청정한 또는 부정한 음식과 춤을 공양하고, 주술사의 힘을 빌려 악한 별의 신을 조복시킨다. 셋째의 가장 아래에는 다른 주술사가 있어 부정한 음식을 야카 yakka(산스크리트어로는 yaksa)라는 악령과 프레타 preta라는 귀령에게 바치고 악령춤을 추어 환자에게 그들을 추방한다. 이러한 춤, 의례는 현대의 스리랑카 불교도 사이에 일반적으로 발견된다.

불교로 이해되는 종교복합과 이 주술적 애니미즘으로 불리는 종교복합은 각각 기능과 구조를 달리하는 상호 보완의 관계에 있다. 불교라는 종교복합은 해탈 및 사후에 선한 세계에서 살기 위한 윤리적 생활이 기본으로, 현실의 재해나 불행의 극복에 직접 도움이 되지 못한다. 이들이 처리하는 것은 주술적 애니미즘의 단계이다. 예를 들어 병이 들면 그들은 우선 의사에게 간다. 그리하여 병이 치료되면 이것은 신체기관의 고장이 된다. 따라서 의학은 '육체의 과학'이다. 그러나 의사가 치료하지 못하였을 때에는 병의 원인을 정령이나 귀령, 별의 신 등의 영향에서 찾아 주술적 의례를 행한다. 이러한 의미에서 주술적 의례는 '귀령의 과학'으로서, 출가·재가를 불문하고 그 가치를 인정하고 있다. 그리고 이로써도 병을 치료하지 못하였을 때에 그 병은 업(業)에 의한 것으로 생각하였다. 그리하여 출세간의 불교 본래의 깨달음에 의한 구제를 기다리지 않으면 안 된다. 동일한 기능분석을 스파이로 교수는 버마의 농촌을 예로 하여 설명하고 있다. 즉 한편으로 이상적인 열반을 목표로 수행하는 '불교'가 있으며, 이를 위해 출가, 비구의 생활이 권장된다. 그러나 다른 한편으로는 애니미즘적인 신념과 의례, 관행의 복합체인 '초자연적 관념'의 세계가 있다. 이는 나트 natt라는 정령숭배가 중심을 이루고 있다. 여기에서는 상당히 현실적인 입장에서 고뇌의 극복이 시도되고 있다.

현대의 남방불교에 대한 인류학적 조사가 적지 않은 학자들에 의해 이루어졌다. 그러한 조사 보고 가운데 위의 에무즈와 스파이로의 보고는 매우 믿을 만한 것이지만, 특정한 농촌에 대한 조사·분석이기 때문에 이것이 그대로 남방불교 전체에 적용된다고는 할 수 없다. 같은 스리랑카 또는 버마에서도 장소에 따라 상이한 상황이 무수하게 있으며, 학자에 따라 분석의 방법, 해석, 결론도 다르다.

그러나 비구가 관계되어 있으면서 불교도가 '이것이 불교이다'라고 이해하는 차원의 관념의례·관행과, 다른 한편으로 비구와 관련됨이 없이 '이것은 불교가 아니다'라고 막연히 이해되고 있는 종교복합이 존재한다는 사실은 공통적이다. 그런데 중요한 점은 '불교가 아니다'라고 일반적으로 이해되고 있는 것을 불교도가 실제로 행하고 있다는 점이다. 결국 비불교적인 관념과 의례가 불교적인 것이 아니라고 이념적으로 이해되고 있으면서도, 실제 생활에서는 이를 행하지 않을 수 없는 괴리가 있다. 그러나 그것은 그 가치가 인정되고 불교도 사회에 정착된 '문화'라고 하는 점에는 틀림없다. 이와 같이 불교와 비불교의 두 가지 종교복합 또는 체계가 병존하는 것이 불교문화의 기본적 구조라고 할 수 있다.

다만 여기에서 문제가 되는 점은 양자의 관계를 어떻게 보아야 하는가라는 점이다. 일반 대중은 그 상위를 강하게 의식하지 않는다. 그러나 지식인일수록 이념적인 면을 고집하여 실제 생활의 부분이 불교가 아님을 강조한다. 예를 들어 버마의 랭군에 있는 유명한 나트사원을 국가가 수리하고자 하였을 때, 어느 지식인이 다음과 같은 글을 신문에 게재하였다. "우리 상좌부 불교는 극히 합리적이어서 초자연적 또는 신비적인 요소를 전혀 갖고 있지 않다. (중략) 나트숭배와 같은 것은 참으로 이해하기 괴로운 타락이다. (중략) 만약 우리의 정부 지도자가 신이나 사술(邪術), 가치없는 주술적 의례 등 미신적인 일을 공적으로 행한다면, 이는 불교의 발전에 화를 입히는 것이 될 것이다." 이러한 비난에 대해 일찍이 버마의 수상이었던 우누 씨는 다음과 같은 글을 발표하고 있다. "불교도로서의 우리는 나트의 존재를 인정한다. 나트에 음식을 바치지만, 이는 그대가 누구에겐가 음식을 제공하는 것과 같다. 그러나 나트숭배는 종교 즉 괴로움과 재생으로부터의 해방에 관계하지 않는다. (열반은) 불법승 삼보에만 관련된다." 이러한 두 가지 견해는 불교를 받아들이는 유형을 보여 주는 것으로서 흥미있다. 전자는 열반을 추구함이 불교의 본질이라고 말하면서 한편으로는 현세이익 등의 세간적 요소가 교단의 발전에 필수적인 것임을 알지 못하는 엘리트성을 확연히 드러내고 있다. 그리고 우누의 의견은 나트숭배가 '불교' '종교'는 아니지만 불교도로서 당연히 해야 할 일이며, 그 본질이 '거래'임을 간파하고 있다.

이러한 조사 보고에 의하면 남방불교인들이 불교로 부르고 또 그렇게 이해하고 있는 종교복합에는 앞에서 지적한 출세간・세간의 두 차원의 관념・의례가 포함되어 있음을 알 수 있다. 세간적인 요소로서는 윤회, 생천, 공덕, 장의, 조상승배, 통과의례 등이 있으며, 이들은 비구와 직접 연관되어 있으므로 불교로 이해되는 것이다. 그러나 세간적 차원의 관념이라 할지라도 정령숭배, 샤만적 치료 등은 불교가 아니라고 한다. 그런데 이러한 차원의 야카 및 프레타는 불교와 함께 인도에서 스리랑카로 유입된 것이다. 결국 출세간 차원의 관념과 의례는 당연한 일이지만, 세간 차원의 요소도 이미 인도불교에 갖추어져 있었던 것이라고 하지 않을 수 없다. 물론 현대의 스리랑카에서 신앙되고 수행되는 것과 동일한 것이라고는 할 수 없다. 여러 가지의 상이한 양상을 띠고 또 시대에 따라 변화되는 역사를 갖고 있음을 인정해야 할 것이다.

그러면 세간 차원의 관념, 의례가 고대의 인도불교도 사이에서 어떻게 발생하고 어떻게 발전하여 갔는가? 출세간의 차원과는 어떻게 관련되어 있는가? 이러한 점도 고대 인도불교(문화)사의 중요한 테마이다.

2 재가신자의 생활

오계(五戒)와 팔재계(八齋戒)

불교에서 의지처를 구하는 사람은 우선 불·법·승 삼보에 귀의하지 않으면 안 된다. 그렇게 귀의한 사람 가운데 남자는 우파사카(우바새), 여자는 우파시카(우바이)이다. 그들은 항상 오계를 지키고자 한다. 오계는 '살아있는 것을 죽이지 않는다' '주어지지 않은 것을 갖지 않는다' '음행을 하지 않는다' '거짓말을 하지 않는다' '방일함의 원인이 되며, (사람을) 취하게 하는 주류를 마시지 않는다'의 다섯 가지 마음가짐으로, 이들 항목이 정형구로 정리된 것은 석존 시대 이후의 일로 생각된다. 따라서 석존 시대의 신앙고백은 삼보에 대한 귀의뿐으로, 처신의 방법은 개별적으로 노력해야 할 사항으로 남겨졌을 것이다. 그러나 후에 이 5계가 정형구로 정리됨에 따라 재가신자는 이를 비구에게서 확인받게끔 되었다. '수계(受戒)'가 그것이다. 결국 '5계를 받는다'는 것은 한 번의 의식으로 끝나는 것이 아니라, 기회가 있을 때마다 이를 받아 실행하겠다는 결의를 새롭게 하는 것이었다.

수계 포살일에 신자는 사원에 참배하고 비구로부터 5계를 받아 깨끗한 생활에 대한 결의를 다진다.

재가신자는 특히 매달 6일 동안 성스러운 날(六齋日, 달이 차고 기우는 날짜에 따라 결정된다)에 행위를 청정히 할 것이 요청된다. 구체적으로는 8재계를 지킬 것이 요청되었는데, 그 내용은 시대에 따라 차이가 있다. 그러나 기본적으로는 동일하다고 할 수 있다. 팔리율전에 제시되어 있으며, 현대의 남방상좌부에서도 채용되고 있는 것을 열거하면, (1)살아있는 것에 상처를 입히지 않는다, (2)주어지지 않은 것을 취하지 않는다, (3)거짓말을 하지 않는다, (4)술을 마시지 않는다, (5)성욕의 부정한 행위를 하지 않는다, (6)야간의 제때가 아닐 때에 음식을 먹지 않는다, (7)꽃이나 향료로 몸을 장식하지 않는다, (8)다리가 없는 침상에서 잔다는 것이다.

이러한 습관은 현대에도 엄격히 지켜지고 있다. 예를 들어 스리랑카에서는 이 성스러운 날을 포야일 poya day이라고 한다. 포야는 포사타 posatha(布薩)에서 유래하는 말이다. 특히 보름의 포야일은 국가적인 휴일로 되어 있다. 영화관과 극장, 식당 등은 문을 닫으며, 열렬한 신자는 흰 옷을 입고 근처의 사원으로 가서 예배하고 5계를 받고 법을 듣는 등 청정한 하루를 보낸다.

따라서 5계, 8재계를 실천하는 생활은 마음을 청정하게 하고 올바로 살겠다는 각오를 나날이 새롭게 하는 삶의 태도이다. 또한 이는 자아를 억제한다. 이러한 의미에서 무상, 연기의 세계관을 바탕으로 하는 불교 본래의 삶의 방식이라고 하지 않을 수 없다.

이러한 삶의 태도는 당시의 사회윤리와 어떻게 관련되어 있는가? 사회윤리는 그 시대, 그 사회에서 가치를 인정받은 것이며, 동시에 편의적인 것이다. 동일한 윤리덕목이 시대가 변함에 따라 가치를 잃는 경우도 있으며, 동일한 것이 장소를 달리 하면 옳고 그름이 반대가 되는 경우도 있다. 한편 참된 종교적 삶의 방식은 인간존재의 근저에 뿌리를 두고 있는 것이므로, 그것은 필히 그 시대, 그 장소의 도덕과 합치하지 않는 경우도 있다. 이 점에 대한 불교의 입장을 잘 제시하여 주는 경전으로서 싱갈라의 가르침이라는 원시불전이 있다.

싱갈라 Siṅgāla라는 이름의 청년은 동서남북과 위·아래의 여섯 방향으로 늘 예배를 하였다. 방위에 대한 숭배는 당시의 민간신앙의 한 형태였던 것으로 보인다. 이에 대해 석존은 참된 방위숭배는 다음과 같은 것이라는 가르침을 베풀었다. 즉 동쪽은 부모이다. 부모를 봉양하고 자식으로서의 의무를 다하며, 가계를 존속시키고 재산을 상속(하여 가업을 잇고), 선조에 제사를 지냄이 동쪽을 예배하는 일이다. 남쪽은 스승이다. 스승에게 예를 갖추고 가까이서 받들며, 열심히 배우고 경배함이 남쪽을 예배하는 일이다. 서쪽은 처자이다. 소홀함이 없이 존대하며, 남편·아버지로서의 도를 흐트리지 않고, 권위를 지니며, 장식품을 사줌이 서쪽을 예배하는 일이다. 북쪽은 친구이다. 선물을 하고 아름다운 말을 건네며, 그를 위한 일을 하고, 힘을 합치며, 속이지 않는 것이 북쪽을 예배하는 일이다. 아래쪽은 노복·용인이다. 그들에게는 능력에 따라 일을 맡기고, 음식을 충분히 주며, 병이 들었을 때에는 간병하고, 맛있는 음식이 있을 때에는 나누어 주며, 적당한 휴식을 취하도록 함이 아래쪽을 예배하는 일이다. 위쪽은 종교자 슈라마나·바라문이다. 몸·말·마음으로 친절히 하며, 문을 닫지 않고 보시를 함이 위쪽을 예배하는 일이다.

이러한 윤리는 당시의 인도에서 권장되고 있는 덕목이기도 하다. 힌두 관계의 문헌에도 비슷한 덕목이 제시되고 있는 점에서 그러한 사실을 알 수 있다. 결국 불교는 당시의 사회윤리를 대부분 받아들이고 있었다. 또 받아들인다 할지라도 불교의 인간에 대한 이해에 저촉되지 않는다는 자신도 불교지도자층에 있었을 것이다. 그러나 한편으로는 아무래도 수용할 수 없는 사회관습도 있었다. 예를 들면 동물의 피를 바치는 공희 yajña는 엄격히 금지하였다. 카스트·바르나제도에 나타나 있는 출생에 의한 인간의 차별도 인정하지 않았다. 다만 카스트를 타파하는 적극적인 사회개혁운동으로 연결되지 못했다는 점은 있다.

따라서 불교도의 일상생활은 극히 윤리적인 것이었다. 동시에 이것은 사회적으로 균형있는 중도적 생활방식이었다. 경전들은 재가신자의 생활에 대해 이러한 차원의 윤리를 강조하지만, 실제로는 그렇지 못했던 것으로 보인다. 다양한 다른 종교의 관념과 행위가 불교도의 일상생활에 관여하고 있었다. 그 대표적인 것들을 살펴보도록 하자.

공덕과 생천(生天)

석존의 시대에도 그리고 그 후 불교가 발전하여 가던 어느 시기에도, 공덕·복덕의 관념은 불교도의 생활과 뗄 수 없는 관계에 있었다. 현대 동남아시아의 남방상좌부 불교에서도 사정은 마찬가지로서, 불교도의 일상생활에 상당한 영향을 미치고 있다.

공덕 puṇya은 업·윤회의 관념과 밀접하게 관련되어 있다. 선한 행위(善業)를 한 사람은 사후 선한 세계에 태어난다고 하는바, 이 선업이 언제부터인가 공덕의 관념으로 대치되고 수량화되기에 이르렀다. 뛰어나게 선한 행위의 공덕은 많으며, 사소한 선행의 공덕은 적다. 그 반대가 악업에 대한 죄 pāpa이다. 따라서 공덕을 많이 쌓으면 사후 선한 세계에 태어날 수 있다. 선한 세계란 이론적으로는 불교의 가르침을 들을 수 있는 인간의 세계 및 천계를 말하지만, 실제로는 천계를 지칭하는 것이다.

천계는 현세의 쾌락이 최대한으로 이상화된 세계이다. 아름다운 여성, 감미로운 음식, 따뜻한 기후 등이 풍만한 한없이 즐거운 세계이다. 이런 의미에서 인도의──불교에서든 힌두교에서든──천계는 속된 세계이다. 그리고 천계는 인간계 위쪽에 있는 것으로 믿어졌다.

그러나 천계도 윤회의 한 과정에 있는 세계이다. 이러한 점에서는 인간 또는 동물의 세계와 다름이 없다. 천계에 태어날 만한 업이 다하여 공덕이 소진되면, 천인(天人)은 다른 존재로 전생하여 윤회를 계속한다. 윤회의 세계는 예컨대 천계와 같이 감각적으로 즐거운 세계라고 할지라도 실존적으로는 괴로움의 세계로 인식된다. 반면 깨달음, 열반은 쾌락을 부정하며 참된 자기를 추구하는 것이다. 이는 힌두교도 마찬가지이지만, 해탈, 깨달음은 윤회의 구속으로부터 벗어나는 것이다. 결국 천계는 결코 깨달음, 열반의 세계가 아니다. 후대에 대승불교가 성립되고 아미타불신앙이 발생하여 아미타불의 국토로서의 극락이 운위되었는데, 이 극락은 부처님 나라(佛國土)이다. 이러한 의미에서 하늘(天)과 극락은 전혀 다른 것이다.

따라서 최초기의 불전에서 석존은 비구들에게 사후 하늘에 태어나는 것을 바라지 말라고 하였다. 깨달음을 추구하여 수행하는 것과 생천은 관계없는 것이기 때문이다. 그런데 때때로 석존은 생천을 인정하는 듯한 발언도 하였다. 다만 이때의 천은 깨달음의 세계를 지칭하는 것이다. 즉 당시 광범위하게 알려져 있던 천의 관념을 차용하되 그 내용을 근본적으로 변화시켜 깨달음을 설명하고 있는 것이다.

그러나 모든 불전의 기록에서도 그리고 이를 바탕으로 하는 불교도의 현실 생활에서도 생천은 그 가치를 인정받고 있다. 다양한 설화문학에서도 재가신자는 물론 수행자까지도 선행을 하고 공덕을 쌓아 천계에 이름을 찬양하고 있다. 그리고 기원전 2세기 이후의 산치를 비롯한 인도 각지의 스투파, 사원, 정사의 부속물에 대한 봉헌명에는 선조와 자신의 사후 안락을 바라며 공덕을 쌓을 것을 목적으로 기진하였음을 명시한 것이 적지 않다. 그 중에는 비구, 비구니의 이름도 포함되어 있다. 결국 공덕, 생천은 불교도의 생활문화 가운데 그 가치가 인정, 정착되어 있었음을 알 수 있다.

공덕을 쌓을 수 있는 주된 행위는 보시와 계율에 따르는 올바른 생활이다. 이는 힌두교 세계에서도 마찬가지이다. 그런데 이 가운데에서도 보시가 강조된다. 가난한 사람에 대한 보시도 공덕이지만, 기본적으로는 종교에 관련된 존재에 대한 보시가 큰 공덕이 있는 것으로 믿어졌다. 종교적으로 성스러운 존재 가운데에는 바라문, 슈라마나, 불교로 말하면 비구, 비구니의 종교인이 있다. 그리고 승원, 탑원, 불탑의 건립·수리도 뛰어난 보시이다. 원시불전의 오래된 부분에 비구와 교단을 복덕(공덕)을 낳는 밭이라는 의미에서 '복전(福田)'으로 부르고 있는데, 이는 이러한 사상이 불교의 최초기부터 정착되어 있었음을 보여 준다. 동시에 이는 당시의 인도에서 당연한 것으로 여겨졌던 관념 및 행위를 그대로 믿었던 것에 지나지 않는다.

계율을 지키고 올바른 생활을 하는 것도 공덕을 쌓는 행위이다. 초기의 불전은 시, 계, 수(施, 戒, 修)의 셋을 삼복업사(三福業事)라고 한다. 복을 낳는 3종의 행위라는 의미이다. 그 중 수는 선정을 말한다. 삼복업사는 현대의 남방불교에서도 강조되고 있다.

앞에서 지적한 바와 같이, 공덕은 생천을 목적으로 하는 것이며, 천은 윤회의 일환이다. 그런데 윤회를 벗어나는 깨달음을 목표로 하는 불교가 생천을 궁극적 목적으로 할 수는 없다. 이것은 어디까지나 민간신앙적인 관념일 따름이다. 사람들은 안락한 내세를 원하기 때문에 보시를 하고 올바로 살려고 한다. 즉 보시·지계라는 윤리적 행위의 근거는 사후의 생천이다. 이러한 생각은 현대의 남방불교에 대한 여러 가지 조사에 의해서도 그리고 고대인도의 불교문헌(특히 설화문학)에 의해서도 확인된다. 결국 깨달음을 이루기 위하여 보시를 하고 계를 지키는 것이 아니다. 그러면 생천의 관념은 '불교' 체계 속에서 어떠한 위치를 갖는 것인가?

불교는 그 최초기에 재가신자의 깨달음은 불가능하다고 하였다. 출가하여 비구가 되어야만 깨달음을 얻을 수 있다고 하였다. 그러나 깨달음은 종교체험으로서 결코 용이하게 달성되지는 않는다. 비구라고 할지라도 깨달음은 현실적으로 요원한 것이라고 하지 않을 수 없다. 이에 따라 하나의 대안으로 출현한 것이 올바른 생활을 함으로써 선한 세계에 태어나 법을 청문하고 수행을 계속하는 생을 반복하다가 최후의 생에 이르러 깨달음을 얻는다는 생각이다. 자타카 이야기에 나오는 전생의 보살이 그러한 것으로서, 석존은 그렇게 수행하였기 때문에 마지막 생에 이르러 깨달음을 얻었다고 한다.

그러나 이는 하나의 이념이며, 교리적 해석이다. 일반적인 재가신자에 있어서는 언제 이루어질지 알 수 없는 깨달음을 목표로 하여 보시하고 계를 지킨다는 것은 설득력이 없다. 사실 현대의 인도에서도 그리고 고대의 인도에서도 공덕·생천의 도식은 이러한 맥락에서 받아들여졌던 것이다. 비구의 경우도 마찬가지라는 점은 앞에서 언급한 불탑, 굴원의 비구, 비구니의 기진명을 통하여 살펴본 그대로이다.

그런데 불교의 지식인은 공덕, 생천을 깨달음과 연결시키고자 하였다. 즉 재가신자에게 설하는 경우——비구에 대해서는 생천을 직접 인정하지는 않지만——공덕과 생천이 깨달음에 이르는 한 도정이라고 하였다. '차제설법(次第說法)'이라고 하는 것이 이것이다. 즉 재가인에게는 우선 시론, 계론, 생천론(施論, 戒論, 生天論)을 가르친다. 이에 의해 그들은 인연의 이치를 받아들이고, 마음은 점차 청정하게 되며, 흰 천이 염색되듯이 불타의 올바른 가르침이 스며든다. 4성제를 믿고 8정도를 행함으로써 깨달음의 전단계에 이른다. 여기에서 출가하여 깨달음을 얻는 자도 있다.

앞에서 살펴본 바와 같이, 현실의 사회생활에서 보시를 하고 계를 지키는 일은 깨달음과 직접 관련되지 않는다. 그러면서도 관련된 것으로 설명되는 것은 이념과 실제의 간극이 지식인에게 의식되었음을 보여 준다. 그들은 불교도 사이에 실제로 수행되고 있는 민간신앙적인 관념과 행위를 불교 본래의 가르침으로 편입시켰다. 이것은 정당화(justification)와 다름없지만, 세간 차원의 관념·행위가 출세간 차원으로 전환된 사례로서 그리고 불교문화의 다이나믹한 변용의 모습을 보여 주는 것이라고 할 수 있다.

윤회

불교가 성립되기 이전에 윤회와 업의 관념이 성립되었다는 점, 그리고 이것이 현대에 이르기까지 인도문화의 중심적 사상으로 기능하였다는 점에 대해서는 이미 언급하였다(제1장). 동시에 석존 및 불교는 윤회와 업을 물리적 의미에서가 아니라 종교적, 윤리적 맥락에서 수용하였다는 점에 대해서도 이미 언급하였다. 그러므로 일반적 의미의 윤회를 가능케 하는 두 요건, 즉 윤회의 주체 및 다른 세계가 실재하는가 그렇지 않은가의 문제는 큰 의미를 갖지 않는다. 석존은 무기(無記)를 통하여 다른 세계의 존재 유무에 관한 판단을 중지하였으며, 무아를 설할지라도 이것이 윤회의 관념과 모순되는 것은 아니었다. 그러나 불교도의 생활문화 속에는 윤회를 물리적인 의미로 이해하는 경우가 점차 정착되어 갔다. 불교도의 사회적 기반은 힌두사회이다. 이와 같이 광범위하게 믿어졌던 관념으로부터 불교도만이 벗어날 수 있는 것도 아니다. 그리고 대중의 생활이 이념으로서의 교리 또는 관념만으로 다스려지는 것도 아니다. 민중신앙적 요소가 여러 가지 형태로 수용되지 않으면 안 되었던 이유가 여기에 있다.

그러한 현상의 하나로 우선 지적될 수 있는 것이 구체적인 형태인 '다른 존재로 태어난다'는 생각이다. 타밀문학의 한 작품인《마니메하라이》에서는 다른 존재로 태어나는 이야기가 중요한 전개 요소를 이루고 있다. 또는 금·은에 집착하는 구두쇠는 죽어서 검고 큰 뱀으로 태어나서도 자신의 재물 위에 또아리를 틀었다는 이야기도 있다(Avadāna—śataka). 그리고 신앙 깊은 소년이 죽어

슬퍼하고 있으므로 천인으로서의 자신의 모습을 보여 주어 안심·위로시켰다는 이야기도 있다(Avadāna-śataka). 또 불교를 신앙하는 부부가 자식을 갖기를 바라는 것을 보고 제석천은 업의 과보가 다하여 다른 세계로 윤회할 때가 된 천인에게 그들의 자식으로 태어나도록 하였다는 이야기도 있다(Suvarṇavarṇa-avadāna). 이와 같은 이야기는 아함경전에도 그리고 아바다나 및 자타카 등의 설화작품에도 열거하기 어려울 정도로 많다. 이러한 설화의 바탕에 흐르는 관념은 생전의 선악업의 힘이 다음 생에 영향을 준다는 점만을 지적하는 업이론은 아니다. 특정의 개체가 다음 생에 그대로 특정한 개체로 태어난다는 구체적인 관념이 불교도 일반에 수용되어 있었음을 보여 준다.

사후에 가는 즉 윤회하는 다른 세계가 실재한다는 점도 확신되었다. 이를 바탕으로 점차 5도(五道) 또는 6도(六道)윤회의 관념이 발생하였다. 인간은 천(天), 인간, 아수라(阿修羅), 축생(畜生), 아귀(餓鬼), 지옥(地獄)의 세계를 윤회전생한다고 기원 전후에 성립된 문헌에 기록되어 있다. 이것도 실은 불교 본래의 생활과는 관계없는 민중신앙적인 관념이다.

천계와 지옥은 인간의 선·악이라는 두 가지 행위에 대응하는 즐거움·괴로움의 세계이다. 그런데 윤회의 세계가 상정될 때에는 없어서는 안 되는 것으로 표상된다. 인간이나 축생으로 태어난다는 것은 일상생활 중에서 심정적으로 충분히 이해될 수 있는 발상으로서, 이것이 독립된 세계로 존재하는 것으로 생각되었던 것은 당연한 일이다. 아귀는 특히 장례 때의 사자의 영혼과 관련되어 발전되었다. 이것이 후에는 하나의 세계로 간주되고, 생전에 인색하고 탐욕스런 행위를 한 사람이 가는 세계라고 하였다. 아수라는 윤회세계 중에서는 구체성이 가장 결여되어 있다. 아마도 선취(善趣; 선한 세계; 천·인·아수라), 악취(惡趣; 악한 세계; 축생·아귀·지옥)를 각각 셋으로 구분하기 위하여 추가된 것으로 보이나, 명확하지 못한 점이 많다.

기원 전후부터 그 이후의 불교경전에는 이러한 다른 세계로의 방문담도 있어, 5도 또는 6도윤회가 상당히 구체적인 이미지로 당시의 불교도 사이에 정착되어 있었음을 알 수 있다. 조금 후대에는 오취륜도(五趣輪圖)라고 하여 5도의 세계를 승원의 벽에 묘사하거나, 비구들은 천계의 즐거움과 지옥의 두려움을 설하여 사람들로 하여금 선한 행동으로 유도하였다.

이와 같이 다른 세계로 윤회전생한다는 관념이 일반화됨에 따라 윤회의 주체가 무엇인가라는 물음이 제기되는 것은 자연스러운 일이다. 힌두교와는 달리 불교 본래의 입장에서는 실체적인 영혼의 존재는 인정되지 않는다. 그러나 물리적인 의미의 윤회가 정착되면서 업을 쌓고 윤회하는 주체 문제가 제기되지 않을 수 없었다.

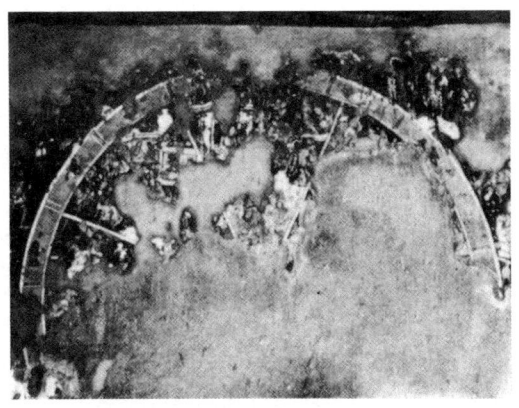

오취륜도 아잔타 제17석굴벽화. 파손이 심한 이 그림은 인간생존의 다양한 모습을 표현하고 있다.

불전은 원시불교 이래 불교도 사이에 윤회의 주체에 관한 다양한 반응이 있었음을 밝히고 있다. 그 중 하나는 '식(識)'이다. 식은 인간의 인식작용으로서, 눈·귀·코·혀·몸의 감각을 통합하는 작용을 한다. 사람이 죽으면 의식이 없어진다는 점에서 이 식이 인간생명의 본체와 관련되어 있다는 생각은 자연스러운 것으로도 보인다. 《중부경전》에는 사티라는 비구가 식이 유전·윤회하며 동일성을 갖는 것이라고 주장하여 석존에게 질책을 받았다는 이야기가 있다. 그리고 《상응부경전》에는 악마가 임종을 앞두고 있는 한 비구의 식이 몸으로부터 떠나는 것을 붙잡으려고 기다렸으나 결국은 잡지 못하였는데, 이를 본 석존이 이 비구는 깨달음을 얻었으므로 윤회하지 않으며, 그러므로 식을 잡을 수 없음을 설하였다는 이야기가 있다. 이러한 이야기는 '식'이 실체적인 윤회의 주체로 생각되기 쉬우며, 현실적으로 그렇게 생각되는 경우도 있음을 보여 준다. 많은 경전은 '식이 모태로 들어간다'라고 표현하고 있다. 이는 복잡한 교리학적인 해석에도 불구하고, 식이 영혼적인 존재로 생각되고 있음을 나타낸다.

현대의 타일랜드 동북부를 조사한 사회인류학자 탄바이아 교수에 의하면, 이곳에서는 두 개의 영혼이 있는 것으로 믿어진다. 하나는 빈잔이라고 하여 이것이 몸을 떠나면 사람은 죽는다. 따라서 장례의식과 관계된 것은 이 영혼이다. 장례를 집행하는 비구도 이것과 관계한다. 다른 하나는 쿠안이라고 하여 이것이 몸을 떠나면 병과 불행이 닥친다. 그러므로 이 영혼을 몸에 묶어 두는 의례가 수행되는데, 이 의례는 재가의 장로가 관장한다. 이 쿠안은 실은 '혼(魂)'으로서 중국문화의 영향이며, 전자의 빈잔은 인도불교의 '식(識, vijñāna)' 팔리어로는 viññaṇa에서 유래한다. 즉 원시불교가 발전된 형태의 타이랜드불교에서 식은 영혼으로 생각되고 있다. 그러나 그 기원은 고대의 인도에까지 소급된다.

그 밖에 '심(心)'을 윤회의 주체로 간주하는 생각도 일부 존재하며, 문맥은 다르지만 다음과 같은 모티브를 갖고 있다.

남전의 팔리어 불전과 북전계통의 《아바다나》 문헌에는 신들에게 기도를 하여도 자식을 얻을 수 없으며, 이보다는 세 가지 조건, 즉 양친이 서로 사랑하여 하나가 될 것, 모친의 임신기에 합치될 것, 그리고 간다르바가 올 것을 두루 갖출 때에 자식을 낳을 수 있다는 이야기가 있다. 앞의 두 조건은 불교의 합리주의적 사유방법을 남김없이 보여 주고 있다. 그런데 간다르바 gandharva는 인도의 신화에서 귀령의 일종으로 음악을 관장하며, 인간과 친한 존재이다. 옛부터 이 간다르바는 수태를 관장하는 신으로 여겨졌던 경우가 많다. 그러나 팔리어 《밀린다팡하》에는 이 세 조건을 언급한 다음에, 간다르바는 '어디에선가 와서 태생(胎生)의 집안에 태어나면 태생의, 난생(卵生)의 집안에 태어나면 난생의 생명을 갖는다'는 말을 덧붙이고 있다. 결국 모태에 들어가 태어나는 바로 '그것'을 가리키며, 이것이 조금 후대의 논서인 《구사론》에서는 '중유(中有)'라고 불린다. 중유는 죽은 후부터 다음 생에 태어나기까지의 중간 존재(有)로서, 중음(中陰)이라고도 한다. 따라서 이 간다르바도 윤회전생의 주체로 간주되었던 것이다.

사후세계의 실재, 윤회전생의 주체는 본래 불교의 사유방법과는 관계없는 것이었지만, 불교도들은 이를 다양한 형태로 널리 신봉하였다. 불교 본래의 입장과 현실적으로 통용되고 있는 관념 사이의 이와 같은 간극은 윤회의 원동력인 업 karma에도 그대로 적용된다.

업의 모순

일반적인 윤회·업의 이론에서는 생전에 행한 선악의 행위(=업)는 단순히 그 행위로 끝나는 것이 아니라, 일종의 힘(업력)으로 작용하며 영혼에 부착되어 다음 생을 규정하는 것으로 간주된다. 그러나 불교는 윤회와 마찬가지로 업을 실존적으로 파악한다. 즉 자신의 삶과는 관계없는 객관적인 사실묘사로서 행위——업(력)——윤회를 보는 것이 아니라, 현재의 자신의 존재를 업의 결과와 관련지어 파악한다. 그리고 이를 전향적인 삶의 자각으로 이해한다. 이에 대해서는 이미 제3장 2에서 설명한 바 있다.

그러나 일반인들은 그러한 업의 관념을 수용하고 하나의 가치관으로 인정하면서도, 일상생활에서는 보다 민간신앙적인 차원에서 이를 받아들이고 있다.

물리적인 윤회관이 정착됨에 따라 인간의 어떤 구체적인 행위를 내세의 어떤 특정 결과와 결부시키는 생각이 일반화되었다. 예를 들면 어떤 여성이 자신의 부실한 행위를 질책받자 이를 부인하면서, 자신이 정말 그런 그릇된 행위를 했다면 자신의 육신을 먹어 버리겠다고 하였다. 그 결과 그녀는 사후 아귀가 되었으며 주어진 음식은 모두 피고름으로 변하였다(Koṭikaruṇa-avadāna). 이러한 사례는 불전, 특히 설화문학에 적지 않게 실려 있다. 그리고 이러한 이야기는 업이론의 일부인 선인선과, 악인악과가 강조되었을 뿐만 아니라, 아주 극단적인 형태로 일반인에게 수용되었음을 보여 준다.

그렇다면 현재의 특정한 불행한 상황은 전생의 어떠한 악업 때문인가라는 질문이 제기되며, 나아가서는 그러한 악업의 과보가 나타나지 못하도록 억제코자 하는 의지가 발동된다.

어느 설화문학 경전은 한 국왕의 영토에 비가 내리지 않아 사람들이 기근으로 몹시 고통을 받았다는 이야기를 싣고 있다. 원인을 조사하였을 때, 그 왕이 전세에 신심이 없었기 때문이라는 사실이 밝혀졌다. 국왕은 비구들을 초빙하여 식사 및 그 밖의 것을 보시하고, 불상을 씻는 욕불(浴佛)공양을 하자 국왕의 악업이 소멸되고 갑자기 비가 내렸다(Suvarṇavarṇa-avadāna).

기근으로 고통을 받는 국민의 입장에서 보면, 국왕 개인의 과거세의 악업이 자신들의 생활에 영향을 미치고 있는 것이 되어 자업자득이라는 업이론의 철칙에서 벗어나 있다. 물론 이 이야기는 국왕의 죄, 그와 그 속죄를 주제로 하여 전개되고 있으므로 논리적 정합성이 필히 요구되는 것이라고는 할 수 없다. 그러나 한 사람의 악업이 다른 사람에게 누를 끼친다는 사상은 인도불교문헌의 다른 곳에서도 누차 발견된다.

그 국왕의 악업이 보시, 욕불에 의해 갑자기 그 영향력을 잃었다는 것은 참으로 편리한 생각이다. 실제문제로 곤란한 점에 부닥칠 때, 그 직접적 원인이 무엇인가를 아는 것은 불가능하다. 설화문학에서 전생과 금생의 특정한 업이나 과보가 운위되는 것은 윤리적, 심리적, 교훈적인 이유에서 비롯된 작위이다. 그러나 그것이 무엇이건 곤란한 점에 부닥칠 때에 그 원인을 제거하는 선업을 행하면, 죄가 소멸되고 좋은 효과가 나타난다는 메카니즘은 현실의 생활에 편리하지 않을 수 없다. 이는 또한 민중의 종교적 요청으로서도 당연한 것이다. 어느 지역의 불교도 사이에도 이러한 점을 발견할 수 있지만, 남방불교 여러 나라에서도 마찬가지이다. 인류학자인 나시크 교수는 어떤 곤란한 사실에 부닥칠 때 이를 극복하기 위하여 급히 선업을 쌓는 것을 '즉석의 업 instant karma'이라고 부른다. 국왕과 관련된 위의 설화와 같은 발상이 이미 고대인도의 불교도 사이에 이루어지고 있었던 것이다.

과거에 행한 특정한 악업의 죄를 현재의 시점에서 즉각적으로 소멸시킬 가능성이 있다면, 현시점의 선업이 장래의 특정한 선한 과보를 가져올 가능성도 있게 된다. 불전은 이러한 분석을 가능케 하는 여러 가지 사례를 들고 있다. 예를 들어 자식이 없는 부부가 불교에 귀의하여 삼보에 공양하면 소원을 성취할 수 있으리라는 이야기를 들었다. 그래서 그 부부는 **자식을 낳기 위해** 불교도가 되어 삼보에 공양하자 자식을 얻을 수 있었다(Suvarṇavarṇa-avadāna). 이러한 형태의 발상도 미래의 선과(善果)를 단적으로 추구한다는 의미에서 인스턴트 카르마의 한 유형이라고 할 수 있다. 이와 같이 업이론은 현실의 요청에 의해 불교 본래의 입장에서 일탈되어 다양하게 적응하여 갔다.

업에 관한 설명

불교교단의 지도자라 할지라도 이러한 사실을 무시할 수는 없었다. 그래서 그들은 교리적으로 이를 설명하고자 시도하였다. 그 결과는 세 가지 유형으로 구분된다. 첫째는 불교 본래의 사유방법을 바탕으로 그 위에 민중신앙을 접목시키는 데에 성공한 예이다. 앞에서 살펴본 공덕생천의 관념이 그러한 예이다. 둘째는 일반의 원망에 자극을 받으며 이를 출세간의 실존적 차원으로 승화시킴으로써 불교의 내용을 발전시킨 예이다. 셋째는 합리적으로 설명코자 함으로써 설득력있는 설명에 실패한 예이다.

원시불전에는 둘째 예의 하나로서 앙굴리말라의 일화가 기록되어 있다. 그는 희대의 악인으로 사람을 살해하여 그 손가락으로 목걸이를 만들었으므로 앙굴리말라(指鬘)외도로 불렸다. 석존의 교화를 받아 비구가 되어서는 매일매일 올바른 생활을 하였으나, 그 전의 악업에 대한 사람들의 비난이 엄중하였다. 이를 감당하며 더욱 수행에 열중하여 마침내 깨달음을 얻고는 다음과 같은 말을 하였다. "일찍이 자기가 범한 악업을 이제 선업으로 가릴 수 있는 사람은 마치 구름 사이를 벗어난 달과 같이 이 세상을 비춘다"(Theragātha). 여기에서는 인스턴트의 형식으로 과거의 죄를 소멸시키고, 자아를 만족시키는 현세이익적인 발상은 없다. 오히려 과거의 업을 자신의 것으로 받아들이고 이를 응시한다. 그리고 그렇게 함으로써 우러나오는 종교적 자각을 바탕으로 수행하는 곳에 과거의 악업을 **초월**하는 길이 있음을 설하고 있다. 이것은 악업을 **소멸**시켜 안락한 결과를 바라는 것과 구별하지 않으면 안 된다. 이러한 생각이 윤회의 실존적 수용과 함께 대승불교의 참회멸죄(懺悔滅罪)의 사상으로 연결되었다.

셋째의 예로서는 《밀린다팡하》를 들 수가 있다. 그리스인 메난드로스왕으로부터 무아설과 윤회·업의 모순에 관한 질문을 받은 불교승 나가세나는 여러 가지 비유를 들어 설명한다. 예를 들어 재생한 자와 죽은 자가 동일한가라는 질문에 "동일하지도 않으며, 다르지도 않다"고 하며, 이는 마치 어린 시절과 어른이 되었을 때 그 모습은 서로 다르지만 동일성은 계속되고 있는 것과 같다고 한다. 또는 초저녁, 한밤중, 새벽녘의 촛불과 같다고도 설명한다.

다음 생에 태어나는 것은 무엇인가라고 하여 윤회의 주체에 관한 질문을 받았을 때, 현재의 명칭과 형태가 행한 선·악업에 의해 다음 생에 새로운 명칭과 형태가 계속된다고 대답한다. 예를 들면 어떤 사람이 다른 사람의 밭을 태웠을 때, 자기가 붙인 불과 밭을 태운 불은 명칭과 형태를 달리하지만, 후자는 전자에서 나온 것이므로, 그는 방화자로서의 죄를 면할 수 없다는 것이다.

이 경전에서 메난드로스왕은 납득하는 것으로 되어 있지만, 이는 실질적인 답이 되지 못한다. 그러나 이 시대에 이미 이러한 의문이 제기되고, 교단 지도자들은 이에 대해 합리적 설명을 하기 위하여 노력하였다는 문화사적으로 중요한 사실을 보여 주고 있다.

무아설과 윤회의 주체, 업의 담지자의 문제는 상당한 어려움을 야기시키고 있다. 스파이론 교수는 버마불교에 관한 조사보고에서 이 문제에 대해 여러 가지 견해가 유포되어 있음을 지적하고 있다.

버마에서는 어떤 때에는 무아와 무상이 구별되지 않고, 신체는 무상하지만 영혼은 존재한다고 주장하는 사람이 있다. 또는 진실의 입장(출세간)에서는 영혼이 존재하지 않지만, 세속의 입장(세간)에서는 존재한다고 생각하는 사람도 있다. 그리고 재생한 존재와 과거세의 존재는 동일하지 않지만, 업의 힘은 계속하여 작용한다. 마치 동일한 사람이라도 어린 시절과 어른이 되었을 때에는 동일하지 않지만, 계속되고 있는 것과 같다. 그러므로 과거세의 일을 알 수 있다고 한다(이는 《밀린다팡하》의 이야기를 계승한 것이다). 또 영혼은 사후에는 존재하지 않지만, 오온(五蘊)은 사후에도 계속된다. 즉 공덕의 과보를 받는 것은 신체이지 마음이 아니라고 한다. 나아가 어떤 비구는 다음과 같이 생각하고 있었다. 영혼nama은 혈액 가운데 원반꼴로 존재하는 구상적인 의식이다. 그것은 사후에 존재하지 않지만, 스파크를 일으켜 새로운 불, 즉 생명을 점화한다. 그렇게 하여 현세와 내세 사이의 연속이 있다. 다만 공덕과 죄만이 계승되며, 이름·국적 등은 계승되지 않는다. 이와 같이 무아와 업·윤회의 관계에 관한 일반 불교도의 통일된 생각은 없는 것이 실상이다. 이들은 대개 차원과 기원을 달리하는 관념들로서 그 자체에 논리적 정합성을 갖고 있지 않다.

그러나 불교 본래의 입장과 현실 사이의 간극을 메우고자 하는 다양한 노력이 불교문화의 흐름 속에 있어 왔다. 교리학에서도 무아와 업을 담지하는 윤회주체의 관계는 다양하게 거론되었다. 그것은 미즈노 고겡(水野弘元) 교수의 말과 같이 "불교는 외교(外敎)에서 말하는 상주(常住)의 실체로서의 영혼을 인정하지 않는다. 다만 인격 주체로서의 업을 보전하는 영혼이 삼세를 통해 존재한다. 이는 불생불멸이 아니라, 윤회의 주체로서 업과 경험에 따라 항상 변화하며 연속하는 유위법(有爲法)이다. 유식법상(唯識法相)의 학설에서 아뢰야식 alaya-vijñāna이라 하는 것은 바로 이것이다."

고대인도의 불교학자들은 실체로서의 영혼을 인정하지 않았다. 그러면 업을 담지하며 윤회하는 주체는 어떠한 존재인가? 이러한 문제에 고심한 그들은 아뢰야식을 말하는 데에까지 이르렀다.

서원(誓願)과 기원

사람은 인간을 초월한 무엇인가에 기원하지 않을 수 없다. 엿볼 수 없는 인생의 변화는 인간의 노력으로는 해결되지 않는 많은 사태를 발생케 하며, 인간의 힘에 한계가 있음을 실감케 한다. 이에 신, 부처 그리고 그 밖의 존재에 호소하고, 원망의 성취를 기원하며, 감사의 뜻을 표하기 위하여 '기도'하는 현상은 시대, 장소, 민족을 불문하는 보편적인 것이라고 할 수 있다.

문제는 그 기도의 내용과 기능이다. 불교는 깨달음, 열반을 궁극적 가치로 간주한다. 이는 출세간적인 것으로, 자아를 억제하는 방향에서 열반이 추구되며, 열반을 기반으로 하는 삶의 방식이 이상으로 추구되는 것이다.

그러므로 불교에서는 이러한 방향에 있는 기도만이 공식적으로 인정되고 있다. 그리고 이는 '서원'이라는 형태로 기능하여 왔다. 깨달음(菩提)을 구하는 마음(보리심)을 발하고 불도를 완성하여 성불하는 것, 그리고 사람들을 구제하기를 원하는 것이 그것이다. 예를 들어 《디비야 아바다나 Divyāvadāna》라는 소승 불교계의 설화문학 경전은 어떤 왕이 자신의 목숨을 보시한 것은 "왕국과 천계를 위해서가 아니며, 자신의 향락을 위해서도 아니다. 오직 자신의 깨달음과 아직 깨닫지 못한 사람들을 깨닫게 하기 위한 것"이었다는 이야기를 전하고 있다.

자신의 깨달음을 기원하면서 동시에 모든 생물의 행복과 해탈을 바라는 서원은 대승불교에 이르러 보다 강조되었다. 유명한 아미타불의 전신인 법장(法藏)보살의 서원이 바로 그러한 것으로서, 이는 정토신앙을 성립시키는 중요한 근거가 되었다.

결국 서원은 개인의 현실적인 이익과 안락을 희생하여 성불, 이타를 희구하는 것이다. 이러한 의미에서 서원은 출세간적인 기도의 한 형태로 볼 수도 있을 것이다.

그러나 인간이 일반적으로 기원하는 것은 현실적인 욕망, 원망의 성취이다. 이것은 자아의 억제가 아니라 오히려 자아의 충족을 바라는 것이므로, 불교의 본의와는 반대되는 것이라고 하지 않을 수 없다. 따라서 현실적인 입장에서 위험을 극복하고자 하는 현세이익적인 관념·의례는 불교의 교리체계 속에 자리

잡기 어려운 것임은 틀림없는 사실이다.

그러나 실제로는 이러한 점이 결여될 수 없으며, 또 현실적으로 실행되고 있다. 불교의 전승은 이러한 세간적 의례를 출세간의 체계 속에 위치시키고자 시도하였던 예를 보여 주고 있다.

여기에서 불도를 행하며 올바로 살면, 현실적 이익은 애써 구하지 않아도 저절로 주어진다는 생각이 나타났다. 결국 현세이익은 목적이 아니라, 2차적인 결과라는 것이다. 예를 들어 대승경전인 《법화경》《금광명경》은 후에 중국 등지에서 국가를 진호하고 개인의 현세이익을 위한 기도에 많이 사용된 경전이다. 확실히 그 문장 가운데에는 제불, 제보살과 이 경의 수지, 독송, 공양이 현실적 이익을 낳는다는 표현이 많다. 그러면서 동시에 진지한 불교수행 가운데 '불구자득(不求自得)'의 이익이 나타남을 강조하고 있다. 이는 불교의 본의에서 나타나는 필연적인 자각이다. 그러므로 이 부분을 간과하면 제불보살에 대한 예배, 경전의 독송은 현실적 이익에 직결되고 나아가서는 주술의 세계로 들어가는 것이 된다.

그러나 현실적으로 요구되는 것은 기계적인 효과가 기대되는 부분으로, 불교문화의 흐름은 항상 이념과 실제의 간극을 노정하는 것이었다. 예를 들어 현대의 스리랑카에서 '붓다'는 '추억의 존재'(에무즈 교수)로서 현세이익의 기원의 대상은 아니다(이 점은 중국 등지의 불교와 다르다). 그 대신 불교를 외호하며 힌두교에서 기원하는 신들과 정령, 귀령이 그 기능을 담당하고 있다. 의례도 이에 따라 이루어진다. 그러나 이 의례가 앞에서 지적한 바와 같이 '불교가 아닌 것'으로 생각되고 있는 점은 세간적 차원과 출세간적 차원 사이의 일종의 긴장관계가 있음을 나타낸다.

그러면 고대인도의 불교도의 생활문화에서 현세이익적 기원은 어떠한 위치를 차지하고 있었는가? 불분명한 부분이 많이 남아 있는 이 분야의 연구를 종합하면 대개 다음과 같다. 우선 현세이익의 관념과 의례가 널리 행해지고 있었다는 사실을 인정해야 할 것이다. 교리, 철학을 전개하는 '논장(論藏)'에는 그다지 많지 않지만, 자타카나 아바다나 등의 설화문학 작품에는 여러 가지 다양한 사례가 기록되어 있다. 예를 들어 대해에서 난파된 상인들은 각자가 믿는 힌두 신들의 이름을 부르며 구원을 바라 기원하였지만 효과가 없었다. 이에 붓다와 불제자에 귀의(귀의 śaraṇa 또는 namas 南無)하자 구원을 받았다.

자타카는 당시의 사람들이 구명, 통행과 공사의 안전, 전승, 재보, 명성, 자식 등을 얻고자 나무의 신, 야크샤, 용신, 산신 등에 발리 bali로 불리는 공물을 바치며 기원하는 일을 일상적으로 행하였음을 전하고 있다. 발리에는 동물의 희생을 바치는 예도 있었다. 그러나 불교의 입장에서 희생은 허용되지 않았으며, 이를 명백한 표현으로 배척하였다. 그 대신 물, 꽃, 향을 귀령 등에게 바쳐 푸자 pūjā(공양, 제1장 3 참조)를 행하면 원망이 성취된다고 한다. 결국 바치는 것은 다르지만, 동일한 기원의 기능은 인정되고 있다.

이러한 예에 있어 힌두신들에게 '기원'하여도 효과가 없고 불·불제자에게 '귀의'하면 구원을 받는다는 관념, 또는 힌두교도 간에 일반적으로 행해지고 있던 '발리공양'은 불가하지만 '푸자' 즉 '공양'은 좋다고 하는 자세는 불교문화를 이해하는 데에 중요한 의미를 갖는다. 기능은 동일하지만, 당시의 불전작가 즉 불교 지도자들은 실제로 행해지고 있던 여러 가지 기원의례를 불교의 본의에 모순되지 않는 해석을 가함으로써 불교 체계 속에 편입시키고자 하는 의도를 갖고 있었음을 보여 주기 때문이다.

불전은 이러한 의례의 상세한 방법에 대해서는 말하고 있지 않다. 상세한 의례가 언급된 것은 대승불교의 중기 이후, 즉 밀교성립의 전기 또는 밀교시대에 이르러서이다. 이는 이 시대부터 '불교적인' 기원의례가 확립되고, 불교의 체계 속에 명확한 위치를 점유하게 되었던 사실을 나타낸다. 그러나 그렇다고 하여 불교도가 기원의례를 수행하기 시작하였던 것이 이 시대부터이며, 그 이전에는 수행하지 않았다는 것은 결코 아니다. 기원의례는 인간생활에 없어서는 안 되는 것이며, 불교도도 초기에는 사회에서 관행적으로 행해지던 힌두적 의례를 수행하였을 것이다. 그러나 불교가 사회에 정착함에 따라 점차 불교화되는 것은 당연한 일이다. 위의 몇 가지 예는 이와 같은 불교화 과정의 일단을 보여 주는 것이다.

주술

불교화 과정은 주술의례에서도 확인된다. 주술이 '어떠한 목적을 위해 초자연적 존재(신·정령 등)의 도움을 빌려 갖가지 현상을 일으키고, 환경을 통제하고자 하는 것'이라면, 이는 불교의 본의인 출세간 차원과는 이질적인 것이라고 하지 않을 수 없다.

그러므로 원시불전은 석존의 말로써 주술을 금지하고 있는 것이다. 그러나 이러한 기술을 엄밀히 검토하여 보면, 주술의 금지는 두 가지 점에서의 금지이다. 첫째는 열반을 추구하는 비구의 수행에 무익하므로 금지되는 것이며, 둘째는 예물을 받고 재가신자에게 어떠한 일을 하여 주는 일의 금지이다. 결국 어디까지나 수행자인 비구에 대한 금지로서, 주술 그 자체의 전면적인 금지가 아니다. 재가신자 사이에 있었던 것으로 보이는 주술적인 관념 및 의례가 결코 권장되지는 않았지만, 그렇다고 특히 금지된 것도 아니었다. 불교가 가르치는 윤리적 생활과는 관계없는 것으로 방치되어 있었다.

석존 시대 이전에도 그리고 그 이후의 역사에서도 주술의 가치는 널리 인정되고 있다. 《리그 베다》에도 주법(呪法)의 노래가 있으며, 《아타르바 베다》는 바로 주법의 책이다. 후에 밀교에서 체계화된 주술의 분류도 멀리 이 문헌에서 기원한다. 종교사 일반의 면에서도 주술적 관념·의례는 인간에게 필수적인 종교적 요청이며, 어느 면에서는 없어서는 안 될 인간의 본질이라고도 할 수 있다.

원시불전에도 불교도 사이에 여러 가지 주술적 관념이 적지 않았음을 은연중에 나타내는 기술이 많다. 예를 들면 붓다의 사리, 머리카락, 손톱 등의 숭배는 현세이익의 효과가 있는 것으로 믿어졌다. 그리고 붓다의 옷을 장대 끝에 매어 달고 거리를 걸으며 붓다를 염하면 질병이 사라진다(《아바다나 샤타카》)거나, 악인이 가사를 몸에 두르고 있었으므로 멸망하지 않았다(《자타카》)고도 한다. 또 데바닷타가 석존을 해치고자 정사를 바위로 덮치려 하였을 때, 비구들은 큰 소리로 경전을 봉송하며 정사 주위를 돌았다(팔리율)고 한다. 그리고 불전 중에는 야크샤와 그 밖의 귀령이 사람에게 붙었으나, 붓다 및 비구들이 다가가자 본래의 모습으로 되돌아갔다는 점이 여러 차례 기록되어 있다. 어떠한 의례가 수행되었는가는 확실치 않지만, 샤머니즘적인 치병행위에 불·법·승이 관련되어 있음을 알 수 있다. 소승·대승의 경전은 주술적 치병행위에 관한 적지 않은 기록을 남기고 있다.

이러한 예가 주술의례로서 확립된 것은 아니지만, 불·법·승의 삼보에 어떠한 특별한 힘——주력——이 있는 것으로 믿어졌던 상황을 보여 주는 것임에는 틀림없다.

불교의 주술이 조금 구체적 형태를 갖는 것이 파리타 paritta이다. 파리타는 재난으로부터 몸을 지키는 것으로 방호주(防護呪)로 번역된다. 원시불전에서는 석존의 말로 가탁되고 있으며, 기원전 2세기의 《밀린다팡하》에는 보경(寶經, Ratana-sutta), 온경(蘊經, Khanda-paritta), 공작경(孔雀經, Mora-paritta), 당번경(幢幡經, Dhajagga-paritta), 아타나티야경(Āṭānāṭiya-paritta), 앙굴리말라경(Aṅgulimāla-paritta)의 6경전이 '호주경전(護呪經典)'으로 열거되고 있다. 5세기 중엽 세일론에서 수많은 불전의 주석을 작성한 붓다고사는 위의 경전 가운데 마지막 경전을 제외한 5종을 거론하고 있다. 그리고 14세기의 세일론에서는 22종의 파리타를 포함한 호주경전이 정리되었다. 현대의 남방불교에서도 파리타는 광범위하게 사용되고 있다. 비구들은 아침·저녁의 일과에 이를 소리높이 외우며, 재가신자를 위해 신축(新築), 전쟁, 병 등 각 경우에 적당한 것을 외운다. 재가신자가 몇 가지의 파리타를 암송하는 경우도 있어, 남방불교는 파리타불교라고 하여도 과언이 아닐 정도이다.

파리타의 구조를 검토하여 보면, 주술이 불교문화 속에서 점차적으로 발전하여 왔던 과정을 알 수 있다. 예를 들어 자경(慈經, Metta-paritta)이라든가 길상경(吉祥經, Maṅgala-paritta), 또는 보경 등은 원시불전의 가장 오래된 부분에 속하는 경전이다. 내용은 사람들을 자애롭게 대하고, 서원을 발하여 자신의 행위를 올바로 하며, 진리를 발견하여 행복하게 되고, 불·법·승 삼보를 예경하여 행운을 얻으라는 것이다. 즉 깨달음에 기초한 윤리적 생활을 설하는 것으로, 주술적 의미는 전혀 없다. 이들이 파리타주(呪)로 사용되었던 이유로는 우선 삼보에 귀의함으로써 얻어지는 본래의 출세간 차원의 '행복'이 세속의 현세이익적인 행복으로 치환되고, 이러한 점에서 삼보의 특별한 힘이 주술의 힘으로 수용되어 현실의 위기를 처리하는 것으로 전용되었던 면이 있다는 점이 지적된다. 또 불교를 올바로 수행하고 있는 사실을 '진실의 언어'로 전하는 것보다 주술적 효과를 원하는 점도 있다(앙굴리말라 파리타). 이는 옛부터 전래된 소리, 언어에 감추어져 있는 신비적인 힘에 대한 신앙과 '진실'에 함축되어 있는 힘이 결합되어 발생한 관념이다. 이는 후세에 밀교의 다라니, 만트라로 연결된다. 그리고 태양에게 보호를 기원하는 힌두교의 관념이 불교적 의의를 덧붙이면서 주문화된 것도 있다(공작경).

그러나 후대에 이르면 처음부터 악의를 가진 악령이나 뱀 등에 해를 입지 않기를 원하는 불교적 주문도 만들어졌다. 아타나티야경과 온경 등이 그러한 예로서, 후자는 후에 밀교경전의 하나인 《공작왕경》으로 발전되었다.

주술에 대한 지식인의 견해

이와 같이 원시불전 이래로 파리타는 점차적으로 발전하였는데, 《밀린다팡하》에는 흥미있는 대화가 기록되어 있다. 메난드로스왕은 다음과 같은 질문을 한다. 인간은 죽음에서 벗어날 수 없다고 말하면서 석존은 6종의 파리타를 허가하고 있다. 죽음으로부터 도망할 수 없다면 파리타를 낭송하는 것은 잘못이다. 파리타를 낭송하여 죽음을 면할 수 있다면 위의 석존의 말은 잘못이다. 이에 대해 나가세나비구는 파리타가 죽음에 대해 사용된다는 사실을 부정하지 않는다. 오히려 이를 인정함을 바탕으로 하여 다음과 같이 대답하고 있다. 파리타를 설하는 것은 "수명에 잔여분이 있으며, 악업에서 생긴 장애가 없는 사람에 대한 것이다. 수명이 다한 자의 생명을 연장시키는 의례와 방법은 없다." 즉 파리타에는 죽음을 극복한다는 주술적 효과는 없다. 이는 마치 덜 익은 곡물을 자라게 하는 물이나, 수명에 잔여분이 있는 사람에 대한 약과 같은 것이다. 그리고 "파리타를 낭송함으로써 모든 병이 진정된다"고 한다.

메난드로스왕의 물음은 상당히 근대적인 발상이다. 동시에 주술은 주술의례를 행하는 것에 의미가 있으므로, 목적이 실제로 성취되었는가 그렇지 않은가는 별개의 문제라고 하는 주술의 본질적 기능을 모르는 것이다. 근대의 학문이 분석적으로 문제를 밝히는 기능을 갖는 것과 같이 메난드로스왕이 모르고 있는 것도 당연한 일이지만, 소피스트적인 세련된 지식인들이 제기할 수 있는 질문이기도 하다. 이에 대해 파리타가 곧 약이라고 하는 것은 지성인이 합리적으로 설명하고자 하는 시도의 한 형태이다. 어쨌든 이 문답은 파리타주술 신앙이 불교도 사이에 상당히 일반화되어 있었으며, 모든 사람들이 당연한 것으로 그 가치를 인정하고 있었음을 보여 준다. 그리고 지성인들 사이에서는 이를 합리적으로 해석하고자 하는 노력이 있었음을 보여 준다.

나가세나는 파리타가 모든 사람에게 효력이 있는 것이 아니라, 세가지의 경우에 효력을 갖지 못한다고 한다. 세 가지란 업 및 번뇌에 의한 장애와 불신이다. 그러한 경우에 "파리타는 생명있는 자를 수호하는 것이지만, 스스로 범한 악업에 의해 수호하는 힘을 잃는다"고 한다. 이는 주술과는 먼 발상이다. 지식인 그룹의 교리적 해석이기는 하지만, 일반적인 불교도가 그렇게 믿지는 않았을 것이다. 그러나 나가세나의 답은 적어도 불교가 파리타주술(나아가서는 주술 일반)을 어떻게 수용하였는가를 보여 주는 것으로서 흥미있다.

대승불교에 이르면 주술적인 관념은 대폭 공인된다. 각 경전에는 그 가치가 직설적으로 이야기되고 있다. 다라니 dhāraṇī(陀羅尼), 비디야 vidyā(明呪), 만트라 mantra(眞言)가 다용되었으며, 복잡한 주술적 의례가 확립되어 갔다. 다만 주의해야 할 점은 어떠한 주술적 관념은 본래의 세간적 차원에 머물지 않고, 불교 본래의 출세간적 차원으로 승화·소화되어 정착되었다는 점이다. 순화라고 하여도 좋을 것이다. 이에 관한 좋은 예가 만트라와 만다라 mandala이다. 만트라는 소리, 언어에 감추어진 신비스러운 힘에 대한 신앙이며, 만다라는 힌두교의 얀트라 yantra 즉 신비스러운 힘을 가진 것으로 믿어지는 도형에 대한 신앙의 발전이다. 본래는 순수한 주술적인 것이었지만, 특히 밀교에 이르러 이들은 '상징'으로서 불교 본래의 열반의 체계에 편입되었다. 이들은 인간이 작위적으로 만든 것이 아니라, 궁극적 실재로부터 발현된 것으로 믿어졌다. 그리고 이들은 인간과 실재를 잇는 가교로서 이를 통하여서만 실재에 이를 수 있다고 하였다.

따라서 불교주술은 대승불교에서 강조되고, 밀교에 이르러 정점에 도달하였지만, 그렇다고 하여 대승불교 및 밀교가 일반적인 의미에서 주술화되고 따라서 불교 본래의 출세간적 차원에서 괴리된 저급한 것으로 변하였다고 보는 것은 타당치 않다. 물론 현세이익적인 주술이 이 시대에 보다 널리 불교도 사이에 유포되고, 교단의 공인을 받았던 것은 사실이다. 이는 인간의 본질이라고도 할 수 있는 주술이 불교문화 속에서 발전하고, 민중의 생활 속에 정착한 사실을 나타내는 것으로 보아야 한다. 그러나 한편으로는 원래는 주술적인 요소가 출세간의 열반을 얻는 방법으로 승화된 면이 있다. 밀교가 불교일 수 있는 이유가 실은 여기에 있다.

그러나 밀교 시대에 이르러서도 불교 지도자 사이에는 주술은 본래 해서는 안 되는 것이라는 일종의 꺼림칙한 느낌을 갖는 사람도 있었다. 예를 들어 밀교가 체계화되기 이전의 경전(雜密경전) 가운데 하나는 '옛날에는 그러한 잡법의 행(雜法의 行=주술)은 행해지지 않았지만, 오염된 말세의 중생을 위하여 이것이 행해진다'고 한다. 결국 말세의 중생을 구제하기 위한 방편으로서 다른 길이 없으므로 이를 행한다는 것이다. 이 기록은 석존이 비구에게 주술을 금지하였던 사실이 주술의 전면적 금지로 받아들여졌으며, 그럼으로써 그러한 전승과 현실을 어떻게 조정할 것인가에 고심하였던 일면을 보여 주고 있는 것이다. 주술에 있어서도 이념과 실제의 간극이 항상 의식되고, 나아가 양자의 융합·조정을 시도하는 가운데 불교문화의 역동적인 활동이 있었음을 발견할 수 있다.

3 비구의 생활

승원생활의 확립

유행편력의 출가생활이 승원에 정착하는 생활로 바뀐 것은 상당히 일찍부터로서, 석존 재세 당시 이미 이러한 변화가 일어났다는 점에 대해서는 앞에서 언급하였다.

그런데 마우리야왕조의 시조 찬드라굽타왕의 시대에 파탈리푸트라에 주재하였던 메가스테네스는 인도의 수행자에 관한 기록을 남기고 있다. 그는 숲속에 머무는 수행자 즉 슈라마나에 대해서는 언급을 하였으나, 승원에 거주하는 수행자에 대해서는 전혀 언급하지 않았다. 따라서 대규모 승원의 출현은 아쇼카왕 이후의 일로 추정된다.

한편으로는 메가스테네스의 기록에 언급되어 있지 않다고 하여 당시에 승원이 없었다고 단정할 수는 없다. 그렇게 보면 불교의 승원제도가 확립된 시기를 확정하는 일은 지극히 어려운 일이다.

그러나 각 부파의 율, 경전, 고고학적 유품에 의거하는 한, 승원제도가 부분적일지라도 확실하게 나타난 시기는 대개 기원전 2세기 이후라고 할 수 있다. 결국 아쇼카왕 이후의 시기로, 이때에는 이미 불교교단이 분파되고 각 부파에서는 각각의 율전을 편찬·계승하기 시작하였다. 비구가 지켜야 할 율의 조항의 수 및 내용이 부파에 따라 달랐으므로 그 율에 의해 출가한 비구는 그 부파에 소속되었다. 또한 동일한 부파일지라도 동일계 안에 하나밖에 없는 현전(現前)상가에서 득도하는 것이 되었다. 동일계 안의 비구는 함께 거주하며, 함께 보시물을 분배하며, 함께 포살의식을 행하므로 비구는 그러한 특정의 상가에 소속되었다. 이러한 의미에서 비구들은 원칙적으로 특정한 지역의 특정한 상가에 소속되며, 그곳에 생활의 기반을 두었다.

현존하는 각 부파의 율전에는 신고(新古)의 차이가 있다. 물론 옛 전승도 포함되어 있으나, 크게 생각하여 기원전 2세기~기원후 3,4세기 경의 교단상황을 반영하고 있는 것으로 보아 큰 잘못은 없다.

이러한 율과 경전, 고고학적 유품을 종합할 때, 이 시대 각 부파 비구의 생활은 승원을 근거로 확립되었던 것으로 보인다. 팔리율은 슈라바스티(舍衛城) 교외의 기원정사에 정사, 거실, 창고, 근행당(勤行堂), 주방, 변소, 경행당(經行堂), 우물, 예배당, 따뜻한 방 등이 있었다고 한다.

인도 각지에 건립된 모든 정사가 동일한 기구로 구성되어 있었던 것은 아니다. 승원의 규모는 그곳 상가의 크기와 지리적 조건에 따라 다르며, 시대에 따른 승원기구의 발전의 경위도 고려하지 않으면 안 된다. 한편 위의 기원정사에 관한 설명은 일단 완성된 승원 또는 사원의 상황을 나타내는 것으로 보이며, 동시에 비구의 생활에 관한 정보를 제공하고 있다.

이 가운데 주방이 있다는 사실은 이미 승원 안에서 조리된 음식이 비구에게 제공되었음을 나타낸다. 사의지(四依止)에 따르는 한, 비구는 탁발에 의하여 음식을 구하지 않으면 안 된다. 율전에도 그렇게 규정되어 있으며, 식사의 재료를 축적하는 것도 금지되어 있다. 그러나 한편으로는 예외라는 형태로 승원 안에서의 조리, 재료의 저장을 인정하는 편법을 강구하고 있다. 물론 당시 탁발이 전혀 사라졌다고는 생각되지 않지만, 비구들은 탁발 외에 또는 그 대신에 승원 안에서 조리된 음식을 먹었거나, 신자의 집으로 초빙되어 식사하는 습관이 이미 시작되어 있었다.

현대의 스리랑카에서 비구는 특별한 경우 이외에는 탁발을 하지 않는다. 신자의 집으로 초빙되어 식사를 하거나 신자의 시물로 들어온 재료 또는 보시된 돈으로 산 재료를 승원 안에서 조리하여 식당에서 함께 식사하는 것이 일반적이다.

옷에 있어 비구의 의복은 외의와 상의, 하의의 셋으로 정해져 있다. 분소의 (糞掃衣)는 이미 사용되지 않았으며, 색은 적갈색의 '괴색(壞色)'으로 정해졌다. 율전에 의하면 신자의 기부에 의해 여러 벌의 3의(衣)를 가지고 있는 것을 자랑하는 일도 있었다. 그리고 그 소유욕은 속인들의 비웃음을 샀다고 한다.

비구들이 거주하는 승방에 관해 팔리율전은 여러 가지 기술을 남기고 있다. 이를 정리하면 승원은 벽돌, 돌, 나무로 만든 담장을 두르고 세수와 목욕을 위한 연못이 있었으며, 배수구도 갖추고 있었다. 비구의 주거구역인 정사에는 독방으로 많은 승방이 있으며, 각 방들은 창이 있어 통풍이 잘 되도록 하였다. 침상은 흑색으로 정해져 있으며, 걸레질을 할 수 있도록 되어 있었다. 걸레질을 할 수 있는 침상은 고대의 문학작품에 종종 등장하며, 현대의 인도에서도 쉽게 발견된다.

승방의 크기는 약 11평 정도의 넓은 것도 있었다고 한다. 그러나 현존하는 고고학적 유적 및 데칸의 암굴사원의 승방을 보면, 대개 1~2평 정도의 작은 것이 대부분이다.

정사 형식의 초기의 변천에 대해서는 서데칸의 굴원을 중심으로 이미 살펴보았다. 이곳의 굴원사원과 초석부분만이 남아 있는 다른 지방 정사의 유구를 종합하면, 정사의 변화도 비구의 승원생활의 실태를 밝혀주는 데에 도움이 된다.

여러 개의 승방을 앞쪽의 베란다에 연결한 간단한 형식은 이미 승방이 중앙의 광장을 에워싸고 있는 형식과 공존하게 되었다. 굴원의 경우는 이곳이 홀이 되었으며, 기둥들로 통로와 홀이 구획되는 경우도 있었다. 그리고 비구의 주거지인 정사 안에도 점차 사당이 건립되어 탑 또는 불상이 안치되기 시작하였다. 그러나 예배 및 그 밖의 의례가 정사 안에서만 행해진 것은 아니다. 정사에 인접해 있는 곳에 큰 탑이나 탑원이 설립되어 이곳에서 예배 및 의례가 수행되기도 하였다. 동시에 같은 부지 안에 주방, 식당, 창고, 욕실 등이 건립되어 비구의 생활이 그 부지 안에서 독립적으로 이루어질 수 있는 절(寺) 또는 가람(saṅ-ghārāma, 僧伽藍摩)으로 정착되었다. 앞에서 언급한 기원정사에 관한 불전의 기술은 이 단계의 가람, 즉 승원의 구조를 기록한 것이다.

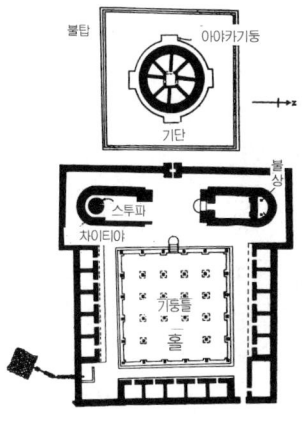

① 나가르주나 콘다 (3세기, 안드라)

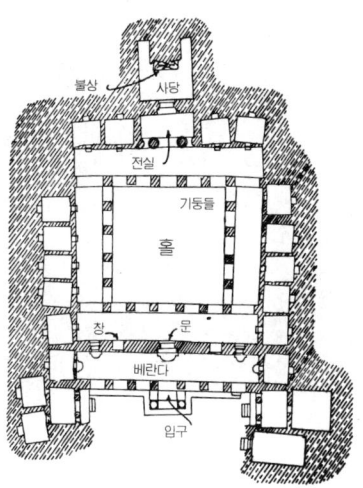

② 아잔타 제1굴 (6, 7세기 서데칸)

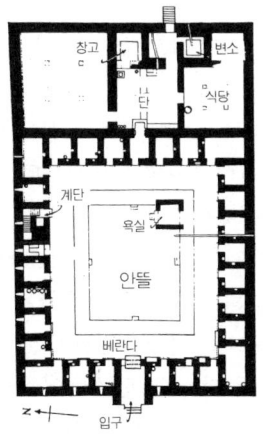

③ 죠리안 (5세기, 간다라)

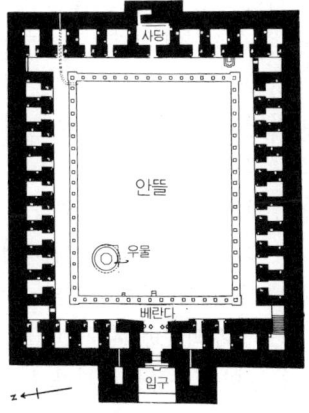

④ 날란다 (5세기, 마가다)

비하라의 변천

제5장 불교도의 생활문화   243

한 낮의 학습

때로는 그림과 같이 주방, 식당, 변소, 집회실이 정사와 동일한 건물 안에 있어 완전히 독립된 생활을 가능케 하는 승원도 출현하였다(죠리안). 벽면의 장식은 다양하지만, 정사의 형식은 기본적으로 동일하다. 그 대표로서 남인도 안드라지방의 나가르주나 콘다 정사 (3세기), 서데칸의 굴원 아잔타 제1굴(6, 7세기), 서북인도 간다라지방의 죠리안 정사(5세기), 그리고 북인도의 날란다 정사(5세기)의 구조를 보면 그림과 같다. 모두 정사 안에 예배실이 있으며, 불상이 안치되어 있다. 주된 탑은 정사와는 별도로 있으며, 많은 경우 수많은 작은 공양탑이 둘레에 안치되어 있다. 다만 나가르주나 콘다의 경우는 큰 탑이 정사에 밀착되어 건립되어 있으며, 정사 안에도 탑이 안치되어 있다.

스투파숭배는 원래 재가신자를 위한 것으로, 비구가 이에 관여해서는 안 된다는 석존의 유훈이 있음은 사실이다. 그러나 불상이 출현하기 이전부터 비구들이 스투파를 숭배·예배하였음은 고고학적 유품에서 쉽게 확인된다. 교단이 발전하여 많은 비구가 종교의례를 행하기 위해서는 예배대상이 없어서는 안 될 것이다. 그러므로 정사와 스투파, 차이티야가 하나의 승원, 사원 안에 병치되었다. 그리고 스투파숭배는 불상이 조성되기 시작한 다음에도 소멸되지 않았다. 스투파의 전면에 불상을 조각하거나 그 안에 불상을 안치하였던 사실에서도 알 수 있듯이, 양자는 병행하여 계속되었다. 그리고 이러한 전승은 현대 남방불교의 다가바 Dāgaba숭배(스리랑카), 파고다 pagada숭배(타일랜드, 버마)로 계승되고 있다.

비구의 일상생활

　승원 안에서의 비구의 생활을 일관되게 정리한 기록이 고대의 문헌에서는 발견되지 않는다. 율전이나 경전의 기술을 종합하여 추정할 수밖에 없다. 그리고 현대 남방불교의 조사보고에 의거하면, 국가·지방에 따라 그리고 도시·농촌 또는 승원의 규모에 따라 비구의 일상생활은 상당히 다르다. 다만 이러한 보고 중에서 공통적인 일과 가운데 중요한 항목을 열거하면, 탁발, 아침·저녁의 근행(勤行), 오전에만 식사하는 일, 경전 및 그 밖의 학습과 교수, 선정, 재가신자와의 여러 가지 관계 등이 있다.

　탁발에 대해서는 앞에서 언급한 그대로이다. 즉 계속 유행·편력하며 마을에서 떨어진 곳에서 두타행(頭陀行)을 하는 비구도 있다. 그런데 승원에 정주한다고 하여 탁발을 하지 않았다고는 단언할 수 없다. 그러나 후자는 승원 안에서 조리하였던 사실도 있으므로, 현대의 스리랑카와 같이 탁발하지 않는 경우도 충분히 있었을 것이다.

　아침·저녁의 근행은 현대에는 불상 앞에서 이루어지고 있지만, 고대의 인도에서는 어떠하였는지에 대한 명확한 기록을 찾아볼 수 없다. 앞에서 언급한 '근행당'에서 무엇이 근행되었는지 알 수 없다. 또한 이는 예배대상의 존재 여부와 관계된 문제로서 해결하기 곤란한 문제이다.

　경과 율이 학습되었음은 의심의 여지가 없다. 율전에 따르면 득도하는 비구는 필히 스승을 정하고, 입단 후에는 비구로서의 행의(行義)를 지키고 교리를 공부하였다. 그리고 비구 가운데에는 설법사 또는 율을 설하는 전문가가 있었다. 이는 율전에도 명시되어 있으며, 봉헌자 명문 속에도 그러한 직제와 함께 기록된 이름이 가끔 나타나 있다. 그리고 경, 율, 아비다르마론에 대한 방대한 연구·편찬은 승원 안에서의 학습과 연구가 크게 번영하였음을 보여 주며, 이는 현재까지 남방불교 교단에 전승되고 있다. 다만 이러한 일에 모든 비구가 관여한 것은 아니다. 일부 엘리트의 지적 활동이기는 하지만, 승원생활을 기반으로 하여 지적 연찬이 이루어졌음은 인정되어야 할 것이다. 경전의 독송도 자신의 학습 또는 재가신자에 대한 의례 집행상의 필요 등 여러 가지 목적을 위해 실시되었다. 경전 안에도 경전독송의 예가 나타나 있으며, 이는 후에 경전을 수

지독송(受持讀誦)한 공덕이라는 대승불교의 관념으로 발전하였다.

'경행당(經行堂)'이 있음은 승원 안에서 선정이 수행되었음을 보여 준다. 경행은 좌선 하는 동안 일정한 장소를 조용히 걷는 것으로서 선정수행의 일부이다.

이러한 일과와는 별도로 연중행사로 우기 3개월간의 우안거, 포살(布薩), 자자(自恣), 카티나라고 하여 우안거 후에 신도가 보시한 3의(衣)를 분배하는 의례가 있었음이 율전에 명시되어 있다.

그리고 중요한 행사로서 득도식(구족계를 받음)이 있다. 율전에 따라 약간의 차이는 있지만, 팔리율에 의거하여 득도식의 조건과 구조를 설명하면 다음과 같다.

우선 10인 이상의 비구가 있는 현전 상가 전원이 출석한다. 이때 현전 상가는 하나의 승원만으로 이루어져 있는 경우도 있으며, 동일한 '계(界)'에 속하면서 보름마다 포살을 함께 수행하는 몇 곳의 승원의 비구 모두를 포함하는 경우도 있다. 어쨌든 하나의 '계'에는 하나의 현전 상가만이 존재한다.

(1) 지원자는 그를 득도케 하는 비구(Upajjha, 和尙)에게 상가 앞에서 의례적으로 화상이 되어 줄 것을 요청한다.
(2) 화상은 지원자에게 탁발용의 발우와 3의를 준다.
(3) 구족계를 받는 방법을 가르치는 교계사(教誡師)가 비구 가운데에서 임명된다.
(4) 교계사로 선출된 사람은 지원자에게 3의를 걸치는 방법, 예배의 방법 등을, 그리고 정식의 의례에서 제시될 질문에 대한 답변방식을 가르친다. 그 질문은 득도를 할 수 없는 병이나 부채 또는 범죄의 유무, 왕의 신하 여부 등에 관한 것이다. 따라서 교계사는 답변방식을 가르치기도 하지만, 동시에 지원자가 과연 득도할 수 있는 충분한 자격을 갖고 있는가 그렇지 않은가를 조사하는 역할도 한다.
(5) 그 결과가 상가에 보고되어 인정되면, 지원자를 부른다.
(6) 교계사는 지원자를 출석한 비구들에게 예배시키고 득도식을 관장하는 식사(式師)로서의 비구(다른 율전의 한역에서 말하는 羯磨師)에게 구족계를 부여하기를 세번 요청한다. 碣碣洋洋
(7) 식사는 이를 허용할 것인가 그렇지 않은가에 대한 상가의 승인을 구한다.

(8) 식사는 비구가 됨에 저촉이 되는 요건이 없는지 지원자에게 하나하나 묻고, 없다는 대답을 듣는다.
(9) 식사는 이 사람은 어떠한 화상으로부터 구족계를 받을 것을 원하였으며, 조건이 모두 갖추어져 있고, 발우와 3의도 갖고 있으니 비구가 되는 것을 허용하여도 좋은가를 묻는다. 이러한 의미의 정형구를 세 번 묻고 한 사람도 이의를 제기하는 자가 없으면 구족계가 부여된다.
(10) 그리고 4의지(四依止)와 네 가지 해서는 안 될 일을 이야기하고 의식은 종료된다.

이와 같은 승원 안의 각종 의례가 정착하고 생활법이 확립됨에 따라 갖가지 업무 관장이 정해졌다. 주로 팔리율에 의거하여 각종 직무를 거론하면 다음과 같다. 비구의 방을 배정하고 승원 전체를 관리하는 사람, 보시된 옷·천을 받는 사람, 창고에 있는 옷을 배분하는 사람, 발우를 배분하는 사람, 목욕 옷을 배분하는 사람, 바늘·기름·꿀·설탕 등 사소한 도구 또는 음식을 배분하는 사람, 정당하지 않게 얻은 금전을 상가의 결의에 따라 버리는 사람(필요에 따라 임시로 선출된다), 정사 등의 건축 공사의 감독, 승원의 청소·비구의 잡용을 위한 속인의 감독, 15세 이상 20세 미만의 출가자 즉 사미의 감독자, 속인 시주에게 예를 갖추지 못하여 상가의 결의에 따라 사죄해야 할 비구와 동반하여 시주에게 사과하는 사람(임시로 선출된다), 보시된 물품을 간직하는 창고를 관리하는 사람, 속인 가운데 선발되어 승원의 세속적인 일을 관리하는 사람, 신자의 집에 식사 초대를 받는 순서를 정하는 사람, 국을 배분하는 사람, 과일을 배분하는 사람, 그 밖의 음식을 배분하는 사람 등 17종이 있다.

이러한 직제는 당시의 승원의 생활실태를 반영하고 있다. 이 가운데 속인의 존재는 승원과 세속사회 특히 경제적인 면에서의 세속사회와의 관계에서 중요한 의미를 갖고 있다.

승원의 경제

4의지(四依止)로 대표되는 최초기의 생활은 무소유 즉 세속을 떠나 일체의 소유를 방기하는 이념을 구상화한 것이다. 수행자는 일체의 경제행위를 하지 않고, 생산활동에도 종사해서는 안 되었다. 금전을 손에 넣는 일도 금지되었다.

이러한 자세는 각 율전에도 계승되어 명문화되고 있으나, 승원제도의 확립과 함께 여러 가지 예외를 인정하지 않으면 안 되었다. 승원이 유지되기 위해서는 유지비가 드는 것이 당연하다. 그리고 비구의 생활형태에도 변화가 생겼지만, 사회전반에 걸쳐 화폐경제가 진전됨에 따라 경제행위가 필요하게 되었던 것이다.

율전은 비구가 세속의 신자로부터 받은 금전을 어떻게 처리할 것인가를 기록하고 있다. 이는 현실적으로 이러한 사례가 많았음을 보여 주는 것이다. 그 처리의 방법은 율전에 따라 즉 부파에 따라 다르지만, 예를 들어 작은 금액의 금전은 스스로 사람이 없는 곳에 버리거나 앞서 말한 승원의 잡일을 하는 속인에게 주는 경우도 있다. 또는 승원의 잡일을 하는 속인이나 재가신자에게 그 돈을 주어 승원에 필요한 물품을 사도록 하는 경우도 있으며, 승원의 자금──대출하여 이자를 받는 기금──으로 하는 부파도 있다. 이러한 기술은 승원의 유지·경영에 금전이 필요한 당시의 실정을 보여 주는 것이다.

그리고 비구가 물물교환을 하거나 금은 및 화폐로 물품을 매매하여 이익을 얻는 것을 율전 모두가 금지하고 있는 것은 비구들 사이에 이러한 행위가 있었음을 반증한다.

여기에서 중요한 역할을 한 사람은 승원에서 잡일을 하는 속인들이었다. 승원 및 비구가 어떠한 경제행위를 할지라도 직접 금전을 손에 대어 매매하는 것은 허용되지 않았다. 그 승원에 전속된 속인이 이러한 일을 대행하였다.

율전은 석존시대로 가탁(假託)하여 당시부터 승원의 일을 관리하는 속인이 있었음을 주장한다. 예를 들어 빔비사라왕(마가다의 국왕으로 석존을 외호하였다)은 비구가 직접 진흙으로 승방을 만드는 것을 보고 승원의 잡일을 하도록 속인을 제공하였다고 한다. 그리고 500인의 속인이 죽림정사에 제공되었다고도 한다. 또는 500인의 도적이 죽음을 면하는 대신 승원 근처에 땅과 집을 제공받아

부락을 이루고 비구들의 심부름을 하였다고 한다. 이러한 전승은 석존 당시부터 승원 안에 속인이 있었음을 보여 주는 것이 아니다. 오히려 이는 율이 편찬된 시대에 이들이 필요하게 되었고 나아가서는 이러한 일에 권위를 부여하기 위하여 작성된 것이다. 앞에서 데칸 서부의 굴원사원에서 직물업자를 비롯한 몇몇 사람들이 금전을 기진한 예를 보았는데, 이와 같은 금전을 취급하는 일, 취사 및 다른 잡일 등, 비구의 청정성을 더럽히는 듯한 행위를 대행케 하는 속인이 승원의 불가결의 존재가 되었다. 그리고 속인의 수가 증가함에 따라 부정과 불화가 발생하였으므로 이들을 감독하는 비구의 직제가 제정되었다.

조금 후대의 일로서 5세기에 인도를 여행한 중국승 법현은 불교승원이 전택(田宅), 민호(民戶) 등을 왕으로부터 보증받았다고 하며, 7~8세기의 의정은 승원소유의 토지와 소를 속인에게 대여하여 경작케 하고 소득의 6분의 1을 조세로 받았다고 한다. 또한 승원이 대금업을 하였다고도 한다.

이러한 상황은 불교상가가 장원을 소유하고 상당한 이익을 얻었음을 보여 준다. 언제부터 이러한 장원이 성립되었는가는 명확하지 않지만, 앞에서 말한 데칸 서부의 나시크굴원에 가우타미푸트라 샤타카르니왕이 땅을 기진하였던 예와 각 율전의 기록에 의거하면, 기원을 전후하는 시기에 이러한 경향이 시작되었을 것으로 보인다.

상가와 세속사회의 관계

힌두교에서 이상으로 삼는 4주기(四住期) 가운데 마지막의 유행기(遊行期)에는 세속과의 모든 관계를 끊고 한곳에 머물지도 않고 사람의 눈에 띄지 않는 산림·광야를 유행하는 것이 본래의 뜻이라고 한다. 따라서 이는 완전히 세속을 벗어나는 것이다. 그러나 불교 수행자의 생활은 최초기에 있어서도 이와 동일한 의미에서의 '탈속'의 생활이었다고 할 수 없다. 확실히 4의지에 제시된 바와 같이 세속의 세계에서 벗어나기는 하지만, 음식은 탁발에 의해 얻어지며, 음식을 보시함으로써 공덕이 쌓아진다고 하는 종교적 기능이 존재한다.

하물며 승원을 근거로 하는 생활에서는 여러 가지 형태의 재가신자와의 관계가 필요함은 두말 할 나위없다. '마을에서 멀지도 가깝지도 않은' 곳에 설정되어야 한다는 승원의 위치에는 우선 세속세계와의 관계를 최소한으로 하고 '출세간'의 수행을 한다는 의미가 있다. 이것은 동시에 탁발을 하고 신자의 방문과 보시를 가능케 하며 그들에게 법을 설할 기회를 갖는다는 의미에서 불교교단과 세속세계는 충분한 관계를 갖고 있음도 의미한다.

이러한 점은 '계(界)'가 정해져 특정의 지역과 특정의 승원 또는 상가의 관계가 고정됨에 따라 보다 강화되었던 것으로 생각된다. 신자들은 포살일에 절에 가 5계를 받고 법을 들었다. 또는 여러 기회에 비구들을 초청하여 식사를 공양하였다. 왜 자신의 집으로 비구를 초청하였는가의 이유는 문헌상 그리 명확하지 않다. 현대의 남방불교에서는 집의 신축, 장의, 통과의례 등의 의례를 집행케 하기 위하여 초청하는 경우가 많다. 이때에는 필히 설법과 식사의 공양이 이루어졌다. 고대인도의 소승불교 계통의 문헌에는 비구가 재가신자를 위하여 세간적 차원의 의례를 집행하였다는 기록이 없다. 다만 재가신자의 집에 가서 공양을 받고 법을 설하였다는 내용의 기술이 많을 따름이다.

승원에서든 재가신자의 집에서든 설법이 불교적인 청정한 생활방법을 재가신자에게 가르치는 기능을 가졌다는 것은 부정할 수 없다. 경전에는 재가신자에 대한 4제·8정도, 일반적인 생활윤리, 나아가서는 부부의 관계로부터 상업상의 문제에 이르기까지 여러 가지 가르침이 제시되어 있다.

이에 대해 재가신자는 의복·음식 등 승원의 유지를 위한 보시를 하였다. 말하자면 '법시(法施)'와 '신시(信施)'의 교환이 종교적으로 작용하였던 것이다. 그러나 단순히 이것만으로 불교교단의 사회적 기능을 다하는 것이 아니다. 재가신자의 입장에서는 공덕을 쌓기 위하여 교단·비구가 없어서는 안 된다. 물론 삶을 살아가는 방법을 가르쳐 주는 비구에 대한 경의, 그리고 불·법·승의 성스러운 존재에 대한 존경의 마음과 공덕을 쌓는다는 관념은 명확하게 구별되지 않는다. 그러나 엄밀히 분석하여 말하면 비구·승원은 재가인이 공덕을 쌓기 위한 매체의 기능을 갖고 있다고 할 수 있다.

《이티붓타카 Itivuttaka》라는 원시불전에 '집이 있는 사람(재가인)과 집이 없는 사람(출가자)은 서로 의존한다. 출가자는 재가인으로부터 옷, 필요한 물건, 집 그리고 위험으로부터의 보호를 받는다. 재가인은 출가인을 만남으로써 진인(眞人)을 믿고 뛰어난 지혜로써 깊은 생각을 하며, 선에 이르는 길인 법을 이 세상에서 실행하며, 하늘의 세계를 누리고 바라는 것을 얻어 기뻐한다'라고 씩어 있는 것은 비구와 재가신자의 관계를 여실하게 보여 주고 있다. 재가인은 비구의 생활을 보증하며, 비구는 재가인에게 신심을 청정케 하고 올바로 사는 방법, 안심(安心)의 생활, 나아가서는 평안한 사회생활을 가르쳐 줌과 동시에 공덕을 쌓고 천상에 이르도록 돕는다.

이러한 사정은 현대의 남방불교에서도 마찬가지이다. 만약 공덕, 생천의 관념이 사라졌다면 상가의 종교적 기능은 대부분 상실되어 상가가 성립되지 않을 것이라고 말하는 학자도 있을 정도이다. 그렇다면 불교교단은 출세간의 깨달음을 궁극적 가치로 하여 출가수행을 하는 점에서는 세속·세간을 떠나 '초속(超俗)'을 이루지만, 결코 완전한 '탈속(脫俗)'은 아니라고 하여야 할 것이다.

이상은 교단의 종교적 기능에 대해 살펴본 것이다. 승원이 장원을 갖고 영리행위까지 하였다면 여러 가지 측면의 사회와의 관계는 별도로 논의되어야 한다. 또한 국가권력과 교단의 관계에 대해서도 살펴보지 않으면 안 된다.

최초기의 불전에는 국왕과 도적을 나란히 지적하여 재앙이 많은 자라고 말하기도 하였다. 어쨌든 세속과의 관계를 끊고 수행에 전념하는 의지가 명백하였다. 인도에서 국왕신권설(國王神權說)이 유포된 것은 대개 기원후 1세기 이후의 쿠샤나왕조 시대 이후의 일이며, 4세기 초에 성립된 굽타왕조 이후에는 이러한 점이 현저하게 되었다. 이때는 승원제도가 인도사회 속에 확립된 시기이기도 하며, 국가권력에 대한 불전의 기술도 미묘하게 변화하였다. 그러나 소승의 문헌 및 비문에는 "많은 중생의 이익을 위한" 수행, 탑의 조성이 찬양되고 있을 따름으로, 특히 국왕 및 국가만을 대상으로 한 진호국가(鎭護國家)의 사상은 명확치 않았다.

이것이 명확한 문장으로 운위된 것은 대승불교가 발생한 이후의 일이다. 여기에서도 기본적으로는 귀신·악령에 의한 재액으로부터 중생을 구제하는 것이 주안점이다. 그러나《법화경》에는 경전의 수지(受持)가 국토의 안은을 가져온다고 하며,《금광명경》에 이르러서는 국토수호의 호국사상이 명확히 표명되었다. 밀교기에는 이러한 변화가 더욱 강하게 되어 중국 등지의 진호국가의 사상으로 발전하였다.

한편 승원·상가는 점차 국가체제 안의 위치를 명확히 하게 되었다. 조금 후대의《마누법전》에 대한 주석서에는 비구상가가 상인길드 및 그 밖의 세속단체와 병칭되고 있다. 율전을 보아도 상가의 율은 일반의 법률에 저촉되지 않는 범위에서 어느 정도 국가로부터 보증을 받았던 것으로 생각된다. 예를 들면 토지와 승원에 보시된 '속인'의 신분, 권리의 보전, 농업권의 설정 등은 그 시대, 그 장소의 지배권력의 승인이 없이는 의미를 갖지 못하는 것으로 보인다. 상가 측으로서도 예를 들면 득도를 시킬 때 '왕신(王臣)'에게는 이를 허용해서는 안 된다고 하여 행정체계에 지장이 없도록 배려하고 있다. 또한 국왕으로부터 유죄판결을 받은 비구가 있었던 사례도 율전에 기록되어 있다.

불교교단의 '초속(超俗)'적 성격은 특히 종교면에서 유지되었다. 경제적 사회적 측면에서는 점차 세속과의 관계가 증대되어 갔다.

4 불교와 힌두교

불교와 카스트

종교체험을 통해 파악된 인간의 진실은 모든 인간에게 공통된 보편적인 것이다. 이것은 사회계급의 차이와는 아무런 관계가 없다. 석존은 깨달음의 체험에서 인간의 평등을 굳게 믿고 명확한 언어로 소위 카스트・바르나제도로 대표되는 계급이 의미없음을 역설하였다. 사실 석존은 차별하지 않고 만인에게 법을 설하였으며, 만인을 비구 또는 재가의 신자로 받아들였다.

제자들도 마찬가지였다. 10대제자의 한 사람인 아난다(阿難陀)가 당시 천민이라고 하여 차별을 받던 마탕가(카스트)의 소녀로부터 물을 받아 평온한 마음으로 마셨다고 하는 일화도 불교의 카스트제도에 대한 자세를 보여 준다.

출가하여 비구로서 교단에 들어온 사람에게도 출신 카스트가 문제되는 일은 전혀 없었다. 석존은 성도한 지 몇 년이 지나 고향인 카필라바스투로 돌아왔을 때, 500인의 샤카족 청년들을 출가시켰다. 500이라는 숫자는 '많다'는 정도의 의미로서, 문자 그대로 믿을 필요는 없다. 어쨌든 이때에 많은 청년들이 출가하였던 것은 역사적 사실로 간주된다. 이때에 카스트제도로 말하면 비교적 하위에 속하는 이발사 우팔리가 아침 일찍 출가하였다. 다음날 귀족청년들이 출가하였을 때, 석존은 그들을 교단의 선배로서 우팔리에게 예배시켰다는 일화가 있다.

또한 고층에 속하는 불전《장로의 노래 Theragāthā》에는 낮은 카스트에서 출가한 몇 사람의 장로의 노래가 실려 있다. 예를 들면 수니타 장로는 일찍이 사람들에게 혐오를 받는 분뇨청소인으로서 사람들로부터 경멸을 받았던 일을 자술하고 있다. 이러한 예는 불교교단의 문호가 만인에 개방되어 있었으며, 교단 안에서는 출신 카스트가 전혀 문제되지 않았음을 보여 준다. 사실 불교교단 내의 서열은 율전에도 법랍(法臘, 출가한 때로부터의 기간)에 따르는 것으로 명기되어 있다. 또 실제로도 이러한 점은 시종 변하지 않았다.

이러한 이념과 자세가 불교교단에만 있었던 것은 아니다. '출가'는 문자 그대로 집, 즉 세속의 생활을 벗어나는 것이다. 한번 출가하면 출신 카스트를 묻지 않는 것이 인도의 종교사를 일관하는 대원칙이다. 현대의 인도에서도 이러한 의식은 현저하며, 중세・근세에도 슈드라 및 불가촉민으로 출가하여 종교지도자가 된 예는 무수하게 많다. 나야나르, 알바르(제4장 6 참조)로 불리는 신비주의적 경향이 강한 출가자 그룹, 중세 이후의 카비르, 차이타니야, 근대의 라마크리슈나 등에서 비롯되는 힌두계통의 출가자 집단은 모두 출신 카스트를 문제삼지 않는다.

석존과 그 후의 불교교단은 카스트의 무의미함을 설하고 실제로도 그러한 구별을 인정하지 않았지만, 카스트제도를 타파하는 사회개혁운동으로 나아가지는 않았다. 이러한 점은 위의 힌두계통의 여러 종교운동에서도 마찬가지였다. 불교는 말하자면 종교운동으로서, 사회운동은 아니었다.

여하튼 불교교단은 카스트제도를 인정하지 않았으며, 교단에는 만인을 차별없이 받아들였다. 그러면 불교교단에 사회의 상층으로부터 하층에 이르는 모든 계층의 사람들이 참가하였는가 하면 그렇지는 않았다. 소승계통의 불전에는 비구・비구니, 우바새(優婆塞)・우바이(優婆夷) 등 교단을 구성하는 4종류의 사람들(四衆)의 이름이 출신 바르나의 명칭과 함께 거론되는 경우가 상당히 많다. 이를 정리한 연구가 몇 가지 있는데, 모두 바라문이 약 반의 비율을 차지하고 있으며, 크샤트리아・바이샤가 40% 조금 넘는 것으로 되어 있다. 따라서 재생족(再生族)으로 불리며, 가장 낮은 바르나인 슈드라와는 명백하게 구별되는 상위 3바르나 출신자가 92~94%를 점유한다. 슈드라 출신자의 비율은 극히 적다.

또한 바르나의 명칭이 없어도 그 사람의 직업과 부의 정도, 사회의 계층적 지위를 나타내는 표현이 많다. 이를 정리하여 보아도 결과는 마찬가지이다. 사회적으로 비천하며 가난하다고 생각되는 계층 출신자는 4중에 많지 않았다. 불교를 지탱한 것은 오히려 바라문, 왕족, 대상인, 조합장, 부유한 직공, 지주 등 사회의 상층을 차지하고 있는 사람들이었다. 문헌에서 도출된 이러한 결과는 불탑이나 굴원 등의 봉헌 명문에 나타나 있는 신자층과도 일치한다(제4장 5 참조).

즉 출가자이든 재가신자이든 불교교단의 문호는 사회의 만인에게 개방되어 있었음에도 불구하고, 사회의 하층에 있는 사람들은 불교교단에 거의 참가하지 않았던 것이다.

깃대꼴의 문화

이는 당시의 인도사회의 구조와 관련된 것이다. 한 나라의 문화는 보통 일반대중의 폭넓은 기반 위에 삼각형과 같은 정점이 구축되어 있다. 현대사회가 대개 그러하며, 문학·예술·교육·기술·경제 등의 모든 분야에서도 정상·중견·일반의 구별이 확연하지 않으면서 아래로 내려올수록 폭이 넓어진다. 역으로 말하면 정상은 일반의 폭넓은 기초 위에서 비로소 정상이 될 수 있다. 그러나 고대사회는 어떠하였는가? 유유자적하는 귀족과 빈곤으로 고통받는 일반대중이 삼각형꼴의 문화를 구성하고 있었는가?

인도는 현대에도 삼각형꼴의 문화를 이루고 있지 않다. 빈부·교육·기술·지식량으로부터 문화의식에 이르기까지 모든 면에 걸쳐 상하의 차이가 현격하고, 나아가 그 폭이 넓어지지 않는다.

예를 들어 1971년의 국세조사에서는 문맹이 아닌 남녀의 평균이 각각 29·45%이다. 이 가운데에는 인도어는 읽고 쓸 수 있지만, 영어를 모르는 사람이 상당히 포함되어 있다. 영어를 아는 사람은 아마도 인구의 1% 정도일 것이다. 그런데 광대한 인도를 움직이는 것은 그 1% 정도의 사람들로서, 그들은 영어를 알고 난 다음에 인도어에 관한 교육을 받은 사람들이다.

유형적으로 구별하면 문맹이 아닌 사람들과 문맹인 사람들의 차이는 현격하다. 그것은 단순히 교육의 유무의 차이가 아니다. 의복·음식·취미·문화의식·생활 등 삶의 각 방면에서 세계가 전혀 다르다고 할 정도로 차이가 있다.

결국 인도의 문화는 깃대꼴의 문화라고 할 수 있다. 상층계급의 아래부분이 조금씩 넓어지는 깃대의 모양을 하고 있다. 일반대중은 그 깃대를 지탱하는 대지에 해당된다. 대중과 상층계급과의 접점은 깃대 아래의 작은 부분밖에 없다. 상층·하층 계급은 필히 카스트의 상하와 일치하는 것은 아니다. 어디까지나 생활문화 면에서 세계를 달리하는 것으로 생각될 정도로 격절된 상층과 하층계급의 차이가 존재하는 사회의 구조를 논의하고 있는 것이다. 이러한 점은 인도 전반을 보아도 그러하지만, 각 지방 또는 각 종파를 단위로 하여 보아도 마찬가지이다.

이러한 형태는 역사적인 것이다. 상층계급을 구성하는 사람들의 인종, 종파 등은 시대의 흐름과 함께 변화하였지만, 구조 그 자체에는 변함이 없었다. 인도, 특히 고대인도의 문화구조를 현대사회에 준하여 생각하는 것은 오해를 줄 염려가 있다.

석존과 샤카족은 이 깃대의 정상에 있던 사람들이다. 석존을 따르는 계층은 당연히 국왕, 고급관리, 대상인, 지주 등 마찬가지로 상층에 있던 사람들이었다. 이것은 의식적으로 그렇게 한 것이거나 하층인들을 차별하여 그렇게 된 것이 아니다. 세계가 다를 정도의 상·하층의 차이가 도출시킨 결과였다.

그러므로 샤카족의 이발사 우팔리의 경우, 그 직업은 그리 청정한 것이라고 할 수는 없지만, 샤카족의 일원임에는 틀림없다. 그는 깃대 부분의 아래에 있던 사람으로서 대지 부분에 있던 사람은 아니었다.

불교는 이러한 의미에서 상층계급 안에서 태어나 성장하고 발전된 종교였다. 결과적으로 슈드라와 하층인들의 참가가 적었던 것도 당연한 결과였다.

불교와 힌두세계

석존 및 그 제자들의 '원시불교' 시대, 그리고 이에 계속되는 '부파' 시대 이후, 즉 기원전 5, 4세기에서 기원후 3,4세기에 이르는 시기에 카스트·바르나제도는 이미 확립되어 있었다. 그리고 불교교단의 '4중'이 사회의 상층계급의 인

보디가야의 대탑에 참배하는 힌두교도. 힌두교도로서 佛蹟을 찾아 예배하는 일은 모순된 것으로 생각되지 않는다.

물들이었다는 사실에 대해서는 앞에서 언급하였다. 그러면 불교교단에 참가하여 불교도가 된 재가신자들은 자신이 속하는 카스트와 어떠한 관계에 있었는가?

고대인도의 여러 문헌에 '불교도'라는 명칭이 나오고 있으므로, 사회적으로 그렇게 인정되고 또 스스로도 그렇게 부르는 그룹이 있었음은 의심의 여지가 없다. 상층계급 중에는 여러 카스트의 성원이 있다. 그런데 그들이 자신이 소속된 카스트를 떠난다는 것은 힌두교도임을 떠나 불교도라는 카스트제도 바깥에 위치하는 사회집단을 구성하는 것인가? 또는 카스트제도 안에 머물면서 '불교도'라는 카스트를 구성하는 것인가? 힌두교 계통의 여러 종교운동──그 대부분은 카스트제도를 부정한다──이 결국은 카스트제도를 인정하지 않는다는 특징을 갖는 하나의 카스트를 구성하는 많은 예와 같이.

어느 경우에도 답은 부정적이다. 인도에서 독자의 사회집단이 성립된다는 것은 독자적인 신에 대한 신앙으로부터 예배의례, 내세관, 사자(死者)의례, 통과의례, 기원의례, 주술, 사회습관이 있지 않으면 안 된다. 불교도 사이에도 이러한 관념과 의례가 있었음에 대해서는 이미 앞에서 살펴보았다. 그러나 석존 및 후세의 불교지도자들은 처음부터 이러한 세간 차원의 '불교의례'를 신자들에게 제시하지 않았다. 사자의례, 통과의례를 비구가 재가신자에 대하여 수행하였다는 증거는 없다. 기원의례와 주술은 후대에 이르러 점차 '불교화'되어 갔다. 그런데 불교화된다는 것은 처음에는 불교적이 아니었음을 말한다. 원래 불교의 본의는 이러한 세간 차원의 의례와 관계가 없다. 또는 특별한 관심을 갖지 않았다고도 할 수 있다. 따라서 재가신자는 (그리고 비구까지도) 깨달음과는 관계없는 일상의 세간적 차원에서는 재래의 힌두교적 관념과 의례를 필연적으로 수용·수행하지 않으면 안 되었다. 그러므로 교단의 발전과 함께 이것이 불교화되었던 것이다.

불교화됨으로써 '불교의례'가 성립되었다고 하여 힌두교에서 수행된 것이 모두 불교도의 세간 차원의 종교의례가 된 것은 아니다. 불교화된 것은 기원, 주술의례에 한정된다. 통과의례, 사자의례 등은 불교의 독자적인 것이 성립되었다고는 생각되지 않는다. 따라서 세간 차원의 의례, 종교적 관행의 측면에서 불교도가 어떠한 형태로든 독립된 사회집단을 이루었다고 할 수 없다. 사실 소승계통의 문헌에 의거하는 한, 그러한 집단의 존재를 가리키는 기술은 전혀 없다.

그러면 당시의 불교도는 열반의 가치를 수용하고, 석존의 가르침 및 발전된 형태의 교리를 믿고 윤리적 삶에 마음을 기울였다는 의미에서 불교도였는가? 그들은 불교의 본의를 믿고 또 행하며, 그러면서도 자신의 카스트에 그대로 소속되었다. 불교화된 면이 있다고 하여도 기본적으로는 힌두교의 여러 가지 의례를 수행하였다.

불교도인가 힌두교도인가

만약 그렇다면 그들은 대체 불교도인가 힌두교도인가? 이 문제에 관해 참고가 될 만한 예를 검토해 보자. 15세기 바라나시에서 태어난 카비르는 직물공의 아들로 태어나 일생 직물공으로 생애를 마쳤다. 그는 바크티 bhakti(信愛)의 흐름 속에서 신을 체험하였다. 카스트를 부정하고 힌두교의 전통적인 의례를 배척하였으나, 그의 신자에는 이슬람교도도 있으며 카스트를 달리하는 힌두교도도 많았다. 그의 가르침은 종파와 카스트의 차이를 넘어 보편성을 갖고 있었다. "만물은 그대 자신 가운데에 있다. 그곳에서 창조주를 보라. 안과 바깥의 차이는 없다. 모든 차별은 신 안에서 조화되며, 신은 차별을 초월하기 때문이다." "청정하고 자연적이며 간소한 생활을 하라." 이러한 그의 가르침은 종파, 카스트의 차이와는 관계없는 삶의 방식을 말한 것이다. 그러나 힌두교적 의례를 배척하

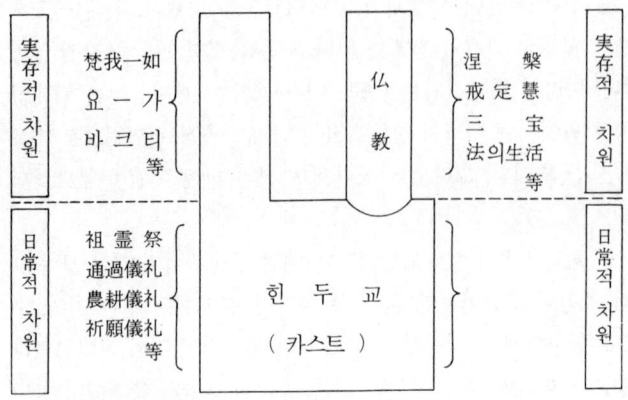

불교와 힌두교의 관계

고 카스트의 무의미성을 강조했음에도 불구하고, 힌두교도 신자는 계속 자신의 카스트에 속하였다.

15세기에서 16세기에 걸쳐 벵갈에서 활동한 차이타니야는 바라문 출신이었다. 그는 17세에 신을 체험하고 크리슈나・비슈누신앙을 고취하였다. 그는 늙음과 젊음, 부유함과 가난함 그리고 카스트의 차이를 무시하고 대중과 함께 신의 이름을 부르고 노래하며 춤을 추었다.

또는 현대 인도에서는 "나는 종교는 기독교이지만, 카스트는 힌두이다"(P. Mohanti)라고 한 사례도 있다.

결국 실존 차원, 출세간 차원의 신앙 또는 삶을 염두에 두는 것과 카스트의 성원인 힌두로서 사회생활을 하는 것이 반드시 모순되는 것은 아니다. 그렇다면 고대인도의 불교도 깨달음과 이것에 뿌리를 둔 윤리적 삶의 방식을 설하였지만, 그 신자는 각 카스트에 소속된 채로 불교도로 칭하였던 것이 아닐까. 물론 비구상가는 별개의 존재이다. 비구상가는 응집력있는 실질적인 사회집단으로서의 독자성을 지니고 있다. 여기에서 문제가 되는 것은 재가신자로서, 결국 재가의 '불교도'는 실질적 독립집단이 아니었다.

이러한 상황을 위의 도표에서 볼 수 있다. 불교의 본의는 어디까지나 실존(출세간) 차원으로서, 세간 차원의 제관념・의례는 다분히 불교화되었으면서도 그 뿌리는 힌두세계에 있다. 그리고 그 신도는 소속 카스트를 떠나는 일이 없었다.

결국 이러한 의미에서 불교도라는 사회집단은 힌두세계에 충분히 정착할 수 없었다. 불교는 카스트를 핵심으로 하는 힌두세계 위에 성립되고 발전되었던 것이다.

1907년에 영국의 불교학자 리스 데이비즈는《불교인도 Buddhist India》라는 책을 썼다. 그는 서문에서 '본서는 불교가 우세하였던 시대의 고대인도를 서술하는 것'이라 하고 석존으로부터 시작하여 쿠샤나왕조의 카니쉬카왕 시대에 이르기까지를 설명하고 있다. 연대적으로는 기원전 5, 4세기에서 기원후 2세기에 이르는 수백 년간이다.

그러나 불교가 우세하였다는 것은 불교도의 수가 다른 종교의 신도수를 능가하는 것을 의미하지는 않는다. 불교도가 정치권력 및 경제적 실권을 독점하였다는 의미에서의 우세도 아니다. 어디까지나 석존이 가르친 열반과 윤리적 생활의 가치가 널리 수용되었다는 의미에서 불교가 우세하였다는 것이다. 아쇼카왕의 '법(法)'의 정치도 이러한 의미로 이해되어야 한다. 그것은 '불교교단의 우세'라기보다는 불교에서 유래하면서도 불교의 담을 넘어선 보편적인 진실(법)의 우세였다. 쿠샤나왕조의 카니쉬카왕도 불교를 외호하였으며, 불교는 주로 이 시기에 서북인도에서 아프가니스탄, 중앙아시아로 현저히 확장되었다. 이들 이민족에게 불교가 매력적이었던 이유는 여러 가지이겠으나, 보편적인 윤리의 가치가 인정되었다는 점을 우선적으로 들 수 있다. 동시에 카스트나 불교독자의 세간적 의례가 없었으므로 각 민족의 고유한 신앙체계를 있는 그대로 살리면서 상호 변용되고, 나아가서는 이를 섭취함으로써 불교가 토착화되었다.

그리고 인도에서는 점차 밀교가 발달하였다.《대일경(大日經)》《금강정경(金剛頂經)》을 축으로 하는 순수밀교(純密)가 성립되어 중앙아시아에서 중국으로 전파된 후, 인도는 탄트리즘의 파도에 휩싸였다. 힌두교도 불교도 탄트라화되어 실존 차원의 관념·수행법에도 양 종교의 공통요소가 많이 생겼다. 불교가 불교임을 주장할 수 있는 것은 이 실존(출세간) 차원에 있다. 만약 이것이 힌두교의 그것과 유사하게 되면 불교의 존재는 의미를 상실케 된다. 이러한 점에서 불교는 점차 힌두세계로 흡수되어 갔던 것으로 생각된다.

불교가 힌두세계 위에 성립·발전한 점에 한편으로는 불교가 인도에서 자취를 감추기에 이른 원인이 있으며, 또 한편으로는 보편성을 가진 세계종교로서

인도 바깥으로 발전할 수 있었다.

제6장 대승불교의 흥기

부파불교에 대한 반발

마우리야왕조 이후 부파로 대표되는 불교교단은 인도 전역에서 발전하였다. 상공업, 교역에 의해 거부가 된 상공업자와 여러 왕가 등의 신자층의 보시로 경제적 기반이 안정되고, 정사와 탑원 또는 이들을 합친 가람이 인도 각지에 건립되었다. 불교상가는 화려한 번영의 길을 걸었으나, 한편으로는 청신한 종교활동이 저조하게 되는 경향을 피할 수 없었다. 진지하게 수행하며 학문의 연구에 전념하는 비구들이 있는 한편 지각이 없는 비구도 적지 않았다. 전반적으로 불교상가는 재속신자가 공덕을 쌓는 매체로서의 기능만이 남고, 생생한 종교적 자각은 저하되었다. 비구들도 깨달음과는 먼 존재가 되었으며, 재가신자에 대한 포교도 활력을 잃게 되었다. 안정된 생활을 바탕으로 승원의 깊은 곳에서는 아비다르마교학이 극히 치밀하게 되었다. 학문연구의 진전에 따라 실천은 형식화되었다. 이러한 의미에서 참된 종교성이 교단면에서는 희박하게 되었던 점도 부정할 수 없다. 불교교단은 침체되기 시작하였던 것이다.

이러한 상황에서 불교도로부터 여러 가지 반성과 반발이 발생하였다. 또한 기원전 2세기부터 힌두교세계에는 바크티사상이 현저하게 되었다. 자기를 비우고 오직 신에 귀의하는 관념과 수행법은 당시 신선한 것으로 사람들에게 받아들여지기 시작하였다. 그리고 서북인도에서는 기원전 2세기부터 서아시아의 종교사상이 도입되어 불교도 사이에도 신선한 자극과 영향을 주기 시작하였다.

이에 따라 출현한 것이 대승불교운동이다. 그리고 이는 대개 기원전 1세기 경에는 그 바탕이 조성되기 시작하였다고 보아도 크게 틀리지 않을 것이다.

대승불교에서 가장 강조된 점은 불교가 입각해 있는 진실(법)의 종교적 자각과 실천이었다. 학문적으로 분석하는 법의 해석이 아니라, 스스로 수용하고 실천해야 할 진실에 대한 눈뜸이다. 불교는 본래 종교실천을 중시하는 것이지만, 이 시대의 부파불교에서는 이 점이 희박하게 되었다. 이러한 의미에서 대승불교는 석존의 불교라는 원점으로 돌아가는 것이라고 할 수도 있다.

그러나 새로운 관념, 사상도 발전하였다. 그 중 가장 중요한 것이 이타행(利他行)과 보살이다. 전통적인 불교에서는 진지하게 수행하는 비구일지라도 자신의 깨달음에 중점을 두었다. 재가생활을 하는 자에게는 깨달음의 가능성이 없다. 다만 청정한 생활을 하는 가운데 '안심'의 생활이 있을 따름이다. 이에 반해 대승불교에서는 종교적 관념의 측면에서도 사회실천의 측면에서도 적극적인 이타행이 강조되기 시작하였다. 그리고 이를 실천하는 사람을 보살이라고 부른다.

보살은 재래의 불교에서는 석존의 전생을 가리키는 말이었다(제3장 4 참조). 그러나 대승불교에서는 새로운 의미가 부여되었다. 즉 이타의 서원(誓願)을 발하고 깨달음(菩提)을 구하여 수행하는 사람을 보살이라고 하였다. 보살은 정확하게는 보디사트바 Bodhisattva(菩提薩多)로서, 보리를 추구하는 사람이라는 뜻이다. 따라서 대승보살은 본래의 의미에 새로운 내용을 부여한 것이라고 할 수 있다. 석존 한 사람에게 적용되었던 말이 이제는 스스로 결의하여 수행하는 사람 일반을 가리키는 말이 되었다.

실천의 강조는 선정체험과 관련되어 있다. 일체의 분별과 생각을 버린 종교체험의 심연에서 발견되는 예지, 즉 반야 prajñā의 지혜가 강조되며, 그 내용은 '공'으로 표현되었다. 공은 무상, 무아와 동일한 차원의 관념이지만, 특히 대승불교에서 공이 강조된 이면에는 주로 두 가지의 이유가 있다. 하나는 부파에서 구축된 아비다르마, 특히 유부의 교학에서 주장하는 '법체항유'(法體恒有, 일체의 현상을 성립시키는 요소(법체)는 삼세에 걸쳐 실유라고 하는 사상. 설일체유부라는 명칭도 여기에서 유래한다)에 대하여, 어떠한 존재도 무상이며 무자성(無自性)임을 강조하기 위하여 공이라고 한다. 결국 교리적 측면에서 공을 주장하는 것이다. 둘째는 일체가 공이기 때문에 집착해서는 안 된다는 무집착의 실천을 강조하기 위함이다.

공의 실천은 구체적으로는 육바라밀(六波羅蜜)로 제시된다. 6바라밀은 보시(布施), 지계(持戒), 인욕(忍辱), 정진(精進), 선정(禪定), 반야(般若=지혜)의 여섯 항목 수행의 완성을 말한다. 여섯으로 구분되어 있지만, 실은 여섯 모두가 상통하는 것이다. 특히 반야의 지혜가 다른 행의 실천의 저변에 있다. 이 반야의 실천은 특히 일련의 《반야경》 계통의 경전군에서 강조되었다.

대승불교의 또 하나의 특징은 서원이다. 이타(利他)의 서원은 보살에 필수적인 것으로, 이것은 이 서원에 의해 미래에 성불할 것이라는 불타로부터의 보증, 즉 수기(授記)를 받는다는 사상과 관련되어 있다. 한편 그러한 서원을 발하고 수행하여 서원을 성취한 불(예를 들면 아미타불)에 귀의하며, 그러한 서원으로 말미암아 구제받는다는 사상도 발생하였다.

또한 대승불교에서는 1세계 1불(예를 들면 이 사바세계에는 석존만이 불타로 존재한다)의 사상이 확대되어 시방세계에 많은 불이 동시에 존재한다고 생각되었다. 따라서 석가불에 대한 예배·공양은 '모든 부처(佛)에 대한 공양'으로 발전하였다. 이 표현은 불탑, 탑원, 정사 등의 봉헌명문에 종종 나타난다. 이에 관련하여 제불의 성격이 다양하게 설명되어, 소위 '3신설'(三身說, 제3장 4 참조)이 주장되었다. 특히 《법화경》에도 설해져 있는바, '영원한 불타'의 불신관이 발전한 것도 대승을 특징짓는 사상이라고 할 수 있다.

대승불교운동은 특정한 하나의 사상이 특정한 사람에 의해 창도되고 확장된 것이 아니다. 다양한 사상·신앙이 대승운동의 형태를 띠었다. 이 모두에 공통되고, '대승'으로의 통일성을 부여한 것은 앞에서 언급한 보살의 이념과 활동이었다고 하여도 과언이 아니다. 그러나 이 운동을 누가 어디에서 어떻게 설하였으며, 어떻게 확장되고 어떻게 대승으로 정리되었는가에 대해서는 불확실한 점이 너무나 많다.

불명확한 것은 불명확한 대로 이 대승불교운동을 담당하였던 '보살'들의 생활·실천을 단서로 하여 이 문제를 검토하여 보자.

대승의 보살들

초기의 대승경전은 모두 신앙자를 보살로 부른다. 또한 보살은 재가보살과 출가보살로 나뉜다.《반주삼매경(般舟三昧經)》은 비구·비구니·우바새·우바이의 '사배(四輩=四衆)' 하나하나에 대해 삶의 방법을 기술하고 있다.《대보적경(大寶積經)》의《욱가장자회(郁伽長者會)》도 재가와 출가 두 보살의 실천의 도를 설명하고 있다.《화엄경》의 정행품(淨行品)도 마찬가지이다.

대승불교운동을 담당한 사람 가운데 재가신앙자가 점하는 위치가 컸음은 재가보살과 출가보살이 위에서 보듯이 대등하게 취급되고 있는 점에서도 확인된다. 그리고 대승사상과 그 실천을 설하는 유명한 경전의 주인공에는 재가자가 많다. 욱가장자도 그러한 사람이며,《유마경》의 유마거사도 재가생활을 하는 사람이다.

《승만경(勝鬘經)》의 주인공은 여성인 승만부인이며,《소품반야경》에 나오는 다르모드가타도 7보의 궁전에서 살며 여성과의 5욕(欲)의 즐거움을 알면서도 '법사'로서 불법을 설한다. 그리고《화엄경》입법계품의 주인공인 선재동자는 여러 곳의 선지식을 방문하여 법을 묻지만, 그 중에는 어부나 상인 또는 여성도 포함되어 있다.

이는 세속생활 중에서의 보살도의 실천을 강조하는 것으로, 대승불교의 재가적 성격을 보여 주고 있다. 또한 이는 부파불교가 출가자인 비구의 수행·깨달음을 중심으로 하며, 깨달음의 가능성이 전혀 없는 재가신자는 일방적으로 비구의 설법을 들어야 한다는 것과 현저한 대조를 이루고 있다.

그들의 지도자는 '법사'로 불린다. 그리고 5계, 6바라밀은 당연히 세속생활 속에서 실천되어야 한다. 또한 선정, 관불(觀佛), 염불 등을 닦을 것이 권장되었다.

그러나 대승불교를 순수한 재가불교로 간주하는 것도 그릇된 일이다. 대승불교에는 많은 출가보살도 존재한다. 실제의 사상·실천의 창도자이며 '법사'인 사람은 출가보살 쪽이 많았던 것으로 생각된다. 그들은 가사를 몸에 두르고 삭발한 출가자였지만, 부파불교에서 말하는 바와 같은 비구는 아니다. 그들은 율전에 규정된 구족계를 받지 않는다. 지켜야 할 계는 '십선계(十善戒)'였던 것으로 보인다. 그리고 이 십선계를 제불로부터 받는다고 한다. 상가로부터 허용되는 부파의 득도와는 이 점에서도 다르다. 십선계는 부파불교에서 '십선업도(十善業道)'로 불리기도 하는 10종의 행위규범으로서 불살생(不殺生), 불투도(不偸盜), 불사음(不邪淫), 불망어(不妄語), 불악구(不惡口), 불양설(不兩舌), 불기어(不綺語), 무탐(無貪), 무진(無瞋), 정견(正見)을 말한다.

  그들 가운데 어떤 사람은 숲속에 살면서 수하석상(樹下石上)의 생활을 하였던 것으로 생각되나, 많은 사람들은 탑사(塔寺)를 생활의 근거지로 하였다. 탑사는 스투파를 말하는데, 이는 단순한 스투파를 말하는 것이 아니다. 스투파를 중심에 두고 거처하는 방 및 그 밖의 시설을 총칭하여 탑사라고 한다. 실질적으로는 가람에 상당하는 것이었다. 물론 대승을 낳고 또 발전시킨 대승보살들 가운데 어떤 사람은 불탑신앙자 그룹 출신이었다는 사실이 알려져 있다.

불탑신앙과 보살

  대승경전의 한역은 보살이 거주하는 곳으로 '불(佛)의 종묘'(《菩薩本業經》), '불사(佛寺)'(《諸菩薩求佛本業經》), '승방(僧坊)'(《화엄경》淨法界品, 《대보적경》욱가장자회) 과 '불사정사(佛寺精舍)'(《郁伽羅越問菩薩行經》), '승가람(僧伽藍)', (《팔십화엄》) 등을 거론하고 있다. 이 가운데 종묘, 불사의 원어는 스투파 stūpa이며, 승방은 비하라 vihāra 곧 정사이다. 한역된 시대가 하대로 내려옴에 따라 스투파에서 비하라로 바뀌며, 승가람 saṅghārāma으로 변화된 것은 인도의 대승보살들의 주소가 스투파에서 시작되어 점차 승원화되고, 탑과 정사를 동일한 경내에 두는 사찰——가람으로 정비되어 갔던 경위를 반영하고 있는 것으로 보인다. 5세기 전반에 인도를 여행한 중국승 법현은 '마하연(摩訶衍, Mahāyāna, 대승) 승가람'이라는 말을 사용하고 있다.

  원래 스투파숭배는 재가신자의 의례로서, 비구가 관여해서는 안 되는 것으로 여겨졌음에 대해서는 앞에서 지적하였다. 이것이 특히 아쇼카왕 이후 급격히 일반화되었다. 신자 측의 요청도 있었으며, 비구 자신이 예배대상으로 삼는 경우도 있어 부파교단도 불탑숭배를 수용하게 되었다. 고고학적 견지에서도 기원전 1세기 이후 서데칸의 굴원사원에서는 스투파를 중앙에 둔 탑원(caitya)과 정사(vihāra)가 나란히 조성되어 있다. 다만 부파교단에서는 적어도 이념적으로는 탑숭배를 전면적으로 인정하지는 않았다. 각 부파에 따라 미묘한 차이가 있는 가운데, 예를 들어 《팔리율》은 스투파숭배에 관한 시비를 언급하지 않고 있다. 《십송율》(유부)과 《마하승기율》(대중부)은 탑지(塔地, 佛地)와 승지(僧地)를 구분한다. 승지는 비구의 주거구역이며, 탑은 상가보다는 불타에 속하기 때문에 불지라고 하였던 것이다. 또 상가에 대한 기진과 탑에 대한 기진이 나뉘어 있었기 때문에 탑에 대한 보시를 비구가 사용할 수 없었다. 《사분율》(법장부), 《오분율》(화지부)도 승중유불(僧中有佛)이라고 하여 양자를 구분하고 있다. 결국 불탑은 상가로부터 독립되어 있었다. 대중부 계통에서는 탑숭배를 '과보가 적다'고 하며, 유부 계통의 《구사론》과 《대비바사론》도 탑원에 보시하여도 과보가 적다고 하고 있다. 시승(施僧, 승지에 대한 보시)의 과보가 시불(施佛)의 과보보다 크다는 것이다. 이러한 주장의 배경에는 불지, 탑지에 대한 보시를 비구가 자유로이 처분할 수 없다는 생각이 있었던 것으로 보인다. 확실히 부파교단의 비구들은 탑숭배를 하고는 있었지만, 상가의 이념으로서는 이를 공인하기를 주저하였다. 그러나 탑에 등불·향·꽃뿐만 아니라 음악·무용을 공양하는 일이 이 불전에 종종 기록되어 있다. 그런데 음악·무용은 비구에게 금지되어 있던 것이다. 따라서 원래는 재가신자가 이를 행하였을 것이지만, 조금 후대에는 비구도 이에 참가하였던 것으로 보인다. 여기에도 상가의 이념과 실제의 간극이 있다.

그러나 당시 존재하던 탑 및 탑사가 모두 부파와 관계가 있었던 것으로는 생각되지 않는다. 부파에 속하지 않으면서 오직 재가신자만으로 관리·운영되었던 것도 있었던 것으로 보인다. 사람들은 탑, 시설 등을 기진하고, 여기에 예배하였다. 여기에는 당연히 관리의 임무를 맡을 사람이 필요하다. 그들을 중심으로 불탑신앙자 집단이 형성되었다. 이것이 바로 대승경전에서 말하는 보살집단이 성립하는 모체의 하나였다는 주장이 있다.

이들의 탑은 점차 거처할 수 있는 방을 완비하고, 사원·가람으로 정비되어 갔다. 그리하여 이는 대승교단 성립의 하나의 사회적 기반이 되었다.

대승교단이 과연 '교단'이라는 이름으로 불리기에 합당한가 그렇지 않은가에 대해서는 밝혀지지 않은 문제가 많다. 부파교단은 예컨대 다른 부파라고 할지라도 이념상 사방상가라는 하나의 상가로 통일되어 있다. 그리고 각 부파의 상가는 독자적인 율장을 지니고 있으며, 의례・생활양식이 조직화되어 있었다. 그런데 대승교단의 '보살'의 이념과 활동은 공통된 것이라고 할지라도 뒤에서 다시 언급될 것과 같이 여러 가지 신앙의 흐름이 있다. 또 율장도 지니고 있지 않다. 그러면 대승불교교단이라는 통일성을 어떻게 유지할 수 있을 것인가? 그리고 개별적인 보살집단이 어떻게 관련되어 있었는가? 이러한 점은 아직 구체적으로 밝혀지지 않았다.

그럼에도 불구하고 초기 대승경전들은 그들을 '보살가나(bodhisattva-gaṇa)'로 부르고 있다. 가나란 '집단'의 뜻으로 상가와 거의 같은 의미이다. 또한 그들의 공통된 가르침을 마하야나 Mahāyāna(대승)라고 하였다. 이는 부파불교를 히나야나 Hīnayāna(소승)로 부르는 것과 관련하여 그들과 대립의식이 많았으며, 동시에 자신들로서는 대승보살로서의 통일적 의식이 있었음을 나타낸다.

주로 문헌을 통해 논증되는 대승보살과 탑사의 관계는 고고학적으로는 적극적인 지지를 받지 못하고 있다. 현존하는 스투파 유적 가운데 어느 것이 부파교단의 것이고, 어느 것이 대승보살의 것인가를 구분하는 일은 극히 곤란하다. '00부파의 소유로서' 봉헌되었음을 명기한 명문이 있는 스투파는 물론 부파에 소속되는 것이지만, 봉헌명문이 발견되지 않은 것이나 명문이 있다 하더라도 부파명을 기록하지 않은 스투파의 수가 훨씬 많다. 어떤 학자의 주장과 같이 특정한 부파의 이름을 명시하지 않은 스투파 전체가 대승보살과 관계있다는 증거는 없다. 부파교단에 기진된 정사와 탑원의 봉헌명 전체에 기진 대상의 부파 이름을 기록하지도 않았지만, 만약 그러한 습관이 고정되어 있었다면 대승불교가 확립된 후 대승에 불탑을 기진하는 경우에도 '대승'이라는 이름이 나옴직하다. 그러나 봉헌명문에는 그러한 이름이 훨씬 후대에까지 나오지 않고 있다. 그렇다고 하여 수많은 탑사 가운데 대승에 소속된 것이 포함되어 있지 않다고는 할 수 없다.

스투파와 정사의 관계에서도 많은 유적은 마치 불전의 규정에 따르듯이 불지(탑지)와 승지가 분리되어 있다. 서데칸의 굴원사원도, 그 밖의 지방의 유적도 스투파 및 스투파를 중심으로 하는 탑원과 정사는 인접해 있을지언정, 정사 한 가운데에 스투파를 두어 불・승지가 혼융된 형식은 거의 없다. 예를 들어 서북인도 탁샤실라의 카라완에서도, 간다라의 타후티 바히에서도 불지와 승지가 구

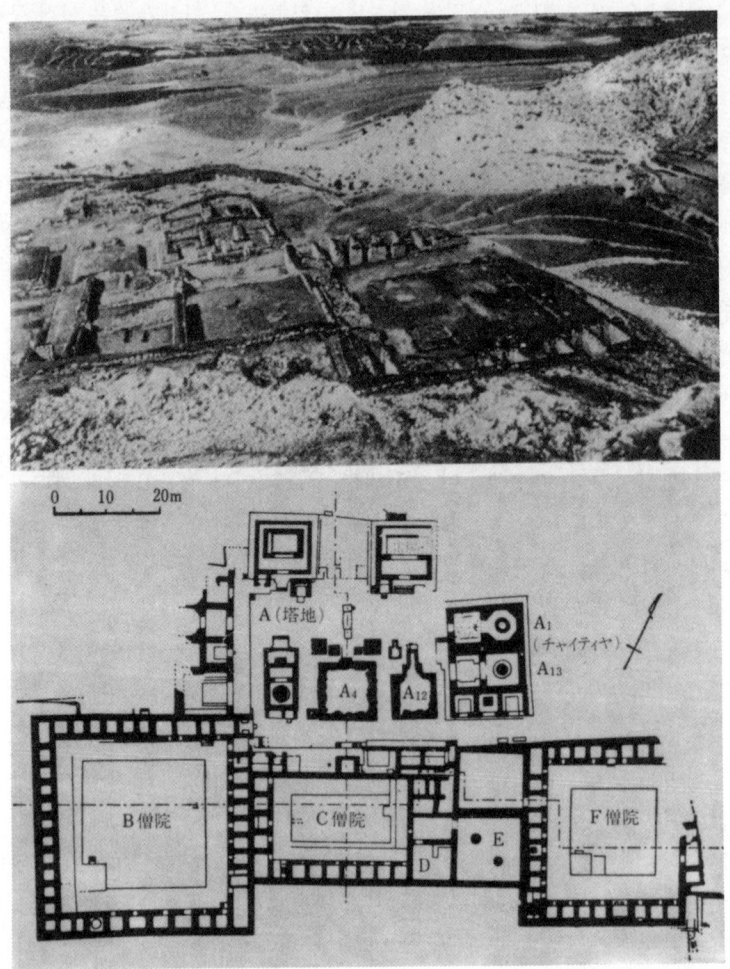

탁사실라의 카라완寺(위) 및 카라완사 평면도(아래) 카라완은 탁샤실라 교외의 산악지대에 있다. 1세기 후반에 조성된 것으로 보인다.

분되어 있다. 다만 전자에서는 불지의 탑원은 유부소속이었음이 밝혀져 있다. 다르마 라지카탑사(塔寺)는 주된 탑 둘레를 승원이 감싸고 있지만, 이것은 후대에 확대·증광된 부분을 포함하여 그렇게 된 것으로서, 시대를 구분하여 살펴 보면 최초기에는 승지가 분리되어 있다. 불지와 승지가 혼융된 형식의 탑사가람이 출현한 것은 후대인 4,5세기 경에 이르러서이다. 따라서 고고학적으로는 스투파 둘레를 승방이 에워싸고 있는 대승적인 구조는 발견되지 않는다. 그러나 반대로 불지·승지가 구별된다고 하여 대승의 탑사가 아니라고는 단언할 수 없다.

불탑을 중심으로 하는 보살교단의 실태는 앞으로 밝혀져야 할 많은 문제를 남기고 있다. 그럼에도 불구하고 보살로 자칭한 대승불교신앙자와 불탑의 관계가 깊음은 부정할 수 없다. 그들은 스투파를 예배하고 공양하였다. 그것은 스투파를 통하여 역사적인 석존이 아니라 '영원한 부처님'인 불타에 전적으로 귀의하는 것이다. 이는 출세간 차원의 신앙이라고 할 수 있다. 《법화경》의 불탑숭배도 이러한 흐름에 있는 것이다. 즉 공덕을 쌓아 사후 하늘에 태어나기를 원하는 민간신앙과 결부된 스투파숭배 본래의 모습이 대승불교에 이르러 탈각되었다. 《법화경》의 구원불(久遠佛)과 아미타불, 그리고 그 밖에 대승불교에서 신앙의 대상으로 발전된 '구제불(救濟佛)' 사상도 이러한 조류와 관계있는 것으로 보인다. 불탑숭배는 이러한 의미에서 세간적 차원의 관념과 의례가 출세간 차원으로 승화된 예라고 할 수 있다.

제불·제보살에 대한 신앙

대승불교운동을 형성하는 여러 가지의 사상 가운데 아미타불과 문수·미륵 관음보살 등에 대한 신앙은 중요한 위치를 차지하고 있다.

대승불교에서는 시방에 많은 '세계' '국토'가 있으며, 이 각각에 불타가 존재한다는 시방다불(十方多佛)사상이 현저하게 되었다. 이것은 옛 부파불교의 불신관(佛身觀)을 바탕으로 발전한 것이지만, 동시에 대승신앙자인 보살들의 이상이기도 하였다. 또한 존경받으며 예배·신앙의 대상이 되는 보살도 출현하였다. 그러나 이러한 보살들은 성립의 기반, 사상을 달리하며, 신앙형태와 종교적 기능도 같지 않았다. 어쨌든 이러한 점은 대승불교운동의 다양성을 보여 주는 것이다.

아미타불은 중국 등지의 정토(浄土)신앙을 통해 큰 영향을 끼친 불타이다. 오랜 과거세에 법장(法藏) 보살은 이타(利他)・성각(成覺)의 서원을 발하여 여러 불국토를 돌며 이상적인 정토를 건설할 것을 결의하였다. 그 결과 법장보살은 지금 아미타불로 현존하며, 서방의 극락(sukhāvati)이라는 불국토에 계신다. 아미타불과 법장보살의 관계에 대해서는 다른 설도 있다. 세계는 지금 말법(末法)시대이다. 이 시대를 사는 인간은 깨달음으로부터 멀리 떨어진 것으로 생각되었다. 여기에는 번뇌에 싸여있는 현실의 자기를 반성하면 지금이 말법시대임을 받아들이지 않을 수 없다는 실존적 의미도 포함되어 있다. 따라서 사람들은 자아의식을 방기하고 오직 아미타불의 서원을 빌어 구원을 얻지 않으면 안 된다고 하였다. 이에 따라 아미타불신앙이 발생하고, 일련의 정토경전들이 성립되었다.

이와 같은 타력구제(他力救濟)의 사상은 이미 《밀린다팡하》에서 제시된 적이 있다. 왕이 악인일지라도 임종시에 불타를 염하면 하늘에 태어날 수 있다고 하지만 이를 믿을 수 없다고 하였을 때, 나가세나비구는 작은 돌은 그 자체로는 물속에 가라앉지만 배에 실리면 100개의 돌도 뜨지 않는가라고 반문하고 있다. 따라서 이러한 사상은 부파불교에서도 알고 있던 것이지만, 부파의 전통과는 크게 어긋나는 생각이다. 옛부터 악인은 필히 지옥이나 그 밖의 악한 세계로 전생하는 것으로 되어 있었다. 그러한 악인일지라도 임종시의 염불에 의해 구제된다는 것은 크나큰 사상의 전환이다. 이러한 점에서 순수하게 인도의 불교 내부에서 저절로 성숙된 사상인가 또는 그렇지 않은가에 대한 의문이 제기되기도 하였다. 《밀린다팡하》는 그리스인 메난드로스왕과의 문답을 내용으로 하며, 무대는 서북인도의 펀잡지방이다. 아미타불 신앙으로 대표되는 타력구제의 사상에는 서아시아의 종교사상 및 인도의 바크티사상의 영향 또는 자극이 고려되지 않으면 안 된다.

아미타불의 성격 및 그 신앙의 성립에 대해서도 여러 가지 이설들이 있다. 아미타불의 원어에는 아미타유스 Amitāyus(無量壽)와 아미타바 Amitābha(無量光)의 두 가지가 있다. 전자는 인도불교 내부에서 발전된 '영원한 부처님' 즉 무량한 수명을 지닌 불이라는 관념에서 유래하는 것이 아닌가 한다. 후자도 인도불교의 내적 발전의 결과로 발생하였다는 생각도 들지만, 한편으로는 이란의 조로아스터교의 태양신 신앙의 영향이 있었을 것으로도 보인다. 즉 이란의 광명사상이 당시 서북인도에 정착하였던 사실이 있다. 불상에 광배(光背)를 두는 것도 이것과 관계있으며, 무량광을 지닌 불타의 관념도 이것의 불교적 발전이라는 견해가 있다.

한역의 아미타(阿彌陀)라는 말은 산스크리트어에서 무량을 의미하는 Amita가 간다라어에서 Amida가 된 것을 음사한 것이다. 이 점에서도 아미타불 신앙과 서북인도의 깊은 관계를 엿볼 수 있다.

극락의 사상적 근거에 대해서도 한편으로는 사후에 태어나는 '하늘' 나라가 불교적으로 순화되어 불의 국토로서 출세간 차원으로 승화된 면이 있지만, 동시에 유대교의 에덴동산에 힌트를 얻었다고 하는 설도 있다. 그리고 이집트의 사후에 태어나는 서방낙토로서의 아멘데라는 관념과 관계가 있다는 설도 있다. 그러나 극락의 구체적 묘사에 대해서는 불탑의 구조가 모델이 되고 있으며, 이를 이상화한 것이다.

대개 기원전 2세기 경에는 서아시아의 여러 종교사상이 인도에, 특히 서북인도에 알려져 있었음은 틀림없다. 문화를 달리하는 제민족·인종의 소용돌이 속에서 불교가 다양한 문화적 자극을 받아, 전통적인 사상의 내적 발전을 도모하고 외래문화의 영향을 받아들여 새로운 사상을 탄생시켰다고 하여도 이상한 일은 아니다. 아미타불과 극락 신앙은 명확하지 않은 점이 많이 있지만, 쿠샤나왕조의 문화권 안에서 기원후 1, 2세기 경 서북인도에서 성립되지 않았나 생각된다.

서방의 극락세계에 계시는 아미타불에 대하여 동방의 묘희(妙喜)세계에는 아촉불(阿閦佛 Akṣobhya)이 계신다고 한다. 이 불에 대한 일련의 아촉불경전이 대승 초기에 작성되었다. 이 불은 아미타경 계통에는 보이지 않고, 반야계통의 경전과 《수능엄삼매경》《유마경》 등에 나타난다. 아미타불과 마찬가지로 방위관과 결부된 불국토의 불이면서, 아미타불과는 계통을 달리하는 것으로 생각된다.

미륵(彌勒, Maitreya)보살은 아미타불·아촉불과는 달리 기본적으로 보살이다. 즉 미륵은 미래불로서, 전통적인 불교의 1국토 1불의 불신관에서 유래한다.

이 사바세계에 과거에 6불이 출현하였으며, 7번째가 석가모니불이다. 미륵은 미래세에 이 세계에 출현하여 붓다가 될 예정이다. 현재는 도솔천에 머물고 있으면서 이 세계에 오기를 기다리고 있으므로, 아직 붓다가 되지 않은 보살이다.

미륵은 부파불교의 아함경에도 등장한다. 따라서 인도에서 성립된 보살이지만, 대승불교에 이르러 새로운 의상을 입고 널리 신봉되었다. 한편 미륵보살에도 서아시아의 메시아(구세주) 신앙, 조로아스터교의 미트라 신앙과 관련이 있다는 설도 있다. 쿠샤나왕조시대의 서북인도에서는 미륵보살의 상이 빈번히 조성되었지만 남인도에서는 그 유품이 없으므로, 특히 서북인도의 대승불교도 사이에 널리 신봉되었던 것으로 간주된다. 400년 경부터 일련의 미륵경전류가 작성되기 시작하였으며, 중국 등지에도 전해졌다. 또 민간신앙과 결합되어 불교의 토착화에 큰 기여를 하였다.

미륵보살상 시크리출토. 라호르박물관 소장. 2세기 후반.

한편 남방불교에서도 미래불로서의 성격과 함께 메시아적 성격이 강조되었다. 후대에 버마와 타일랜드에서는 천년왕국운동으로서 사회운동에도 관계하였다. 스파이로 교수에 의하면 버마 비구의 상당수는 연금술을 습득하였거나 적어도 이에 관심을 갖고 있다. 그 이유는 미륵불이 출현할 때까지 생명을 연장하여 미륵불 아래에서 깨달음을 얻기 위함이라고 한다. 상당히 개인적인 사례이지만, 이러한 사실은 남방불교에도 미륵신앙이 정착되어 있음을 보여 준다.

석가불의 왼쪽 협시(脇侍)이며 지혜를 관장하는 문수보살은 불교 내부의 발전에서 비롯된 보살이다. 원명은 만주슈리 Mañjuśri(文珠師利로 음사된다)이며, 종종 쿠마라 부타 Kumāra-bhūta로 병칭된다. 만주슈리는 '사랑스럽고 길상(吉祥)한'의 뜻으로, 특히 수능엄삼매(首楞嚴三昧)라는 선정과 관계가 있다. 쿠마라 부타는《화엄경》에서는 출가하여 정결을 지키는 주위(住位, 수행의 단계)로서, 히라카와 아키라(平川彰) 교수에 의하면 이 보살은 공의 선정에 의해 얻어지는 지혜의 실천을 인격화한 것이라고 한다. 부파계통의 문헌에는 등장하지

문수보살상(좌) 10~11세기, 팔라왕조 시대. 觀音六難救濟圖(우) 아잔타 제26굴. 관음의 다양한 구제를 묘사한 것으로는 이외에는 오란가바드의 8난구제도, 칸헤리의 10난구제도 등이 있다.

않아, 순수하게 대승불교에서 성립된 보살로 추정된다.

현세이익의 보살

대승불교에서 제불, 제보살이 대두되어 예배의 대상이 됨에 따라 민간신앙적인 지방의 신격이 불교에 수용되었다. 관세음보살도 그 중의 하나로서, 처음부터 현세이익적인 성격을 지니고 있다. 관세음보살을 거론한 최초기의 경전 중 하나는 《법화경》이다. 그 제24장 관세음보살보문품, 통칭 '관음경'이 바로 그것이다. 여기에서는 관음을 염함으로써 여러 가지 재액으로부터 구원을 받을 수 있음이 강조된다. 《법화경》은 서북인도에서 성립되었으며, 최초의 관음상은 말기적 작품을 보이면서도 간다라에 불과 2예가 있을 뿐이다. 관음은 보통 머리 위에 화불(化佛)이 있으며, 때로는 천관(天冠)을 이고 있는 모습으로 표현된다. 이는 아마도 이란의 영향으로 보인다. 《대지도론》에도 '관세음보살은 타방국토에서 온다'라는 말이 있어, 이란의 종교문화의 영향하에 서북인도에서 성립된 보살이 아닌가 여겨진다. 이와모토 유타카(岩本裕) 교수는 관음은 이란의 물의 신으로서 풍요신인 아나히타여신에서 유래한다고 주장하고 있다.

앞에서도 지적한 바와 같이, 불교는 그 본래의 의미에서 현세이익적인 예배대상 및 예배의례를 갖지 않는다. 그러나 현실적으로 불교도는 스투파나 야크샤와 같은 귀령에 대해 기원의례를 수행한다. 그럼에도 불구하고 불상이 이 때문에 예배되는 일은 없었다. 이러한 전통은 불교 발전의 큰 흐름인 남방불교에서도 지속되고 있다. 여기에서도 붓다·불상이 원칙적으로 기원의례의 대상이 되는 일이 없다. 그 대신 불교의 외호신으로 수용된 힌두의 여러 신들, 별의 신, 귀령을 현세이익의 기능을 갖는 존재로 발전시켰다(제5장 2 참조).

그러나 대승불교에서는 최초기부터 여러 불·보살을 발전시켰다. 대승불교는 유신론적 성격이 강하다. 열반에 관련된 출세간 차원에서는 아미타불, 문수보살 등이 있어 각각의 수행체계 속에서 예배의례가 성립되었다. 한편 세간 차원에서는 지역적 신격이 수용되어 제불, 보살, 명왕(明王), 천(天) 등의 형태로 자리잡고 불교 판테온을 이루었다. 관세음보살도 그 중의 하나이다. 지장보살과 약사여래도 또한 마찬가지이다. 이러한 자세는 남방불교와는 대조적인 대승불교의 한 특징이라고 할 수 있다.

그러나 관음, 지장 등이 항상 현세이익의 기능만을 갖고 있는 것은 아니다. 불교에 섭취되면서 열반과 관련된 수행법과 마음을 정화하는 의례에 편입되어 출세간 차원으로 승화된 일면도 있다. 이를 바탕으로 높은 차원에서 현세이익의 의의가 재해석되었다. 한편 본래적인 출세간 차원의 불·보살이 직접 현실적인 기원의 대상으로 예배되는 사례도 있다. 이와 같은 세간·출세간의 두 차원에서의 여러 불·보살의 대두, 예배의례의 확립, 두 차원의 상호 적응이라는 유연함은 대승불교의 특색으로서, 이것은 후에 밀교가 성립되는 먼 원인(遠因)이 되고 있다.

대승불교의 성립지와 연대

　보살의 이념과 실천을 공통으로 하면서도 초기의 대승불교운동에는 여러 가지의 흐름이 있었다. 아미타불 신앙이 있는가 하면, 아촉불을 신앙하는 집단도 있었으며, 이들은 각각 따로 경전을 편찬하였다. 문수, 미륵신앙도 이러한 흐름 중의 하나이다. 또한 공관(空觀) 삼매를 중시하는 집단은 반야경류를 작성하였으며, 특히 《법화경》을 신봉하는 사람들은 연대의식이 강한 특이한 집단을 이루고 있었다.

　이는 신앙대상의 차이에 따른 것이지만, 초기대승불교도를 다른 면에서 구분할 수도 있다. 즉 불탑신앙을 중시하는 흐름과 불탑보다는 소의경전의 서사·수지·독송·해설을 강조하는 집단이 그것이다. 불상이 성립된 뒤에는 관불(觀佛)의 수행법도 발전하였다.

　그러나 시대가 흐름에 따라 각 집단은 상호 영향을 주고받는 경우도 적지 않았다. 예를 들면 '공'은 대승불교운동 전체를 통해 기본적인 사상이 되었다. 본래는 다른 계통의 불·보살이 하나의 경전에 등장하는 경우도 있다. 예를 들면 《법화경》에는 관세음보살이 중요한 역할을 하고 있으며, 《아미타경》에도 관음은 아미타불의 협시로 등장한다. 이러한 신앙자들의 각 집단이 어떻게 상호 영향을 주고, 사상과 실천을 발전시켰는가에 대해서는 명료하지 않은 점이 너무나 많다. 그러나 다양한 불교개혁운동은 하나의 '대승불교' 운동으로 통합되며 발전하였음은 충분히 인정된다.

　초기대승불교운동을 담당한 보살들 가운데 사회적으로 상위층에 있는 사람들이 많았다는 점은 주목된다. 특히 장자(長者) 또는 거사(居士)로 불리는 자산가 계층의 사람들이 많았다. 예를 들면 출가·재가보살의 생활을 설하는 일련의 《욱가장자경》의 주인공은 욱가(郁伽, Ugra)장자이다. 《유마경》의 주인공인 유마거사도 바이샬리의 부호이다. 이 경은 그 첫머리에 유마거사가 병이 들어 국왕·대신·왕자·장자·거사·바라문·관료 그리고 부파의 성문(聲聞)비구들이 문안하기 위해 모였다고 한다. 《법화경》의 제4장 신해품에도 서북인도에서의 상업의 융성을 배경으로 하는 자산가가 국왕까지 자택으로 오게 할 정도의 힘이 있는 사람으로 묘사되고 있다. 조금 후대인 3~4세기에 성립된 것으로 보이는 《승만경》의 주인공 승만부인도 동일한 사회층에 속하는 사람이다.

정토신앙의 '극락'의 모습도 막대한 부를 배경으로 하는 사람들의 이상향의 이미지가 개재되어 있음이 지적되고 있다.

그리고 경전을 수지(受持)·서사(書寫)·독송하는 공덕을 강조하는 대승불전이 적지 않은데, 이것도 서사할 정도의 문자에 대한 지식을 가진 사람들 사이의 신앙이었음을 나타낸다. 문맹이 아님은 당시의 (그리고 어느 정도는 현대의) 인도에서는 상위층에 속함을 의미한다. 대승불교운동도 석존 이래의 불교의 전통과 마찬가지로 주로 사회의 상층 사람들에 의해 육성되고 발전되었던 것이다. 이는 인도사회가 깃대꼴의 문화(제5장 4 참조)라는 점에서 당연한 현상이라고 하지 않을 수 없다.

그러면 대승불교운동은 인도의 어느 곳에서, 언제 발생하였는가? 대승불교운동이 한 사람의 종교적 카리스마에 의해 주장되고, 특정한 신앙을 고취하면서 확장된 것이 아님에 대해서는 앞에서 이미 언급하였다. 다양한 집단의 운동이 모여 하나의 운동이 된 것은 사실이지만, 이 가운데 어느 것을 최초의 것이라고 할 것인가? 그런데 어떠한 활동이 사회적으로 현재화(顯在化)하기 이전에 준비기간적인 움직임이 있고, 또 모습을 드러낸 이후에도 내적인 발전의 과정이 있는 것은 당연하다. 따라서 어떠한 시점에서 대승이 흥기하였는가에 대해서도 묻지 않으면 안 될 것이다.

'마하야나'(대승)라는 말이 처음 보이는 것은 1세기 경의 《소품(小品)반야경》에서이다. 그렇다고 하여 이 경전의 출현이 곧 대승의 출현이라고는 할 수 없다.

종종 대승불교는 남인도의 안드라지방에서 발생한 것으로 주장되어 왔다. 그 이유로서는 우선 안드라에 대중부계의 부파가 정착하였던 점과 대승불교가 이 부파를 모체로 하여 발생하였다고 생각되는 점을 들 수 있다. 또 대승불교의 중심사상인 '공'을 설하는 반야사상이 이 안드라지방에서 성립된 것으로 간주되는 점도 유력한 근거가 되고 있다. 《반야경》 계통의 초기경전이 안드라에서 성립되었을 것이라는 점은 거의 틀림이 없다. 경 자체에 남에서 발생하여 서쪽으로 흘러간 다음 북으로 이동하였다는 기록이 있다. 따라서 대승불교와 남인도의 관계를 부정할 수는 없다. 그러나 대중부라는 부파를 모체로 하여 대승불교가 발생하였다는 점은 오류이다. 어느 정도 대중부의 교리가 대승불교에 계승되고 있기는 하지만, 이것은 정도의 문제일 따름이다. 다른 부파의 영향도 적지 않기 때문이다. 사상의 영향이 있다는 것과 부파라는 사회적 집단이 그대로 대승불교도가 되었다는 것은 별개의 것으로 생각되어야 한다.

그러나《법화경》은 확실히 서북인도에서 성립되었다.《화엄경》도 서북인도에서 성립된 것으로 여겨진다. 그리고《유마경》의 무대는 동인도의 바이샬리이다. 아미타불 신앙과 그의 구제의 사상이 서아시아의 종교사상과 관계가 깊고, 이것은 서북인도에서 성립되었을 것이라는 점에 대해서는 앞에서 지적하였다. 최초기의 관음상도 간다라에서 마투라에 걸쳐 발견된다. 사즈타니 마사오(静谷正雄) 교수는 기원전 1세기에서 기원후 1세기에 걸쳐 '일체제불을 위하여'라는 봉헌명문이 간다라 서쪽인 아프가니스탄에서 마투라에 이르는 지역에서 출토되고 있는 점, 그리고 '일체중생의 이익·안락을 위하여'라는 이타의 정신을 적은 명문이 처음으로 등장하는 것이 1세기의 서북인도라는 점 등을 지적하고 있다. 해석상 여러 가지 문제가 있을 수 있으나, 대승불교의 성립에 마투라에서 서북인도에 이르는 지역이 깊이 관련되어 있음은 부정할 수 없다.

한편 여러 가지의 대승경전이 중국에서 한역되고 있는데, 그 한역연대로부터 역산하면 대개 2세기 중엽에는 대승불교가 인도에 존재하고 있었음이 확실하다.

확실한 증거는 발견되지 않지만, 대승불교는 대개 1세기 초부터 복수의 지방, 특히 안드라지방과 간지스 중류에서 서북인도에 이르는 지방에서 발생한 종교운동으로서, 점차 서로 영향을 주면서 발전되었던 것으로 생각된다.

대승과 소승의 관계

대승불교가 부파로 대표되는 당시의 전통적 불교에 대한 반성·반발로부터 발생한 것임에는 의심의 여지가 없다. 또한 어느 정도 새로운 신앙대상이 생기고, 새로운 관념과 사상이 발전하였음도 사실이다.

그러나 예를 들어 '공'이라는 말과 그 관념은 이미 부파불교에도 존재하고 있었다. 불신관, 선정 등의 수행법, 계율도 옛 전통 위에서 발전하였다. 무엇보다도 불교의 본질인 깨달음의 출세간성, 그리고 그 깨달음에 의해 알려지는 무상·무아 , 그리고 이 말로써 표현되는 진실을 파악하는 종교적 틀은 변하지 않았다. 부파와 대승의 두 사상을 비교하면 단순한 발전이라기보다는 일대 전환으로서 혁명적 차이가 있기는 하지만, 전통적인 불교가 존재하지 않고는 대승불교가 발생하지 않았을 것이라는 점이 인정되지 않으면 안 된다.

그러나 이러한 사실과 대승불교가 부파교단에서 발생하였다는 것과는 구별되어 생각되어야 한다. 보살의 사상과 실천, 재가보살의 존재, 불탑을 중심으로 하는 생활, 율의 형태 등을 보아도 대승운동을 담당하였던 사람들이 전통적인 부파의 구성원인 비구였다고는 생각되지 않는다. 동시에 부파상가와 함께 거주하였던 사람들이었다고도 생각되지 않는다. 대승불교운동은 재가신자를 중심으로 하면서, 재래의 부파와는 다른 사회집단의 운동이었다.

물론 부파에서 득도한 비구로 상가를 떠나 새로운 운동에 참여한 자도 있었는지 모른다. 조금 후대에는 예를 들어 세친(世親)과 같이 논사로 명성을 얻은 철학자가 부파에서 대승으로 전향하여 대승의 사상을 대변한 예가 적지 않다. 또는 재가신자로서 부파의 교단과 그 가르침에 친숙하며, 그러한 불교교리의 소양을 받은 자가 새로운 개혁적 사상의 지도자가 되었던 일이 있을 것으로도 추정된다.

대승불교운동이 흥기한 초기에 부파교단이 이 새로운 운동에 대해 호의적이지는 않았을 것이다. 그렇기 때문이겠지만, 부파 측의 문헌은 대승불교에 대해 언급하는 일이 없다. 거의 완전히 묵살하고 있는 것이다. 그들의 문헌에서 대승의 존재가 언급되는 것은 4, 5세기 이후의 철학자들의 논전에서이다. 이 시대에는 대승불교도 사회에 정착되었을 뿐만 아니라, 교리논쟁을 벌일 정도의 사상적 체계도 정비되어 있었다. 그러나 초기대승불교에 대한 언급은 부파 측의 자료에는 전혀 발견되지 않는다.

이에 대해 대승불교 측에서는 부파에 대해 통렬한 비판·공격을 가하고 있다. '마하야나'라는 말 자체가 전통적인 부파불교를 의식하여 자신의 가르침을 크고 훌륭한 수레라고 하는 것이다. 반대로 그들은 부파의 사람들을 '히나야나', 즉 작고 열등한 수레라고 낮추어 불렀다.

예를 들면《법화경》은 소승의 삼장(三藏)에 탐착하는 학자, 소승의 비구·비구니를 가까이 하지 말며, 또 함께 살지 말라고 하고 있다.《욱가장자경》은 보살이 소승의 무리와 교제하는 것은 그들을 대승으로 전향시키기 위한 것이라고 하며,《유마경》에서는 국왕·대신·바라문·보살 등의 대중 앞에서 사리불·아난 등 부파의 전승에서는 10대 제자로 헤아려지는 비구들이 꿀먹은 벙어리 취급을 받고 있다. 그리고 몇몇 경전에서는 대승보살이 박해에 굴복하지 않고 신앙을 지키는 일이 강조되고 있다. 이것은 어떠한 형태로든 사회적 압력이 있었음을 반영하는 것으로 보인다.

한편 아미타불경전과 같이 부파에 대한 비판이 나타나 있지 않은 것도 있다. 소승에 대한 비판은 대승의 최초기부터가 아니라, 어느 정도 발전한 다음에 이루어졌을 것이다. 또 대승불교 모두가 전통적인 불교에 치열한 대항의식을 가졌다고도 할 수 없다. 그러나 전반적으로 대승 측은 부파를 강하게 의식하였다. 이에 반해 부파교단은 침묵을 지키고 있었다.

대승교단이 사회적으로 어느 정도의 규모를 갖고 있었으며, 얼마만한 영향력을 갖고 있었는가에 대해서도 확실한 것은 알 수 없다. 그러나《화엄경》은 일체의 중생 가운데 소승을 추구하는 자는 적다. 대개 외도의 가르침을 추종하고 있다. 연각의 도를 추구하는 자도 적으나, 대승을 추구하는 자가 가장 적다고 하고 있다. 이러한 점을 고려하면, 부파교단으로서는 대승불교를 미미한 존재로 간주하여 묵살하였던 것이 아닌가 한다.

여하튼 대승이 성립되어서도 부파교단은 계속 존속되었으며, 생활양식도 변하지 않았던 것으로 생각된다. 아비다르마의 연구가 융성하였던 것도 교단의 경제적 안정을 바탕으로 하여 가능하였다.

교리·철학연구의 면에서 대승불교는 2세기에 나가르주나 Nāgārjuna(龍樹)를 배출하였다. 그는 안드라 지방 사람으로 '공(空)' '중관(中觀)'의 철학을 체계화하였다. 한편 인간의 심성청정(心性清淨)을 강조하는 여래장(如來藏)사상과 유식(唯識)도 많은 학자를 배출하며 발전하였다. 7세기에서 8세기에 걸쳐 인도를 여행한 중국승 의정은 당시의 인도에 대중부, 상좌부, 근본유부, 정량부가 있었다고 하며, 대승으로서는 중관, 유가(瑜伽, 유식)의 2대 학파의 이름을 들고 있다.

대승불교철학의 화려한 발전의 저변에서 승·속의 대승불교도가 어떠한 신앙생활을 하였는가는 확실치 않다. 다만 생활면에서는 부파교단과 융합되는 방향으로 나아갔던 것으로 보인다. 후대의 중국승들은 모두 대승의 사원, 소승의 사원과 함께 대소승 겸학의 사원이 있었음을 증언하고 있다. 이는 양자의 생활문화를 아는 데에 중요한 단서가 된다. 이에 대해서는 다음 절에서 살펴보도록 한다.

대승불교 성립 이후의 경전과 불교범어

대승불교운동이 번성함에 따라 많은 경전이 편찬되었다. 초기대승경전으로 유명한 것으로는《반야경》이 있다. 7세기에 현장이《대반야바라밀다경》600권을 번역하고 있는데, 이것은 16부 경전의 집성이다. 예를 들어 제1부는《십만송반야경》, 제2부는《이만오천송반야경》, 제4부는《팔천송반야경》이다. 마지막의 둘은 각각《대품》《소품》(大品, 小品)으로 불리기도 한다. 이와 같이 각각 독자적으로 성립되어 특정한 명칭을 갖는 것이 많았으며, 이들 상호간의 관계는 매우 복잡하다. 제1부는 제4부가 증광된 것이거나, 또는 제4부는 제1부가 간략하게 된 것이다. 그리고 16부 전체의 산스크리트어 원전이 남아 있지는 않다. 티베트역이나 한역만이 남아 있는 경우도 있다. 또 하나의 경전이 중국에서 시대를 달리하며 여러 차례 번역된 경우도 있다. 그런데 이처럼 다른 번역도 의거한 원전이 다르다. 그 원전이 다른 것은 대승불교도가 서사한 사본으로 전래되는 사이에 사상적인 발전을 겪었기 때문이다.

이와 같이 하나의 경전의 내적 발전에 수반되어 몇 가지의 사본, 이역이 존재하고 몇몇 경전이 집성되는 현상은 일반적인 일이다. 그리고 이러한 사실은 대승불교가 발생한 이후 수세기에 걸쳐 사상활동이 활발하였음을 나타낸다.

예를 들어《대방광불화엄경》으로 불리는 한역에는 권수에 따라《팔십화엄》《육십화엄》《사십화엄》의 3종이 있다.《법화경》에도 세 가지의 다른 번역이 있다. 정토경전류에는《무량수경》《아미타경》《아촉불국경》《미륵보살본업경》 등의 여러 경전이 있으며,《대보적경》도 49개의 독립된 경전류가 집성되어 있는 것이다. 앞서 논의된 '욱가장자회'는 이 안에 포함되어 있으며, 한편으로는 이역이 단행경전으로도 존재한다. 그러나《유마경》과 같은 단일경전도 있다.

뒤에서 다시 언급할 것과 같이, 굽타시대 이후에는 중기대승경전으로 구분되는 경전들이 작성되었다. 교리적 이론서에 이르러서는 소승계의 논사와 힌두교의 철학자들과의 논쟁을 배경으로 대승철학이 화려하게 발전하였다. 이에 따라 많은 저작이 작성되었으며, 경전에 대한 주석서도 적지 않다.

한편 부파불교 계통에서도 아비다르마논서 이외에, 이전부터의 전승에 따른 경전제작이 계속되었다. 특히 아바다나로 불리는 일련의 설화문학이 있으며, 자타카 속의 개별적 설화를 발전시킨 작품도 적지 않다. 율전류에도 설화와 불전(佛傳)을 싣고 있는 것이 있다. 예를 들면《마하바스투 Mahāvastu》(《大事》로 번역된다)라는 방대한 작품은 '출세간부(出世間部)'라는 대중부계 부파의 율이라고 자칭하지만, 현존 형태에 관한 한, 불전·자타카·아바다나 등의 집성이다.

이와 같이 기원 이후에도 불교도의 경전 편찬활동은 활발하였다. 그러면 그들은 어떠한 언어로 경전을 편찬하였는가? 이 문제는 불교문화에 있어 매우 중요한 그러면서도 극히 어려운 문제이다.

팔리어가 서인도교단에서 발생·발전한 교단어라는 사실에 대해서는 앞에서 언급하였다. 그 후 북인도, 서인도에서도 대개 1세기를 전후하는 시기 이후 급격히 이 언어를 사용하지 않게 되었다.

이 언어는 아마도 상좌부의 분별설부(分別說部) 계통에서만 전승되었던 것으로 생각된다. 따라서 스리랑카에서는 현대에 이르기까지 이 언어로 경전의 주석서가 쓰여졌다. 그리고 그 영향 아래에 있는 남인도의 타밀지방에서는 5세기경까지 팔리어로 문헌이 작성되었다. 그러나 현존하는 자료에 의거하는 한, 팔리어 문헌은 거의 상좌부의 것에 한정된다.

각지의 민중의 언어로 법을 설하라는 석존의 유훈에 합치되도록 간다라에서는 간다라어로 경전이 작성되었으며, 서북인도의 유부에서는 비교적 일찍부터 산스크리트어(梵語)를 사용하였다는 점에 대해서는 제4장에서 언급하였다. 그런데 이것은 정확하게는 '불교혼효범어(佛敎混淆梵語)'였다.

초기 대승경전 가운데《법화경》《화엄경》《금광명경》등은 산스크리트어이기는 하지만, 속어인 프라크리트어적인 음운, 어형, 문장이 혼합되어 있는 언어로 쓰여졌다. 특히 게송 부분에 이러한 경향이 현저한데, 이는 도저히 산스크리트어로 불릴 수 없을 정도이다.

종래 이 언어는 '게송방언' 또는 '혼합범어'로 불리면서, 범어를 사용코자 하였으나 올바로 사용할 수 없었다는 견해와 원래는 프라크리트어로서 후에 범어화되었으나 완전히 범어화되지는 못한 것이라는 상반된 견해가 주장되었다. 그러나 에저톤 교수는 이 언어에 관해 치밀하게 연구하여, 원래는 아직 확인되지 않은 프라크리트어로서 다양한 지방적 변화가 있음에도 불구하고 기본적으로는 단일한 언어라는 결론을 내렸다. 그리고 이 언어는 최초기부터 산스크리트화가 진행되어 완전한 산스크리트어에 가까울 정도로, 언어적으로는 새로운 단계의 작품이라고 주장하였다. 그리고 이것을 불교혼효범어(Buddhist Hybrid Sanskrit)라고 명명하였다. 그리고 그는 산문 부분과 게송 부분의 양자가 이 언어의 특징을 보이는 것을 제1기, 산문은 거의 정규 산스크리트어이지만 게송이 이 언어로 되어 있는 것을 제2기, 양자 모두 범어의 작품인 것을 제3기로 분류하였다. 제1기의 대표적인 작품은《마하바스투》이며, 제2기에는《법화경》《화엄경》《금광명경》등이 포함되어 있다.

이러한 생각에 대한 비판 가운데 중요한 것은 우선 최초부터 범어로 작성된 작품이 많이 있다는 점이다. 즉 이들도 산스크리트화된 결과로 간주하는 것은 옳지 않다는 것이다. '불교혼효범어'는 확실히 처음부터 이 언어로 씌어진 작품에만 적용되어야 하며, 의도적으로 범어로 쓰고자 한 작품에는 사용될 수 없는 명칭이다. 둘째는 이것이 단일한 언어라는 점에 대한 비판이다

그런데 이 언어로 씌어진 불전이 성립된 것과 거의 동일한 시기에 적지 않은 수의 비문이 프라크리트어와 범어가 혼합된 언어로 씌어졌다. 이것도 '혼합범어'로 불렸다. 원래 기원전 3세기 경 이후의 비문은 아쇼카왕 비문을 제외하면 '비문프라크리트어'로 알려진 언어로 기록되어 있는 것이 가장 많다. 물론 시대의 차이 및 방언의 차이는 있다. 그러나 혼합된 언어의 비문이 소수의 예외를 제외하면 대개 1세기에서 4세기 사이의 것이 집중적으로 발견된다. 중인도의 마투라지방에 가장 많으나, 서인도에서 서데칸, 안드라지방 그리고 동인도지방에서도 발견되어 이러한 종류의 언어가 비교적 폭넓게 통용되었음을 보여 주고 있다.

종래 이 비문의 언어 즉 혼합범어와 불전의 '게송방언'은 동일한 언어로 생각되어 왔다. 그러므로 양자는 동일한 이름으로 불렸다. 그러나 비문에 있어서도 불전의 필사본에 있어서도 말하자면 '프라크리트적 요소가 혼합된 범어'로

간주되어야 할 것과 '범어적 요소가 혼합된 프라크리트'로 간주되어야 할 것이 있으며, 두 언어의 혼합 정도는 경우에 따라 상당한 차이가 있다. 그리고 현존하는 불전의 사본은 이러한 종류의 비문보다도 훨씬 후대에 속하는 것으로서 '산스크리트화'가 진행된 면도 있어, 양자가 과연 동일한 언어계통에 속하는지의 여부에 대한 명확한 판단을 할 수 없다.

이러한 점에 대해 최근 네덜란드의 담스테프트 교수는 비문에 나타나 있는 이 언어를 종합적으로 연구하고, 이를 '비문혼효범어'라고 명명하였다. 그리고 현존하는 자료에 의거하는 한, '불교혼효범어'와 유사한 점이 있음을 지적하고 양자가 동일한 언어일 가능성을 제시하였다. 이 비문 중에는 불교의 것, 자이나교의 것 그리고 종교와 관계없는 세속적인 왕의 칙문 등도 있다. 따라서 이러한 종류의 '혼효범어'가 당시 일반사회에서 세속적인 목적으로 사용되었을 것으로 생각된다. 그것은 단일한 언어라고는 할 수 없지만, 각 지방의 방언과 범어가 혼효된 언어가 회화에서 사용되고, 방언을 달리하는 사람들도 서로 이해할 수 있었을 것이다. 이 혼효범어를 대승의 무리도 그리고 부파불교 계통의 사람들도 경전을 기록하는 데에 사용하지 않았는가 싶다. 만약 이러한 추정이 옳다면, 각 지방의 민중이 아는 언어로 가르침을 설한다는 불교의 전승이 여기에도 살아 있다고 하지 않을 수 없다.

그러나 일반적인 비문도 불교경전도 점차 범어로 씌어지게 되었다. 뿐만 아니라 혼효범어로 씌어졌던 불전도 산스크리트화되었다. 이러한 일은 굽타왕조의 성립을 기화로 하여 더욱 현저하게 되었다. 이는 굽타왕조 시대에 힌두적 가치관이 중시되었던 역사적 흐름에 따르는 것으로, 불교교단은 언어의 면에서 힌두세계의 경향에 동조하는 자세를 보이기 시작하였다. 뿐만 아니라 종교신앙의 여러 가지 측면에서도 그러한 면이 발견된다. 불교가 힌두세계에 접근하는 정도가 점차 커졌던 것이다.

제7장 굽타왕조시대와 그 이후의 불교

1 굽타기의 불교

굽타왕조의 성립

인도는 4세기 초에 굽타왕조가 성립된 시대로부터 큰 전환기에 들어간다. 서북인도에서 서인도, 그리고 간지스 중류 지방에 이르는 지역에서는 수세기에 걸쳐 이민족이 지배권을 장악하고 있었다. 그리스세력, 사카족, 중앙아시아 출신의 쿠샤나왕조 등이 그것이다. 그러다가 동인도 마가다 지방 출신인 굽타왕가에 의해 마우리야왕조 이래 처음으로 인도인의 지배에 의한 대제국이 수립되었다. 이것은 인도 세력의 부흥이라고 할 수 있다. 그리고 굽타왕조 시대는 바라문을 중심으로 하는 문화가 중시되고 힌두교가 새로운 옷으로 바꾸어 입고 발전하는 시대이기도 하였다.

굽타왕조의 시조는 찬드라굽타 1세이다. 그는 320년에 즉위하여 간지스 중류 지방을 지배하였다. 그의 아들인 삼드라굽타(335~376년 경 재위)는 간지스 중류 지방에서 북인도의 중앙부에 이르는 지역을 통치하고, 남인도로도 원정을 하였다. 그는 라자스탄과 데칸의 여러 왕조의 조공을 받기는 하였으나, 영토를 병합하지는 못하였다. 그는 무인이면서도 문학과 음악의 애호가로도 알려져 있다.

그 뒤를 이은 찬드라굽타 2세(376~415년 경 재위)는 더욱 무위를 떨쳤다. 서인도로부터 서데칸에 이르는 사카 세력을 멸하고, 벵갈만에서 아라비아해에 걸친 대제국을 통치하였다. 서데칸의 여러 항구도 굽타왕조에 귀속되었으며, 데칸의 지배적인 세력이었던 바카타카왕조와 혼인을 맺고 서방무역에 참여하기

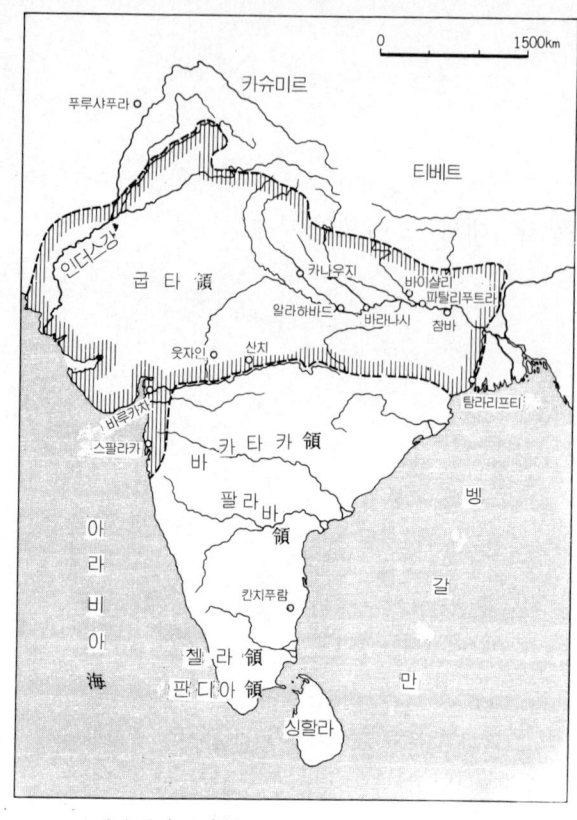

4세기 말의 굽타帝國

시작하였다. 이 왕도 문학, 미술의 후원자로 알려져 있다. 산스크리트문학사에 뛰어난 업적을 남긴 칼리다사도 그의 궁전에 있었다고 한다. 중국승 법현이 405년에서 411년에 걸쳐 인도를 여행한 것도 이 왕의 치세 기간 중의 일이었다.

그의 뒤를 이은 사람은 그의 아들 쿠마라굽타 1세(415~454년경 재위)이다. 그는 학문 연구의 중심지로 유명한 날란다사(寺)를 마가다 지방에 창건하였다.

그러나 그 다음의 스칸다굽타(455~467년경 재위) 시대에는 중앙아시아 방면으로부터 훈족이 서북인도로 종종 침입하였으며, 국내에서도 내란이 일어났다. 그의 사후 굽타 왕가의 지배력은 급격히 쇠퇴하였다. 그때는 475년 로마제국의 멸망에 조금 앞선 시대이기도 하다. 이 시대에는 서방무역이 이미 쇠퇴하기 시작하였으나, 훈족의 침입에 의해 더욱 타격을 받았다. 이에 따라 대상인, 상공업자 계급이 점차 몰락의 징조를 보이기 시작하였다. 이 왕의 시대 이후 이 왕조의 금화의 질이 악화되기 시작하였는데, 이는 경제적 곤란을 반영하는 것이다. 그 후 약 10년이 안 되는 기간에 3명의 왕이 교체되었는데, 그 중의 한 명이 나라싱하굽타 1세(470~472년 재위)이다. 그는 발라디티야왕으로 불리기도 한다. 다른 왕들이 모두 힌두교도였음에 대해, 이 왕은 불교도로서 그의 스승은 불교의 유명한 철학자 바수반두(世親)였다고 한다. 그는 또한 날란다사를 확장·정비하였기도 하였다.

날란다寺 전경 날란다는 불교연구의 중심지이었으나, 불교 뿐만 아니라 천문, 의학 및 그밖의 제반분야도 연구된 당시의 종합대학의 성격을 갖고 있다. 현장, 의정을 비롯하여 많은 중국승들도 이곳에서 공부하였다. 5세기 전반에 창건되어 중요한 역할을 하다가 13세기 경 이슬람세력의 공략으로 파괴되었다.

굽타 왕조는 5세기 말 훈족이 북인도에 침입함에 따라 세력이 약화되었다. 특히 미히라쿨라가 520년 북방을 황폐화시킴으로써 한층 그러하게 되었다. 미히라쿨라는 무작위로 신상을 파괴하고, 특히 불교를 적대시하였다고 한다. 그러나 그는 6세기 중엽 굽타 왕가와 그 밖의 다른 왕자의 연합군에 쫓겨 카슈미르에서 사망하였다.

이와 같이 굽타 왕조는 한 지방 정권으로 격하되고, 여러 군소 지방세력이 분립하였으나, 7세기 초 하르샤왕이 한때 어느 정도 통일을 이루었다. 그는 중국 자료에 계일왕(戒日王)으로 알려져 있는 인물로서, 606년에서 647년에 걸쳐 재위하였다. 중국승 현장은 그를 회견한 기록을 남기고 있다. 하르샤왕은 무인이면서도 문재가 있어 스스로 산스크리트어로 세 편의 희곡을 썼다. 그 중 하나가 《나가난다 Nāgānanda》(나가왕의 기쁨)로서, 불교적 세계관을 바탕으로 이야기를 전개시키고 있다.

하르샤왕의 사후, 인도는 다시 작은 왕조들이 분립하는 시대로 접어든다. 8세기 중엽부터 데칸의 라슈트라쿠타왕조, 서북인도에서 간지스 상류 지방에 이르는 지역의 프라티하라왕조, 그리고 동인도의 벵갈에서 오릿사에 이르는 지역의 팔라 왕조가 200~300년간 계속되었다. 동시에 이들은 불교와 여러 가지 관계를 맺고 있었다.

굽타왕조의 문화

모든 역사가 그러하듯이 굽타왕조도 흥기·발전·쇠퇴의 단계를 300여 년 동안 거치고 있으며, 그 사이에 전쟁과 훈족의 저항 등이 있었지만 비교적 안정되어 있었다. 서방 로마와의 무역은 훈족의 침입에 의해 타격을 받았지만, 그 대신에 동남아시아와의 교역이 성행하였다. 수륙의 교통로가 보다 정비되어 안전하게 되었으며, 직물을 비롯한 상공업도 발전하였다. 또한 토지의 수입도 증대되었다. 사람들의 생활도 풍부하게 되었음은 법현, 현장 등의 기록에도 반영되어 있다.

이러한 상황에서 특히 왕가와 대상 등, 도시에 거주하는 상층 계급은 화려한 생활을 영위하였다. 《카마 수트라 Kāma-sūtra》(3~4세기)는 이와 같은 도시인의 세계를 배경으로 성립되었다. 칼리다사 Kālidāsa를 비롯한 수많은 문학자들이 산스크리트어의 카비야 Kāvya(궁정시), 희곡, 서정시 등을 씀으로써 산스크리트 문학은 황금기를 맞이하였다. 산스크리트어는 문학과 학문 연구의 언어로 정착되었을 뿐만 아니라, 비문에도 사용되기 시작하였다. 종래의 비문은 대개가 '비문 프라크리트' 또는 '혼합범어'였으나, 굽타왕조가 성립된 4세기에는 남인도에서도 산스크리트어가 사용되었다.

산스크리트어가 중시되었다는 사실은 바라문이 주도하는 사회, 관행, 종교의례 등이 다시 중시되었을 뿐만 아니라, 새로운 의상을 입고 부활하였음을 상징적으로 나타낸다. 또 카스트제도가 고정되고, 청정·부정의 관념이 강하게 의식되기 시작하였다. 바라문의 권위가 증대되고, 《마누법전》을 계승하는 여러 종류의 법전(dharma-śāstra)이 작성되었으며, 이러한 법전에서는 바라문의 입장을 반영한 다르마(생활법)가 상세히 규정되었다. 6파철학으로 불리는 철학체계가 수립되었으며, 베다의 종교적·사회적 권위가 특히 강조되었다. 푸라나 Pū-raṇa라는 일련의 문헌이 상당수 작성된 것도 이 시대의 일이었다. 이 푸라나에는 각 왕조의 계보와 역사(신화적인 요소가 많다), 신화, 종교의례, 사회관습 등에 관한 이야기가 담겨져 있다.

쉬바, 비슈누를 비롯한 신들이 점차 위대한 신으로 숭배되었으며, '산스크리트화'의 결과 쉬바신은 새로운 토착적인 요소를 흡수하여 다채로운 성격을 지니게 되었다. 비슈누신도 권화(權化)의 수가 증대되었다. 물고기·거북·돼지 등 비아리야계 부족의 토템이 비슈누의 권화로 수용되었으며, 붓다가 비슈누의 권화로 간주된 것은 굽타왕조 말기 또는 이때로부터 조금 후대의 일로 생각된다. 5~6세기 경의 푸라나에는 1년 가운데 특정한 날을 붓다 푸자일(日)이라고 하여 기념하고 있음을 기록하고 있다. 한편으로 이는 불교가 힌두사회에 정착되었음을 나타내지만, 또 한편으로는 비슈누신앙 및 힌두사회가 불교를 자신의 울타리 안에 편입시킴으로써 불교의 세계관이 힌두교에 흡수되어 가는 과정을 보여 주기도 한다.

비슈누신앙에 있어 크리슈나신을 중심으로 하는 바크티신앙이 점차 일반화되어 갔다. 굽타의 여러 왕들은 대개가 이 계통인 '바가바타파(派)'의 열렬한 신자였다고 한다. 조금 후대인 8~9세기의 남인도에서는 비슈누파의 알바르, 쉬바파의 나라야나라는 바크티 신앙의 성자, 음유시인이 출현하였다. 바크티 사상은 점차 불교를 대신하는 큰 사상조류가 되었다.

여신숭배, 그리고 이로부터 발전한 샤크티 śakti(性力숭배)도 굽타시대 종교의 한 특징이다. 주로 지모신(地母神)에 기원하는 비아리야계의 여신들은 5세기 경부터 남성신의 부인으로서 숭배의 대상이 되었다. 예를 들어 히마바티(히말라야의 딸), 파르바티(산의 딸)──모두 북인도의 산간지방에서 신앙되었던 여신들로 보인다──등은 쉬바신의 밝은 측면을 대표하는 신비(神妃)로서 아름다운 모습으로 조형미술에 등장한다. 반면 쉬바신의 어두운 면을 대표하는 두르가여신은 본래 북인도와 남인도를 분할하는 빈디야 산맥에 거주하는 처녀신으로서 그 처녀성에 의해 하늘이 지탱되는 것으로 간주되었다. 그러나 이 시대에 이르러 쉬바신의 부인이 됨으로써 처녀성을 잃고 힌두교의 정통적인 신들의 대열에 서게 되었다.

사라스바티(불교의 辯才天)가 브라흐만의 신비가 되고, 라크슈미(吉祥天)가 비슈누신의 신비가 된 것도 이 시대 이후의 일이다.

여성신 숭배는 점차 그 남편인 남성신의 기능을 '성력(性力)'으로 대행하게 하였으며, 8세기 이후의 탄트리즘 신앙을 야기하는 전조가 되었다.

라크슈미와 비슈누　　하레비드. 라크슈미는 슈리 Śrī(吉祥의 의미)로도 불리지만, 원래는 별도의 여신이었던 것으로 보인다. 행운의 여신으로서 현대의 인도에서도 신봉되고 있다.

이 외에 네 방위의 신들과 여러 귀령은 통합되어 힌두 판테온의 새로운 국면을 낳았다. 신화가 발전·변용되고 이러한 점이 푸라나에 기록되었으며, 이에 수반되어 다양한 푸자 pūjā(제사)와 예배의례가 성립되었다. 불교에서 예배의례의 방법이 규정되고 여신이 등장하며 여러 명왕(明王)이 힌두교로부터 도입된 것도 이러한 힌두교의 종교상황과 밀접히 관련되어 있다.

굽타시대는 소위 바라문교로도 불리는 고대의 종교문화가 변모되어 거의 현대의 힌두교와 유사한 골격을 갖추었던 시대이다. 이 시대 이후의 종교문화를 힌두교로 불러야 한다는 주장이 있을 정도이다. 저자의 입장에서는 이러한 견해를 받아들일 수는 없지만(제1장 1 참조), 정의의 문제를 별도로 하면 이 시대에 힌두교가 새로운 발전단계를 맞이하였다는 점은 인정된다. 불교도 이러한 시대의 흐름에 큰 영향을 받고 있다.

굽타왕조 시대의 불교교단

굽타 왕조의 여러 왕과 이 시대의 인도대륙 제왕조의 왕들은 대부분 힌두교도였다. 불교에 가까웠던 왕은 굽타왕조의 발라디티야왕, 하르샤왕, 또는 남인도 타밀의 정체를 확실히 알 수 없는 칼라브라왕조 정도이다. 그러나 그렇다고 하여 불교교단이 박해를 받은 사실은 없다. 오히려 힌두의 왕들은 불교교단을 외호하였다. 이러한 사실은 신앙과 관계된 것이 아니라, 어떠한 종교·종파도 동등하게 존경·외호하는 오래된 전통에 따른 것이었다. 그리고 불교는 특히 굽타 왕조 시대에 힌두세계의 여러 문화를 의욕적으로 흡수하였다. 역으로 말하면 불교는 힌두교의 신관과 신앙에 접근하였던 것이 된다. 그리고 이것은 힌두교도의 입장에서 불교는 힌두교의 일파로 간주되는 원인이 되었고, 따라서 이단으로 배척될 점을 갖지 않았으므로 힌두 왕들의 외호를 받았을 것으로도 보인다.

이 시대에도 불교 승원은 막대한 토지와 촌락의 기진을 받았다. 승원은 토지를 대여하여 일정한 수익을 얻었다. 어느 지방에서는 승원이 상공업자의 길드와 연계되어 금융행위를 하였던 것으로 알려져 있다. 승원의 풍요는 교단의 타락을 야기한 점도 있지만, 대승·소승을 막론하고 깊은 승원 안에서의 수행과 철학적 사색을 가능케 하고 논서의 제작에 전념하는 일을 돕기도 하였다.

5세기 초에 인도를 여행한 법현(法顯)은 마투라국에 관한 기술에서 다음과 같이 말하고 있다.

> 부처님의 반니원(般泥洹) 후 여러 국왕, 장자, 거사는 스님들을 위하여 정사를 건립하고, 전택(田宅), 원포(園圃), 민호(民戶), 소와 송아지를 공양하였으며, 철권(鐵券)에 기록하였다. [이러한 일은] 후대의 왕들도 계속하여 그만두는 사람이 없었다. 여러 스님들이 거처하는 방사, 침상, 음식, 의복이 부족한 일이 전혀 없으며, 이르는 곳마다 마찬가지이다. 스님들은 항상 공덕을 베풀며, 독경, 좌선을 한다……(중략).
>
> 스님들의 거처에도 사리불탑, 목련·아난탑 및 아비담·율·경탑이 있다. 안거 후 1개월 동안에도 복을 원하는 가정의 사람들은 권화(勸化)하여 스님에게 공양한다.
>
> 스님들은 운집하여 설법을 한다. 설법이 끝나면 사리불탑에 공양하고, 갖가지 향과 꽃을 공양하고, 밤새도록 등을 밝힌다. 그리고 예능인으로 하여금 사리불이 일찍이 바라문이었을 때, 부처님께 이르러 출가를 청원하였던 인연을 공연케 한다. [그 외에도] 대목련, 대가섭에 관해서도 마찬가지로 한다…(중략)…아비담사(阿毘曇師)는 아비담을 공양하고, 율사(律師)는 율탑을 공양한다. [이와 같이] 매년 한 번 공양하는데, 그 날짜가 정해져 있다. 마하연(摩訶衍)의 사람들은 반야바라밀, 문수사리, 광세음(光世音) 등을 공양한다.
>
> 스님이 수세(受歲)를 마치면 장자, 거사, 바라문은 각각 각종 의복, 사문이 필요로 하는 것을 스님에게 보시하며, 스님도 각각 [법을] 보시한다. 부처님의 니원 이래, 성중(聖衆)이 행한 위의(威儀)법칙은 [대대로] 계승되어 끊임이 없다(《法顯傳》).

노래와 춤의 공양　오란가바드. 불상을 안치한 정면의 벽 좌우
에 있으며, 불타에 노래와 춤을 공양함을 묘사하고 있다.

법현이 스스로 견문한 것의 기록은 매우 신빙성이 있다. 이러한 점은 다른 자료와 비교하여 보아도 충분히 인정된다. 위의 인용문은 적어도 북인도 불교승원의 일반적 상황을 여실히 보여 주는 것이다. 즉 승원이 민호로부터 전택, 소 등을 기진받고 있으며, 문서로써 국가로부터 그 소유권을 보증받고 있다. 또한 승원생활은 풍요로우며, 탑숭배를 중심으로 하고, 소위 조사(祖師)에 대한 공양을 연중행사로 하고 있다. 그리고 그 공양일에는 본직이 예능인인 사람이 와서 연극을 공연하는데, 이는 적어도 율전에 기록되어 있는바, 비구는 가무음곡을 하지 말아야 한 한다는 것에서는 일탈되어 있다. 이러한 일이 힌두세계에서 일반적으로 행해지던 푸자의 방식을 채용한 것임에는 의심의 여지가 없다.

그리고 비구와 신자의 관계는 법시(法施)와 재시(財施)의 교환으로 이루어지며, 공덕을 쌓게끔 하는 것을 주로 하고 있는 것도 옛 교단의 성격과 다름이 없다. 재가신자 중에 장자, 거사와 함께 바라문이 거론되는 것은 각 카스트에 소속된 힌두교도이면서 불교도가 될 수 있다는 점, 즉 앞에서 설명한 사실로서(제5장 4) 힌두사회를 바탕으로 불교가 성립되어 있음을 나타낸다.

승려가 독경하는 습관을 가지고 있으며, 좌선을 행하고, 연극공연과 같은 현상에 따르는 변용은 있다 할지라도 '위의법칙(威儀法則)'을 지킨다는 사실을 법현은 파탈리푸트라에 관한 설명에서도 지적하고 있다. 즉 법현은 율전을 구하러 인도에 왔는데, 파탈리푸트라에서 3년을 머물며 '범서와 범어를 공부하고 율을 서사하였다. [법현과 동행하였던] 도정(道整)은 이미 인도에 이르러 사문의 법칙과 승려의 위의·촉사(觸事, 식사 때의 정·부정의 규정) 등에 따를 것이

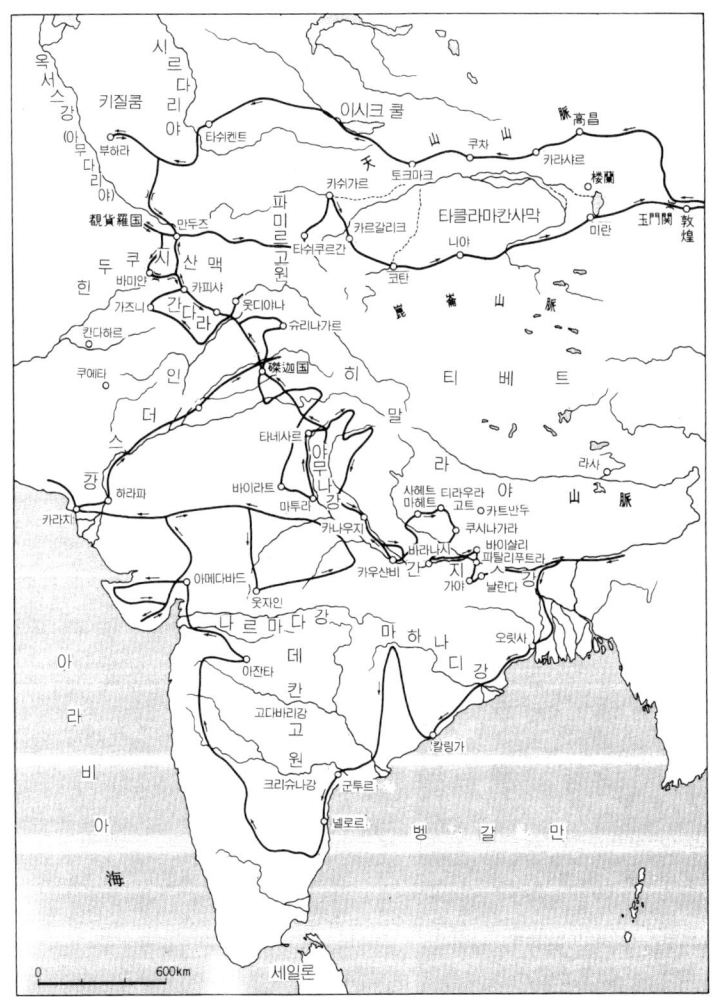

玄奘의 인도기행

많음을 보고, 진토(秦土)의 변방에서는 승려의 계율이 결여되어 있다고 탄식을 하며 앞으로 성불을 할 때까지 변방에서 태어나지 않으리라는 원을 세우고는 그대로 [인도에] 머물며 돌아가지 않았다. 법현은 애초의 결심에 따라 계율을 한(漢)나라에 유통시키고자 홀로 돌아갔다'(《법현전》).

7세기의 현장(玄奘)도 날란다사(寺)에서 공부를 하였는데, 여기서도 '승려

제7장 굽타왕조시대와 그 이후의 불교 293

수천 명이 있으며…명성이 외국에까지 알려져 있는 사람이 수백 명 이상이다. 계행도 청결하고, 수칙작법(守則作法)도 순수하다. 승원에는 엄한 규제가 있으며, 사람들이 이를 철저히 지키므로 인도의 여러 나라는 모범으로 숭앙한다'(《大唐西域記》). '변방'인 중국에서 불교의 본고장에 온 중국승의 감격도 개재되어 있을 법하지만, 이러한 기술을 통하여 승려의 위의가 계속 지켜지고 있음을 확인할 수 있다.

그러나 7세기 후반의 의정(義浄)은 훌륭한 전통이 계속되고 있음을 인정하면서도, 다른 한편으로는 토지의 기진으로 부유함을 누리던 당시 교단의 세속화의 일단을 통렬히 비판하고 있다.

> 승원은 막대한 부를 소유하며 (이를 사용하지 않아) 부패된 곡물이 쌓여 있는 창고가 있으며, 노비가 많다. 또 창고에는 금전재화가 사용되지 않고 쌓여 있다. [사회의] 사람들이 빈곤으로 고통을 받고 있는 상황에서 이러한 일은 승원이 취할 일이 아니다.

힌두적 요소의 불교화에 대해서는 다음 절에서 구체적으로 살펴볼 예정이지만, 불교교단은 큰 변용을 보이면서도 본래의 출세간 차원을 유지·발전시키고 있다. 세속화된 현상의 밑바닥에 한 줄기의 맑은 물이 보존되고 있었던 것이다. 이것이 한 시대 이후에 밀교라는 새로운 꽃으로 피어나게 되는 것이다. 불교의 정신성의 전통은 굽타 왕조의 불상조각에도 잘 나타나 있다. 마투라파를 중심으로 하는 조각의 전통은 굽타불(佛)로 통칭되는 여러 명품을 남기고 있다. 힌두교 신상의 동적인 조상표현과는 달리 굽타불은 사색에 침잠하고 있는 모습 가운데 한없는 자비·원만의 종교적 경지를 간직하고 있다. 이것은 단순히 완성된 조각기술의 문제이기만 한 것은 아니다. 오히려 정신성의 전통이 그 바탕에 흐르고 있는 것이라고 하지 않을 수 없다.

대·소승 공주(共住)의 의미

4세기 이후 인도 전역에 걸쳐 대승불교의 경전 및 철학적 논서가 수없이 제작되었다. 불교사상사에서 뿐만 아니라 널리 인도사상사에서도 필히 언급되어야 할 저명한 철학자도 적잖게 출현하였다. 이들을 대별하면 중관계와 유식계의 두 학파로 나뉜다. 한편 전통적인 소승불교 계통에서도 특히 유부(有部)와 정량부(正量部)를 중심으로 철학이 발전하였다. 위의 대·소승 4파는 학설의 상호비판, 분석 및 종합의 과정을 겪어갔다. 그러나 대승불교도의 구체적인 생활문화에 대한 자료는 극히 적다. 논서는 물론 수많은 경전은 기본적으로 깨달음과 관련된 교리의 기술로 일관되어 있다. 그런데 아잔타, 바그 등 서데칸의 굴원 가운데에는 확실히 대승불교의 것으로 보이는 것이 몇 있다. 이들을 통하여 당시의 사원은 안팎의 벽에 수많은 외호신과 미투나상(남녀 한 쌍의 상), 불·보살 등이 조각되었으며, 벽화도 그려졌음을 알 수 있다. 또한 그 밖의 사원의 고고학적 유적을 통하여 당시 사원의 구조도 알 수 있다. 그러나 대승불교기의 작품이라고 하더라도 소승불교에 속하는 것일 수도 있어, 대승불교의 생활문화의 특색을 명확하게 알려 주지는 못한다. 대체 대승불교의 승려 및 신자들은 어떻게 생활하였는가, 그리고 소승불교와는 어떠한 관계에 있었는가 등을 확인하는 일은 극히 어렵다.

그런데 중국승의 기록은 양자의 관계를 파악하는 데에 자료를 제공하고 있다. 즉 법현은 각지에 관한 기록을 하면서, 대승학의 사(寺), 소승학의 사(寺)를 구분하며, 때로는 마하연가람(摩訶衍伽藍, 파탈리푸트라)이라는 말도 사용하고 있다. 동시에 대·소승의 학을 겸학하는 사원에 대해서도 언급하고 있다. 예를 들면 라이국(羅夷國, 서북인도의 한 도시로 추정된다), 상카샤, 마투라 등의 항목에서 이러한 말이 발견된다. 즉 소승을 연구하는 사원과 대승을 연구하는 사원과 함께 대·소승을 연구하는 사원이 존재하였다는 것이다.

현장도 이러한 점에 있어서는 마찬가지이다. 그의 기록을 전체적으로 검토하면, 대승사 24, 소승사 60(부파로서는 유부, 정량부, 상좌부, 대중부, 說出世部, 대승상좌부의 이름이 거론되고 있다), 그리고 '대소겸학(大小兼學)의 사원'이 15라고 한다.

여기에서 말하는 대승상좌부는 무엇인가? 그리고 대소겸학의 사원은 어떠한 사원인가? 전통적인 소승교단의 율에 의하면, 자파의 율에 따라 득도한 사람만이 동일한 계(界) 안에 함께 거주하며 포살(布薩) 등의 의례를 함께 행한다. 따라서 동일한 부파라고 할지라도 율을 달리하는 부파의 비구와 함께 거주할 수는 없다. 하물며 초기대승불교의 보살과 같이 정식으로 득도를 하지 않은 비구는 부파의 입장에서는 '적주비구'(賊住比丘, 승려의 모습을 하고 있으나 진짜가 아닌 자)로서, 함께 거주하는 것이 허용될 수가 없었다. 그런데 법현, 현장은 대·소승의 공주(共住)에 대해 이야기하고 있으며, 의정도 마찬가지이다.

다트 S. Dutt교수는 보드가야의 대탑을 중심으로 하는 마하보디사(寺) 및 칼링가 지방 등에서 '대승상좌부의 가르침을 학습하고 있다'라는 현장의 기록을 대승의 승려로서 상좌부의 율을 지키는 것으로 이해한다.

그러나 이 '대승상좌부'는 대승의 일파가 아니라, 어디까지나 상좌부계이다. 그러나 전통적인 세일론의 상좌부와는 달리 대승의 영향을 받은 파가 아닌가 한다. 인도에 이 파가 존재하였던 곳은 세일론과 밀접한 교섭이 있었던 지방, 항구(예를 들면 칼링가 지방, 보드가야)에 한정된다.

또한 대·소승의 관계에 있어서, 앞에서 언급한 법현의 기록 즉 마투라의 부파불교 사람들은 사리불탑, 목련, 아난탑을 공양하며, '마하연의 사람들은 반야바라밀, 문수사리, 광세음(=관세음)을 공양한다'라는 기술이 시사하는 바가 많다. 이를 바탕으로 하면 이 시대의 대·소승의 구별은 단순히 예배대상의 차이에 지나지 않았던 것으로 생각된다. 즉 학문으로서 어느 교학을 연구하는가에 따른 차이에 다름없던 것으로 보인다. 이러한 점은 의정이 대·소승의 차이는 연구하는 텍스트와 예배 대상의 차이라고 하면서, 율의 차이에 대해서는 지적하지 않고 있는 점으로부터도 짐작이 되는 일이다.

대승불교는 승원의 규칙, 율을 특별히 발전시키지 않았던 것으로 보인다. 즉 전통적인 율에 따라 승원생활을 하였던 것으로 생각된다. 그 대신 부파에 따른 사소한 차이는 무시되고 기본적인 것만이 지켜지지 않았나 한다. 결국 생활양식에는 대·소승의 차이가 없었던 것이다. 따라서 대승의 사원, 소승의 사원이라고 할지라도 그 기구가 동일하였으며, 조각이나 회화 등의 미술에 있어서도 대·소승의 차이는 거의 없었던 것이다. 재가신자에 대해서도 특히 대승불교도로서의 사회적 통일성을 드러낸 흔적은 없다. 불확실한 점이 상당히 남아 있지만, 이러한 추정이 사실에 가깝다면 적어도 중기 이후의 대승불교는 독자적인 응집력이 있는 교단이었다고 할 수는 없다. 즉 대승불교는 '학파'로서만 존재하였던 것이다.

2 불교문화의 힌두화

힌두신들의 수용

굽타시대 불교의 특징 가운데 하나는 힌두적 요소가 대폭적으로 수용되어 불교문화의 내용이 크게 확장되었음을 지적할 수 있다. 그 중의 한 분야인 힌두신들의 수용에 대하여 살펴보기로 하자.

불신관(佛身觀)의 발달과도 관련되어 있지만, 대승불교에서는 이미 아미타불과 문수, 미륵, 대세지, 보현 등의 불·보살이 성립되어 있었다. 이들 불·보살은 본래 불덕(佛德)을 상징하는 데에서 유래하며, 깨달음과 직결된 출세간 차원에 있는 것이다. 이들은 열반을 추구하는 수행과 결부되어 신앙되었으나, 한편으로는 현세이익적인 세간 차원의 숭배대상이 되었던 면도 있다. 이러한 점에 대해서는 개별적으로 하나하나 살펴보아야 할 것이다. 그러나 특히 흥미있는 것은 관음(觀音)신앙의 발전이다.

관음신앙은 성립 당초부터 현세적 이익과 관련되어 있다. 그리고 굽타 시대 이후에는 사람들의 요청과 기원목적에 따라 적지 않은 변화신이 나타나게 되었다. 소위 7관음도 이러한 것이다. 7관음이란 정(正, 또는 聖)관음이라고 불리는 본래의 관음과 11면 관음, 여의륜, 천수, 마두(馬頭), 불공견색(不空羂索), 준저(准胝)관음을 말한다. 그리고 5, 6세기 이후에는 각각의 관음경전이 성립되고, 각각의 도상(圖像), 소유물, 예배의례가 정해졌다.

이 가운데 십일면관음과 여의륜관음은 어디에라도 자유자재로 출현하여 자비를 베푸는 존재로서, 구제를 받는 측인 인간의 요청에 부응하여 구상화된 것으로 생각된다. 이에 반해 천수관음은 '천안(千眼)을 가진' 인드라신과 천수를 지녔다고 하는 쉬바, 비슈누신의 불교적 변용이며, 마두관음은 비슈누의 권화(權化) 가운데 하나인 하야 그리바 haya-griva에서 유래한다. 이 불공견색(amoghapāśa)은 '비지 않은 올가미'로서 쉬바신의 한 특징이다. 준저관음도 춘디 Cundī로서 힌두교의 한 여신이다.

7관음 이외에도 적지 않은 관음이 출현하였다. 예를 들면 청경(靑頸)관음은 쉬바신의 다른 이름인 닐라 칸타 Nila-kaṇṭha(푸른 목을 가진 존재)에서 유래한다. 불전에서 설명하고 있는 청경관음의 특징 가운데에는 쉬바뿐만 아니라 비슈누신의 성격, 소유물 및 비슈누의 다른 이름도 갖고 있는 매우 복합적인 성격을 지니고 있다.

힌두교에서 이미 확립되어 있던 8방위의 신도 불교에 도입되어 동방의 지국천(持國天), 남방의 증장천(增長天), 서방의 광목천(廣目天), 북방의 비사문천(毘沙門天)이라고 하는 세상을 보살피는 사천왕(四天王)이 되었다. 마지막의

관음상　후대에 이르러 관음은 힌두적 분위기 속에서 여러 가지의 형태로 증가되면서 조형되었다.

비사문(Vaiśravaṇa, 프라크리트어로 Vessamaṇa)은 쿠베라 Kubera신으로서, 재보를 관장하며 야크샤의 우두머리라고 한다.

이 외에도 지천(地天), 수천(水天), 화천(火天), 월천(月天), 일천(日天), 풍천(風天), 제석천(帝釋天 = Indra) 등의 불교를 외호하는 천들도 모두 힌두신이며, 길상천(吉祥天, Śrī 또는 Lakṣmī), 변재천(辯才天, Sarasvatī)도 힌두세계에서 유력하게 위치하였던 여신들이다. 성천(聖天)은 신화에 있어 쉬바신의 아들인 코끼리 머리의 가네샤에 유래하며, 마찬가지로 쉬바신의 아들인 카르티케야는 불교에 도입되어 위타천(韋駄天)이 되었다. 이러한 천들은 모두 당시의 힌두세계에서 신봉되었던 신들이다.

부동(不動), 항삼세(降三世), 군다리(軍荼利), 대위덕(大威德), 금강야차(金剛夜叉)의 오대명왕(五大明王)과 공작명왕(孔雀明王), 애염명왕(愛染明王), 대원수명왕(大元帥明王) 등도 밀교 시대에 명확한 모습을 드러내었으나, 힌두사회의 귀령 또는 동물숭배 등에서 유래한다.

대흑천(大黑天)은 마하칼라 Mahākāla이다. 의정은 이를 마하가라(摩訶哥羅)로 음사하며, 사원의 주방 기둥에 모셔져 있음을 기록하고 있다. 마하칼라는 쉬바신의 파괴적 측면을 대표하는 이름으로서, 불교의 대흑천은 이러한 점에서 분노의 모습으로 그려져 있다. 그러나 실제로는 야크샤의 장군 판치카 Pañcika가 신격화된 것으로서, 이 양자가 습합된 것으로 보인다. 힌두신화에서 판치카의 처는 하리티 Hāritī이다. 불교에서는 이를 하리제(訶梨帝) 곧 귀자모신(鬼子母神)이라고 한다.

최초기의 불전에 의하면 불교도는 나무의 신과 뱀을 숭배하는 습관도 가졌다. 법현은 중인도 상카샤 승원의 비구들의 용(뱀)에 대한 신앙을 상세히 기록하고 있다. 이에 따르면 흰 귀의 큰 용이 적시에 비를 내리게 하고 재액을 막아 준다. 비구들은 사원 안에 용의 집, 앉을 곳을 만들고 매일 복식(福食)을 만들어 3인의 비구로 하여금 공양케 한다. 그리고 하좌(夏坐)가 끝나면 이 용은 작고 흰 뱀으로 모습을 바꾸므로, 비구들은 구리로 만든 그릇 위에 버터를 쌓고 이 뱀을 이곳에 넣는다. 비구들 한 사람 한 사람이 인사라도 하듯이 이 그릇을 잡고 한 번씩 돌리면 흰 뱀은 사라진다고 한다. 이러한 이야기는 승원 안에 출세간 차원의 관념, 수행법과 함께 민간신앙적인 요소가 혼입되고 정착되었던 일단을 보여 주는 것이다.

예배의례의 공인

신들의 구성이 다채롭게 됨과 보조를 같이하여, 그들에 대한 예배 및 기원의 례가 확립되었던 것도 굽타 시대 이후의 일이다. 현세이익을 목적으로 하는 여러 의례가 점차 경전에도 나타나게 되었다. 이른바 불교교단의 공인을 받게 되었던 것이다. 예를 들어 굽타 말기인 462년에 담요(曇曜)가 번역한 《대길의신주경(大吉義神呪經)》은 힌두에 기원을 갖는 여러 신들을 언급하며, 이들이 누구인가에 따라 기원의 내용을 달리하는 공양법을 기록하고 있다.

의례의 한 방법으로 서 베다 시대부터 전래 된 불의 제사(Homa) 도 수용되었다. 이미 3세기 초의《마등가경(摩登伽經)》에는 힌두교의 호마의 순서가 기록되어 있으며, 3~4세기에는 이것이 불교에 섭취되어 흙의 제단을 쌓고, 소의 분뇨를 땅에 바르며, 겨자를 불에 던지는 등의 불교 의례가 되고 있다.

판치카(좌, 2세기 간다라, 라호르박물관 소장)와 하리티(우, 2세기 간다라, 영국박물관 소장) 판치카는 야크샤의 장군, 즉 야크샤의 우두머리 쿠베라(毘沙門天)의 부하이다. 자식을 수호하고 재보를 지키는 신이다. 하리티도 원래는 여신의 야크샤, 즉 야크시니로서 천연두를 신격화한 것이라고 한다.

비의(秘儀)를 행하는 제단의 축조 방식과 화상법(畫像法) 등도 이 시대의 경전에 이미 기록되기 시작하였다.

비를 오게 하거나 그치기를 기원하는 주술적 의례는《대방등무상경(大方等無想經)》에 설해져 있는데, 이는 이러한 종류의 내용을 기록한 최초기의 경전에 속한다. 이 경전은 5세기 초 담무참(曇無讖)에 의해 한역되고 있으므로 인도에서는 적어도 4세기에 성립되어 있었던 것으로 보인다. 이 경전은 또 6세기 후반 사나야사(闍那耶舍)에 의해《대방등대운경청우품(大方等大雲經請雨品)》으로 증광되어 번역되고 있다. 그런데 이들 경전의 내용은 용 또는 공작을 구사하는 비아리야의 전통에 기원하는 농경의례가 불교의 주법으로 정착하였음을 보여 준다.

치병을 위한 주술적 기원도 점차 불교교단의 공인을 받게 되었다. 불교의 본의에서 보면 병은 약으로 치료되어야 한다. 이것은 석존 시대 이래의 전통이기도 하다. 한편 고대사회의 의학은 크든 작든 주술적 의례와 결합되어 있는 것도 사실이며, 고대인도의 경우도 예외가 아니다. 불교의 율전과 설화문학에는 약초와 만트라(진언)를 병용하는 치료법이 종종 기술되어 있으며, 약초로 치료되지 않을 경우에는 주술로 치유코자 하는 생각도 경전 가운데 적지 않게 발견된다.

그리고 현대에도 그러하지만, 병은 신체적인 원인뿐만 아니라 귀령, 악령의 탓으로 생기는 것으로 믿어지고 있다. 이 경우 약의 효과는 고려되지 않으며, 샤만적인 주술의례를 행하지 않으면 안 되는 것으로 간주된다. 귀령에 의해 병이 발생한다는 예는 부파불교계의 불전에도 적지 않지만, 구체적인 치료법은 기록되어 있지 않다. 결과적으로 불타와 비구가 개재하여 치료하였다는 기록은 있지만, 주술의 힘으로 치료하였음을 직접적으로 기록하는 일은 피하고 있다. 주술이 불교의 본의와는 배치되는 것으로 간주하는 불교의 전통적인 입장에서 주술을 개방적으로 인정할 수는 없었을 것이다.

그러나 굽타기 이후에는 치병을 위한 다양한 주술의례를 설하는 문헌이 공공연히 제작되어, 4세기 말에는 이에 관한 경전이 상당수에 이르렀다. 예를 들어 담무참은 30여 부의 인도어 원전 경전을 번역하고 있는데, 이 가운데에는 벌레의 독과 눈병 등의 여러 가지 병들을 치료하기 위한 의례가 이야기되어 있다.

이러한 의례는 앞에서의 지적과 같이 주술적 관념과 결부되어 있다. 동시에 불교의 주문도 독자적으로 발전하고 있다. '진실어(眞實語)'라는 소박한 주술적 관념과 파리타주(呪, 防護呪)는 이미 원시불교, 부파불교 시대부터 인지되고 있으며, 특히 대승불교에서는 최초기부터 다라니와 만트라(진언)가 사용되고 있다.

다라니 dhāraṇī는 '기억하여 보전하는 것'의 의미로서, 원래는 긴 경전을 단축하여 암기에 편리하도록 만든 것이다. 그러나 점차 경전독송이 현세이익의 기능을 가짐에 따라 다라니도 격식을 갖춘 주문으로 사용되게 되었다.

다라니는 때로 만트라 mantra로도 불린다. 원래 만트라는 힌두교의 베다에 있는 찬가, 기도구, 주문을 의미하는 말이었으며, 특히 주술적 의례에서는 소리 자체가 갖는 것으로 여겨지는 신비적인 힘에 대한 신앙에 근거를 둔 것이다. 따라서 다라니나 만트라 모두 주구(呪句)의 내용과 동시에 원음을 올바로 발음하는 바에 주술적 효과가 있는 것이다. 이와모토 유타카(岩本裕) 교수에 의하면, 다라니 및 만트라는 내용에 따라 5종으로 대별된다. 의사음(공작이 우는 소리나 비가 내리는 소리), 간단한 동사의 명령형('하라 cara' '떨쳐라 hara' 등), 불타의 이름이나 그 별칭 및 수식어, 뜻이 있는 짧은 글, 종자(種子)를 중복한 것이 그것이다. 여기에서 종자란 불・보살을 상징적으로 1음 또는 몇 음으로 제시하는 것이다. 따라서 다라니는 번역될 것이 아니다. 경전이 한역될 경우 다라니는 고유명사, 한마디에 여러 가지의 뜻이 포함되어 있는 것, 번역이 되면 그 말의 깊은 의미가 상실될 우려가 있는 말(예를 들면 반야. 이를 지혜로 번역하면 의미가 얕아진다), 옛부터 습관적으로 음사어가 사용되는 말과 함께 '다섯 가지는 번역하지 못하는 것(五種不翻)'으로 간주되어 왔다.

위에서 언급한 모든 의례, 관념은 일상생활의 위기를 간결히 해결코자 하는 현세이익과 관련되어 있다. 제불에 대한 공양법, 기원의례의 방법, 호마, 치병 그리고 그 밖의 여러 가지 기원성취 의례의 가치는 불교도 사이에 널리 확신되었다. 재가신자를 위해 비구에 의해 시행되었으며, 경전도 작성되었다. 이러한 의미에서 주술적인 현세이익 의례는 교단의 공인을 받았다. 불교도는 원시・부파불교 시대에도 이러한 의례를 행하기는 하였지만, 교단으로부터는 무시되고 있었다(제5장 참조). 그러나 대승불교에 이르러 이러한 자세는 크게 변화되었다. 소위 '작은 전통'이었던 것이 '큰 전통'으로 정착되었다고 할 수 있을 것이다. 심원한 철학・논리를 담지하는 한편으로 불교교단은 힌두교 세계와 동질적인 세간차원의 제관념・의례를 풍부하게 흡수하여 자신의 것으로 하고, 이를 공인함으로써 일반민중의 요청에 응하였던 것이다.

불교의 힌두화

이 시대의 불교에 미친 힌두문화의 영향은 힌두적 신들의 수용과 주술적 의례의 도입뿐만이 아니다. 불교교단의 승들은 이미 힌두적인 제식의 방법도 받아들이고 있었다.

법현은 파탈리푸트라에서 매년 당시의 역(曆)으로 첫달 8일에 행상(行像)이 거행되었음을 기록하고 있다. 네 바퀴의 수레 위에 탑 모양의 건조물을 만들고, 그 위를 하얀 천으로 가리고는 여러 천(天)의 형상을 갖가지 색으로 그린다. 사방의 감(龕)에는 좌불이 안치되고 보살이 협시하고 있다. 이러한 수레가 20대가 있으며, 각각은 장식을 달리한다. 행불(行佛)의 날에는 많은 사람이 모여 음악과 무용을 봉헌하며, 갖가지 향과 꽃이 공양된다. '그 뒤 바라문이 와서

보살상(좌, 7세기 아잔타 제1굴)과 비슈누신 입상(우, 5세기 마투라박물관 소장)   보살상, 비슈누상 모두 보관을 쓰고 화려한 장식품을 몸에 두르고 있다. 어깨로부터 느려뜨리고 있는 끈은 神線이라고 하며, 성스러운 끈으로서 '再生族'이 평생 몸에 두르고 있는 것이다.

부처님을 초청하면 부처님은 천천히 성 안으로 들어와 성 안에서 이틀을 머무르신다. 그 밤에는 등불을 가득히 점화하고 기악을 봉헌한다'(《법현전》). 이러한 제식의 방법은 예를 들면 칸치푸람의 사원과 오릿사의 자가나트사원에서 현재도 거행되고 있다. 《법현전》은 불교가 이미 5세기에 이와 같은 힌두교의 관행을 받아들이고 있음을 보여 준다.

불·보살의 조각에도 이 시대를 반영하는 것이 있다. 최초기의 불·보살상은 승려의 모습이었으나, 굽타 왕조 이후에는 보관을 쓰고 영락과 금은 허리띠를 차고 있는 모습으로 그려지고 있다. 힌두신상의 표현에 왕의 복장이 전용되었던 것이다. 서데칸의 굴원사원에는 바카타카 왕조, 라슈트라쿠타 왕조 시대에 옛 굴원을 확대하거나 새로운 굴원이 조성된 것이 적지 않다. 그 가운데 대표적인 것이 아잔타이다. 6~7세기에 속하는 제1, 제2굴에는 불·보살상과 자타카를 중심으로 하는 불교설화 및 문양이 채색으로 그려져 있다. 또한 연화를

아잔타의 미투나상 세속적인 미투나상도 일찍부터 승원이나 탑원의 벽, 기둥에 원형으로 표현되어 있다. 5~6세기 아잔타 제24굴.

들고 있는 보살상도 제1굴에 있는데, 이 보살도 동일한 모습을 하고 있다. 이 시대의 보살상은 이미 세속의 왕의 모습을 하고 있다. 그런데 수행자인 보살이 이와 같은 장식을 몸에 두르고 있는 이유를 교리적 측면에서는 설명하지 않는다. 이는 힌두교 신상의 표현법과 보조를 같이 한 결과일 것이다. 그리고 왕의 즉위식에 거행되는 관정(灌頂)의례가 후대의 밀교에서는 불위(佛位)에 오르는 상징적인 불교의례로 채용되고 있는데, 그 선구는 굽타시대에 발견된다. 세속의 관행이 종교에 수용되는 풍조에 따른 것으로서, 이것도 불교가 힌두사회에 정착되는 한 틀을 보여 주고 있다.

미투나상 역시 동일한 사실이 지적되고 있다. 미투나 mithuna란 남녀 한 쌍을 의미한다. 따라서 남녀를 한 쌍으로 표현한 회화, 조각을 미투나상이라고 한다. 힌두교의 것으로 대표적인 것은 10~13세기에 걸쳐 조성된 웃타라 프라데슈주 카주라호의 사원군과 오릿사주 코나라크의 태양사원의 벽을 장식하고 있는 미투나군상의 난무이다. 그 가운데에는 노골적인 남녀합환의 모습을 그리고 있는 것도 적지 않다. 불교에서도 미투나상은 일찍이 출현하였다. 가장 오래된 것은 기원전 1세기에 보드가야의 난순기둥에 원형으로 조각된 것으로 보인다. 서데칸 굴원의 기둥머리 부분에도 종종 미투나상이 조각되어 있다. 아잔타도 예외가 아니다. 미투나상에는 아마도 사원을 재난으로부터 지키기 위한 주술적 관념이 개재되어 있는 것이 아닌가 하지만, 상세한 이유는 알 수 없다. 불교에서도 비구가 수행하여야 할 사원에 그러한 세속적인 조형이 나타나 있는 것에 대해 교리적 측면에서는 설명되지 않는다. 그렇다고 다른 명확한 이유도 제시되어 있지 않다. 그러나 당시의 힌두세계의 일반적 관습에 따른 것임에는 틀림없다.

또한 아잔타의 지연화(持蓮華)보살만 하더라도 바라문이 몸에 두르는 신선(神線; 神索이라고도 한다)을 가지고 있는 모습으로 표현되고 있다. 카스트의 사회에 반대하였던 불교도 굽타왕조 이후에는 광범위한 힌두적 색채의 사회 안에서 바라문의 사회적 우위를 인정하고, 불교의 보살에 그러한 권위를 차용한 것이 아닌가 한다. 사실 이 시대의 대승불전은 '불타는 고귀한 집안(깨달음을 얻을 뛰어난 자질을 가졌다는 뜻)에서 출생하였다'고 단언하는 경우도 있다. 그리고 보살의 수행단계를 분류하는 대승경전에는 쿨라 kula(집안)라는 말을 사용하여 신앙자의 종교적 자질을 처음부터 분류하는 표현도 있어, 카스트제도의 이념과 유사함을 보이고 있다. 이러한 점들은 카스트제도의 확립에 따라 불교 측에서도 그러한 생각을 그대로 받아들이고 이를 응용한 것으로 간주될 수 있는 가능성도 있다.

힌두교의 중요한 다르마의 하나로 제시되는 순례도 불교에서 널리 행해졌다. 붓다의 탄생지인 룸비니, 성도한 곳인 보드가야, 초전법륜지인 사르나트, 입멸한 곳인 쿠시나가라 등의 불적(佛蹟)이 4대 순례지로 고정된 것은 이미 원시불전인 《대반열반경》에 나타나 있다. 그러나 이에 상응하는 한역경전에는 이 부분이 없으므로, 순례의 관습이 일반화되었던 후대에 부가된 것으로 보인다. 그런데 순례는 특히 4, 5세기 이후 교통로가 발달됨에 따라 성행하게 되었다. 이때에는 인도 내부뿐만 아니라 동남아시아의 여러 나라로부터도 순례가 이루어졌다. 4세기 세일론의 메가반나왕은 굽타왕조의 삼드라굽타왕(335~376년경 재위)에게 사신을 보내, 세일론의 승·속의 순례자를 수용할 승원을 보드가야에 세울 수 있기를 요청하였으며, 결국 허용을 받아 이를 건립하였다.

이상의 여러 현상은 굽타 시대 및 그 이후의 시대에 불교도의 문화가 힌두문화의 영향을 크게 받고 있음을 지적하는 것이다. 힌두세계를 바탕으로 하여 성립·발전한 불교가 힌두문화와 여러모로 관련되는 것은 당연한 일이다. 그러나 굽타 시대를 경계로 하여 세간차원의 관념과 의례에 대한 교단의 자세는 종전과는 크게 달라지게 되었다.

이미 앞에서 살펴본 바와 같이, 원시불교·부파불교 시대에도 어떠한 형태로든 예배대상은 존재하고 있었다. 그러나 불교는 본래 무신론으로서, 석존은 윤리적 생활에 노력을 기울이는 곳에 안심의 생활이 있다고 하여 실천을 강조하였다. 예배는 적어도 의례로서는 존재하지 않았던 것이다. 그러나 붓다에 대한 추억, 존경과 흠모의 염과 함께 공덕과 현세이익을 추구하는 인간의 경향은 점차 불교에서도 예배대상을 구하게 만들었다. 이에 따라 우선 스투파숭배가 발생하였으며, 그리고 과거불숭배, 불상예배가 그 뒤를 이어 발생하였음은 이미 언급한 그대로이다. 야크샤를 비롯한 귀령, 나무의 신에 대한 숭배도 실행되고 있었다. 불전은 당연한 듯이 꽃, 등불, 향, 음악, 무용을 공양함을 말하고 있어, 힌두교의 푸자의 습관이 불교도 사이에 채용되었음을 밝히고 있다. 이들은 신자들이 (그리고 비구까지도) 개인적으로 행하는 예배이며, 동시에 힌두교의 방식을 그대로 따르고 있는 것이다. 그러나 교단으로서는 이를 적극적으로 권장하거나 불교적인 의궤(儀軌)를 규정하고 있지는 않으므로, 예배가 교단의 공인을 받았던 것은 아니다. 오히려 묵인되었던 것으로 보는 것이 타당하다. 그런데 굽타시대 이후에는 이것이 당연한 것으로 간주되어 공양법을 설하는 경전이 저술되었다. 예배대상도 힌두세계에서 신봉되고 있는 거의 모든 신들, 귀령 등이 수용되었다. 현세이익적인 기원의례는 불교의 지도자들에게도 당연한 것으로 인정되고 또 수행되었던 것이다. 이에 수반되어 불교주술도 소위 '공인'되고 독자적인 발전을 하기 시작하였다. 결국 작은 전통 속에 있던 것이 큰 전통으로 부상·정착하였던 것이다.

그러나 한편으로는 중국승의 기술과 같이, 율의 위의가 지켜지고 있었으며, 깊은 종교체험을 바탕으로 한 고차원적 경지에 있는 경전이 계속 저술되었다. 열반과 관련된 수행법과 교리의 전통이 엄수되고 있었던 것이다. 철학적 연구도 성행하였다. 깊은 정신성을 담고 있는 불·보살상도 계속 조성되었다. 그러나 현상적인 종교문화의 측면에서는 불교도로서의 종교적 행위가 힌두세계의 그것에 대폭적으로 접근하였다. 하나의 비교일 따름이지만, 현대의 인도사회에서도 유지되고 있는 이슬람교도의 특이성, 독자성과 같은 것은 발견되지 않는다. 불교는 힌두세계 속의 한 종파적 존재가 되었다고 간주하여도 큰 과오가 없는 것으로 생각된다. 즉 불교는 '힌두화'되었던 것이다.

문화변용을 말할 때, 힌두화인가 또는 불교화인가를 구분하는 문제는 극히 어려운 일이다. 일반적인 결론을 내리기 전에 개개의 사례를 논하지 않으면 안 된다. 그러나 다양한 힌두적 요소를 불교가 섭취하여 '불교화'하였다면, 힌두적 성격의 질・양 모두가 불교에 가까운 것이어야 한다. 그러나 위의 여러 상황을 고려할 때, 확실히 불교적인 외형을 취하는 일이 있으면서도, 그것이 특히 불교의 독자적인 것으로 변용되었다고는 생각되지 않는다. 힌두적인 관념・의례를 그대로 수용한 것에 지나지 않는 것으로서, 실질적으로는 힌두적 성격을 그대로 유지시키고 있다고 하여야 한다. 이러한 의미에서 불교가 힌두화된 것이지, 그 반대의 경우가 아니다. 그럼으로써 불교는 힌두세계 안에서 이단시될 필요가 없었다. 붓다가 비슈누신의 권화로 간주되는 사실도 확실히 비슈누 신도 측의 작위이기는 하지만, 이러한 상황의 맥락 안에서 이해되어야 한다. 앞에서 언급한 행상(行像)의 의례에서 바라문이 불상을 초청한다는 기술도 바라문이 불교행사에 참가할 정도로 양자의 관계가 가까움을 나타내는 것이다.

3 밀교의 성립과 발전

순수 밀교의 성립

굽타기 이후의 불교가 세속화——이 경우는 '힌두화'라고 하여도 내용적으로는 큰 차이가 없다——되었다고 할지라도 불교의 본질이 상실되었다고 간주하는 것은 옳지 않다. 율이 계속 준수되었으며, 철학에서는 중관파가 중관의 관법을, 유식파는 요가의 행법(瑜伽行)을 수도의 실천법으로 전승하고 있었다.

그러나 굽타 말기인 6세기 경부터 원래 현세이익적인 의례와 주술적 요소가 열반, 성불을 위한 수행법으로 승화・순화되는 현상이 현저하게 되었다. 결국 세간 차원의 요소가 출세간 차원으로 승화되는 측면이 발생하였던 것이다. 그 결과로 발생한 것이 밀교이다. 사실 밀교는 대승불교의 중관, 유식의 사상과 수행법에 만트라, 다라니, 갖가지 의례, 인(印), 만다라 등이 혼연일체가 된 것으로, 신비주의적인 새로운 실천체계라고 할 수 있다. 이의 핵심이 되는 경전은 7세기로부터 8세기에 걸쳐서 성립된 《대일경(大日經)》과 《금강정경(金剛頂

슈리 얀트라 얀트라는 원래 상징적인 숭배대상으로서, 모든 신은 독자적인 얀트라를 갖고 있다. 상향의 삼각형이 링가, 하향의 삼각형이 요니(女陰)를 상징하며, 정삼각형의 교차는 결합을 의미한다.

經)》(정식으로는 《一切如來眞實攝經》) 이다.

밀교의 사상을 요약하면, 진실의 구현자인 대일여래를 교주로 하며, 그의 신·구·의(身·口·意)에 나타난 진실 ──이를 삼밀(三密)이라고 한다에── 수행자의 신·구·의를 일치시켜 성불을 목적으로 실천한다는 것이다. 그러기 위해 수행자는 입사(入社)의례로서의 관정(灌頂)을 받고 손은 결인(結印)을 하고, 만트라와 만다라를 사용하여 정신을 집중하고 불타와 일체가 되도록 노력한다. 이것이 '가지(加持)'이다. 종종 '가지기도'라고도 하나 가지와 기도는 원래 다른 것이다. 우주의 진리(즉 대일여래)와 일체가 되고(가지), 그 힘에 의해 현세이익의 기도를 하는 것이다. 가지기도는 일본에서 사용되는 표현이지만, 인도밀교에 있어서도 성불이라는 출세간 차원과 현세이익이라는 세간 차원의 행법이 명확히 분리되어 의식되었던 것은 아니다. 양자가 혼연일치되어 있는 점에 인도불교사에서의 밀교의 특색을 발견할 수 있다.

원래 현세이익을 목적으로 하는 주술적 요소가 열반·성불과 관련된 것은 이미 3세기 경부터 시작되고 있다. 예를 들어 초기대승불교의 최대의 논사이며 동시에 종교자인 용수는 《대품반야경》의 주석서인 《대지도론》에서 다라니에 대해 다음과 같이 말하고 있다. '여러 외도의 주술은 불선업(不善業)이기 때문에 삼악도(三惡道)에 떨어지며…… 탐욕과 성냄에 따라 자재로이 악을 행한다…(그러나) 반야바라밀다의 주(呪)는 선정, 불도, 열반에 대한 집착을 멸하고, 불(佛)을 이루기 때문에 무등등(無等等)의 주(呪)라고 한다.' 탐욕, 성냄에 따른다는 것은 다라니 본래의 현세이익적인 기능을 단적으로 나타내는 것이지만, 용수는 반야의 주를 불에 이르기 위한 것이라고 설명한다. 과연 이러한 표현이 욕망충족을 위한 주문을 불교도가 사용하였던 현실을 불교의 본의·이념에 따라 '정당화'한 것에 지나지 않는가, 그렇지 않으면 참으로 불지(佛智)를 얻기 위한 수행법으로 승화되었는가는 그 수도의 의례를 분석해 보지 않고는 경솔히 결론을 내릴 수 없다. 그러나 이러한 기록은 적어도 다라니가 수도 의례로 정착되는 과정을 나타내는 것으로 볼 수 있다.

7세기에 현장은 앞에서 언급하였던 '5종 불번(不飜)'의 다라니에 대해 '첫째는 비밀이기 때문에 번역하지 않는다. 다라니와 같은 것이 바로 이것이다. 즉 경 가운데의 다라니는 곧 불타의 비밀의 말, 미묘하고 심은(深穩)하여 사의할 수 없기 때문이다'라고 설명한다. 즉 다라니는 불타의 밀어(密語)라고 하여 그 배후에 밀교적 사상이 개재해 있음을 알 수 있다. 대개 7세기 전반부터는 다라니를 성불의 목적과 관련하여 설하는 경전이 상당히 출현하고 있다. 그리고 그 배후에는 신비주의적인 수행법으로서 다라니가 필수적인 것이 되고 있다.

만다라는 제불(諸佛), 제존(諸尊)을 일정한 이론, 세계관에 따라 배열한 것이다. 힌두교에도 옛부터 얀트라 yantra라고 하는 인간의 현실과 우주의 관련을 기하학적 문양으로 나타내는 그림이 있었다. 그런데 이것은 극히 주술적인 것이다. 《대일경》에 기초하여 그려진 태장계만다라는 진실절대의 세계를 나타내며, 《금강정경》의 금강계만다라는 수행자가 불위(佛位)에 도달한 경지를 나타낸다. 그리고 수행자는 이들을 사용하여 관법(觀法)을 닦는다. 그러한 의미에서 이들은 단순한 그림이 아니다. 오히려 절대의 경지와 인간 사이의 간극을 잇는 가교이며, 실존의 세계로부터 작용하는 '상징(symbol)'이다. 즉 실존의 상징 그 자체로서, 단순한 '표지(sign)'와는 구별된다.

《대일경》과 《금강정경》의 성립에 의해 대승사상과 각종 의례가 융합되어 밀교의궤(儀軌)로서 체계화되었으며, 이에 따라 교리도 정비되었다. 이를 순밀(純密)이라고 한다. 순정(純正)한 밀교라는 의미이다. 이에 대해 그 이전의 주술적 관념과 의례를 설하는 경전은 아직 체계화되어 있지 못하였으며, 사상과 의례도 융합되어 있지 않고, 출세간 차원의 수행법으로 승화되어 있지 않았으므로 잡밀(雜部密敎)경전으로 부르기도 한다. 불교사적으로 구분하면 이것은 초기밀교이며, 순밀은 중기밀교이다.

《대일경》의 성립지는 이설도 있지만, 동인도의 날란다 또는 서인도라고 한다. 《금강정경》은 데칸 남서부의 안드라지방과 관계가 깊다고 한다. 그리고 전자는 7세기 중엽, 후자는 7세기 말부터 8세기에 걸쳐 성립된 것으로 생각된다. 현장이 7세기 전반에 날란다사(寺)에서 공부를 하였을 때 밀교는 아직 행해지지 않았으나, 약 40년 후 의정이 이곳을 방문하였을 때에는 날란다가 밀교의 중심지가 되어 있었던 점을 고려하면, 7세기 중엽은 인도의 불교사에 있어서 큰 전환기였다고 할 수 있다.

특히 8세기 중엽부터 동인도를 지배하였던 팔라 왕조는 불교를 크게 외호하였는데, 이 불교는 바로 밀교였다. 밀교가 성립된 이래 대승불교는 거의 대부분이 밀교화되었다. 밀교와 왕조의 외호 사이에는 정치권력과 진호국가의 기도가 결합되어 있었다. 이 왕조의 고팔라왕은 오단타푸리사(寺)를, 그리고 다르마팔라왕은 비크라마쉴라사(寺)를 건립하였다. 그리고 소마푸리사(寺)는 데바팔라왕과 관련되어 있다. 이들은 모두 벵갈에서 비하르에 이르는 지역에 위치하였으며, 당시의 밀교의 중심지로서 밀교의 수도 및 연구의 전성기를 초래하는 데에 주도적 역할을 하였다.

탄트라밀교

그러나 8세기 말부터는 밀교의 제3기 또는 말기가 시작되고 있다. 이 즈음은 힌두교, 자이나교도 포함하여 인도 전체가 탄트리즘의 파도에 휩싸이고 있다.

탄트라 tantra는 힌두교 쉬바파 중 특히 성력(性力, śakti)을 숭배하는 파 일군의 문헌의 총칭이다. 5세기 경에 발생한 여신(女神)숭배는 점차 그 활동에너지(śakti)가 중시되었으며, 철학적인 면에서는 샤크티가 우주의 전개와 개아(個我) 구제의 원동력으로 간주되었다.

이 파에서는 신비 체험 가운데 절대자와 합일하기 위한 수행법이 강조되었다. 특히 좌도파(左道派)에서는 인간의 신체에 관한 특별한 과학과 관련된 행법이 개발되었다. 힌두 성력파의 좌도파와 불교계의 사하자승(乘, Sahajayāna)은 거의 동일한 수행법을 갖고 있다. 후자에 의해 그 수행법을 간략히 설명하면 다음과 같다. 인간의 신체에는 무수한 심령적인 신경이 달리고 있는데, 그 가운데에서 중요한 것은 몸의 중앙을 정수리에서 성기·항문으로 잇는 선과 그 좌우의 두 신경으로서, 이 셋은 중앙의 신경의 가장 아랫부분에 있는 윤(輪, cakra)에 연결되어 있다. 두 신경은 각각 반야와 방편, 달과 해로도 불리며, 이원적 대립을 상징한다. 즉 이 두 신경으로 생기(生氣)가 돌고 있는데, 이것이 이원적 분별을 가져온다. 따라서 요가적인 기법에 의해 생기의 흐름을 억제하여 세 신경이 결합된 곳에 머무름으로써 이원적 대립은 소멸하고, 여기에서 자타가 둘이 아닌(自他不二) 보리심이 발생한다. 이것이 다시 가장 아랫부분에 있는 것을 포함하여 네 개가 있는 윤(輪)을 통과하면서 서서히 중앙신경을 상승한다. 그러면서 점차 순화되어 제4륜에 이르러 유무상대(有無相對)를 떠나 지고의 경지에 이른다. 이것을 대락(大樂)이라고 한다. 중앙 신경 좌우의 두 신경을 반야와 방편이라고 하며, 이들이 합침으로써 보리가 생긴다고 하는 예를 통하여 알 수 있는 바와 같이, 탄트라 특유의 수행법에 대한 설명에 불교의 관념과 용어가 사용되고 있다.

보리심을 낳을 때에 남녀의 성교가 의례로 수행되기도 하는데, 여기에는 인간의 신체(소우주)와 대우주, 성교에 의한 쾌락과 종교체험의 대락이 비교되고 있다. 많은 불교적 관념·술어를 사용하여 신비주의적인 수행법을 말하고 있는 것이다. 탄트리즘이 비속하고 부도덕하다는 비난을 받는 것은 바로 이러한 계통의 불교 또는 힌두교이다.

그러나 성교는 어디까지나 종교의례로 수행되는 것으로 많은 제한이 있는 것으로 보인다. 힌두교에서도 이 파의 신자는 사회적으로 카스트, 사티 sati(과부의 殉死) 등을 인정하지 않는다. 여러 가지 문제가 있기는 하지만, 상당히 고차원적인 신비주의적 수도체계라고 하지 않을 수 없다. 동시에 본래 그러해야 할 수도법에서 이탈되어 타락된 습관으로 떨어져 버린 면도 없지는 않다. 이 사상·수행법은 그 후 특히 벵갈지방에 여러 가지로 영향을 미치고 있다.

사하자승(乘) 이외에 칼라차크라 Kālacakra승(時輪乘)이라는 유파도 있는데, 이들을 일괄하여 보통 탄트라불교라고 한다. 바즈라야나 Vajrayāna(금강승)라는 명칭도 있다. 탄트리즘이 전인도에 성행하였던 시대에 불교도 이 일파로서의 운동이 있었음은 당연한 일로도 보이며, 이러한 의미에서 그렇게 불리는 일이 결코 부당한 것은 아니다. 그러나 탄트라불교가 곧 밀교는 아니다. 적어도 중기 이전의 밀교에 이러한 명칭을 사용하는 것은 그릇된 것이라고 할 수 있다. 확실히 금강정경계의 문헌에는 이와 같은 후대의 발전이 편입되어 있는 부분도 없지 않으나, 기본적으로는 전혀 이질적이다.

탄트라불교에는 확실히 수많은 속신적 종교의례가 편입되어 있는데, 그것이 불교의 술어를 사용하고 불교사상의 발전으로 논의되고 있으며, 적지 않은 문헌도 남기고 있다. 그리고 출세간적인 신비의 체험을 시설하는 반면에 사실이 과연 이것이 종교신앙의 면에서 불교로 불릴 수 있는가 또는 그렇지 않은가에 대해서는 의견이 나뉜다. 어쨌든 이러한 불교를 담당한 사람들은 스스로를 불교도로 생각하고 있었으며, 이러한 점에서 이것은 인도불교 발전의 마지막 단계를 나타내는 것이다. 불교의 본질인 열반이 이와 같이 힌두교 탄트리즘의 그것과 거의 등질의 것이 되었을 때, 불교는 불교로서의 존재 이유를 잃고 힌두세계에 흡수될 수밖에 없는 한 원인을 제공하게 되었다.

4 불교의 쇠퇴

순밀의 시대 또는 탄트라불교 시대의 불교도 생활문화의 실태는 상세히 알려져 있지 않다. 문헌은 거의가 교리 및 수도에 관련된 의례의 기술로서, 당시의 인도사회 안에서 불교도가 어떠한 생활을 하였는가를 보여 주는 자료는 매우 적기 때문이다.

그러나 적어도 불교도라는 카스트가 성립되었음을 나타내는 흔적은 전혀 없으며, 독립된 사회집단으로 존재하지는 않았다. 잡밀의 시대 이후, 현세이익적인 불교의례가 현저하게 발전되었음은 앞에서 살펴본 대로이지만, 이들은 모두 원망을 충족시키는 기원의례이다. 각 가정 안으로 편입되어 가정 제사(祭祀)로 정착된 사실은 없다. 통과의례도 없다. 밀교의 불교의례는 카스트에 관계없이 만인에게 개방되어 있었던 것으로 보인다. 이를 역으로 말하면, 공덕을 쌓는 것과 기원의례를 수행하는 것만의 종교가 되었던 것이다.

신도의 결속도 그리 강하였다고는 생각되지 않는다. 종종 불교와 대비되는 자이나교에서는 일반신도에 대한 교단의 통제력이 강하였으며, 일상생활에서도 불살생을 비롯한 12가지의 소서계(小誓戒)를 강요하고 있다. 12종의 통과의례도 일찍부터 힌두교로부터 도입하여 독자적인 것으로 발전시켰다. 자이나교도는 광범위한 힌두세계에서 독립성을 유지하는 사회집단으로 존속하였던 것이다. 불교에는 이러한 사실이 없다는 점에서, 불교는 카스트를 중심으로 하는 힌두세계 내에 토착하는 데 실패하였다고 할 수 있다.

그러나 승원은 12, 13세기까지 확실한 형태로 존속하였다. 서북인도의 비디야나에서도 그리고 북인도, 동인도에서도 오단타푸리, 날란다, 비크라마쉴라 등의 사원은 밀교의 본거지로서 번영하고 있었다. 왕가의 장원과 생활용구의 기진도 많았으며, 학문도 발전하였다. 특히 팔라왕조, 그리고 12세기 초에 이 왕조로부터 독립한 세나왕조는 동인도 불교교단의 보호에 큰 힘을 기울이고 있다.

밀교시대에 인도의 불교는 티베트와 깊은 관계를 맺었다. 7세기 전반에 군소부족을 병합한 손첸감포왕의 시대에 불교가 도입되었으며, 8세기 후반 티손데첸왕은 날란다에서 학승으로 유명한 샨타라크쉬타를, 그리고 그 후에는 서북인도의 비디야나에서 파드마삼바바를 초빙하였다. 특히 후자는 주술의 힘으로 티베트의 샤마니즘적 전통종교를 조복하였다고 한다. 그 후 양국 불교승의 교류는 빈번하였으며, 티베트어로의 역경사업도 점차 정비되어 갔다. 인도로부터 불교가 모습을 감춘 뒤에도 대승불교(밀교)를 계속 이어간 티베트불교의 기반은 이 시대에 확립되었던 것이다.

당시 인도의 대승불교는 거의 밀교화되었지만, 다른 계통의 불교도 존재하였다. 적어도 세일론에 정착한 상좌부 계통의 불교는 잔존하고 있었다. 예를 들어 세나왕조의 자야세나왕은 보드가야의 금강보좌(金剛寶座)에 한 마을을 기부하고 삼장에 통달한 세일론의 승 만가라스바민을 초빙하였다고 한다. 그들은 금강승(金剛乘)을 혐오하고, 13세기의 티베트승으로 당시 인도의 여행기를 남기고 있는 다르마스바민에게 반야경을 버릴 것을 강요하였다고 한다. 현대에도 발견되는 전통적 상좌부계의 불교와 얼마간 주술적인 기도가 표면적으로 나타나 있는 대승불교 사이의 상호 이해의 결여는 이미 여기에서부터 시작되지 않았나 사려된다.

8세기부터 토르코계의 이슬람 세력이 서북인도에 들어오기 시작하였다. 11세기에는 가즈니 왕조, 고르 왕조가 북인도에까지 진출하였다. 특히 술탄 마무드는 중인도를 16회에 걸쳐 침략・약탈을 하였다. 이슬람교는 비관용적인 종교로서, 우상을 혐오한다. 그들은 인도에 이르러서도 아프가니스탄, 간다라 등의 서북인도에서 불상의 얼굴을 깎고 머리를 부수는 일을 자행하였다. 북인도에서도 인도 각 종교의 사원·조각을 파괴하였다. 그리고 13세기 초(1200~1203) 바크티얄 할지왕은 벵갈 및 비하르지방의 밀교 중심지였던 사원들을 철저하게 파괴하였다. 불교를 외호하였던 세나 왕조가 붕괴된 것도 이때의 일이었다.

1234~1246년에 걸쳐 인도에 왔던 티베트의 순례승 츄 제 페(앞에서 언급하였던 다르마스바민)는 이슬람교도에 박해를 당하였던 비구들의 모습을 여러 가지로 묘사하고 있다. 보드가야에 있는 마하보디사(寺)에서는 대부분의 비구가 도피하고 마지막 남은 네 명의 비구가 불상을 모신 집의 입구를 기와로 막고, 절 입구의 문도 흙을 발라놓고 피난하였으며, 17일 후에 이슬람군이 가 버린 다음 돌아와 절을 정상상태로 회복시켰다고 한다.

이슬람교도의 침입이 북인도에서 불교가 쇠퇴하게 되는 데에 큰 원인이 되었음은 의심의 여지가 없다. 사원이 파괴되고 승려는 살해되었으며, 혹은 네팔, 티베트 등지로 피난하지 않을 수 없었다. 불교를 외호하였던 왕가 또는 자산가가 몰락하였던 점도 간과될 수 없는 요인이다.

그러나 이슬람교도의 박해에 의해 인도의 불교가 소멸되었다고 보는 것은 잘못이다. 남인도에서는 바크티신앙을 중심으로 하는 힌두교가 우세하게 됨에 따라, 불교가 점차 그 힘을 잃게 되었음에 대해서는 이미 살펴보았다. 한편 북인도에서도 그 후 미세하나마 불교는 존속하였다. 예를 들어 보드가야에서는 13세기 중엽에 벵갈의 차그라라자왕의 부인이 마하보디사(寺)를 중창하였다. 그리고 현재의 앗삼주에서 방글라데시에 이르는 지역, 특히 이 지역의 산간부족 사이에 밀교계의 불교가 존속하였으며, 이것은 현대 인도의 벵갈불교도로 연결되고 있다. 불교 쇠퇴의 상황은 인도 각 지방에서 동일하지는 않지만, 문화사적으로 보아 내적 요인에 의한 점이 컸던 것으로 간주된다. 불교의 본질인 열반이 힌두교의 그것과 유사하게 됨으로써 불교로서의 존재 이유를 상실케 되었던 것이다. 학문 연구는 계속되었으나, 일반 불교도의 생활과는 관계없는 것이었다. 수행도 실천되기는 하였으나, 순수한 신앙을 지탱할 교단의 기반은 전과 같지 않았다. 일반 재가의 생활문화 중에도 불교가 정착될 수 없었다. 굽타왕조 이후 힌두교의 신들과 예배의례를 수용한 것이 한편으로는 불교의 토착화로도 간주되나, 실제로는 불교의 힌두교의 접근에 지나지 않았다. 불교는 점차 힌두 세계로 흡수됨으로써 자취를 감추게 되었던 것이다.

제8장 현대인도의 불교

1 벵갈지방의 불교

아라칸 불교도

현재의 인도령 서벵갈주와 방글라데시를 합한 지방을 역사적으로 벵갈이라고 한다. 방글라데시는 1947년에 인도와 파키스탄이 분리·독립될 때에는 동파키스탄으로 불렸으나, 1971년에 따로 독립하였다. 파키스탄이든 방글라데시이든 현재의 국경은 정치적인 것이지 문화적으로는 전혀 의미를 갖지 않는다. 이 지방의 사람들은 모두 벵갈어를 사용한다. 물론 방언의 차이는 있지만, 동일한 언어로서 풍부한 문학을 공유하고 있다. 의복, 음식물, 사회습관 등의 생활문화도 등질의 벵갈문화이다. 나라를 나누어야 할 특별한 필요성은 없었다. 당시의 복잡한 정치상황이 이슬람교도 또는 힌두교도가 비교적 많이 거주한다는 이유만으로 벵갈의 동서지방을 파키스탄·인도라는 별개의 국가로 분리시켰던 것이다. 국경선을 그은 것은 편의적인 것으로 정치가 단일한 문화를 무리하게 분리시킨 예이다.

이 벵갈 지방은 팔라왕조시대에는 밀교의 본고장으로 크게 번영하였다. 10~12세기에는 원시벵갈어라고 할 수 있는 아바핫타 avahahṭṭa어로 사하자승(乘)의 여러 작품이 씌어졌다.《차리야기티 Caryā-gīti》《다카르나바 Ḍākārṇava》《도하코샤 Dohākośa》 등이 그것이다. 불교가 불교로서의 형태를 거의 상실하고 힌두세계에 흡수된 다음에도 벵갈지방에서는 후기 밀교의 영향이 힌두교의 밀의적 종교에 잔존하였음이 알려져 있다. 동시에 그 역사는 자세히 알 수는 없지만, '불교도'의 전승이 현재 방글라데시 동남방 치타공 구릉지대에 거주하는 차크

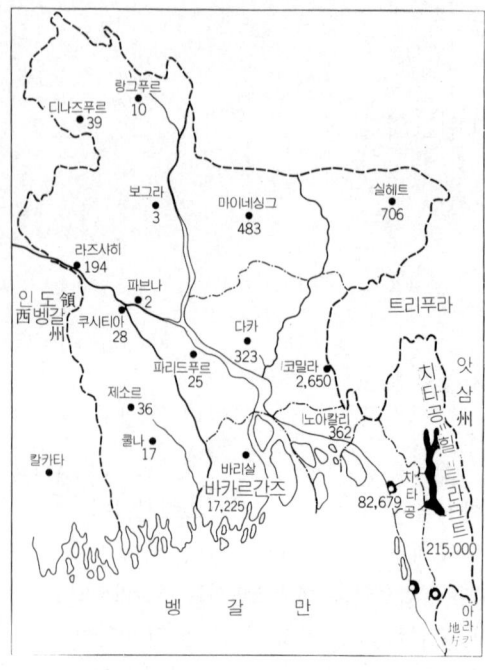

방글라데시 불교도 분포도(숫자는 불교도의 수)

마족과 마르마족에 의해 지금도 전해지고 있다. 차크마족은 1951년 국세조사에 의하면 124,762인의 인구 중 대부분인 124,490인이 불교도라고 한다. 특수한 벵갈어 방언을 사용하지만, 정통 벵갈어와는 상당히 다르므로 거의 다른 언어라고 하는 편이 좋다. 그들은 주로 치타공 구릉지대 중앙부의 가장자리에 거주한다.

마르마족은 더욱 남쪽의 버마에 접하는 아라칸 지방과 관련이 있다고 하며, 버마어인 아라칸 방언을 모어로 한다. 그러나 현재는 벵갈어로 바뀌었으며, 1951년의 국세조사에서는 65,889인의 인구 가운데 64,751인이 불교도로 나타났다. 즉 차크마족, 마르마족의 대부분이 불교도로 나타났다. 마르마족은 치타공 구릉지대의 남방에 거주하지만, 닷카 남방의 벵갈만에 면한 바카르간슈 지방 등에도 산재해 있다. 그들은 역사적으로는 버마인과 관계가 깊어, 17~18세기에는 벵갈만에 면한 간지스 델타 지대를 근거로 하여 용맹을 떨친 해적이기도 하였다.

그 외에 치타공 구릉지대에는 무로족, 탄촌갸족, 루사이족, 카얀족 등이 있으며, 각 부족에 따라 그 비율은 다르지만 그들 가운데 반수 또는 9할 이상이 불교도이다. 현재 이러한 여러 부족의 불교도를 총칭하여 아라칸 불교도라고 부르지만, 각 부족은 별개의 역사를 지니고 있다. 그들은 불교도로서 결코 동일한 집단을 이루고 있지는 않다. 그러나 비교적 등질의 불교신앙 형태를 지금도 갖고 있다. 그들은 모두 24만 4천 명 정도이며, 168개 사원이 있다고 한다(《파키스탄의 불교》 1963년 파키스탄 정부 간행).

그들이 불교도로서 어떠한 생활을 하였는가는 명확치 않다. 밀교적이면서 동시에 토착 민간신앙이 포함된 신앙을 가졌으며, 때로는 마을의 제사 등에서 동물의 희생을 바치는 일도 있었다고 한다. 그러나 19세기에 들어와 사라메다비구(1801~1882)가 교단을 개혁하였는데, 그는 아라칸인으로 벵갈인 비구와 접촉을 가지며 교단의 양식을 올바르게 하였으며, 후대에는 상가라자(상가의 왕)로 불리게 되었다. 따라서 그의 파는 상가라자파 (Saṅgharāja-Nikāya)로 불린다. 차크마족의 비구를 비롯하여 아라칸 불교도의 대부분이 여기에 속한다.

현대의 그들의 불교는 지역적, 역사적 관계가 깊은 버마불교의 영향을 깊이 받고 있어, 이른바 남방불교와 공통적인 모습을 지니고 있다. 비구는 3의(衣)를 걸치고, 1일 2식을 한다. 술은 마시지 않으나 담배는 특별히 금지되어 있지 않다. 재가신자를 위한 통과의례는 비구가 수행하며, 공덕을 쌓는다는 관념이 매우 강하다. 그리고 일반의 재가신자는 애니미즘적인 농경의례, 기원의례 등도 수행한다.

벵갈 불교도

아라칸 불교도와 밀접히 관련되어 있으면서도 별개의 집단을 이루며 주로 치타공 지방에 거주하는 벵갈 불교도가 있다. 1961년의 조사에 의하면, 약 7만 2천 명에 이르며(《파키스탄의 불교》 1963년), 벵갈어를 모어로 하고 문화적으로는 일반적인 벵갈인과 다른 점이 없다. 그러나 그들의 언어는 동벵갈 방언이다.

어떤 전승에 따르면 그들은 일찍이 박해를 피하여 마가다로부터 아라칸 지방의 아캅으로 왔다고 한다. 아마도 이것은 이슬람교도에 쫓겨 불교도가 이 지방으로 피해왔던 기억이 반영되어 있는 것으로도 생각된다. 그러나 실제로는 벵갈 불교도가 마가다에서 쫓겨온 사람들의 직접적인 후예라는 확증은 없다. 그들은 일찍이 대승불교의 신앙을 가졌던 사람들로 보인다. 옛부터 현대에 이르는 사원 중에는 원래 대승불교의 사원이었던 흔적을 보이는 것도 있으며, 또 그 밖의 이유에서 대개 16세기 경에 대승불교로부터 남방상좌부의 불교로 개종하였던 것으로 추정된다.

그들 대부분은 성이 바루아 Barua이다. 따라서 바루아 불교도로 불리는 경우도 있다. 그러나 그 외에도 소수이지만 무투숫딘, 타라크다르 및 초우두리의 성을 가진 불교도도 있다. 그들은 이미 19세기에는 서벵갈 지방, 특히 칼카타시로 진출·정착하기 시작하였다. 현재도 인도령 벵갈에는 약 20여 개의 사원이 산재해 있으며, 벵갈 불교도의 생활의 중심이 되고 있다.

차크마 불교도가 거의 상가라자파에 속하는 것에 대해, 벵갈 불교도는 마하테라파(Mahāthera-Nikāya)에 속한다. 그러나 이 두 파는 합동으로 카티나의식(衣式) 등을 행할 정도로 큰 차이는 없다.

상가라자파와 마하테라파는 각각 별개의 불교회를 구성하고 있다. 후자의 인도령 서벵갈 근거지는 캘커타에 있는 '벵갈불교협회'이다. 벵갈 불교도의 대부분의 사람들은 농민으로서 결코 부유한 계층이 아니다. 그러나 사원을 중심으로 동남아시아 여러 나라의 남방불교와 유사한 형태의 생활을 하고 있다. 가정에는 불단 및 책상 위에 불상·불화를 두고 매일 아침 불을 밝히고 예배한다. 4제·8정도가 생활의 이념으로 간주된다. 공덕을 쌓아 사후의 생천(生天)을 원하는 관념이 강하며, 그러기 위해서도 비구의 존재가 필요하다. 불교적 통과의례도 확립되어 있다.

캘커타 교외에는 벵갈 불교도의 한 마을이 있다. 저자가 이곳을 방문하였을 때, 마을 사람들은 불교적 생활을 어떻게 하여야 하는가에 대해 누누이 이야기하였다. 생활의 중심에 사원이 없어서는 안 되며, 비구도 설법자로서 그리고 의례집행자로서 필요하다고 하였다. 사실 나는 많은 마을 사람들이 모여 예배하는 모습을 보았다.

그러나 기근이나 자녀의 병 등과 같이 '인생의 위기'에 처했을 때에는 어느 정도 주술적인 기도, 기원의례를 행하지 않아도 좋은가라고 내가 질문하자, 마을의 장로 가운데 한 사람이 다음과 같이 대답하였다. "우리 불교도는 본래 그러한 미신과 같은 일을 해서는 안 된다. 그러나 실제로는 없어서는 곤란하다. 그러므로 그럴 때, 우리는 대승불교로서 행한다."

여기에는 인도뿐만 아니라 동남아시아의 남방불교도계 모두에 공통된 중국·한국·일본의 대승불교에 대한 인식이 있다. 즉 대승불교의 고차적인 종교성은 전혀 알려져 있지 않고, 다만 표면적인 비구의 생활형태와 현세이익적인 의례 현상만 보고 대승불교는 주술적인 기원의례——이를 남방불교도들은 항상 '미신'이라고 단언한다——로 타락된 종교라고 생각한다. 그러나 남방불교도가 현세이익적인 의례를 행하지 않는가 하면 그렇지도 않다. 그들은 '불교가 아니다'라고 막연히 이해하고 있는 차원에서 행하고 있는 점에 대해서는 앞에서 이미 살펴 보았다. 벵갈 불교도도 이러한 의미에서 남방불교도에 보편적인 '불교' 이해에 따르고 있다. 그들이 현세이익적인 의례를 대승불교에서 행한다는 것은 그들이 과거에 신봉하였고 현세이익적인

벵갈 불교도 사원의 내부

의례를 '불교' 안에서 행하였던 대승불교의 기억이 남아 있는 데서 기인하는 것인지도 모른다.

2 신불교

암베드카르박사와 신불교

신불교도를 탄생시킨 B. R. 암베드카르는 1891년 4월 14일, 중인도 무호(현재의 마디야 프라데시주)의 마하르 집안에서 태어났다.

마하르 mahār는 현재의 마하라슈트라주를 중심으로 하는 지방 최대의 불가촉민 untouchable 카스트로서, 400만 이상의 사람들이 이에 속하며 이 주 총인구의 약 9%를 차지하고 있다. 힌두교의 신들을 신앙하고 통과의례를 행하는 힌두교도이기는 하지만, 죽은 소의 운반·처리가 업무의 하나이기 때문에 불가촉민으로 구분된다. 마을 밖의 특별한 거주구역에 살며, 종교의례는 자신들 가운데에서 사제를 선출하여 행한다. 동일한 힌두교도이면서 상위의 카스트 힌두로부터 차별을 받으며, 힌두사원에 들어가는 것과 공공의 우물을 사용하는 일이 허용되지 않는다. 기본적인 일은 마을 안의 갖가지 잡일이지만, 일찍부터 영

국군의 병사로 근무하는 자가 많았다. 암베드카르의 부친도 오랫동안 군대에 복무하면서 준장까지 승진하였다. 후에는 군대 관계의 학교의 교장으로 14년을 보냈으며, 불가촉민이기는 하였지만 비교적 계몽되어 있었고 경제적으로도 혜택을 받은 집안이었다.

암베드카르는 유년시대에는 아버지를 따라 마하라슈트라 지방 각지를 전전하였으며, 국민학교는 다보리에서 중학교는 사라타에서 그리고 고등학교는 봄베이에서 마쳤다.

그의 생애는 불가촉민으로서 차별대우와 압박의 고통, 그리고 이에 대한 반발의 일생이었다고 할 수 있다. 그의 카스트제도에 대한 의문, 카스트 힌두에 대한 증오는 소년시대에 경험한 수많은 박해에 의해 고조되었던 것으로 보인다. 가난하면서도 즐겁게 소가 끄는 수레를 탔으나 그가 불가촉민임을 알고는 마부에게 욕을 들으며 쫓겨난 일, 어느 집에서는 이발하는 것이 거부되고 소의 털을 깎는 것이 나을 것이라는 말을 듣는 모욕을 당한 일도 있었다. 중학교에 들어와서도 어느 교사는 그의 공책을 살펴주지도 않고, 교실에서 책을 읽게 하지도 질문에 대답하지도 못하게 하였다. 그가 입을 벌리면 교실의 공기가 오염된다는 것이 그 교사의 생각이었다. 목이 마르면 그는 하늘을 향해 입을 벌리고 급우 가운데 누군가가 물을 부어주기를 기다렸던 경험도 있다. 그러나 상위 카스트 가운데도 이해하는 사람이 있어, 어떤 바라문 교사는 그를 사랑하여 식사 및 그 밖의 것을 주기도 하였다.

고등학교를 마치고 그는 특별히 바로다의 번왕(藩王)으로부터 장학금을 받아 봄베이의 엘핀스톤 대학에 진학하여 1912년 21세에 졸업, 문학사의 칭호를 얻었다. 다음 해인 1913년 불가촉민으로서는 극히 예외적인 일로서 외국유학의 기회를 얻었다. 바로다왕의 돌봄이 있어 귀국 후 바로다왕국을 위해 10년간 복무할 것을 조건으로 장학금을 얻었던 것이다. 그 후 26세에 이르기까지 그는 미국의 콜롬비아대학 및 영국의 런던경제정치과학연구소에서 공부를 계속하였으며, 콜롬비아로부터는 경제학 관계의 논문으로 박사학위를 수여받았다. 해외에서의 생활은 자국 인도를 그리고 카스트제도를 객관적으로 살펴볼 폭넓은 시야를 제공해 주었다.

귀국 후 곧 협약에 따라 바로다의 관공서에 근무하였으나, 여기에서도 불가촉민이라는 점으로 말미암아 멸시를 받았다. 동료로부터는 나병환자라는 뒷공론으로 경원시되었으며, 하급직에 있는 사람도 그에게 서류를 손으로 건네 주지 않고 던졌다. 더이상 견딜 수 없어 그는 봄베이로 가, 27세에 시드남대학에서 경제학을 강의하게 되었다. 여기서도 동료의 혐오를 받았으나, 해박한 지식과 넓은 시야 그리고 진지한 교수활동은 학생들의 마음을 끌었다. 그러나 1920년 29세 때에는 다시 이곳을 떠나 자금을 변통하여 다시 영국으로 건너가, 32세에 이르기까지 전에 남겨 두었던 연구를 계속하여 변호사 자격을 얻었다.

이즈음 불가촉민 해방운동은 점차 구체적인 진전을 보이게 되었다. 주로 상위 카스트에 속하는 사회활동가와 종교가들에 의해 많은 집회가 빈번히 개최되었으며, 1906년에는 최초로 전인도적인 활동으로서 인도피압박자동맹이 결성되었다. 1918년 3월에 봄베이에서 개최된 전인도 피압박자계급 집회에서는 유명한 틸락, D. 타고르 등도 참가하였다. 그리고 1923년 골랍이라는 사람이 봄베이주의 입법회의에 최초로 불가촉민의 대표로 지명을 받았으며, 같은 해 6월 입법회의는 '정부와 공공기금으로 만들어진 공공용의 저수지·우물, 또는 공립학교·관공서 등에 있는 급수장은 불가촉민에게도 개방되어야 한다'라는 내용의 의안이 채용되었다. 이것은 당시로서는 혁신적이라고까지 할 수 있는 결단이었다.

암베드카르가 두 번째의 영국유학에서 돌아온 것은 이러한 의안이 채용된 2개월 후였다. 그는 변호사업을 개업하는 한편, 적극적으로 불가촉민의 향상운동에 나서기 시작하였다. 1924년 7월, 그는 소외자구제협회를 설립하여 불가촉민에 의한 불가촉민의 지위향상을 위해 노력하였다. 종래에도 유사한 운동·조직이 있었음에도 그가 자신의 조직을 만든 것은 종래의 운동 또는 조직이 힌두사회의 '개선'을 목표로 하였음에 대해, 그는 '재편성'——구체적으로는 카스트제도의 폐지를 강하게 주장하였기 때문이다. 그의 뜻을 기초로 하여 수많은 집회, 시위 또는 불가촉민에게는 들어가는 것이 허용되지 않는 힌두사원의 문앞에 연좌하거나 들어가고자 시도하는 일 등을 지도·실행하였다. 1927년 그는 봄베이주 입법회의의 대표로 지명되지만, 동시에 마하드에 있는 공공 저수지의 사용을 위하여 1만 명의 불가촉민을 동원하여 시위를 하였다. 이 저수지는 모슬렘, 기독교도는 사용할 수 있었으나 불가촉민만 그 권리가 박탈되어 있었다. 그러나 카스트 힌두 측의 부정관(不淨觀)은 강하여 온갖 수단·방법을 동원하여 이에 대응하였으므로 소기의 성과를 거둘 수는 없었다.

마하드사건을 위시한 여러 가지 활동도 카스트 힌두들의 저항에 부딪쳐, 암베드카르의 마음에는 점차 힌두의 영역 안에 머무르면서 불가촉민의 지위향상을 한다는 데에 의문을 품기 시작하였던 것으로 보인다. 힌두를 버리고 그들을 인간으로 취급하는 다른 종교로 개종한 뒤에 사회적 지위와 경제력의 강화를 기해야 할 것으로 생각하게 되었다. 그 표현으로 그는 이슬람교로 개종하기를 몇몇 불가촉민에게 권장하였다. 그래서 그가 40세가 되는 해인 1931년 8월 14일, 처음으로 간디와 회견하였지만 양자의 의견이 합치되지 않았던 것은 오히려 당연한 일이기도 하였다. 간디는 시종 힌두의 단결을 주장하고, 그 위에 불가촉민의 향상을 생각하였다. 그러나 암베드카르는 힌두사회에 머무르는 한 불가촉민의 향상은 있을 수 없다고 단정하고, 마치 시크교도나 모슬렘과 같이 힌두와는 별개의 독립된 코뮤니티를 만들어야 한다고 생각하였다. 그는 간디에게 간디와 같은 사람들이 행하는 향상운동은 힌두에게는 이익이 되지만 우리에게는 그렇지 않다, 우리는 힌두이면서도 그 이익을 나누어 받지 못한다, 힌두인 한, 우리에겐 고국은 없다고 공언하였다.

이러한 생각은 1930년대 전반에 한층 강하게 되었다. 1935년 10월, 에오라에서 열린 불가촉민의 집회에서 그는 '과거 10년의 정치적, 사회적 상황과 장래의 전망'을 1만 명의 청중 앞에서 연설하였다. 그 중에서 그는 "이제까지 수행된 수많은 집회, 시위 등에 많은 노력과 희생을 하였지만, 그 하나하나는 무익한 것이었다. 이제는 최후의 결단을 내려야 할 때이다. 우리는 힌두사회에 속해 있기 때문에 차별대우를 받고 인간의 권리가 박탈되어 있다. 평등의 권리와 인간으로서의 취급을 받을 수 있는 다른 종교를 갖자. 힌두와 손을 끊자. 나는 힌두로서 살아왔지만 힌두로서 죽지는 않을 것이다"라고 선언하였다. 그리고 계속하여 모든 저항운동의 중지를 명령하였다.

이 성명에 대한 반향은 매우 컸다. 모슬렘과 시크교도 그리고 기독교의 대표자로부터는 환영의 전보를 받았다. 바라나시에 있는 대보리회(大菩提會)도 전보를 보내고 타임지에 성명을 발표하여 '불교도 사이에는 사회적 불평등은 없다. 우리는 모두 개종자에게 평등한 자격을 부여하고, 기쁜 마음으로 사회활동가를 파견할 용의가 있다(1935년 10월 18일호)'는 사실을 지적하였다. 그러나 한편으로는 간디를 비롯한 힌두교도는 종교는 자유로이 바뀌는 물건이 아니라고 힐난을 하였으며, 불가촉민의 지도자 중의 한 명이었던 데오르카르까지도 어떠한 종교에도 다소의 불가촉성이 존재할 뿐만 아니라 실생활면에서의 향상이 선결과제라고 하여 개종에 의문을 제기하였다.

이즈음 암베드카르는 개종의 대상으로 시크교를 생각하였던 것으로 보인다. 그 이유 가운데 하나는 이것이 '인도의 종교'라는 점이었다. 이슬람교 기독교는 외래의 종교이며, 특히 후자로 개종하면 영국의 힘을 강화시키게 될 것으로 생각하였다. 그는 독립운동에 직접 참가하지는 않았지만, 인도문화의 전통은 존중하였다. 이러한 점에서 시크교는 독자적인 사회를 구성하고 있으며, 동시에 인도문화의 흐름 속에 있는 것으로 그의 뜻에 부합되었다.

그러나 이때에는 개종이 이루어지지 않는 등, 구체적인 진전은 없었다. 물론 암베드카르의 활동은 공무의 면에서 점차 비중이 높아져 1942~1946년에는 중앙 행정회의의 노동장관, 1947~1951년에는 독립인도 중앙정부의 초대 법무장관으로서 바쁜 생활을 하였다. 그러나 그간에도 개종의 결의는 변하지 않았다. 그리하여 1950년(59세)에 이르는 과정에는 언제부터인가 시크교가 아니라 불교로 기울어지기 시작하였다. 같은 해의《마하보디》(대보리회의 월간지) 5월호에는 다음과 같은 글을 기고하고 있다. '사회에서 중시되어야 할 것은 법률과 윤리이다. 그런데 후자의 기반인 종교는 합리적 · 과학적이지 않으면 안 된다. 또한 자유, 평등, 박애를 기초로 하지 않으면 안 된다. 불교는 이러한 요구에 충족된다. 그러나 현대의 비구는 교양이 부족하고 봉사에도 철저하지 않음을 스스로 깨달아야 한다.' 그리고 불교도의 바이블에 해당되는 것을 만들 때라고 하면서, 그 가운데 붓다의 전기, 법구경 및 붓다의 대화를 기록한 경전, 탄생 · 결혼 · 장례식 등에 관한 불교도의 의례방법이 포함되어야 한다고 하였다. 그리고 5월 5일, 뉴델리에서 있었던 불탄기념제의 석상에서 그는 인간 붓다를 선양하였다. "크리슈나는 신중의 신이라고 한다. 예수는 신의 아들이며, 모하메드는 신의 마지막 사자라고 한다. 붓다만이 인간으로 머물러 있다." 아직 개종에 대해서는 언급하고 있지 않지만, 그가 불교로 기울어져 있음을 이때에 처음으로 명언하였다. 같은 해 9월 29일 그는 봄베이에 있는 일본계의 한 사원에서 강연을 하면서,

불교가 인도 땅에서 태어나고 성장하였음을 강조하였다.

후에 암베드카르는 건강의 악화로 공직에서 은퇴하였다. 그리고 1953년 2월 15일, 봄베이 일인(日印)문화협회의 리셉션장에서 그는 자신의 뜻이 결정되었음을 술회하고 있다. "장래 세계는 불교와 맑시즘 가운데 어느 하나를 선택하지 않으면 안 될 것이다. 이제 동양은 서양보다 중요하게 되고 있다. 만약 불교가 선택되지 않는다면, 서양의 투쟁 역사는 동양에서 반복될 것이다."

다음 해인 1954년에도 그는 라디오·집회 등 기회가 있을 때마다 불교를 찬양하였으며, 랭군에서 개최된 제3회 세계불교도회의에도 출석하였다. 이때부터 암베드카르는 불가촉민도 알기 쉬운 불교 입문서를 쓰기 시작하여, 1955년 이 저작이 종료되었을 때 개종할 것을 선언하였다.

이 책이 최종적으로 완성된 것은 1956년 가을이며, 다음 해인 1957년에는 《붓다와 그의 다르마》라는 이름으로 간행되었다. 그런데 그 전에 개종식이 1956년 10월 14일 오전 나그푸르에서 거행될 것이 결정·발표되었다. 일주일 전부터 무수한 마하르 카스트에 속하는 사람들이 나그푸르에 오기 시작하여 식이 거행되는 당일에는 30만 명의 남녀가 운집하였다고 한다. 개종식은 인도에서 가장 장로인 찬드라마니비구가 식사(式師)가 되고, 대보리회의 바리싱하사(師)도 출석하였다. 그는 "나는 옛종교와 불평등한 사회를 버리고 새롭게 태어났다. 이제는 힌두의 어떠한 신도 믿지 않으며, 권화도 믿지 않는다. 조령제(祖靈祭)도 거행하지 않을 것이다. 나는 차후로 팔정도에 따를 것이다"라고 선언하였다. 그리고 그가 "나와 함께 불교도가 되고자 하는 사람은 일어서라"고 외치자 그곳에 출석하였던 사람들 전원이 일어섰다. 버마수상을 비롯한 세계의 저명인사로부터 축전이 답지하였으며, 다음 날의 집회에서도 수많은 불가촉민이 개종하여 이 기회에 불교도가 된 사람은 50만 명이 넘는다. '신불교도(Neo-buddhist)'가 탄생된 것이다.

암베드카르는 그 후 미처 3개월이 지나지 않은 12월 6일 세상을 떴다. 향년 65세였다. 그러나 불가촉민의 개종은 그 후에도 계속되었다. 제1장 1에서 살펴본 바와 같이, 1951년의 국세조사에서는 인도 총인구 3억 6천만 명 가운데 불교도는 18만 명, 0.05%이었다. 이것이 신불교도의 탄생으로부터 5년이 지난 1961년에는 4억 4천만 명 가운데 불교도는 326만 명, 0.74%가 되었다. 인구의 증가에 비하여 다른 종교인구의 절대수도 증가하고 있지만, 백분비는 이슬람교도를 예외로 하면 특히 큰 변화는 없다. 이에 대해 불교의 백분비가 급증하고 있는 것은 신불교도의 탄생에 따른 것이다.

신불교도의 생활

암베드카르의 개종에 관해 흥미있는 이야기가 있다. 개종식 전날 신문기자단(모두 힌두교도이다)으로부터 왜 불교도가 되려는가라는 질문을 받고 그는 화난 얼굴로 다음과 같이 대답하였다. "왜 그런 질문을 여러분 자신에 그리고 여러분의 선조에게 묻지 않는가?" 그의 경력과 활동에 의해서도 충분히 알 수 있는 바와 같이, 특히 이 발언은 그의 개종의 원인이 불가촉민에 대한 불평등한 사회구조에 있음을 나타낸다. 그는 불가촉민의 불가촉성을 제거하기 위하여 그리고 사회적, 경제적 향상을 위하여 노력하였다. 그러나 아무런 효과도 없이 고뇌하고 피로에 지쳤다. 그래서 말하자면 피난한 곳이 불교였다. 그는 인도의 문화적 전통을 계승하면서도 인간의 평등과 존엄을 가르치는 종교를 찾았다. 불교가 바로 이러한 전통에 합치되는 것이었다. 그러나 석존 붓다의 가르침이라고 하는 것 모두를 그대로 받아들여서는 안 된다. 어디까지나 자신의 주장에 합치되고 불가촉민에게 자각과 기운을 불러일으킬 수 있는 교의를 구하였으며, 이에 맞지 않는 교의에는 의문을 제기하였다. 즉 신앙이 먼저 있고 이를 바탕으로 사회를 비판한 것이 아니라, 자신이 이상으로 삼는 사회의 건설을 성취시키는 수단으로 불교를 받아들였던 것이다. 따라서 강렬한 인격적 매력을 갖고 그를 불교로 이끈 스승이 있는 것이 아니다. 또한 그로서도 자신의 삶의 문제로 고뇌함으로써 정신적 안심을 구하여 불교신앙을 갖게 된 것이 아니다. 암베드카르의 개종은 종교적 심정이라기보다는 완전히 사회적 요인에 기인하는 것이었다.

암베드카르가 주장한 '불교'사상은 매우 개성있는 것이다. 신불교도의 바이블이라고 하는 《붓다와 그의 다르마》에는 그가 특히 검토한 네 가지 문제가 거론되고 있다. 우선 붓다가 노인, 병자, 사자 그리고 사문을 보고 출가하였다는 사문출유(四門出遊)의 전설은 믿기 어렵다고 한다. 당시의 샤캬족은 인접한 코리야족과 로히니강의 물을 갖고 분쟁을 하였는데, 전쟁을 벌여야 할 것인가 그렇지 않은가에 대해서는 의견이 나뉘어 있었다. 결국 비전론을 주장한 석존이 패하여 출가하지 않을 수 없었다는 기묘한 설을 전개하고 있다. 사문출유의 고사가 역사적 사실이 아니라 후대의 전승이라는 것은 지금은 상식으로 되어 있다. 그가 이러한 점을 알고 있었는지 그렇지 않았는지는 확실치 않지만,

신불교도 사원 내부 나그푸르. 불상의 좌우로 암베드카르와 불타의 모습이 같은 크기의 그림으로 걸려 있어, 동등하게 예배되고 있음을 암시하고 있다. 그 분위기는 '암베드카르의 불교'라고도 할 수 있을 것이다.

그는 이를 역사적 사실로 보고 이를 부정함으로써 석존출가의 원인을 사회적, 정치적 요인에서 구하였던 것이다. 이러한 설의 시비는 차치하고, 암베드카르는 석존 및 불교사상의 기본적 요소인 삶의 고통에 대한 인식을 중요하게 여기지 않는다.

두 번째의 문제도 이와 관련되어 있다. 그는 '인생에 고통이 있다고 하는 테마는 비관주의적 색채가 있으며, 불교의 매력을 상실케 하는 것이다. 그러나 실제로 불교는 비관주의가 아니라 사제설(四諦說)에서 보듯이 고통의 제거를 바라는 것으로 인생의 희망을 지적하고 있는 것'이라고 한다. 불교가 비관주의가 아니라고 하는 것은 참으로 그러하나, 삶의 고통이 불교신앙의 출발점에 있는 필수적인 사실인식이라는 점에 대해서는 생각이 미치고 있지 못하다. 사제설(苦·集·滅·道)은 불교의 진리로서 그도 이것을 무시할 수는 없었을 것이나, 이곳에서는 인생의 고통이 이야기되고 있다. 비관주의적이기 때문에 부당하다고 하면서도 역점은 인생의 희망을 설하는 곳에 있다고 하여, 그는 사회를 개혁하고자 하는 의욕을 꺾는다고 그가 생각한 부분을 배척하고 있다.

그러므로 열반도 (교리서가 설명하는 바의) 감정이 소멸된 죽음과 같은 상황은 반열반(般涅槃, 완전한 열반)으로서, 단순한 열반은 생생한 삶의 가운데에 있다고 한다. 그리고 번뇌를 억제한 8정도의 생활이 바로 그러한 것이라고 한다. 생

활실천의 과정을 열반으로 파악하는 것은 이미 명확히 제시된 사상이었으나, 그는 그러한 사상의 반전을 알지 못하고 있다. 어디까지나 자신의 입장에서 열반의 해석을 불교 교리로 제시하고 있다.

　세 번째로 암베드카르는 영혼이 생전의 업을 짊어지고 윤회·전생한다는 것은 바라문의 교리가 불교에 혼입된 것이라고 한다. 이는 물리적인 의미에서의 윤회가 불교 본래의 것이 아니라고 하는 점에서는 옳은 견해이다. 그러나 그는 이것을 '합리적이지 않다'는 이유로 간단히 배척하고 있다. 동시에 그는 석존이 윤회를 인정하는 것을 옹호하고, 나름대로의 합리적인 해석을 제시하고 있다. 즉 사람이 죽으면 신체의 요소인 땅·물·불·바람의 4원소와 에너지는 공중에 있는 각각의 4원소와 우주적 에너지로 돌아가고, 그리고 나서 새로운 4원소가 결합되고 새로운 에너지가 생겨 윤회를 한다고 한다. 현세의 상황이 전생의 업의 결과라고 하는 것은 빈곤과 차별받는 계급이 엄존하는 사회현상의 책임을 이러한 상황 속에서 고통을 받는 사람들에게 전가하는 것으로서, 이는 명백히 그릇된 일이다. '선인선과 악인악과(善因善果, 惡因惡果)'는 어디까지나 이 현세에서만 적용되어야 한다. 그리고 이것이 도덕적 질서의 성립근거가 되는 사상이다. 여기에서 암베드카르는 속신(俗信)으로서의 물리적 업론을 배척하고 있지만, 동시에 종교적인 업의 수용방법(제3장 2 참조)도 무시하고 있다. 윤회에 대해서도 그 나름대로의 '합리적 해석'을 창출하고 있다.

　넷째로 암베드카르는 비구가 자신의 이상만을 추구하는 것은 이기주의이며 불교의 선포가 아니라고 한다. 비구는 인간에 봉사하고 사회 안에서 활동하여야 한다는 것이다. 이러한 생각은 개종 직후인 10월 30일에 대보리회의 바리싱하사(師)에게 보낸 편지에도 나타나 있다. "그렇게 많은 사람들이 나를 추종하여 개종하였다고는 생각하지 않습니다. 나는 부처님께 감사드립니다. 동시에 우리는 불법을 믿게 된 대중을 가르칠 방법을 생각하지 않으면 안 됩니다. 그러기 위해서는 교단은 새로운 자세를 확립할 필요가 있습니다. 불교의 비구는 은둔자가 아닙니다. 비구는 사회활동가이며 사회설법가이지 않으면 안 됩니다."

　암베드카르는 현대의 이성에 합치하지 않는 불교의 교리를 무시 또는 고쳐 해석하고 있다. 불가촉민의 사회적 향상에 부합되지 않는 부분은 개변되었던 것이다. 불교의 실존적 측면도 전혀 고려하지 않고 있다. 그는 어디까지나 불가촉민의 지도자로서 자신의 목적에 합치하는 불교를 주장하였던 것이다. 일반론으로서 불교가 그 시대에 생명력을 갖기 위해서는 그 시대에 부응하는 새로운 사상・행위규범을 만들어내지 않으면 안 된다. 그러나 그것이 유지되지 않으면 불교라고 할 수 없는 가장 본질적인 부분이 상실된다면, 불교라고 불릴지라도 그것은 참된 불교의 발전이라고는 할 수 없다. 그런데 암베드카르의 불교는 불교의 본질인 '실존적' 측면, 깨달음을 전혀 무시하고 있다. 교리・사상면에서도 암베드카르 독자의 해석이 강하여, 불교의 현대화라는 영역을 이탈한 점이 있음을 인정하지 않을 수 없다.

그러므로 당시부터 상당한 비판이 있었다. 그의 개종운동을 처음부터 격려・원조하였던 대보리회까지도 《마하보디》(1959년 12월호)에서 《붓다와 그의 다르마》라는 책은 《암베드카르와 그의 다르마》로 바뀌어 불려야 하며, 위험한 내용을 지닌 것이라고 할 정도였다.

인도불교의 미래

어쨌든 신불교도가 성립되고 정착되기 시작하였다. 암베드카르의 초상화는 붓다상과 나란히 게시되었으며, 《붓다와 그의 다르마》는 신불교도의 성전이 되었다. 내용의 문제를 떠나 사회현상의 측면에서 본다면 신불교는 인도에서의 불교의 부활이라고 할 수 있다.

그러나 많은 문제가 신불교도에 남아 있다. 예를 들면 그래도 암베드카르는 불교의 교리를 공부하고 공명하고 자신의 목적에 따라 교의를 정정하였으나, 신불교도 일반은 불교를 전혀 모르고 있다. 그들은 아버지로 의지하는 암베드카르의 인간적인 매력에 인도된 일종의 유토피아적 세계를 소원하는 불교도이다. 그리고 불교도가 되었다고 하여 그들의 불가촉성이 소멸되고 사회적 지위가 향상된 것이 아니다. 불가촉민의 불가촉성은 힌두사회의 뿌리깊은 관념이다. 동시에 그들의 실생활면에서의 빈곤과 불결한 환경이 이러한 관념을 뒷받침하고 있는 것도 사실이다. 실제로 불결하기 때문에 불가촉이라는 관념이 생겼는가 아니면 불가촉의 무리로서 소외되었기 때문에 빈곤과 불결한 생활이 따랐는가 하는 선후의 역사적 원인은 여기에서는 문제가 되지 않는다. 다만 그들의 장래에 관심을 둘 때 부정한 자라는 관념이 힌두(그리고 불가촉민 자신)로부터 소멸되고 실생활면에서의 개선이 없다면 불가촉성은 사라지지 않고 불가촉민의 향상은 없을 것이다. 그리고 이러한 의미에서의 향상이 없다면 그들이 신불교도가 된 목적은 실현되지 않고, 실망이 따를 것이다. 광범한 힌두세계로부터의 갖가지 저항을 감내하면서까지 계속 불교도로 남아 있을 필요도 없을 것이다.

예를 들면 독립 후의 인도에서는 '지정(指定)카스트'라는 제도가 생겼다. 그들을 위해 중앙과 주 의회 의석과 관청의 각 직종에 일정한 수의 자리가 제공되며, 교육면에서의 우대조치도 강구되고 있다. 헌법이 보증하는 국민의 평등과 차별없는 사회를 달성하기 위한 편의적인 제도인 것이다. 그러나 불가촉민이 신불교도가 되면, 힌두교도가 아니며 지정된 마하르 카스트가 아니라는 이유에서 이러한 우대조치는 적용되지 않는다. 다만 마하라슈트라주에서는 많은 청원의 결과 1961년 이후 '그 외의 후진적 계급'으로서 '지정카스트' 명단에 추가되었으며, 최근에는 중앙정부의 장학금이 이들에게도 주어져 위의 불편은 어느 정도 해소되고 있다.

또한 그들이 불교도가 되었으므로 예를 들어 죽은 소를 처리하는 등의 전통적 일을 거부함에 따라 경제적 손실도 적지 않게 되었다. 신불교도가 된 사람들은 마하르 카스트에 속하는 사람들뿐으로(전 마하르의 75%가 개종하였다), 다른 불가촉 카스트에 속하는 사람들은 개종하지 않고 있다. 물론 이 운동을 비판하며 힌두에 기생하는 집단도 있다. 신불교 운동은 암베드카르의 기대와는 달리 마하르 이외로 발전할 가능성이 아직은 없다.

그럼에도 불구하고 신불교도는 착실히 인도사회에 정착하고 있다. 남방불교계의 방식에 따라 통과의례가 정비되고 붓다상(그리고 암베드카르의 상)에 대한 예배의식도 확립되어 있다. 또한 8정도는 생활의 이념으로 수용되어 있다. 싯다르타 Siddhārtha 대학(봄베이), 밀린다 Millinda 대학(오란가바드), 암베드카르대학(나그푸르) 등의 신불교도의 대학도 설립되었으며, 아직 소수이기는 하지만 자신들 가운데에서 비구도 배출되고 있다. 신불교도는 여러 가지의 문제를 안고 있으면서도 불교도로서의 의식과 연대를 공고히 하고 있으며, 차후 이 그룹이 불교도의 명칭으로 계속될 것임에는 의심의 여지가 없다. 그러나 동시에(신)불교도는 불가촉민의 별명이 될 위험성도 없지 않다.

신불교도뿐만 아니라 아라칸족, 벵갈불교도를 포함하여 현대의 인도불교는 고대의 불교와 상당히 대조적이다. 고대인도의 불교는 비구와 신자, 외호자는 사회의 상층계급의 인물들이었다. 이에 반해 현대인도의 불교도는 대부분 혜택 받지 못한 상황 속에 있는 사람들이다. 일찍이 불교도는 제5장에서 살펴본 바와 같이, 특정한 카스트와는 관계가 없었다. 예전에는 자신이 속한 카스트의 성원이면서 석존의 가르침에 따라 올바른 생활을 하는 사람이 불교도였으나, 현대의 불교도는 특정한 카스트와 밀착되어 있다. '불교도'는 확실히 '힌두교도'가 아니지만, 힌두적인 카스트세계 속에 자신의 위치를 가지고 있다. 신불교도도 벵갈불교도도 독자적인 '불교적' 통과의례 및 예배의식을 지니고 있다. 이는 고대의 불교도가 통과의례 등의 일상생활 속의 제의례를 힌두적 방식에 따라 수행하였던 것과는 현저한 대조를 이루고 있다. 그리고 불교도로서의 생활방법은 카스트 룰에 필적할 정도의 구속력을 갖고 있는 경우도 적지 않다. 이러한 점에서 사회에 정착할 수 있는 힘은 현대인도의 불교가 고대의 불교보다 더욱 크다고 하겠다.

  고대인도의 불교는 카스트화되지 않았으므로 점차 모습을 감추었으나, 현대인도의 불교는 여러 가지 문제를 내포하고 있으면서도 카스트화된 종교로서 지속되어 갈 것이다. 새로운 시대에 태어난 새로운 신앙·사상은 당연히 새로운 형태를 취한다. 불교의 본질을 잃지 않고 창조력으로 충만한 인도불교의 발전을 기대한다.

인도불교사 연표

시 기	사 항
B. C.	
1500~	아리야인, 판잡지방으로 침입
1200~1000	《리그 베다》성립
1000~600	아리야인, 드아브지방으로 진출
	브라흐마나문헌 성립
	고(古)우파니샤드의 고대본 성립
	바라문계급 성립 : 사성(四姓)제도가 주장됨
	초기 힌두교 성립
	16대국(大國)(부족국가에서 전제국가로)
500년 경	도시생활의 정착
	육사외도(六師外道) 등 새로운 문화운동 전개
463년 경	고타마 붓다(~383?) 탄생(남전은 약 100년 이전)
	입멸후 불전의 제1결집(라자그리하에서)
444	마하비라, 자이나교를 대성
4C 전반	마하카탸야나, 푸루나 등의 활약에 의해 불교는 서인도에 정착
327~325	알렉산드로스대왕의 인도 원정
317	찬드라굽타 즉위, 마우리야왕조의 성립
3C 전반 ?	제2결집(바이샬리), 상좌부와 대중부의 분열
268년 경	아쇼카왕 즉위(~232년 경)
3C 후반	세일론의 데바남피야 팃사왕, 상좌부불교를 도입하여 마하비하라(大寺) 건설
244년 경	제3결집(?) (파탈리푸트라)
241년 이후	승가를 파괴함을 경계하는 아쇼카왕의 비문
180년 경	마우리야왕조 멸망. 푸샤미트라왕이 즉위하여 슝가왕조 건립
	이즈음 박트리아, 사카족 등이 인도 침입
161	세일론의 둣타가마니왕 즉위(~137), 아누라자푸라의 대탑 건립
2C 후반	박트리아의 메난드로스(밀린다)왕, 샤카라에 도읍
	체디왕조의 카라베라왕 즉위
2C~1C	산치, 바르후트의 탑 조성 및 불교미술의 융성
1C 초	서데칸의 석굴사원 조성 시작
90~80	사카족의 마우에스왕, 간다라 지방으로 침입
89	세일론의 밧타가마니 아바야왕 즉위(~77)
	무외산사(無畏山寺, abhayagiri-vihāra) 건립, 대사파(大寺派)와 무외산파 나뉨
	성전서사(書寫) 시작
68년 경	슝가왕조 멸망 : 칸바왕조의 흥기
30년 경	칸바왕조 멸망
	이즈음 남인도에 사타바하나왕조 융성

시 기	사 항
A. D.	
1세기 전반	쿠샤나족의 쿠줄라 카드피세스왕, 다른 월지족(月氏族)을 제압하고 간다라지방으로 침입
60~64년 경	쿠줄라 카드피세스왕, 서북인도 공략
78	비마 카드피세스왕, 인도의 쿠샤나지배를 확립
	사카력(曆) 시작
1C	1C초부터 대승불교운동이 점차 융성, 초기대승경전의 작성
1C말~2C초	간다라, 마투라에서 불상제작 시작
144(?)	카니쉬카왕 즉위(~166?)
	불교시인 아슈바고샤 활약
	유부(有部) 크게 번영, 카슈미르에서 제4결집이 행해져《대비바사론》(大毘婆沙論) 성립
2C 중엽	샤타바하나왕조의 본거지 안드라지방으로 옮김, 아마라바티의 불교미술 융성
3C 전반	쿠샤나왕조 쇠퇴
214	세일론의 보하리카 팃사왕 즉위(~236)
	대승 방광부(方廣部)의 유입, 상좌부와 병존
3C 전반	이크슈바쿠왕조의 흥기, 수도 나가르주나 콘다 불교 및 불교미술 융성
276	세일론의 마하세나왕 즉위(~303)
	세일론, 기타림사(祇陀林寺, Jetavana-vihāra)파 성립
303	세일론의 시리 메가반나왕 즉위(~331)
311	불치(佛齒)를 가져옴. 굽타왕의 원조를 받아 보디가야에 대보리사(大菩提, Mahābodhi 寺)를 건립하고 세일론 불교도의 편의를 도움
320	찬드라굽타왕이 즉위(~335년 경)하여 굽타왕조 성립
	세친(世親) 등 불교사상가 배출
335년 경	삼드라굽타왕 즉위(~376년 경)
376년 경	찬드라굽타 2세 즉위(~414년 경), 굽타왕조의 최성기
405~412	법현(法顯), 인도 및 세일론 체재
415	쿠마라굽타왕 즉위(~454년 경)
415~450	세일론에서 붓다고샤 활약, 불전의 주석을 작성
5C 초	자바, 계빈국의 비구 구나바르만(求那跋摩)이 쟈바(闍婆)국의 바다가왕(婆多伽王)에게 대승계의 불교를 전하였다고 함
5C	버마, 퓨족이 프롬에 슈리크세트라국을 세움.
	부파불교, 대승불교, 힌두교가 혼효된 종교가 신봉됨
5C 중엽	훈족(匈奴)의 북인도 침입 시작
477	세일론의 캇사파 1세 즉위(~495)
5C 말엽	훈족, 간다라의 쿠샤나왕조를 멸망시킴
500년 경	굽타왕조 쇠퇴
6C	몬인(人), (현재 타일랜드에 속하는) 나콘파톰에 드바라바

시 기	사 항
	티왕국을 세움.
	불교미술 번영
510	훈족의 왕, 미히라크라의 파불(破佛)
530	야쇼다르만왕, 미히라크라를 파괴
	서데칸에 찰키야왕조 흥기
606	하르샤(戒日)왕 즉위(~647)
609	찰키야왕조의 브라케신 2세 즉위(~642), 아잔타의 제1-2굴 벽화 완성
	남인도에 팔라바왕조 흥기
629~645	현장(玄奘)의 인도 유학
7C 경	《대일경(大日經)》성립, 밀교 번영케 됨
7C 말	수마트라, 슈리비자야왕국의 지배권 확립, 밀교계의 대승불교가 번영
8C 초	세일론, 바즈라보디(金剛智)가 밀교를 세일론에 전함
730	팔라왕조 흥기(~1197년 경)
750	쟈바, 샤이렌드라왕조 흥기(~820)
	보로부두르의 불교사원 건립, 밀교계의 불교
770	비크라마쉴라사(寺) 건립, 밀교의 중심지가 됨
9C 말	앙코르 톰 건설
1002	캄보디아의 수리야 바르만 1세 즉위(~1049), 불교를 외호
1005	수마트라, 슈리비자야왕국의 슈리 츄라마 바르마 데바 왕은 촐라국 라자라자왕의 허가를 받아 나가파티남에 사원을 건립하여 자국 상인들의 편의를 도모함
1044	버마, 아노야타왕이 버마를 통일하고 파간에 도읍하여 파간왕조를 세움
	1077년 경까지 재위. 상좌부불교를 정통적인 불교로 확립시킴
1055	세일론, 비자야 바후 1세(~1110) 즉위. 자국의 불교를 부흥시키기 위하여 아노야타왕에게 사신을 파견하여 불법을 역수입함
	캄보디아, 크메르왕조 앙코르 톰에 도읍
12C 전반	앙코르 와트 창건
1165	세일론, 파랏카마 바후왕, 교단을 개혁하여 대사파(大寺派)만을 정통으로 인정
12C 말~13C 초	이슬람군, 동인도의 불교사원을 파괴. 승도는 티베트, 네팔 및 인도 동북단 방면으로 피난. 그후 북인도의 불교는 쇠약하게 되어 힌두세계에 흡수되어 감
1238	태국, 수코타이왕조 흥기
	태국, 세일론으로부터 상좌부불교를 다시 도입, 정착시킴
1257	태국, 수코타이왕조의 람캄행왕 즉위(~1315), 불교용어로서 팔리어를 채용. 이후 캄보디아는 태국불교의 영향 아래에 있음

시 기	사 항
1287	파간왕조, 몽고의 침공을 받아 와해
1350	태국, 아유타야왕조 성립
1432	캄보디아, 태국 아유타야왕조의 침입을 받아 크메르왕조는 앙코르 톰을 포기, 멸망(이후 이곳은 태국 상좌부불교의 영향 아래로 들어감)
1472	버마, 페구왕조의 담마 제디왕 즉위(~1492), 세일론으로부터 상좌부의 법통이 이곳으로 이입되어 라만냐파(派)를 이룸
1531	버마, 통구왕조 흥기
16C 전반	세일론, 포르투갈인의 불교 박해
1747	세일론의 킷티 시리 라자 시하 왕 즉위(~1781)
1752	버마, 아라운파야왕조 흥기
1753	세일론, 태국의 아유타야왕조 보로마코트왕(1732~1758)에게 청하여 법통을 역수입. 샴 Siam파의 성립
1803	세일론의 냐나비마라 사미(沙彌), 버마의 아마라푸라에서 수행, 귀국하여 Amarapura파를 분립
1853	버마, 아우란파야왕조의 민돈왕 즉위(~1878), 삼장(三藏)을 결집하여 대리석판에 새김
1864	세일론의 암바가하왓테 사라난카라 비구, 버마의 만다레에서 수계 귀국하여 라만냐 Ramañña(버마의 옛이름)파를 분립 세일론, 아나가리파 담마팔라 태어남(~1933)
1873	세일론, 파나투라의 논쟁
1947	인도공화국 독립
1956	암베드카르의 개종, 신불교도의 탄생 '전인도 비구상가' 성립 이 해에 인도, 동남아시아 여러나라에서 붓다 자얀티를 성대히 봉행

찾아보기

불보살명 · 神名 · 人名

ㄱ

가우타미푸트라(슈리) 사타카르니왕
  Gautamiputra (Śrī) Sātakarni 175 182 183
  249
간다르바 Gandarbha 228
간디 Mohanram Karamchand Gandhi 1869
  ~1948 17 324
계일왕 (戒日王)→하르샤 287
공작명왕(孔雀明王) 299
관세음보살 Avalokiteśvara 120 201 269
  273 274 275
광목천(廣目天) Virūpākṣa 298
구마라집(鳩摩羅什) Kumārajiva 344~
  413 159
군다리 Kundali 299
귀자모신(鬼子母神)=하리티 Hariti 299
금강야차(金剛夜叉) Vajra-yaksa 299
길상천(吉祥天) Śrī 120

ㄴ

나가르주나(龍樹) Nāgārjuna 2세기(?) 189
  279
나가세나(那先)比丘 Nāgasena 109 137 206
  238 239 270
나라싱하 바르만 1세 Narasimha-varman Ⅰ
  재위 630~668 196
나라싱하굽타 1세(바테디야왕)
  Narasimhagupta Ⅰ 재위 470~472 286
나하파나왕 Nahapāna 재위 119~124 175
  182
네루 Jawaharlal Nehru 1889~1963 15

ㄷ

다냐 Dhanya 83
다르마카라보살 Dharmākara → 법장보살(法
  藏菩薩)
다르마키르티(法稱) Dharma-kirti 7세기 197
달마(達磨) → 보디다르마
대가섭(大迦葉) → 마하카샤파
대위덕 명왕(大威德明王) Yamāntaka 299
대일여래(大日如來) Mahāvairocana 308
대천(大天) Mahādeva 176
대흑천(大黑天) Mahākāla
데메트리오스왕 Demetrios 기원전 3~2세
  기 166 205 206
데바닷타(提婆達多) Devadatta 기원전 5~기
  원전 4세기(?) 69 89 90 133 236
두르가女神 Durgā 289
드로나 Drona
디그나가(陳那) Dignāga 400년 경~480년
  경 196
디오도토스 Diodotos 기원전 3세기 166
디티카 Dhitika 202

ㄹ

라마 Rāma 18
라마크리슈나 Rāmakrsna 17 257
라크슈미 Laksmi → 길상천 24 289
레바타 Revata 기원전 5세기(?) 145
루드라다만왕 Rudradāman 2세기 175 176
리스 데이비즈 Rhys-Davids

ㅁ

마니메하라이 Manimekalai 190 192
마두(馬頭)觀音 Hayagriva 120 297
마명(馬鳴) → 아슈바고샤 207
마야부인 Māyā 기원전 5세기(?) 61 70 95
마우드갈랴야나(目連)(Mahā) Maudgalyāyana 기원전 5세기(?) 77
마우에스왕 Maues 기원전 1세기 166
마이트레야(미륵)佛 Maitreya 121
마잔티카(末田地) Majjhantika 203
마트리체타 Mātrceta 2세기 165
마하데바(大天) Mahādeva 176
마하비라(大勇) Mahāvira 기원전 5세기 17
마하카샤파(大迦葉) Mahākaśyapa, Mmhākassapa 기원전 5세기 94 133 138 202 203
마하카티야야나(大迦梅延) Mahakatyāyana, Mahākaccāna 기원전 5세기 143 144
마하프라자파티 Mahāprajāpati 기원전 5세기(?) 63 129
마힌다 Mahinda 기원전 3세기 159
만주슈리(文珠) Mañjuśri
메가반나 → 시리 메가반나王 305
메가스테네스 Megasthenes 기원전 300년 경 148 240
메난드로스(밀린다)왕 Menandros 기원전 160년 경 109 137 200 206 231 238 270
목갈라나 → 마우드갈랴야나 Moggalāna 88 171
목갈리풋타티사 Moggaliputtatissa 기원전 3세기(?) 154 171 202
무량광(無量光) Amitābha → 아미타
무량수(無量壽) Amitāyus → 아미타
문수보살 → 만주슈리 120 201 269 272 275 291 297
미륵보살(불) → 마이트레야 271 272 275 297

미히라쿨라 Mihirakula 6세기

ㅂ

바사카라 Vassakāra
바수데바 Vāsudeva 기원전 1세기 168
바수반두(世親) Vasubandhu 320~400년 경 208 286
바크티얄 칼지왕 Bhaktiyāl Khalji 12~13세기 314
발라디티야王 Balāditya → 나라싱하굽타 1세 286 290
발라라마 Balarāma 193
발리싱하 Balisimha
법장보살(法藏菩薩) Dharmākara 122 233 270
법현(法顯) 337~422년 경 201 249 265 286 288 291 292 293 296 302
변재천(才天) → 사라스바티 120 298
보디다르마(菩提達磨) Bodhidharma 5~6세기 26 196
보현보살(普賢菩薩) Samantabhadra 120 297
부동명왕(不動明王) Acala 121 299
붓다고사(佛音) Buddhaghosa 5세기 196 237
붓다닷타 Buddhadatta 5세기 196
브라만(梵天) Brahmā 25
브라흐마 → 범천
비데가 마타바 Videgha-Māthava 36
비마 카드피세스 Wema Kadphises 1세기 206
비사문천(毘沙門天) Vaiśravana, Vessamana 120 298
비슈누 Visnu 18 24 25 292 193 199 289 297 298 307
빈두사라왕 Bindusāra 재위 기원전 293~기원전 268 149

빔비사라왕 Bimbisāra   79 85 86 89 130 132 140 248

ㅅ

사나야사(闍那耶舍) Jñānayaśas(또는 Jinayaśas) 6세기 300
사라메다비구 Sāramedha 1801~1882 319
사라스바티(才天) Sarasvati 24 289
샤리푸트라(舍利弗) Sāriputra, S'āriputta 기원전 5세기(?) 77 88 119 171
산자야 Sañjaya 77
산타라크쉬타 Śāntarakṣita 7~8세기 285 305
삼드라굽타왕 Samdragupta 재위 335~376년 경 195
상가미트라 Sanghamitra 4세기 195
샤나바시(Sambhūta-) Śyānavāsi 145 202 203
성천(聖天) Ganeśa, Ganapati 298
세친 → 바수반두 278
수닷타장자 Sudatta 86 92 131
수천(水天) Varuna 298
쉬바(신) Śiva 17 18 24 25 192 193 208 210 289 297 298
쉬슈나가왕 Śiśśnāga 기원전 4세기(?) 141
슈로나 코티카르나 Śrona-Kotikarna 기원전 5세기(?) 143
슈리 샤타카르니 Śātakarni 기원전 1세기(?) 175
슈리 풀루마이왕 Śri-pulumāyi 2세기 176
숫도다나 Śuddhodana 61 65
슝가 → 푸샤미트라 슝가
스칸다굽타 Skandagupta 재위 455~467년 경 286
승만부인(勝鬘夫人) Śrimālā 264
시리 비라푸리사다나왕 Siri-Virapurisadana 3세기
시리 참타물라 Siri-Chāmtamūla 3세기
시황제(始皇帝:秦) 재위 기원전 247~기원전 210 206
심카왕 Simka 175
십일면관음(十一面觀音) Ekādaśamukha 297
싱갈라 Singāla 221

ㅇ

아나히타 Anāhitā 274
아난다(阿難陀) Ananda 기원전 5세기 경 91 202 203 252
아누룻다 Anuruddha 기원전 5세기 경
아미타불 122 207 233 263 269 270 271 275 297
아쇼카왕 Aśoka 재위 기원전 268년 경~기원전 232년 경 61 95 121 142 149 150 153 154 155 170 240
아슈바고샤(馬鳴) Aśvaghoṣa 100~160년 경 164 207
아시타선인 Asita 96
아자타샤트루(阿闍世王) Ajātaśatru 재위 기원전 491~451년 경 89 94 140 141
아즈냐타 카운디냐 Ajñāta kaundinya(阿若憍陳如, 5세기 경) 76
아촉불 Akṣobhya 271 275
아추타비칸타 Accutavikkanta(5세기) 196
안티아르키다스 Antialkidas 기원전 2세기 205
안티오코스 1세 Antiokhos I 재위 기원전 280~기원전 261 149
알라다 칼라마 ĀlādaC 35 Ekālāma 기원전 5세기 72
알렉산드로스 대왕 Alexandros 재위 기원전 336~기원전 323 30 148 173
암바팔리 Ambapali 기원전 5~4세기

찾아보기   339

(?) 86
암베드카르 Bhimrao Ramji Ambedkar 1893
　~1956 15 19 194 321~331
앙굴리말라 Aṅgulimāla 기원전 5~4세기 경
　(?) 231
애염명왕 Rāgarāja 299
야샤스 Yaśas(yasa) 76 77 80 145
야쇼다라희 Yaśodharā 69 70
약사여래(藥師如來) Bhaiṣajyaguru 122 274
양무제 재위 502~549 196
에우데모스 Eudemos 기원전 4세기
에우디데모스 Euthydemos 기원전 3~2세
　기 205
에우크라티데스왕 Eukratides 기원전 3세
　기 205
엽의관음(葉衣觀音) Parṇaśabari 120
오카카왕 Okkāka→이크슈바쿠 67
용수→나가르주나
우다이바다왕 Udāyibhadda, Udāyin 기원
　전 5세기 141
우다인(왕)→우다이바다왕 141 142
우드라카 라마푸트라 Udraka Rāmaputra 기
　원전 5세기(?) 72
우사바다타 Usavadāta 182
우샤스 Uṣas
우파굽타(優婆笈多) Upagupta 기원전 3세
　기 202 203
우팔리(優波離) Upāli 기원전 5세기(?) 134
　138 252 253 255
욱가장자(郁伽長者) Ugra 264 275
웃달라카 아루니 Uddālaka-Aruṇi 58
위타천(韋駄天) Skandha 298
유마거사(維摩居士) Vimalakīrti 264 275
의정(義淨) 635~713 197 279 294 296 299
이크슈바쿠왕 Ikṣuvāku 67
인드라 Indra 193 297

ㅈ

정(성)관음(正(聖)觀音) 297
제석천(帝釋天, 인드라) Śakra Devānām,
　Indra 120 207 298
준저관음(准胝觀音) Cundī 297
지국천(持國天) Dhṛtarāṣṭra 298
지연화보살(持蓮華菩薩) Padmapāṇi 305
지장보살(地藏菩薩) Kṣiti-garbha 120 274

ㅊ

차라카 Caraka 2세기 207
차이타니야 Caitanya 1485~1533, 253 258
찬드라굽타 1세 Candragupta Ⅰ 재위 376~
　415년 경 148 149 240 285
찬드라굽타 2세 재위 376~415년 경 285
찬드라굽타 Candragupta 재위 기원전 324년
　경~297년 경
청경관음(青頸觀音) Nīlakaṇṭha 120 298
춘다 Cunda 기원전 5~4세기(?) 92

ㅋ

카니쉬카왕 Kaniṣka 재위 144년 경 164 201
　207 208 211 258 259
카라베라왕 Khāravera 기원전 1세기
　(?) 168 175
카비르 Kabīr 1440~1518, 253 257
카샤파 Kassapa 77 88
카우틸리야 Kauṭillya 기원전4~3세기
카티야야나(迦栴延) Kātyāyana 88
칸나기 Kannagi 190 192
칸하 Kanha 기원전 1세기(?) 182
칼리다사 Kālidāsa 4~5세기 286 288
칼리여신 Kālī 17 24
캇챠나→카티야야나

쿠마라굽타 1세 Kumāragupta Ⅰ 재위 415
 ~454년 경 286
쿠주라 카드피세스 Kujūra-Kadphises 206
크리슈나 Krsna 18 193 258 289 325

ㅌ

타고르, 데벤드라나트 Devendranāth Tagore
 1817~1905 323
타라女神 Tārā 198
틸락 Gangādhar Tilak 323

ㅍ

파니니 Pānini 기원전 6세기(?) 156
파드마삼바바 Padmasambhava 8세기 313
파라카마 바후 2세 Parakkama-bāhu Ⅱ 재
 위 1236~68, 197
파르바티女神 Pārvati 289
파르슈바尊者 Pārśva 2세기 207
파탄잘리 Patañjali 기원전 2세기 199
팔라카왕 Pālaka 기원전 4세기(?)
푸르나(푼나) Pūrna, Punna 기원전 5~기
 원전 4세기(?) 81 43
푸샤미트라 슝가 Pusyamitra-Śunga 기원전
 180~144년 경 통치 166 168
푼나 만타니풋타(富樓那) Purna-Mantāniputta
 88
풀마이왕 Pulmāyi → 슈리 풀마이왕 183
 187
프라디요타왕 Pradyota, Pajjota 기원전 4
 세기(?) 142
프라바하나 Pravāhana 58
프라세나지트왕 Prasenajit 기원전 5세
 기 86
필리포스 Philippos 기원전 4세기

ㅎ

하르샤왕(戒日王) Harsa 재위 606~647, 201
 287 290
허공장보살(虛空藏菩薩) Akāśa-garbha 120
헤리오도로스 Heliodoros 기원전 2세기 205
현장(玄奘), 600~664 61 187 196 197 201
 287 288 293 296 309 310
히마바티 Himavati 289

事項名

ㄱ

가람(伽藍), 승가람(僧伽藍)　242　265　266
가즈니왕조　Ghaazni　313
가지(加持) adhisthāna　308
가타　Gāthā　161
가하파티　gaha-pati → 거사(居士)
간다라語(간다리) Gāndhāri　159　208　281
간다라미술　210
간다라佛　211
갈마사(羯磨師)
거사(居士) grhapati, gahapati　275　291　292
게야　Geyya　161
결집(結集) → 제1, 제2, 제3, 제4결집　133　134
경전독송(經典讀誦)　160　245　276
경전서사(經典書寫)　160　276
경전(의 편찬)　160　161　199
경행당(經行堂)　241　246
계(戒) śila　113　114　115　133
계(界) simā　132　135　146　246　250　295
계율(戒律)　133　137　223　277
계체(戒體)　134　135　160
고쉬타라마　Gositārāma　85
고행, 고행자(苦行, 苦行者) tapas, tapasvin　56　72　73　110　115
공, 공관(空, 空觀)　104　124　262　276　277　279
공양(供養)　79　115　234　235　250　263　302
공희(供犧) yajña　40　55　56　152　221
과거칠불(過去七佛)　121　272
《관무량수경》(觀無量壽經)　140
관정의례(灌頂儀禮)　304
교계사(敎誡師)　246
구분경(九分經)　161　162　163

《구사론》(俱舍論)　Abhidharmakośa-bhāsya　228　266
구제불(救濟佛)　269
구족계(具足戒) upasampadā　134　135　246　264
굴원사원(窟院寺院)　144　167　175　176　178　182　242　249　265　266　303
굽타王家, 王朝 Gupta　115　169　177　196　251　283　287~290　294　303　305　314
굽타佛　294
권화(權化) avatāra　18　289　291
귀령(鬼靈)　24　68　217　228　234　235　236　274　290　301　306
극락　Sukhāvati　122　270　271　276
근본유부, 근본설일체유부　149　163　202　279
금강계 만다라　309
금강보좌(金剛寶座)　169
《금강정경》(金剛頂經)　259　307　309
《금광명경》(金光明經) Suvarnaprabhāsottamas　234　251　281　282
기원, 기원의례(祈願, 祈願儀禮)　19　57　122　160　195　233　234　235　256　257　274　302　312　319　320
기원정사(祇園精舍) Jetavana Vihāra　85　131　241　242　254　255　276
길드　39　129　172　173　182　251　291
깃대꼴의 문화　254　255　276

ㄴ

나가　nāga　68　67
《나가난다》(나가왕의 기쁨) Nāgānand　287
나야나르　Nāyanār　197
나야르족　Nayar　47　193　253
난다왕조　Nanda　141　147　148
날란다寺, 대학 Nalandā　197　243　286　293　310　313

남방불교(南方佛敎) 63 120 132 134 136 139 142
　143 149 160 204 214 217 218 223 230 237
　243 245 250 251 272
남방상좌부(南方上座部) 143 162 163 176 201
　204 222
남전(南傳) 150 154 175 202 228
네그로이드인 Negroid 29
네오 부디스트 Neo-Buddhist 16 17
논장(論藏) 234
니다나 Nidāna 162
니샤다 Nisāda 45

ㄷ

다라니(陀羅尼) dhāraṇi 237 239 301 302 307
　309
다르마 dharma 26 61 152 163 288
다르마 샤스트라 Dharma-śāstra 27 288
다르마라지카탑 Dharmarājika 169 269
《다르마파다》 Dharmapada 159 208
다문부(多聞部) 188
다사 dāsa 33 34 35 44
다슈 dasyu 34 44
《다자가 파리타》(幢幡經) Dhajagga-paritta
　237
《담마파다》 Dhammapada 113 162 163
대・소승 共住 294 296
《대당서역기》(大唐西域記) 61 294
《대반야바라밀다경》(大般若波羅蜜多經)
　280
《대반열반경》(大般涅槃經) Mahā-parinibbāna-
　suttanta 91 125 164 171 305
대보리회(大菩提會) Mahā-Bodhi-Society 16
　17 324 326 329 330
《대보적경》(大寶積經) 264 265 280
《대비바사론》(大毘婆沙論) 208 266
대승(과 소승의 관계) 277 296

대승경전 140 159 234
대승불교 104 105 110 120 121 122 165 201
　204 209 214 251 262 263 266 269 272
　273
대승의 보살 262 264 279
대월지국(大月氏族) 206
《대일경》(大日經) 259 307 309
대중부(大衆部) 145 159 163 187 202 266 276
　277 279 295
《대지도론》(大智度論) 202 203 273 308
《대품반야경》(大品般若經) 308
도솔천 Tusita
《도하코샤》 Dohākośa 317
동물숭배(動物崇拜)
동산주부(東山住部) 187
두타행(頭陀行) dhūtāṅga 245
드라비다(인) Dravida 29 31 46
득도식 192
《디비야아바다나》 Divyāvadāna 233

ㄹ

라슈트라쿠타왕조 Rāstrakūta 196 287 303
라즈푸트족 Rājput 47
《라타나 숫타》(寶經) Ratana-sutta 237
《리그 베다》 Ṛg-Veda 17 33 34 36 40 41 42
　50 52 53 67 125 236
리차비(족) Licchavi 46 94
리투비주祭官 Rtuvijju 40

ㅁ

마가다어 Māgadhi 157 158
《마누法典》 Manusmṛti 27 45 46 251 288
《마니메하라이》 Manimekarai 189 190 192
　194 195 225
《마등가경》(摩登伽經) 300

찾아보기 343

마르마족 Marma 318
마우리야왕조 Maurya 39 147 155 166 168 200 240 261 285
《마하 바스투》 Mahā-vastu 281 282
마하라슈트리어 Māhārāstri 157 159
마하르 Mahar 15 19 321 326 331
《마하보디》誌 Maha-Bodhi 325 330
마하비하라派 Mahāvihāra→大慈
《마하승기율》(摩訶僧祇律) 163 201 266
마하야나 Mahāyāna 265 267 276 278
마하연(摩訶衍) 265, 291
마하테라 니카야 Mahāthera-Nikāya 320
《마하파리닛바나 숫탄타》 Mahāparinibbāna-ssuttanta→大槃涅經 91
만다라 mandala 239 307 308
만트라 mantra 237 239 300 301 307 308
말법(末法) 270
《망갈라 파리타》 Mangala-paritta 237
무기(無記) 123 126 225
《무량수경》(無量壽經) Sukhāvativyūha
무명 avidyā 106 118 124 125
무상(無常) anitya 100 101 102 106 112 116 124 125 220 262 278
무아 an-ātman 49 102 106 109 112 116 123 124 125 225 232 262 278
무여의열반(無餘依涅槃)
무외산사(無畏山寺) Abhayagiri-vihāra
문다(족) Mundā 29 31 32
미타삼존(彌陀三尊) 207
미투나像 mithuna 295 304
미트라신앙 Mithra 272
밀교(密敎) 197 235 237 239 259 294 308 310 311
《밀린다 팡하》 Milinda-panhā 109 137 206 228 231 232 237 238 270

ㅂ

바가바드라왕국 Bhāgabhadra 205
바가바타 Bhāgavata 199
바라문(四姓의 하나) 22 31 37 39 43 52 55 56 80 83 88 223 254 291 307
바라문中國 35 37 40
바라문교 Brahmanism 31
바라제목차(波羅提目叉)→프라티목샤 132
바루아불교도 Barua Buddhist 319
바르나 varna 22 23 44 45 46 87 167 194 253 254
《바르나르하바르나 스토트라》 Varnārhavarna-stotra 165
바이샤 Vaisya 21 44 47 253
바즈라야나(金剛乘) Vajra-yāna 311
바카타카왕조 Vākātaka 188 195 285 303
바크티 bhakti 196 197 210 257 270
바히야 bāhya 45 46 47
박트리아 Bactria 200 205
《반야경》(般若經) 263 276 280 313
반열반 般涅槃 119 328
《반주삼매경》(般舟三昧經) 264
발리 供養 bali 235
방편(方便) 122 310 311
번뇌(煩惱) 106 110 111 116 117 118 124 125
범아일여(梵我一如) 48 49 52 53 55
《법구경》(法句經)→다르마파다》, 《담마파다》
법랍(法臘) 25 138 253
법륜(法輪) 171 210
법수(法數) 162
법시(法施) 86 179 250 292
법신불(法身佛) 122 124 164
법장부(法藏部) 163 266
법체항유(法體恒有) 262
법현전(法顯傳) 291 293 303
《법화경》(法華經) Saddharmapundarikasūtra

344

209 234 251 263 269 275 277 278 280 281 282
베다 Veda 192 301
베다어 Vedic 156 157
베다제식
베달라 Vedalla 161
베야카라나 Veyyākarana 161
벵갈불교도 Bengal Buddhist 16 17 19 314 319 320 321 332
벵갈불교협회 Bengal Buddhist Association 320
벵갈어 Bengali 157 317 318
보리(菩提) bodhi 233 262 311
보리수 169 171 210
보리심(菩提心) 233 311
보살 bodhisattva 119 120 121 262 263 264 267 295 304
보살가나 bodhisattva-gana 267
보살교단
보신불(報身佛) 122 124 164
복전(福田) Punyā-ksetra 86 136 223
부족국가 38 39
부파불교(部派佛教) 164 165 209 255 261 262 264 265 266 269 270 272 301 302 305
북방불교(北方佛教) 63
북전(北傳) 150 176 228
분별설부(分別說部) 199 281
분소의 糞掃衣 89 90 130 131 132 242
불가촉민(不可觸民) 15 19 80 253 321 322 323 325 326 327
불교범어 Buddhist Sanskrit 280
불교설화문학(佛教說話文學) 163 193
불교주술(佛教呪術) 160
불교혼효범어(佛教混淆梵語) Buddhist Hybrid Samskrit 281 282 283
불리족 Buli
불사리 66 94 95 169 170 172 211

불사리탑 94 95
불살생(不殺生) ahimsā 25 56 115 265 312
불상 155 165 171 180 192 195 201 204 208 210 211 243 274 307
불전도 佛傳圖 169 170 171 187 210
불전문학 佛傳文學 75 164
불탑(佛塔) 86 172 188 195 200 201 208 224 263 278
붓다 자얀티 Buddha-jayanti 15
붓다 푸자 Buddhāpūjā
《붓다차리타》(佛所行讚) Buddhacarita 164
브라티야 vrātya 45 46 47
브라흐마나 Brāhmana 41 42
브라흐마나(祭官) brāhmana
브라흐만 brahman 21 25 41 42 43 48 49
브라흐미문자 Brāhmi 156 169
비르라寺 Birla Mandil 17
비크라마실라 Vikramasilā 310 313
비하라→정사(精舍) 178 180 184 265
비하르어 Bihāri
빈잔 Winjan 227 228

ㅅ

사고팔고(四苦八苦) 103 117
사대 순례지
사리분골(舍利分骨) 93 164
《사마 베다》 Sāma-Veda 41
사명외도(邪命外道)→아지비카교 154
사문 →슈라마나
사문출유(四門出遊) 96 327 328
사미(沙彌) Śrāmanera, sāmanera 129 130
사미니(沙彌尼) śrāmaneri sāmaneri 129 130
사바르나(婚) savarna 22
사바세계(娑婆世界) Sahā 111
사방(四方) 상가 135 136 182 183 184 266
사부(四部)니카야 163

《사분율》(四分律) 163 266
사산왕조 Sasan 209
사성제도(四姓制度) 21 22 27 39 43 47
《사십 40화엄》(四十華嚴) 280
《사운다라난다 카비야》Saundarananda-kāvya 164
사의지(四依止) 130 131 241 247 248 249
사자주두비문(獅子柱頭碑文)
사제, 사성제(四諦, 四聖諦) 110 162 250 328
사주기(四住期) aśrama 27 52 85 249
사중 4중(四衆) 78 130 253 255 264
사카 크샤트라파 Sakakṣātrapa
사카족 Saka 30 46 166 167 175 176 182 200 206 209 285
사타바하나왕조 Sātavāhana 155 166 167 168 170 175 177 182 184 187 206
사티 sati 311
사하자야나 Sahajayāna 310 311 317
산사(無畏山寺)
산스크리트化 Sanskritization 30 58 194 282 289
산스크리트語 Saṃskrit 157 158 165 196 271 280 281 282 283 287 288
산스크리트문화 30 58
산야신 sanyāsin 124
산탈族 Santal 29
삼독(三毒) 106 162
삼매(三昧) Samādhi 54 55 112 275
삼보(三寶) 112 135 192 195 216 218 230 236 237
삼신설(三身說) 263
삼의(三衣) 97
삼장(三藏) tripiṭaka 242 246 247 318
삼학(三學) 54 114
상가 saṅgha (승가) 125 129 130 132 133 135 136 139 247 251 265

상가라자 니카야 Sangharāja-Nikāya 319 320
상기티 saṃgīti → 결집 138
《상유타 니카야》 Saṃyutta-Nikāya 162
《상응부경전》 Saṃyutta-Nikāya 227
상좌부(上座部) Theravāda 134 145 154 159 163 199 202 279 295
생기(生氣) prāṇa 42 48 311
샤만 Shaman 55
샤우라세니(語) Śauraseni 157 159
샤이렌드라(왕조) Śailedra 198
샤캬족 Śākya, Sakya 39 61 62 64~67 89 121 252 255 327
샤크티 Śakti 289 310
샨샨왕국 Shanshan 159
샴발라 Śambala 34
샹감 Śaṅgam 189
서산주부(西山住部) 187 188
서원(誓願) praṇidhāna 120 121 233 262 263
선정(禪定) dhyāna 54 72 78 90 112 216 223 245 246 246 263 264 277 308
선취(善趣) 226
설일체유부(說一切有部) 201 262
설화문학(說話文學) 223 224 229 230 234 281 300
세나왕조 Sena 313 314
세레우코스왕조 Seleukos 166 205
세일론 상좌부 201 202 296
소마푸리寺 Somapuri 310
소소계(小小戒) 134 139
소승, 소승불교 120 165 250 267 279
《소품반야경》(小品般若經) 264 276
솔탑파(窣塔婆) stūpa 172
수기(授記) 263
《수능엄삼매경》首楞嚴三昧經 275
《수바르나바르나 아바다나》Suvarṇavarṇa-

346

avadāna 226 229 230
수원인(守園人) āārāmika
순수밀교(純粹密敎) 259 307 309 312
숫타 Sutta 161
《숫타니파타》 Sutta-nipāta 83 116 125 163
쉬슈나가 Śiśnāga
슈드라 śūdra 21 44 46 47 167 253 254
슈라마나(沙門) Śramana, samana 40 52
  68 78 90 93 130 152 223 240
슝가왕조 Śuṅga 155 168 205
《스베타슈타라 우파니샤드》 Svetāśvatara-
  upanisad 53
스토트라 stotra 165
스투파 stūpa 61 66 142 169 170 177 184
  185 198 223 243 265 266 269 274
《승만경》(勝鬘經) 264 276
승원(僧院) 125 132 133 139 142 171 172 183
  188 195 200 201 208 240 242 243 245
  247 291
승원(의 경제) 248
승원제도 133 240
시카르푸르碑文
시크교 Sikh 20 324 325
신도(神道) deva-mārga 51
신불교도(新佛敎徒) Neo-Buddhism, -st 16
  19 321 326 327 330 331 332
《실라파디하람》 Sillappadihāram 190
《십만송반야경》(十万頌般若經) 280
십선계(十善戒) 264 265
《십송율》(十誦律) 163 202 203 266
16대국(十六大國) 38
12분경(十二分經) 162

ㅇ

아귀(餓鬼) preta, peta 117 226

아난탑(阿難塔)
아누로마婚 anuloma 45
아드바류祭官 Adhvaryu
아라칸佛敎徒 Arakan Buddhist 317~319
아라한(阿羅漢) arhat 76 118 119
아람어, 문자 Aramaic 147 156
아뢰야식(阿賴耶識) ālayavijñāna 108 232
아르다마가디語 Ardhamāgadhi 157
《아르타샤스트라》 Arthaśāstra
아리야 ārya 29
아리야語 31 66 156 157
아리야문화 31 35 36 58 64 95 193
아리야사회 32
아리야인 29 31~35 53 66 67
아멘데 Amende 271
《아미타경》(阿彌陀經) Sukhāvativyūha 208
  271 275 280
《아바다나 샤타카》 Avadāna-śataka 225 226
  236
아바다니文學, 文獻 162 193 228 234 281
아바야기리 비하라 Abhayagiri-vihāra→무외
  산사(無畏山寺) 195
아바하타語 avahattha
아부다담마 Abbhudadhamma 161
아비다르마 abhidharma 104 136 162 163
  165 198 261 262 279
아비라族 Abhira
아사리(阿闍梨) ācārya 146
아쇼카 법칙 156 158
아쇼카 비문 156 157 282
《아쇼카 아바다나》 Aśokāvadāna 201
아쇼카왕의 법 259
아수라(阿修羅) Asura 117 226
아쉬타댜이 Astādhyāyi 156
아야카(柱) āyaka
《아육왕경》(阿育王經) 154 201 203

《아육왕전》(阿育王傳)　154　201　203
아지비카교　Ajivika　154
《아촉불국경》　280
아카이메네스왕조　Akhaimenes　147　148　156
《아타르바 베다》　Atharva-Veda　41　42　43　50　236
아트만　ātman　42　48　52　123
아함(阿含)　āgama　272
아힘샤(不殺生)　ahimsā
악마 (惡魔)　māra
악취(惡趣)　226
안거(安居)　87　91
안드라왕조　Andhra　175
알바르　Alvār　197　253　289
《앙굴리말라 파리타》　Angulimāla-paritta　237
《앙굿타라 니카야》　Anguttara Nikāya　162
야다바족　yādava　67　176　199
야바나　yavana　46
《야주르 베다》　Yajur-Veda　37　41
야크샤, 야카　yaksa, yakka　68　170　210　235　236　274　298　306
야크샤니(像)　yaksini　68　169　170　210
얀트라　yantra　239　309
업(業)　Karman　39　58　59　107　108　109　118　122　193　214　217　222　228　229
업보(業報)　51　195
《에류트라海 안내기》　173　174　186
연금술(鍊金術)　272
연기(緣起)　100　106　112　116　124　125　220
열반　nirvāna, nibbāna　75　116　117　118　216　217　218　222　232　236　239　274　307　308　312　328
염불(念佛)　111　264
영사비구(營事比丘)　178
영원한 부처님　263　269　270

영혼(靈魂)　48　102　109　227　228　232　329
예배, 예배의식, 예배당　39　56　180　234　241　242　243　256　263　269　274　290　299　306　315　332
5계(五戒)　114　216　219　220　250　264
오단타푸리寺　Odantapuri　310　313
오도윤회(五道輪廻)　226
《오분율》(五分律)　163　266
오종불번(五種不翻)　302　309
오취윤도(五趣輪圖)　226
오화설(五火說)　58
《요가수트라》　Yogasūtra　53　54
요도(繞道)　172　180
욕불(浴佛)　229　230
우다나　Udāna　161
우안거(雨安居)　130　131　182　246
우파니샤드　Upanisad　51　53
우파데사　Upadesa　162
우파사카　Upāsaka　77　130　219　253
우파시카　Upāsikā　77　130　219　253
우파자　Upajjhā→화상(和尙)
우포사타(布薩)　Uposatha
《욱가장자경》(郁伽長者經)　275　278
욱가장자회(郁伽長者會)　264　265
원시불교　255　301　302　305
웨사카　Wesāka　17
유가유식(瑜伽唯識)　279
유가행(瑜伽行)　307
유골숭배
《유마경》(維摩經)　264　271　275　277　279　280
유부(有部)　Sārvāstivādin　154　163　165　199　201　266
유식(唯識)
유행기(遊行期)　27　52　85　249
육도(六道)　226
육도윤회(六道輪廻)　117

육바라밀(六波羅蜜) 263 264
《60화엄》(六十華嚴) 280
육재일(六齋日) 132 220
육파철학(六派哲學) 288
윤회(輪廻) saṃsāra 25 39 48 51 58 59 83 96 107 108 109 118 122 193 195 214 218 222 223 225 228 232 329
율(律) vinaya 113 114 133 137 138 160 161 163 241 278 295 307
응신불(應身佛) 122 164
이도설(二道說) 51 58
이슬람교 Islam 17 20 194 314 327
이크슈바쿠王家 Iksuvāku 188 195
이타(利他) 262 263 270
《이티붓타카》 Itivuttaka 161 250
인도 피압박자 동맹 323
임주족(林住族) Atavi 152
《입법계품》(入法界品) 264

ㅈ

자이나교 17 20 31 46 56 116 119 133 149 150 154 157 177 192 194 196 283 312
자자(自恣) parivāra 131 160 246
자즈만제도 Jajmāni 21
《자타카》 Jātaka 119 161 234 235 236 281
자티 jāti 22 45 46 47
《잡담집》(雜談集)
잡밀(雜密) 240 309 312
《잡아함경》(雜阿含經) 162
《장부경전》(長部經典) Digha-Nikāya 162 164
장식(葬式) 227 257
《장아함경》(長阿含經) 162
장원, 장원제(莊園, 莊園制) 146 183 249 251 313
재가보살(在家菩薩) 264 275 278

재시(財施) 86 179 292
적주비구(賊住比丘) 135 296
전도 81 95 144 177
전도사 153 154 175 198 203
정량부(正量部) 159 202 279 295
정령숭배(精靈崇拜) 217 219
정사(精舍)→비하라 80 85 86 90 91 131 135 137 138 177 185 223 236 241 242 243 261 263 266 291
정토신앙(淨土信仰) 233 270 276
제1결집(第一結集) 133 134 138 140
제2결집(第二結集) 142
제3결집(第三結集) 155
제4결집(第四結集) 208
제법실상(諸法實相) 104
제식(祭式) 36 37 39 40 50 55 88
제식만능(祭式万能) 37 43
조령제(祖靈祭) śrāddha 51 71 326
조로아스터교 208 271
조선숭배 의례(祖先崇拜 儀禮) 314
종묘(宗廟) 265
주력(呪力) 35 41 237
주술(呪術) 37 235 236 238 240 256 257
주술적 애니미즘 Magical Animism 216 217
주술적 의례 41 43 214 217 218 236 239 301
죽림정사(竹林精舍) Venuvana-vihāra
중관(中觀) 279 307
중도 82 90 115 116 213
《중부경전》(中部經典) Majjhima-Nikāya 162 227
《중아함경》(中阿含經) 162 163
《증일아함경》(增一阿含經) 162 163
《증지부경전》(增支部經典) Anguttara-Nikā
지모신(地母神) 34 68 289
지옥 117 226

지정(指定)카스트 331
진기약(陳棄藥) 130 133
진실어(眞實語) saccakiriyā 301

ㅊ

《차라카 상히타》 Caraka-Samhitā 207
《차리야 기티》 Caryā-giti 317
차슈타나왕가 Castana 175 176
차이티야 caitya→塔院 177 180 183 243
차제설법(次第說法) 224
《차투후샤타카》(四百讚) Catuhśataka 165
찬불문학(讚佛文學) 165
찰캬왕조 Chālkya
참회(懺悔) 132 231
채식주의(菜食主義) 39 57
찬달라 cabdāla 45 46
천계(天界) 58 80 117 214 222 232
천상천하유아독존(天上天下唯我獨尊) 97 105
체디왕조 Cedi 155 168 175
첼라왕조 Cela 189
촐라왕조 Cola 46 189 195 196
총지(總持) dhārana 53
추투왕가 Chūtu 188
출가보살 264 275
출세간 213 214 215 217 218 219 225 232
  234 236 237 251 259 294 308
출세간부 Lokottarāvādin 281 295
칠관음(七觀音) 297 298

ㅋ

카로슈티(문자) Kharosthi 156 159
카르마 karman, kamma→업(業)
《카마수트라》 Kāmasūtra 288
카비야 Kāvya 288

카스트·바르나제도 22 23 47 187 193 194
  252 255
카스트 힌두 caste-Hindu 321 322 324
카스트제도 caste 20 21 22 27 28 45 193
  194 252 253 256 288 305 322
카시족 Khasi 29
《카타 우파니샤드》 Katha-upanisad 53
카티나(衣式) Kathina 131 246 320
《칸다 파리타》 Khanda-paritta 237
칸바왕조 Kānva 168
칼라브라왕조 Kalabhra 196 290
칼라차크라 Kāla-cakra 311
칼링가전쟁 150
칼야니碑文 Kalyāni inscription
캄보자 Kāmboja 46
코살라 Kosala 64
콜族(人) Kol 29
콜리야族 Koliya 61 63 67
쿠안 Khwan 227
《쿠다카 니카야》 Khuddaka-Nikāya 162 163
쿠샤나족, 왕조 Kusāna 30 164 203 206
  207 209 251 258 259 272 285
쿨라 kula 87 88 151 305
쿨라푸트라 kulaputra 87
쿨라푸트리 kulaputri 87
크메르족 Khmer 29
크샤트라파 ksatrapa 166 182
크샤트리야 Ksatriya 21 39 43 46 47 59 65
  66 67 68 253
크샤하라타(왕조) Ksaharāta 175 182
키라타 Kirāta 46

ㅌ

타력구제(他力救濟)
타파스 Tapas→고행 50 51 52 54

탄트라밀교　197 310 311 312
탄트리즘　Tantrism　49 50 197 259 289 310 311 312
탑사(塔寺)　265 266 269
탑원(塔院)　caitya　171 177 183 261 263 265 266

ㅍ

파고다　pagoda　243
파르티아　Parthia　206
파리타　paritta　160 237 238 239 301
판다바　Pāndava　196
판디야왕조　Pāndya　189 196 197
팔라바　Pahlava　46 476
팔라왕조　Pāla　288 310 313 317
팔리(어)　Pali　63 158 159
팔리율　220 236 241 246 247 266
팔재계(八齋戒)　219
팔정도(八正道)　16 113 114 162 224 250 326
《팔천송반야경》(八千頌般若經) Astādashasrikā　80
페르시아제국　Persian
포살(布薩)　uposatha　132 135 160 220 241 246 295
포야日　poyāday　220
푸르족　Pūr　67
푸자　pūjā　39 55 56 57 235 289 290 292 306
프라나　Prāna　42
프라크리트　Prākrit　157 159 281 282 283
태장계 만다라　309
《테라가타》　Theragāthā　231 253
토라나　torana　169
통과의례(通過儀禮)　19 26 214 219 250 256 257 312 319 332
티베트·버마어족　29 34

프라티로마(婚)　pratiloma　45
프라티목샤(波羅提目叉)　prātimoksa　160 161 163
프라티하라왕조　Pratihāra　201 287

ㅎ

《한서》漢書
해탈(解脫)　moksa　28 39 83 217 222 232
행상(行像)　302 307
헬레니즘문화　Hellenism
현세이익(現世利益)　39 48 120 195 214 218 231 234 237 273 274 299 301 302 306 307 308
현세이익의례　233 234 274 302 307 320 321
현전상가　135 136 183 184 198 199 241 246
호국사상　251
화상(和尙)　Upajjhā　246
화신(化身)　nirmāna-kāya　122
《화엄경》(華嚴經)　Gandavyūha　246 265 272 277 279 281 282
화지부(化地部)　163 188 266
훈족(匈奴)　Hūna　201 288
《흙의 수레》　Mrcchakatikā　144
히나야나→소승　267 278
힌두교　Hinduism　15~19 23 28 31 227 290 291 298 312 314 315
힌두교의 다양성　25
힌두다르마　27
힌두문화　29 30 31 35 37 39 95 193 302 305
힌두화　23 28 30 47 187 193 194 196 302 306 307
힌디어　Hindi　155

저자약력

나라 야스아키(奈良康明) : 1929년생. 1953년 도쿄(東京)대학 문학부 졸업. 현재 고마자와(駒澤)대학 불교학부 교수. 저서로《바라문의 像》·〈인도의 얼굴》(공저)·《석존의 인간과 사상》(공편)·《불교의 언어》(편집) 등이 있다.

역자약력

정호영(鄭澔泳) : 1952년생. 서강대학교 영문학과 졸업. 동국대학교 대학원 인도철학과 박사과정 수료. 현재 충북대학교 철학과 조교수. 논문으로〈Dharma(法)개념의 不二論的 해석〉·〈베단타와 불교〉·〈여래장의 존재와 그 존재근거의 문제〉·〈여래장 사상의 인간이해〉 등이 있고, 역서로는 《산스크리트語文法》(한국불교연구원)·《인도사상의 역사》·《空의 논리-중관사상》·《아비달마의 철학》(민족사) 등이 있다.

깨달음총서 32
인도불교
-문화사적 탐구-

1990년 11월 20일 초판1쇄 발행
1994년 9월 30일 초판2쇄 발행
지은이 — 나라 야스아키
옮긴이 — 정호영
펴낸이 — 윤재승
ⓒ펴낸곳 —민족사

등록 제1-149호, 1980. 5. 9.
서울 종로구 청진동 208-1
전화 (영입)732-2403, (편집)722-7679
팩시 739-7565, K.P.O.Box 1560
값 8,500원
ISBN 89-7009-132-7 34220
· 잘못된 책은 바꾸어 드립니다.
· 책을 소중히 다루어 주세요.